やわらかアカデミズム・〈わかる〉シリーズ

よくわかる
家族心理学

柏木惠子 編著

ミネルヴァ書房

はじめに

■よくわかる家族心理学

　最近，家族がらみのさまざまな現象が新聞雑誌などでしきりに取りあげられています。晩婚化，非婚化，少子化，育児不安，育児放棄，虐待，夫婦間暴力，離婚増，さらにパラサイト，介護殺人などなどです。いずれもあまり明るい話題ではありません。あってはならない事件も少なくありません。このような現象の多くはかつてはあまりなかったことから，日本の家族は今や危機に瀕している，とか崩壊へ向かっている，といった悲観的な論調も少なくありません。

　本当にそうでしょうか。事件の大きさから危機だ，崩壊だと直感的／感情的にとらえてはいないでしょうか。私たちはだれもが家族としての体験をもっており，そこから望ましい家族のあり方——一定の家族観をもっているものです。そうした自分の体験や家族観に照らして，昨今の家族現象を解釈し，とかく悲観的になったり危機感を抱いたりしがちです。しかし，一個人の限られた体験から家族現象を解釈するのは不十分，まして断定するのは早計です。そう断じる前に，家族の現象を広い視野から俯瞰する，それらの現象の内実を詳しく知る，その原因や背景を理解することが大切です（ちなみに，昨今の家族現象は危機でも崩壊でもありません。激しい社会変動の当然の結果であり，まさに「社会は家族に侵入／介入する」ことの証左です。これについては本書の柏木の I-8 でみることになります）。

　家族心理学はそうした理解を助けてくれる研究領域です。まだ若い学問ですが，最近の激しい家族の変化にも刺激されて，調査や面接などさまざまな方法を駆使して研究と臨床実践などの場で，活発な研究が展開され成果をあげています。

　そこで，本書は以下の方針に基づき編集いたしました。

(1) 本書の構成；最新の家族心理学の成果に基づいて，家族にかかわる具体的な現象を最新データを提示しながらわかりやすく書いています。また，家族に関係するいろいろな現象や問題が網羅的に取りあげられています。どの項目も最新の研究や臨床実践を踏まえて書かれていますから，自分だけの狭い体験や解釈を補充してくれるでしょう。

(2) 執筆者；家族心理学の研究と臨床に取り組んでいる第一線の研究者，専

門家です。なかには，これが「家族心理学？」と思われるような問題も取りあげ，その専門家に執筆をお願いしています。
(3) 読者対象；心理学の勉強や研究を志す方々，さらに保育，看護，介護，福祉などにかかわる方々，また一般の家族の方々にも読んでいただきたい。

　ご多忙のなか，最新の研究に準拠した本をとの編者の願いを汲んで，執筆陣に加わってくださった方々に，この場を借りて心から感謝いたします。また，執筆者の大野さんにはたいへんお忙しいなか，心良く索引作業をお引きうけくださったこと，改めて感謝いたします。
　最後に，多岐にわたるテーマと多くの執筆者を擁した本書の企画から刊行までの長くて困難な作業を担ってくださったミネルヴァ書房の編集部，とくに河野菜穂さんに厚く御礼申し上げます。

　　2010年1月　　　　　　　　　　　　　　　編著者　　柏木　惠子

もくじ

■よくわかる家族心理学

はじめに

I 家族とは何だろうか？

1 今，日本の家族は？ …………2
　──家族は本当に危機か／崩壊か

2 結婚の魅力は低下した?! …………4
　──戦略としての結婚・家族

3 「あなたの家族はだれですか？」 …6
　──「愛犬こそ私の家族」と答える時代

4 家族のイメージ …………8
　──家族に何を求めるか

5 人類の家族はどのように
　誕生したのか …………10

6 共食が人類家族誕生の契機 ………12
　──共食という文化

7 家族は変化／発達する(1) …………14
　──子どもの誕生／成長による変化

8 家族の変化／発達(2) …………16
　──家族は社会に開かれているシステム

9 コンパニオン・アニマル …………18

10 家族の文化的多様性 ……………20

11 世界の教科書にみる家族 …………22

12 核家族は家族の典型か ……………24

13 「男は仕事／女は家庭」は合理的? …26
　──その効用と限界／弊害

14 最新の夫婦さまざま …………28
　──規範のゆらぎ

15 今どきの「食卓の風景」 …………30
　──共食は今？

16 お墓事情にみる家族 ……………32

II 恋愛から結婚へ

1 変化する結婚の形態 ……………34

2 性の解放・自由化 ………………36

3 恋する男女の心理 ………………38

4 ジェンダー化する恋愛 …………40

5 結婚相手に求める条件 …………42

6 デートDVはなぜ？ ……………44

7 結婚前の発達課題 ………………46

8 進む晩婚化／非婚化 ……………48
　──結婚の価値への疑義

III 結婚生活と夫婦関係

1 夫と妻は結婚・配偶者に
　満足しているか／幸せか …………50

2 結婚に伴って生じる家族内ケア …52
　──「結婚は生活！」という女性の慨嘆

3 男性にとっての結婚・
　女性にとっての結婚 …………54

4 家事はどう／だれによって
　行われているか …………56

5 夫婦間のコミュニケーション ……58

- 6 『話を聞かない男』はなぜ？ ……60
  ──この本の売れたわけ
- 7 夫は妻をどうみているか …………62
  ──コミュニケーション・スタイルの規定因
- 8 コミュニケーション・スタイルは生活体験のなかでつくられる ……64
- 9 日米夫婦と日日夫婦 …………66
- 10 家族のなかで孤独を感じる妻 ……70
- 11 妻の有職＝[働く母]の家族への影響 …………72
- 12 夫と妻では結婚に求めるものがちがう …………74
- 13 家族のなかでも「自分」は大事 …76
- 14 職業時間と家族時間 …………78
  ──ジェンダーギャップの大きい日本
- 15 中年期の危機と夫婦関係 …………80
- 16 老年期夫婦と役割移行 …………82
- 17 配偶者がいることの幸福は夫婦で同じか …………84
- 18 中高年夫婦の離婚増の意味 ………86

Ⅳ 子育て

- 1 人間はどこまで動物か …………88
- 2 人間の発達と家族 …………90
- 3 人類の種の保存＝繁殖＝妊娠／子産み＆子育てとは？ …………92
- 4 本能で育てるか／大脳と体験によって育てるか …………94
  ──「母性本能」？
- 5 赤ちゃんのかわいらしさと天使の微笑み …………96
- 6 母と子（赤ちゃん）の間のコミュニケーション …………98
- 7 「個」性の強さと母親 …………100
  ──「母子一体」は自然か
- 8 「赤ちゃんポスト」の古今東西 …102
  ──繁殖と自己生存のはざま
- 9 母乳か人工乳か …………104
  ──文化としての子育て
- 10 母親が子どもをイヤになるとき… 106
- 11 育児不安の内実 …………108
  ──育児だけをしている自分への不安と焦燥
- 12 育児不安は日本の特産物 …………110
  ──どのような母親に育児不安が強いのか
- 13 教育ママと子どもへの性別のしつけ …………114
- 14 子どもが生まれると夫婦に何が起きるか …………106
- 15 両親間不和と子どもの役割 ……118
  ──青年期の発達への影響
- 16 離婚と子ども …………120
- 17 人類の父親は進化の産物 …………124
  ──父親の育児は人類の特徴
- 18 女性はなぜ仕事を辞めるのか，辞めるとどうなるか …………126
- 19 父親と母親はちがうか …………128
- 20 育児不安の第二の要因 …………132
  ──父親の育児不在
- 21 「働く母」はいるが「働く父」はいない！ のはなぜ？ …………134

22 「だれが育てるか」から「どう育てるか」へ ……136	VI 家族の臨床／病理
23 日本の産育政策 ……138 　——過去・現在・そして未来へ	1 家族臨床の概観 ……176
24 東西の養子のし方 ……140 　——子育てそのものの価値	2 ドメスティック・バイオレンス（DV）とその背景 ……180
25 子どもはだれと愛着を形成するか ……142	3 家庭内暴力 ……184 　——親と子間の暴力
26 施設で育つ子どもたち ……144	4 親子関係の隠れた病理 ……186
27 地域子育て支援 ……148	5 家族カウンセリングとは？ ……188
28 ひとり親家庭 ……152	6 親教育 ……190

V　親と子の関係

VII　家族のゆくえ

1 パラサイトはなぜ？ ……154 　——離家規範の不在	1 性の自由化と家族 ……192 　——親にとっての子ども
2 親の介護をめぐる家族の葛藤 ……156 　——長期化する介護，やめられない介護	2 家族の共食は今 ……194 　——貧困化する家族の機能
3 祖父母は今 ……160	3 問われる家族／夫婦間の衡平性 …196
4 子は宝か ……162 　——改めて問われる子どもという価値	4 少子化のゆくえ ……198 　——少子化は解消するか／解消すべきか
5 子どもの価値にもジェンダー ……166	5 情報化の進展と家庭 ……200
6 今，子どもの命は？ ……168 　——人口革命	6 住居／住居と家族 ……202
7 子どもをもたない生き方 ……170 　——結婚—性—生殖の崩壊	7 ワーク・ライフ・バランス ……206
8 生殖医療による子の誕生 ……172 　——血のつながりのない親子関係	8 社会／家族政策 ……208
9 養子を育てる同性カップル ……174 　——〈異性愛／セックス—子ども〉の崩壊	9 家族と法律 ……210

さくいん ……214

やわらかアカデミズム・〈わかる〉シリーズ

よくわかる
家 族 心 理 学

Ⅰ　家族とは何だろうか？

 今，日本の家族は？
——家族は本当に危機か／崩壊か

❶ 『問題』な家族現象さまざま

　毎朝，新聞を開くと，家族がらみの悲惨な事件が必ずといっていいほど眼に飛び込んできます。テレビは，生々しい映像とともにさらに詳しく報道しています。無差別殺人をした男が「親を困らせたいと思った」，懸命に老妻を介護してきた夫がその妻を殺してしまった，幼い子どもを親が虐待し死なせてしまった，思春期の娘が父親を殺した，などなど，ごく最近の事件が次々と思い浮かびます。

　どれをとっても悲惨きわまりない事件。あってはならないことばかりです。それもアカの他人ではなく，最も信頼し愛し合っているはずの家族間に起こった事件であるだけに，人々は一体なぜ？　どうして？　と疑問をもちます。こうした疑問や関心に応えるように，事件が繰り返し大きく取りあげられ，人々の関心や憂慮は一層かき立てられます。そして日本の家族は変になってしまった，家族の危機だ，崩壊してしまうといった感想を抱くことにもなっています。

「日本の家族は『危機』『崩壊する』」のか

　確かにあってはならない事件です。けれども事件の表層から家族がおかしい，危機だと断定するのは早計です。その理由の１つは，事件がいかに凶悪でも，それがなぜ起こったかその複雑なメカニズムを考えねばならないことです。なぜ子が親を，親が子を，夫が妻を凶悪な形で害したか，その背景や理由，動機には多様な要因が関係しており，加害者個人やその家族だけを糾弾することでは済まないものだからです。

　もう１つ考えるべきことは，凶悪な事件が実際に起こった以上により多く頻繁に報道されていることです。それは，人々の強い関心に応えるため，ひいては新聞なり雑誌なりの売れ行きにつながるからでもありますし，事件を問題視するメディアの姿勢でもあります。ともあれ，人々は頻繁な報道によって，事件の多さと重大さをいやがうえにも強く印象づけられ，その報道の論調から危機感を煽られます。その結果，慎重に考え冷静に判断することが妨げられがちです。家族の危機，崩壊論は多分にこうした過剰な情報の結果の判断の偏りや感情的反応を含んでいます。家族というものはそう簡単に危機や崩壊にいたるものではありません。

③ 静かにしかし着実に進行している家族／結婚の変化

家族の殺人といった耳目をそばだたせる事件ではありませんが，実はこれまでになかった家族がらみの現象が近年，日本で静かに進行してきています。**晩婚化／非婚化**，**離婚の増加**，**少子化**，などです。

しばらく前まで，女性は「クリスマスケーキ」にならないように結婚することを本人も周囲も目標にしたものでした。その後，年齢は少し遅くなり「年越しそば」となりましたが。いずれにせよ，女性はなるべく若いうちに結婚するのが幸せとされ，適齢期が厳然とあったのです。それが大分変化しました。

かつては23～24歳頃にあった高いピークはどんどん後の方にずれ，同時にピークの山の高さも低くなり，初婚年齢は幅広い範囲に分布しています。かつてはなかった年配での初婚が増えてきていることがみてとれます。晩婚化です。

晩婚化は非婚，生涯結婚しない人を増やしつつあります。もちろん，生涯未婚の女性はかつてもいました。戦争で結婚相手がいなくなり大量の未婚女性を生みました。戦争の犠牲者です。今日の非婚はこれとは大分違います。結婚相手がいないわけではない，けれども結婚を躊躇し忌避しての非婚です。結果として男性の未婚者も増加しています。

これは日本社会にとって注目すべき現象です。日本は明治期以来，ほとんどの男女が結婚するのが通例，それが幸福な人生とされてきました。これは，結婚しない人，それもできないからではなくあえて結婚しない生涯独身の人が少なからずいる欧米社会からみると，日本の高い婚姻率は驚きで，日本人は「結婚好きな国民」といわれたものでした。そうした日本に非婚化という現象が生じたことは，一大事件といってもよいでしょう。

離婚も増えました。日本の離婚率は2.15で，ロシア，アメリカといった離婚大国に比べれば低いものの，イギリス，ドイツ，カナダなど欧米諸国の水準に近づきつつあります。とりわけ多いのは，結婚後2，3年以内と20～30年後の中高年の離婚です。前者は日本では昔からそう珍しいことではありませんでしたが，中高年の離婚の増加は最近の特徴です。

さらに，結婚したカップルにみられる少子化傾向です。子どもをもたない人生を選択するDINKSも少なくありません。

このような非婚，離婚，少子化など結婚／家族に生じている現象は，個人の自由だとされながらも，これでは日本の社会はどうなる？と憂慮され，解決の方策が問われています。労働力不足や年金制度の困難などから，少子化の解消が政治的課題になっているのは，その典型です。

こうした家族現象は果して「問題」「危機」でしょうか。本書ではこのことを心理学の研究から考えることにします。

（柏木惠子）

I-1 今，日本の家族は？

▷1 晩婚化／非婚化
⇒ II-8 参照。

▷2 離婚の増加
⇒ III-18 の図III-19参照。

▷3 少子化
⇒ VII-4 参照。

▷4 女性は適齢期の25歳を過ぎたら，売れ残りのクリスマスケーキに値がないのと同様とされた。

▷5 女性の初婚年齢の分布については，II-8 の図II-14参照。

▷6 DINKS
高収入・高消費型のライフスタイルを送る，大都市圏に住む子どもをもたない共働き夫婦を指すことば。V-7 参照。

参考文献

毎日新聞人口問題調査会 2000 日本の人口：戦後50年の軌跡――全国家族計画世論調査 第1回～第25回調査結果

上野千鶴子 1994 近代家族の成立と終焉 岩波書店

匠雅音 1997 核家族から単家族へ 丸善ライブラリー

落合恵美子 2004 21世紀家族へ［第3版］：家族の戦後体制の見かた・超えかた 有斐閣

阿藤誠・兼清弘之（編）1997 人口変動と家族 大明堂

I　家族とは何だろうか？

 結婚の魅力は低下した？!
──戦略としての結婚・家族

結婚は「必要ない」「デメリットが多い」と

　「結婚好きな国民」だった日本人の間に，結婚を躊躇／忌避する傾向が生まれています。若者たちの間では「なんといっても女の幸福は結婚」と考える人は少数となりました。そして「結婚しない生き方」を「いいんじゃない」と肯定しているのです。このような結婚への消極的な態度は当然，結婚を遅らせます。そうはいっても結婚をまったく否定しているわけではありません。「いつか結婚したい」「適当な人にめぐりあったら結婚する」とは考えています。けれども，その「いつか」や「適当な人」という条件は容易に充たされないのです。

　なぜ独身でいるか。25～35歳の男女未婚者の「結婚しない理由」と「結婚できない理由」の筆頭は男女とも「適当な相手にめぐり合わない」です。つまり，したいと思ってはいるけれども「適当な人がいない」というのです。一方「しない理由」つまり結婚する気がないのは，男女とも「必要性を感じない」「自由や気楽さを失いたくない」からです。つまり結婚の必要性はないと思い，しかも結婚はデメリットが大きいと考えており，結婚への消極的な態度が強いといえましょう。「適当な人」とは，このように必要性もメリットも感じていない結婚に踏み切らせるほどの魅力がある人なのでしょう。しかしそれほどの魅力をもつ人との出会いは至難でしょう。

　こうした若い男女の結婚への消極的な態度が最近の未婚率の上昇となっています（図 I -1）。

　先にみたように「適齢期」規範は薄れ，結婚の必要性もさして感じず，メリットよりもデメリットが大きいとなれば，結婚は躊躇され，はては非婚になる，これが生涯未婚者の増加になっているのです。

2　結婚の価値の変貌──かつて結婚は人の生活手段／生命線だった！

　なぜ若者は結婚の必要性を感じなくなったのでしょうか。またメリットよりデメリットが大きいと思っているのでしょうか。

　長らく，結婚というものは人が生きるうえでまた子孫を残すうえで必要な方策でした。「嫁」という文字は，女性が自分の稼ぎで生活できないため，どこかの家に所属し扶養されなければ生きていけなかった状況を端的に示しています。幼少時は親の家で，結婚したら婚家で，夫の死後は息子の家で。それが，

▶1　II-8 の図II-15参照。

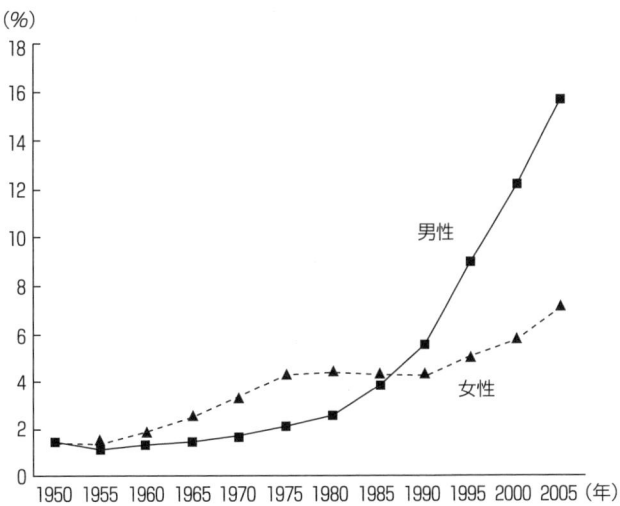

図 I-1　生涯未婚率の変化

出所：国立社会保障・人口問題研究所　2008　人口統計資料集より作図。

女性に職業への道が開け経済的自立が可能となって，「嫁」的生活は不要となりました。これは，女性の努力もありますが，高学歴化と労働市場への参入可能という社会の変化あってのこと。社会の変化が女性の自立を可能とし，「家」への依存——「嫁」的人生を断ち切らせたのです。

男性にとっても事情は同じです。かつて学生でも勤め人でも独身男性には「賄い付き」下宿は必須でした。コンビニも簡便な外食産業もなく洗濯など身辺の家事をしてくれる商売もなかった当時，家で母親がしてくれた給食や家事を代行してくれるのが「賄い」でした。賄い付き下宿に延々といたくない，専属の家事執行者が欲しい，その必要性が結婚への強い動機でした。「嫁」として生きることが余儀なくされていた女性と，家事のみならず愛情も性も充たしてくれる相手を求める男性，この双方にとって結婚は生きるうえで必要性大だったのです。

その必要性が激減しました。ひとりで自立した生活ができるようになった女性，外食中食，家電や家事代行によって生活上，結婚はさほど必要ではなくなった男性，です。それどころか，結婚生活は，独身でいることで享受している自由や気楽な生活を阻害するデメリットを予想させます。こうして結婚の必要性も魅力も大幅に縮小したのです。

3　性の自由化も結婚の価値低下へ

性の自由化も結婚の価値を低下させたことも否めません。性についての意識調査結果では，性と結婚との結びつきが緩くなった「性の自由化」への急激な変化を明らかにしています。このことは処女，童貞も死語となったと同時に，結婚の価値低下にも大きく与っていることは確かでしょう。　　　　（柏木惠子）

▷2　中　食
⇒ I-15 参照。

▷3　性の自由化
⇒ II-2 VII-1 参照。

▷4　NHK放送文化研究所　2000　現代日本人の意識構造　日本放送協会。
II-7 参照。

(参考文献)
大沢真知子・脇村康平　1994　結婚の経済学　東京大学出版会
岩上真珠　2003　ライフコースとジェンダーで読む家族　有斐閣

Ⅰ　家族とは何だろうか？

 「あなたの家族はだれですか？」
―― 「愛犬こそ私の家族」と答える時代

1　家族って何だろう？

▷1　コンパニオン・アニマルについては，Ⅰ-9参照。

▷2　上野千鶴子　1994　近代家族の成立と終焉　岩波書店。

▷3　ボス，P.（著）南山浩二（訳）2005　「さよなら」のない別れ　別れのない「さよなら」；あいまいな喪失　学文社。

▷4　物理的にはいるのに心理的にはいない状態。

　家族であることの条件とは何でしょうか。言い換えればどのような条件を満たせば家族といえるのでしょうか。改めて考えてみるとこれはなかなかの難問です。血縁関係があること，一緒に暮らしていること，結婚など法的な関係があること，気持ちが通じあうこと等々，いろいろ考えられます。しかし，どれも家族を一言で定義するにはもの足りません。

　さまざまな関係を「どのくらい『家族らしい』と思うか」を評定してもらった結果が図Ⅰ-2です。親子であれ夫婦であれ，仲が悪かったり別々に暮らしていたりする場合は「家族らしさ」は低下します。それでも親子関係の場合，どれほど仲が悪くても「家族らしくない」と判断されたものはありませんでした。

　一方，夫婦関係では「仲が悪い」という条件がつくと「家族だと思わない」と評定されやすくなりました。親子は選ぶことのできない所与の関係であるのに対して，夫婦関係は自分で選んで結ぶ関係です。したがって選択の根拠である愛情がなくなれば，関係の基盤自体が稀薄になると判断されたのでしょう。「もはや愛情を感じなくなった配偶者より可愛いペットのほうがずっと大事な家族である」ということも起こりえます。

　つまり「家族とは何か」の定義には，血縁や姻縁といった客観的な基準だけでなく，「この人を家族と思うかどうか」という主観的・心理的な基準も関係しているのです。

2　「私の家族はこの人です」

　これをはっきりと示したのが，ファミリーアイデンティティ（FI）調査です。ファミリーアイデンティティとは，ある人が自分の家族とみなす人（や生きもの）

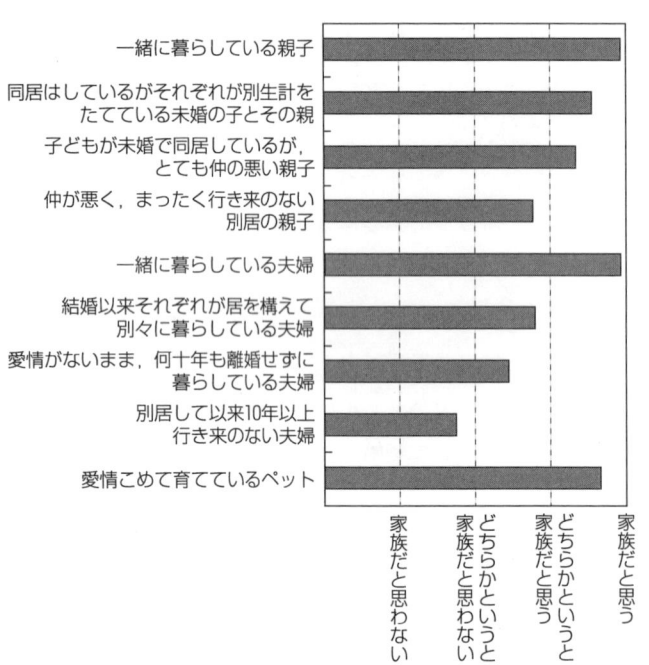

図Ⅰ-2　「家族である」と判断される度合い

出所：大野祥子　2001　家族概念の多様性；「家族であること」の条件　鶴川女子短期大学紀要　23, 51-62，より作図。

の範囲のことです。FI は同居の範囲や血縁関係と重なるとは限りません。現在一緒に暮らしている人が FI に含まれず，何年も前に亡くなった人が含まれている場合もあります。同居している人どうしの FI がずれていることも珍しくありません（図 I -3）。

つまり人間にとって家族と家族以外とを分ける境界線には，生活を共にしているか，親子・夫婦など"名前のつく"関係であるかどうかによる物理的な境界と，「この人は私の家族だと思うかどうか」で決まる心理的な境界とがあるのです。この 2 種類の境界線が一致しない場合，人は強いストレスにさらされます。

たとえば，認知症で自分のことがわからなくなってしまった家族の介護を続ける人，独立した子どもを心配しつづける親などがそれにあたります。「家族である」ことの条件として，気持ちが通じあっていると実感できることが重要であるといえます。

❸ 多様化する家族の形

近年，離婚・再婚の増加や生殖医療の普及により，"親子"や"夫婦"といった最小単位の関係でさえ定義の難しい事例があらわれています。

事実婚や遠距離結婚のカップルは「婚姻届を出して所帯をもつ」という従来の結婚のスタイルはとりません。そのため法律婚のカップルと何ら変わらない愛情で結ばれていたとしても，社会保障制度が世帯を単位として設計されている現行制度の下では不便を余儀なくされたり，本人や子どもが不利益をこうむることもあります。

法律による一義的な定義には収まらない関係について裁判で争われる事例も出てきています。代理母による出産でもうけた子どもが戸籍上依頼者夫婦の実子と認められるかどうか，代理母の出産前に依頼者夫婦が離婚した場合の子どもの扱い等は実際に国内外で裁判所に判断が委ねられたケースです。いわゆる「300日問題」も，現実と，法律が規定する親子関係の齟齬がもたらした問題といえるでしょう。

海外では同性のカップルの婚姻を認める，もしくは異性カップルと同等の法的な保護を与える国もあります。人間の欲求の拡大に従って，どこまで家族概念を拡張してよいかは慎重な検討が必要です。しかし，家族とは人を縛るためではなく，人が幸せになるための関係と考えれば，人々の意識や実態に合わせ，法律や社会制度が示す公的な家族観も修正されていくべきでしょう。

（大野祥子）

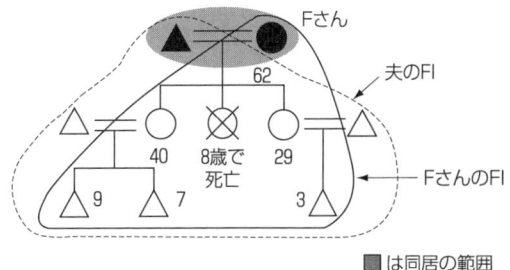

■は同居の範囲

図 I -3 ファミリーアイデンティティの例

出所：上野（1994）より。

▷5 物理的にはいないのに心理的にはいる状態。

▷6 2007年，最高裁は「現行の民法では，出生した子の母は懐胎・出産した女性と解さざるを得ず，代理出産で卵子を提供した女性との間に母子関係は認められない」とする判断を示した。

▷7 2008年，インド人の代理母に出産を依頼した日本人夫婦が出産前に離婚し，元妻と代理母が子どもの引き取りを拒否した事例。インドでは独身男性の養子縁組が認められないため，親権者が決まらず，父親が引き取ることができない状態になった。

▷8 300日問題
離婚後300日以内に生まれた子を前夫の子とみなす民法の規定により，早産や，正式な離婚が成立するまでに時間がかかった場合などに，前夫ではない男性との間の子どもが戸籍上前夫の子となってしまうことを嫌って，子どもが無戸籍になる問題。

▷9 オランダ・ベルギー・スペイン・アメリカとカナダの一部の州等では，同性カップルも異性カップルと同様の婚姻が可能。同性カップルに対して異性カップルに準じる権利を認める法律をもつ国はヨーロッパ・南米等に多数ある。

Ⅰ　家族とは何だろうか？

　家族のイメージ
——家族に何を求めるか

1　家族のイメージ

人は「家族」と聞いてどのようなイメージを思い浮かべるでしょうか。「わが家にいるようにリラックスできる雰囲気」は「アットホーム（at home）な雰囲気」と表現されますし、「きょうだいのように仲のよい友人」「自分の子どものように可愛いがる」など、「家族」は親密で温かい関係であることのたとえに使われます。

「家族」の意味を尋ねた調査（図Ⅰ-4）では、「団らん」「やすらぎ」「絆」などが上位にあげられています。「家族」とは仲が良く、安心できて、一緒にいると楽しい関係の象徴と考えられているようです。

2　家族の機能

近年、「家族が崩壊した」と論じられることが増えています。家族が問題をもつという状態を、(1)社会の利益を損なうか—個人の幸福を損なうか、(2)経済的な問題か—感情的な問題か、という2つの軸で分類したのが図Ⅰ-5です。この分類によれば家族らしくない家族には4つのパターンがあることになります。Aは家庭が、働き手が十分に休息できる場として機能していない状態や、次世代の労働力である子どもの人数が減少することを意味します。Bは家族内でメンバーの心身の安定がうまくはかられないために非行や犯罪に走るなど、公共の秩序を脅かす状態であるような場合です。Cは生活苦や親の家事・育児放棄によって、衣食住など生活の基本となる資源やケアが十分に与えられない状態にあること、Dは家族関係が温かみに欠け情緒的な満足が得られないような状態をさしています。

これらの問題は裏を返せば、家族にどのような機能が期待されているかをあらわしています。家族とは、そこに集う成員の衣食住など生活の保障を通して健康と安らぎを与える場であると同時に、彼・彼女らを有為な社会の構成員たるべく育成し、心身の安定をはかることによって

▷1　山田昌弘　1994　近代家族のゆくえ；家族と愛情のパラドックス　新曜社。

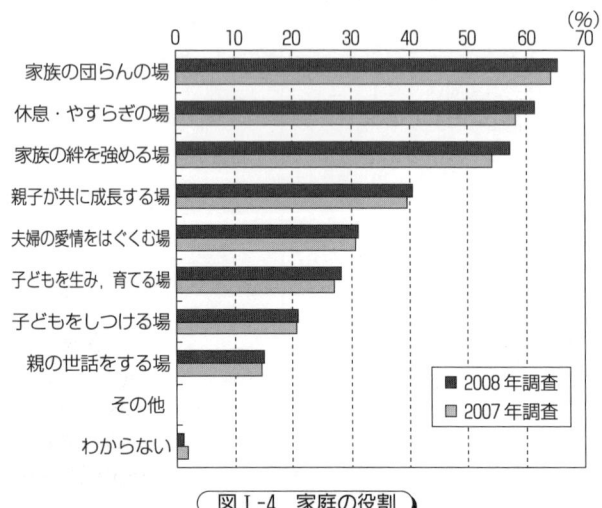

図Ⅰ-4　家庭の役割

出所：内閣府　2008　国民生活に関する世論調査。

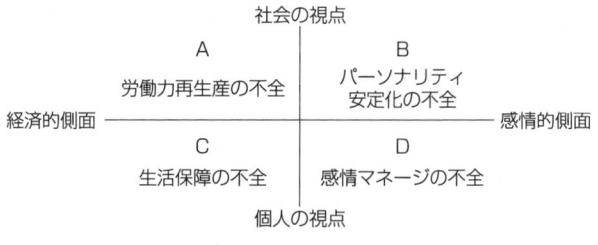

図 I-5　家族問題の4つの類型

出所：山田（1994）。

社会をも安定させる機能を求められているといえます。

③ だれが温かさ・やすらぎを与えるのか

　家族の機能に対するこうした期待には，仕事や学校などの公的・社会的な活動が表のステージで，家族は表での活動を高めるための準備をする舞台裏という区分が透けてみえます。では，舞台裏に戻ってきた家族メンバーを温かく迎えて元気づけ，再び表舞台へ送り出す裏方にあたるのはだれなのでしょうか。

　家庭にあって家事や家族の心身のケアなどのシャドウワーク（見えない仕事）を担ってきたのは，主婦であり母親である女性たちです。欧米では産業社会化によって，働き手としての男性が家庭から切り離され，家庭を守るのは女性の役割とする性別役割分業が起こりました。日本では明治期に富国強兵策の一環として女性の母としての役割が強調され，良妻賢母が国をあげて奨励されました。以来，献身的な妻，無私の愛情を惜しみなく注ぐ母というイメージは，「母親コンセプションズ」として我々の心に深くしみ込んでいます。「優しさや細やかさという特性をもった女性が家庭で子どもや高齢者の世話をするのが理想的」とする政策は，1980年代には「日本型福祉社会」として喧伝されました。

　しかし，家族の世話が女性の本能でも天職でもないことは，後の項目で述べるとおり，育児や家事に追われる専業主婦たちに**育児不安**や不全感，孤独感が強いという事実によって露呈しました。一方的に愛情やケアを与え続け，自分は誰からもケアされなければ，主婦のエネルギーは枯渇して当然です。「家族の崩壊」とは実は，以前はそれなりに効率的（な方法）だった性別役割分業の限界のことなのではないでしょうか。

　森岡（1983）は家族を「夫婦・親子・きょうだいなど，少数の近親者を主要な成員とし，成員相互の深い感情的かかわりあいで結ばれた，第一次的な福祉志向の集団」と定義しました。この定義は後に最後の部分が「第一次的な幸福追求の集団」と変更されました。「福祉」には与え手と受け手がいますが，「幸福追求」はだれもが平等・対等にもつ権利です。定義の変更は，「家庭を温かく整えるのは主婦の責任」から「家族は互いに支えあう対等な立場であるべき」という価値観の変化を端的にあらわしています。

（大野祥子）

▷2　家族内ケアについては，III-2 参照。

▷3　牟田和恵　1996　戦略としての家族；近代日本の国民国家形成と女性　新曜社。

▷4　母親コンセプションズ
日本の歴史文化のなかで長年にわたり構築されてきた「献身的・自己犠牲的に家族の世話をし，舅姑に仕え，子どもの教育に励む」という日本人がもつ母親イメージ（山村賢明　1971　日本人と母；文化としての母の観念についての研究　東洋館出版社より）。

▷5　育児不安
⇒ IV-11 IV-12 IV-20 参照。

▷6　孤独を感じる妻については，III-10 参照。

▷7　森岡清美（編）1983　家族社会学［新版］有斐閣双書。

▷8　森岡清美・望月嵩　1997　新しい家族社会学［四訂版］　培風館。

I　家族とは何だろうか？

 人類の家族はどのように誕生したのか

1　人類の家族の起源を探る──「歴史のなかに家族をみる」の極

　人間の家族の特徴を知るには，「家族」を少し距離をおいてみることが重要です。私たちは自分の体験や身近な見聞から，家族とはこういうものだという家族観をそれぞれもっています。けれどもそれは「家族」の1つではあっても，人間の家族の特質を十分にとらえてはいません。むしろこれぞ「家族」と思い込んでいるために，また利害や感情に捕われているために，家族現象を誤解したり人間家族の本質を見誤って片寄った意見をもちがちです。こうした誤解や偏見に陥る危険を避けるには，2つの方策があります。1つは自分たちの社会とは異なる他の社会での家族をみること。もう1つは，歴史を遡り過去の家族をみることです。

　ところで，「『家族』を歴史のなかにみる」視点の極として，人類の家族の起源をみることがあります。一体なぜ，人間に「家族」が生まれたのでしょうか。これがわかれば，家族や結婚が人間にとってどのような意味や役割があるかが明らかになるでしょう。また，人間の家族は社会によって時代によって多様なものがありながら，男と女が長期的にペアを組む，そのペアによる子の**養育**，子の成熟後も継続する親と子の関係といった共通性があります。なぜそうなのでしょうか。それも人類に家族が生まれた契機をみることで明らかになります。

2　人類最初の家族の発見

　化石人類学，分子人類学，進化生物学，進化社会学など近年発展しつつある学問は，人類はアフリカの類人猿なかでもチンパンジーと最も近縁で，およそ500〜700万年の間に類人猿から分岐したと推定しています。ところで，1974年，エチオピアでヒト科の化石群が発見されました。化石は1個ではなく，同じ場所に男女，おとな，子ども13人分の化石が散らばっていました。このことは性，年齢を異にする人々が同じ場所で生活を共にしていたことを示しています。この化石群は人類最初の「家族」とみなされているのです。

3　性と食は人類家族の「親」

　では，どのようにして「家族」が人類に生まれたのでしょうか。他の動物にもそれなりの「家族」があります。けれども　男と女が長期的ペアを組む，そ

▷1　関口祐子・鈴木国宏・大藤修・良見修子・鎌田とし子　1989　日本家族史；古代から現代へ　梓出版社。

▷2　**養育**
⇒ⅣⅤ-1　Ⅳ-2　Ⅳ-4　Ⅳ-22　参照。

▷3　山際寿一　1994　家族の起源；父性の登場　東京大学出版会。

▷4　それは約300万年前のヒト科の化石で，大きな脳と直立二足歩行ができる脚を備えていた。大きな脳と直立二足歩行は，人間を近縁の類人猿から一線を画する重要な特徴であり，この化石は人類最初のものとみなされた。

▷5　家族の成立については，Ⅳ-2　参照。

のペアによる子の養育，子の成熟後も親との関係が継続するといった特徴は，他の動物にはない人間独自の特徴です。このような人間家族がなぜ，どのようにして誕生したのでしょうか。「性と食は人類家族の親である」といわれます。「家族の親」とは，性と食にかかわる行動の特徴が人類に家族を成立させた，という意味です。

○人間の性の特殊性；「性の隠蔽」──「男女の継続的共住＝家族形成」を促した

人間に限らず，男（オス）と女（メス），2つの性がある有性動物は両性の交尾／性交が，妊娠／出産という種の保存のうえで必須です。ところで，哺乳類のメスには性周期──性ホルモン分泌─排卵の周期があり，妊娠はこの性周期間に限られます。ところで人間以外の動物では，排卵期にメスは発情し，オスを受け入れる体制になります。しかもメスの〈排卵─発情〉状態は外からはっきりわかる形でサインが出ます。メスの性器の周辺は赤くなるのです。オスはこのサインがあるメスに近づき性交すれば，そのメスは受け入れほぼ確実に妊娠します。メスのサインがオスの性交─妊娠を確実にしますから，それ以上継続してかかわる必要はありません。そこで，オスは性交後相手のメスから離れてしまい，継続的なペアにはならないのです。

ところが，人間は同じ哺乳類でも決定的に違います。もちろん性周期はありますし，排卵期でないと妊娠しないことは同様です。ところが，いつ排卵期なのかは女性本人も（基礎体温を計って観測していない限り）わかりません。外側からこれとわかるサインが出ることも一切ありませんから，「今が排卵中─妊娠可能」だなどとわかろうはずがありません。「性の隠蔽」といわれるこの人間の性の特徴が，男と女を一時の関係で終わらせず，継続的な結びつきを生じさせることになったのです。一緒にいて継続的に関係をもつことが必要だからです。しかし，共に生活する，それも継続的な関係をもつことは必要だけでは成り立ちません。そのために「食」が役割を果たしたのです。これについては I-6 でみることになります。

○排卵と発情が分離した人間の性──人間の性は心が決める

しかも人間では，発情は性周期と無関係になりました。発情が排卵という身体的条件やホルモンの支配によらず，より心理的なものとなったのです。その結果，相手に魅力を感じるか否か，心地よい関係かといった心理的要因が人間の性行動と共住関係を規定することになったのです。性戯ということばがあるように，人間の性行動は多様な行為とコミュニケーションを含む幅広い性愛の交換に特徴があります。相互の魅力を増し男女の関係を強めて継続的な関係とする役割を，もう1つの親「食」が果たしたのです。

このように食と性は人類の家族が誕生した重要な契機です。その性と食が，いま，家族でどうなっているでしょうか。科学技術や産業の発展とからんで，大きく変化しています。このことは I-8 でみることになります。（柏木惠子）

参考文献

大口勇次郎（編）2001 女の社会史17 20世紀；『家』とジェンダーを考える 山川出版社

松沢哲郎・長谷川寿一（編）2000 心の進化；人間性の起源をもとめて 岩波書店

根ヶ山光一（編著）2001 ヒューマンサイエンスシリーズ4 母性と父性の人間科学 コロナ社

西田利貞 1999 人間性はどこから来たか；サル学からのアプローチ 京都大学学術出版会

Ⅰ　家族とは何だろうか？

 共食が人類家族誕生の契機
——共食という文化

🔵1　食が家族成立の「親」とは？——共食の成立とその効用

　性が隠蔽された人間の特殊性は男女が共に住み継続的な関係「家族」をつくる必要をもたらしたことを Ⅰ-5 で述べました。この関係を強固なものにしたのが食，食を共にすることです。「同じ釜の飯を食う」ことは，お互いの親しみや連帯感を強めます。何かというと「飯でも食おうや」と誘い合い各種のコンパや宴会が開かれるのは，こうした**共食**の効用を予想してのことです。

▷1　共食
⇒ Ⅰ-15 Ⅶ-2 参照。

　性と生殖（子づくり）のために男と女が継続的に一緒に生活する必要に迫られた人類は，相手の関心をつなぎ止めペア間の心理的絆を強める必要が生じます。ここに共食が大きな役割を果たしたのです。とはいうものの，共食という行為は他の動物にはない人間に特異な行為で，そこには進化的な背景があります。

▷2　山際寿一　1994　家族の起源；父性の登場　東京大学出版会。

🔵2　二足直立歩行が食行動を変えた——「空いた手」—運搬—共食へ

　破格に大きな脳と二足直立歩行は人間のしるしともいわれる特徴です。この２つが共食—家族の成立を促した基盤です。とりわけ二足直立歩行の成立は人間の行動を大きく変化させましたが，共食もその１つです。

　なぜ人間は近縁の類人猿と異なり二足直立歩行なのでしょうか。それは生態系の変化への適応の所産，つまり進化の結果です。先の化石の時代と推定される300万年前頃，地球には気温低下と乾燥化という気象変化が起こりました。その結果，それまでの棲息地だった熱帯林が縮小し砂漠や草原が出現しました。この新しい環境のなかで生き延びるために，それまでの熱帯林での行動様式は通用せず新しい行動様式を身につけることが余儀なくされました。自分の体をどのように移動させるか——移動パターンはその典型でした。枝をつたう（枝渡り）は，体重をかけてぶら下がれるような木がなくなって不可能。四肢を使った低い姿勢の移動も，草原や砂漠的環境では不要ですし視野が狭くて不利です。そこで新しい環境の変化にあう姿勢や移動パターンが生まれ，次第に定着していったのです。

▷3　西田利貞　1999　人間性はどこから来たか；サル学からのアプローチ　京都大学学術出版会。

　この変化には，同時的に進行した大脳の発達が不可分に結びついています。大脳が著しく発達した，つまり重くなった頭部を支えるには，四つ足姿勢は無理，頭部を体の上部に据えて支える姿勢に変化して前肢は地面から離れ後肢だ

けで立ち歩くことになりました。二足直立歩行の成立です。

　ここで重要なのは、歩行は後肢だけでよく、歩行には不要になった前肢が空いたことです。かつての前肢は「手」となり、ものを摑む／運ぶなどに使えるようになったのです。「手が空いた」ことは人類が文明を発展させた基盤といわれ注目すべきことですが、いま問題にしている共食もその手で食べ物を持ち運ぶことができるようになったからなのです。

３　共食の喜び、「どうぞ」と贈る心──他者の心を知る

　さらに、人類は「一緒に食べる」楽しみや共食の効用を知りました。そのために自分だけで食べずに持ち運ぶ、そして共食することになったのです。動物は自食─自分で餌を探し見つけた所で自分だけで食べるのが基本です。「手がない」四肢動物は運ぶには口でくわえるしかなく、それでは大した量も遠くにも運搬できません。そこで見つけたところで食べることになるのです。さらに、動物は共食を楽しむ、他と喜びを分かち合うという心理をもちません。動物が一緒に食べている場面をみかけますが、それは相手に分けてあげているのでも一緒に食べるのを楽しんでいるのではありません。一匹が見つけた食料を食べているところに、他の動物が寄ってきてその食料を皆で食べているにすぎません。

　おなかがすいたら食べたい、食べると大満足という風に、動物は自分の欲求や感情で行動します。人間ももちろん、食欲があり、それが充たされれば幸福感を味わいます。けれども、それだけではありません。自分が食べておいしいと思ったら、子どもはそれを母親に「どうぞ」と差し出すことをします。自分がおいしいものは他もうれしがるだろう、自分と喜びを共有したいという気持ちをもっているのです。自分が心をもっているように、他者も自分と同様の気持ちをもっていることを知る、その力を人間は幼少期から備えているからです。「心の理論」といわれるものですが、これは人間の大脳が高度に発達した、その最も重要な所産です。

　気に入られたい、継続的な関係を強めたいと願う相手が、何を求め何を喜ぶかを敏感に察知し、相手に必要な食べ物を持ち運び共に食することになったのです。二足歩行によって空いた手による運搬能力と心の理論とが結びついて共食が起こり、それが家族の絆を強めることになったのです。共に食べる喜びを共有したい、相互の絆を強めたいと願う人のところに、食料を持ち運び、共食する、こうして食が家族の絆を強めることになったのです。家族の「親」といわれる所以です。

〈柏木惠子〉

▷４　子安増生　2000　心の理論；心を読む心の科学　岩波書店。

▷５　心の理論
人はどのような時どのような気持ちを抱くか、どのように考え振る舞うか、といった心の働きや性質について理解する枠組みを「心の理論（Theory of Mind）」という。心の理論をもつことによって、子どもは他者の行動を的確に理解したり予測することが可能となる。

（参考文献）
　長谷川寿一・長谷川真理子　2000　進化と人間行動　東京大学出版会
　トマセロ, M.（著）大堀壽夫（訳）2006　心とことばの起源を探る；文化と認知　勁草書房
　松沢哲郎・長谷川寿一（編）2000　心の進化；人間性の起源を求めて　岩波書店

Ⅰ 家族とは何だろうか？

 家族は変化／発達する(1)
―― 子どもの誕生／成長による変化

1 家族の危機と成長

結婚によって新しい家族が誕生し，時の流れと共にその関係も変わっていきます。とりわけ子どもの誕生と成長は，家族にとっての大きな喜びですが，一方でさまざまなストレスや危機をもたらします。危機とは，一般的に悪いもの，無い方が良いものと考えられがちですが，実は，そもそも危険＋機会（好機・転機）という意味がある言葉で，家族として生活していくうえで避けることのできない必然的なものです。

また，危機を乗り越えるためには何らかの変化が必要です。多くの家族は，危機に直面し，時に悩み傷つきながらも，自分たちの力で，あるいは友人や実家などのサポートを得ながら徐々に変化し，危機を乗り越え成長していきます。しかし，うまく変化することができないと，家族関係が極端に悪化したり，特定の家族メンバーに症状や問題が現れることがあり，**家族療法**などの専門家による支援が必要になります。では，子どもの成長と共に，家族はどのような危機に直面し変化していくのでしょうか。ここでは，とりわけ家族の関係が大きく変化する3つの段階を取りあげてみます。

2 子どもの誕生と育児――幸せとストレスの狭間

子どもが誕生することで，家族は二者関係から三者関係に変化します。夫婦は，夫と妻から，夫であり父親である，妻であり母親であるという新たな役割を引き受けなければなりません。子育ては，経済的ストレス，肉体的ストレス，心理的ストレスをもたらすものであり，次々と押し寄せてくる難問に対して夫婦がどれだけ理解し合い協力し合っていけるかが非常に重要です。

さまざまな難問を解決していくことは，どの夫婦にとっても決して容易なことではなく，互いに気持ちや，考えを表現しつつ理解しあえるようなコミュニケーションの能力が必要になります。一方が支配的にパートナーを抑圧したり，双方が譲らずに衝突ばかりするようなパターンが続くと，夫婦関係に対する不満が募り，浮気や離婚という問題も起こりえますし，子どもにその影響が現れて心身の健康を害することもあります。しかし，時には葛藤を感じたり衝突しながらも，夫婦が理解し合い協力し合っていくことができれば，夫婦の絆はより一層強いものになり，その後の子どもの成長を支える基盤となります。

▷1　**家族療法**
家族をシステムとしてとらえ，個人の心理的側面のみならず，家族メンバー間の相互影響関係や社会との交流も視野に入れた心理療法，家族関係にダイレクトに介入できるメリットがある。

▷2　たとえば，家事と育児を二人でどう分担するのか，仕事と家庭をどう両立するか，実家からどのような援助をどの程度求めるか，日々の心身の疲労をお互いにどのように支え合うか，お互いの子育ての方針や価値観についてどのように理解し歩み寄るか，など。

❸ 大人になりつつある子どもと親子の葛藤──思春期の子どもと親

　乳幼児期から児童期までの子どもは，親に依存し守られながら生きていますが，第二次性徴を迎え思春期になると，身体的には大人と何ら変わりなくなり，親から距離を取って仲間関係がより重要なものになってきます。しかし，心理的には決して大人になりきっておらず，親に対して自己主張し，自分らしさを確立しようとする自立的な側面を見せることもあれば，親に守られ，親が支えてくれること，甘えさせてくれることを期待する依存的な側面を見せることもあり，親としてもどのように子どもと関わったら良いのか迷うことが少なくありません。時には衝突することはあっても，試行錯誤を繰り返しながら，子どもの自立を促進し依存を受け止める親子関係へと変化していく必要があります。つまり，大人になるということは，親との関係を切るということを意味するのではなく，親との絆を保ちつつも，自分らしさを確立していくことなのです。

　こうした子どもとの関わりを乗り越えるためにも，夫婦としての協力関係が改めて問われることになります。この時期の子どもは，心身の問題や行動上の問題を呈することが少なくありませんが，その改善を大きく左右するのは両親の夫婦関係であると言っても過言ではありません。

❹ 子どもの巣立ちをめぐる親子の葛藤

　子どもが成人期を迎えると，就職や結婚による親離れ・子離れが現実のものとなってきますが，少子・高齢化が急速に進んでいる現代においては，子どもが成人した後の親子関係の変化も，無視できない大きな課題となっています。というのも，経済的にある程度豊かに暮らすことが当たり前になっているために，子どもは親からなかなか独立しようとせず，親も子離れの寂しさを回避したい気持ちが働き，子どもの独立を必ずしも望まないことも珍しくありません。その結果，親子は仲が良いものの，大人対大人の対等な関係というよりは，子どもと大人の依存的な関係にとどまってしまうことになりかねません。

　とりわけ，両親の夫婦関係に潜在的あるいは顕在的な強い葛藤を抱えている場合，その葛藤を回避すべく成人した子どもを巻き込んで安定化しようとする**三角関係**が生じやすくなります。三角関係に巻き込まれた子どもは，心身の問題や対人関係の問題を抱えることがあります。また，結婚しても実家の親との結びつきが強すぎることによって，パートナーとの夫婦関係に否定的な影響がもたらされることもあります。

　最後に，夫婦が子どもを持たないという選択もありますし，子どもが欲しくてもできないという不妊の問題に悩む夫婦もたくさんいます。そうした夫婦が家族としてどのように変化し成長していくのかについての，家族心理学的な理解や支援も今後ますます重要になるでしょう。

〔野末武義〕

▷3　三角関係
米国の家族療法家ボーエン（Bowen, M.）が提唱した概念。夫婦関係に巻き込まれるのは，子ども以外にも，実家の親や時には専門家も対象となることがある。

I 家族とは何だろうか？

8 家族の変化／発達(2)
——家族は社会に開かれているシステム

1 家族は社会に開かれているシステム

　最近，日本で起こっている晩婚化／非婚化，離婚増，少子化など家族がらみの現象は，いずれも一昔前にはなかったためか，家族の危機，崩壊とみなされることが少なくありません。確かに未婚者の増加や離婚増は，家族の減少になるでしょうし，DINKSや子どもをもたないカップルが増えれば日本の人口減になる可能性大で，悲観論に陥るのも無理からぬことです。けれどもこうした変化は，非婚の若者，子をもたない夫婦，離婚する中高年者など当事者だけの責任ではありません。結婚したくない，子はもちたくない，離婚したいという意思あってのことですが，そうした意思や動機には社会的な背景があるからなのです。家族への期待や態度は，社会的状況に否応なく影響されます。家族というものは真空のなかにではなく社会のなかにあり，社会に開かれているシステムだからです。

▷1　DINKS
⇒ I-1 参照。
チャイルドフリーについては，V-7 参照。

2 「社会は家族に侵入する」——家電は家族に何をもたらしたか

　家族社会学者ドンズローは「社会は家族に介入（侵入）する」ということを述べています。結婚の価値は社会の変化のなかで低下し，現実の家族は社会の変化と連動して確実に変化しています。その端的な例が家電製品の普及とそれが家族に与えた影響です。日本社会の工業化進展は家電製品の普及という形で家族に「侵入」しました（図Ⅰ-6）。

　しかしだれもこれを「侵入」だとは思いませんでした。楽になる／時間の節約になると大歓迎し，競って買い求めました。けれども，それはいいことばかりではなかったのです。機械がない時代は，料理も洗濯も掃除もだれでもできるものではなく，それなりの知識とスキルを必要とする仕事でした。料理上手な主婦の腕前は，結婚前に仕込まれ結婚後も工夫や経験を積んだ人ならではの価値あるものでした。その料理は

▷2　ドンズロー，J.（著）宇波彰（訳）1991　家族に介入する社会　新曜社。

▷3　家電と家事の関係については，Ⅲ-4 参照。

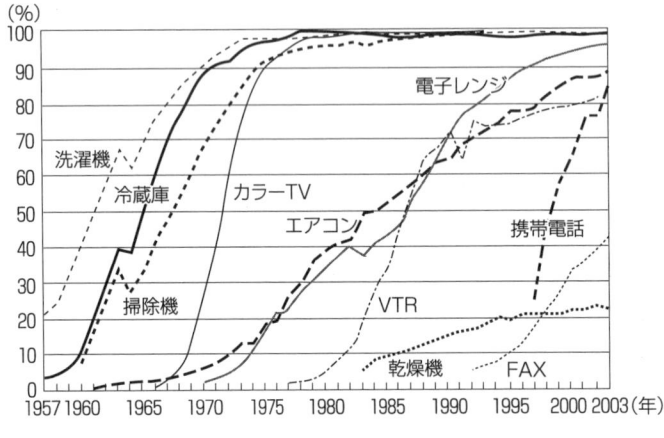

図Ⅰ-6　家電製品の普及率の推移（全世帯）

（注）　携帯電話は総務省通信利用動向調査。その他は内閣府消費動向調査より。
出所：北端美紀　2004　野島久雄・原田悦子（編）〈家の中〉を認知科学する　新曜社。

家族に喜ばれ夫の自慢ともなり，主婦にそれに費やした時間や労苦を忘れさせ，誇りや生き甲斐にもなりました。ところが，今や，総菜屋やケータリングなどで結構な料理が容易に手に入るようになり，手間ひまかけた料理をする必要はなくなりました。調理器具や専門店という文明は主婦の省力化をもたらしたと同時に，料理上手である誇りや生き甲斐も失わせることになったのです。大歓迎した機械化商品化という社会の変化は，思いがけず主婦の生き甲斐や誇りを破壊した，社会は人の心にまでまさに「侵入」したのです。

❸ 専業主婦の減少の背景と結果──「男性だけが稼ぎ手」の終焉

夫は職業で稼ぎ妻は家事育児を担うという性別分業は戦後確立し，しばらくそれが「典型」「標準的」家族とされてきました。それが今や，夫婦共働きの家族が夫片働きの「標準」家族を上回るようになりました。

このような妻／女性労働の増加は個人の意志と努力はもちろんですが，それ以上に労働が機械化・情報化（コンピューター化）したことが大前提です。以前の労働は万事手作業や力仕事でしたから，筋力のまさる男性が有利でした。このマンパワーの時代には女性の出番はごく限られたものでした。機械やコンピュータの導入によって，女性と男性は基本的に同等の立場になり，女性に職業への道が開かれました。労働の機械化／情報化という社会の変化は，夫だけが稼ぎ妻は無償の家事育児だけをする性別分業の家族のあり方を変化させた原動力です。そして片働きから共働きへの変化は家族内の役割分担や夫婦の関係を変化させることにつながります。妻の仕事とされてきた家事や育児に夫が期待され実行される，資産の形成や住居購入など重要事項の決定に妻が関与する，夫唱婦随から対等な夫婦の関係へなど，家族の運営や夫婦の関係に変化をもたらしつつあります。

❹ 人間の家族は多様──「これぞ家族！」という定番はない

私たちはだれもが「家族」とはこういうものという一定の家族観をもっています。それに当てはまらないことを見聞すると，変だ，おかしいと思いがちです。しかしいろいろな社会に広く目を転じまた過去の歴史をさかのぼってみますと，これぞ「家族」と思い込んでいるものとは大分違ったさまざまな家族が見出されます。血縁の有無でなく生活と生業を共にする人が「家族」だという社会，生まれた子を経済的心理的に最適な条件をもつものが育てる部族，同居別居を問わず血縁者すべてを家族だとする社会など，実にさまざまです。多様な「家族」があるのが人間の特徴です。人間は大脳が高度に発達した高い知能と環境さえ変化させる適応能力をもっています。その優れた能力を駆使して，生育環境のなかで心身健やかに生き子孫を残すことができるよう最適な家族のかたちと機能とを工夫し編み出すからです。

（柏木惠子）

▶4 原ひろ子 1996 家族の文化誌；さまざまな家族のカタチと 弘文堂。

参考文献

東洋・柏木惠子（編）1999 社会と家族の心理学 ミネルヴァ書房

上野千鶴子 1994 近代家族の成立と終焉 岩波書店

I　家族とは何だろうか？

　コンパニオン・アニマル

1　日本のペット飼育の現状

○子どもの数より多いペット

　現在，日本は史上まれにみるペットブームです。20歳以上の36.6％の人がペットを飼育しており，飼育動物の種類は，犬が62.4％と一番多く，次に猫が29.2％と続きます。また，日本の犬と猫の飼育頭数は，推計で犬は約1252万頭，猫は約1018万頭といわれています。その一方で，15歳未満の子どもの数は1801万人です。これらのデータが示すように，ペットの代表格である犬と猫だけをみても，子どもの数をしのぐ勢いなのです。少子化の進むなか，ペットの数は増加しています。子どもの数が減少した分，家庭内のペットにかけるお金が増えたとも考えられますが，バブルの崩壊した1990年代以降から現在も畜犬登録頭数は増加し続けています。以上からも，現在，多くの人がペットを必要としていることがわかります。

○コンパニオン・アニマル

　家庭内で飼育されている動物は，ペット（愛玩動物）と呼ばれています。しかし，ペットと親密な関係を築く人が増えたために，ペットは，コンパニオン・アニマル（伴侶動物）と呼ばれるようになってきました。このような呼称の変化からもわかるように，コンパニオン・アニマルは，家庭内で家族の一員として飼育されてきているのです。実際に，犬や猫の飼い主の約6割が，ペットを家族の一員ととらえていました。

　人はなぜペットと親密な関係を結ぶようになってきたのでしょうか。その理由の1つとして，飼育場所の変化が考えられます。約20年前頃までは，犬や猫は，拾ったりもらったりして，ほとんど屋外で飼育されていました。しかし，現在では，計画して好みの純血種を購入し手に入れます。純血種の犬や猫は，雑種よりも屋内で飼育される傾向にあり，密集した住宅街では外で飼育することが困難である背景から，ペットは屋内で飼育されるようになってきました。屋内飼育の犬と屋外飼育の犬への愛着を比較した結果，屋内飼育の犬の方が飼い主の愛着がより強かったのです。屋内飼育のペットとは，自然と一緒に過ごす時間が増え，お互いの働きかけで関係を維持することができると考えられます。多くの飼い主は，外で飼育していた犬や猫よりも家の中で飼っている方が可愛いといいます。これらのことから，ペットは屋内で飼育されるようになり，

▷1　内閣府　2003　動物愛護に関する世論調査。

▷2　ペットフード協会　2007　第14回犬猫飼育率全国調査。

▷3　総務省統計局　2003　統計トピックス No. 3。

▷4　厚生労働省　2007　犬の登録頭数と予防注射頭数等の年次別推移。

▷5　コンパニオン・アニマルとは，人と人生を共に生きるパートナーという意味が含まれている。
I-3 参照。

▷6　濱野佐代子　2003　人とコンパニオンアニマル（犬）の愛着尺度；愛着尺度作成と尺度得点による愛着差異の検討　白百合女子大学発達臨床センター紀要 6, 26—35。

▷7　日本においては，パートナーという意味を含めて，ペットということばを用いることが多いので，本文でもペットを使用する。

▷8　ペットフード協会 (2007)。

▷9　濱野佐代子　2007　コンパニオンアニマルが人に与える影響；愛着と喪失を中心に　白百合女子大学大学院博士論文　未公刊。

ますます，家族の一員という意味合いが強くなってきたのです。

2 ペットのさまざまな役割や機能

○ペット飼育の利益

ペット飼育の利点には，**心理的利益，社会的利益，身体的利益**があります。また，「ペットとして動物を飼うことについてよいと思うこと」の質問に対して，生活に潤いや安らぎが生まれる，家庭がなごやかになる，子どもたちが心ゆたかに育つという回答があり，心理的理由が上位を占めています。さらに，ペットは，飼い主をありのままに受け入れる無条件の受容を与えてくれ，人と人をつなぎ，子どものような愛情を向ける対象となり必要としてくれる存在として飼い主の心の充足を満たすのです。ペット飼育は，犬で生涯飼育経費は数百万円という経済的に負担を強いられるのにもかかわらず，人はペットとの関係性から，さまざまな側面の目に見えない利益を得ているのです。

○「親」役を味わう飼い主

子どものいない犬および猫と同居の20代の女性に，ペットはどのような存在かを尋ねたところ，表Ⅰ-1のように，子どもという回答が上位にありました。ペットは，飼い主が世話をしないと生きてゆけず，ことばを話せないことから，幼少の子どものような存在とみなす飼い主が多いようです。子どものいない家族や，子どもが独立して家を出て行った家庭において，永遠の子役割として存在するのです。これは，世話の大変さはあるものの，ケアする存在を得ることによって，必要とされているという気持ちを満たし，命を育てているという満足感を得ると考えられます。

○話題を提供し，社交を広げる機能

ペットには，家族のなかで共通の話題を増やしたり，雰囲気を楽しくしたりする機能があります。ペットの行動や飼い主への働きかけが話題を提供し，家族共通のイベントとして家族をつなぐのです。また，世代を超えた他者とのかかわりを媒介する役割があると考えられます。たとえば，犬の散歩は，犬を介した仲間関係の広がりに貢献し，地域とのかかわりを増やします。ここで重要なことは，だれでも望めば平等にペットの飼い主になることができ，ペットの話題は，だれも不利益を被らないニュートラルな話であることです。

ペットは，家庭のなかで，時には子どもに変化したり，パートナーに変化したり変幻自在であり，かつ飼い主の心理的欲求を満たしてくれる究極の家族なのです。また，ひとりでは家族はつくれませんが，ペットを家族とみなすとひとりでも家族が形成されます。家族が多様化した現在，特に，子どもの数が減り，高齢化やひとり暮らしが増えるなか，ペットを家族とみなすことは，家族を形成維持するための効果的な戦略なのかもしれません。一方で，ペットは，現在の家族の様相を知る切り口とすることができるのです。　（濱野佐代子）

▷10　心理的利益・社会的利益・身体的利益
心理的利益とは，肯定的な感情，自尊感情が高まる，孤独感が軽減されるなどである。社会的利益とは，ペットが対人関係の潤滑剤になるということである。身体的利益とは，ながめたり撫でたりすることでリラックス効果が得られることである。

▷11　McCulloch, M. J. 1983 Animal-facillitated therapy: Overview and future direction; Katcher, A. H. & Beck, A. M. (eds.) *New Perspectives on Our Lives with Companion Animals*. The University of Pennsylvania Press　410-426.

▷12　内閣府（2003）。

▷13　濱野佐代子　2002　人とコンパニオンアニマルの愛着；人はコンパニオンアニマル（犬）をどのような存在と捉えているか　白百合女子大学大学院修士論文　未公刊　15頁。

表Ⅰ-1　20代女性にとってペットはどういう存在か（複数回答%）

	(N=312) %
家族	67.0
友人	22.4
兄弟姉妹	16.3
子ども	11.9
パートナー	3.8
恋人	2.6
愛玩動物	1.9
仲間	1.9
かけがえのない	8.0
心の支え	7.1
その他	10.9

出所：濱野（2002）。

Ⅰ 家族とは何だろうか？

 家族の文化的多様性

人はだれしも家族を体験し，それが人とのかかわり合いの原型となります。どの文化にも系譜（geneology）の観念はありますが，だれを家族・親族と分類するかは文化によって違い，したがって権利（集団の成員権・地位や称号の継承・財産の相続）をだれに配分するか，それらを次世代へどう伝達するかも文化的に多様です。

文化人類学では，財産の継承が，男のラインを通じてなされる場合を父系，女のラインを辿る場合を女系と称しています。また，配偶者の数による分類には単婚（一夫一婦制）と複婚（一夫多妻か一妻多夫）があります。

1 家族形態の文化的多様性——婚姻後の居所を基準にした場合

婚姻により新しい家族ができますが，新しい所帯をどこで営むか（居住規制）を基準に，文化的に多様な家族を7類型に分けることができます。▷1

A1：息子も娘もすべて生家を出る。

　一軒には一夫婦が原則。子どもは，20歳前後で親の家から出て行く離家規範がある家族形態で，英米に多い。

A2：夫も妻もそれぞれの生家に留まったままで，一方が他方を訪ねる。

　白川郷は明治末まで次男以下の男子は，夕食後に妻を訪ねる妻訪婚で昼間は生家のために働き，子どもは妻側で育てられました。産業が興り交通が便利になって次男以下が労働者として都市へ流出し，大家族制度は崩壊しましたが，家族の容れ物であった合掌造りの家が残りました。また，源氏物語は，平安貴族の婚姻が一夫多妻制と妻訪婚であった背景を知ると理解しやすい世界です。

B1：息子は全員が生家に留まり，娘はすべて生家を出る。

　南アジアやアフリカに多い形態で，親と未婚の子どもが住む家と息子家族の家が中庭を囲み，「いとこ」にあたる人たちが「キョウダイ」と呼ばれ，中庭で一緒に遊び，共に育っていきます。ベンガル語で家族に相当することば「バリ」は，この拡大家族の屋敷地とそこに住む人々をさし，日本人の家族観とは大変に違います。この家族観の違いが，国際結婚では摩擦の原因ともなります。

　男兄弟たちが同一屋敷地で暮らす拡大家族には，夫婦毎に家計を別にする場合と財布を1つにして暮らすインドの合同家族のような場合があります。

▷1 箕浦康子 1990 文化のなかの子ども 東京大学出版会。

▷2 インドのケララ州ナヤール・カーストの妻訪婚は，1900年初頭に消滅したが，結婚後も男女とも生家にとどまり，男は妻の所に夕食後出かけた。家産を管理するのは年長の男性であり，子どもの養育に責任をもつのは母方家族であって，父親ではなかった（中根千枝 1970 家族の構造；社会人類学的分析 東京大学出版会）。

B2：息子は全員生家を出て，娘はすべて生家に残る。

姉妹は生家に夫を迎え，屋敷地の一角もしくは大きな家にそれぞれの家族の居住区をもち，母とその娘たちが母系拡大家族を形成しています。タイ東北部では婿入り婚が一般的で高床式の大きな家に数家族が暮らし，協働で農業に従事しています。財産の継承は女系でなされており，「家を出る女に教育は不要」といった日本にみられた考えは皆無で，進学率に男女差はありません。

C1：息子ひとりだけが生家に残り，他の子はすべて生家を出る。

韓国では儒教による祖先祭祀を行うのは長男の役割で，娘しかいないときは，本家に近い男子を養子にします。儒教が家族形態に影響している例です。

C2：娘をひとりだけが生家に残り，他の子はすべて生家を出る。

C3：息子・娘のいずれかひとりが生家に残り，他の子はすべて生家を出る。

長男が跡をとり，息子がいないときは，娘が婿養子を迎える日本で多い家族形態です。高度成長期以降は息子も娘も都会に職を求めることが多くなり，田舎に老親が残される場合，遠距離介護の問題が起こりがちです。

2　姓名の比較文化考──姓のない文化，婚姻で姓が変わる文化，変わらない文化

日本では，結婚しても姓を変えないで旧姓のまま仕事を続ける女性が増えていますし，改正民法に夫婦別姓制を導入することも論議されています。婚姻に伴う姓（family name）の扱いにも，文化的多様性があらわれます。

アラブ式命名法は，自分の名前と父もしくは母の名を組み合わせるのが基本で，姓というものはありません。アラブの旅行家「イブン・バツーダ」は，バツーダの息子（イブン）という意味で，姓はありません。東南アジア諸国も姓のない社会で，マレーシア元首相のマハティール・モハンマドのモハンマドは父の名前であって姓ではなく，モハンマドの息子，マハティールの意です。

アジアにおいて姓のある社会（中国・韓国・ベトナム）は，ほとんどが中国文明の影響を受けており，結婚しても女性の姓は変わりません。

近代化のプロセスで姓のある社会へ移行した国もあります。フィリピンでは，スペインの植民地であった1849年，時のフィリピン提督の命令で姓をもつようになり，子どもは父の姓を使うことが定められました。タイでは，ラーマ六世の意向で1913年の姓名法により姓をもつことが義務となり，父の姓を子どもが継承することとなりました。人々のアイデンティティの在処は，姓ではなく名にあり，今でも職場や学校，メディアで政治家が使っているのは姓ではありません。

日本では，律令国家の戸籍制上は公民のすべてに姓がありましたが，江戸時代の名字帯刀禁止令で庶民は姓を取りあげられました。1882年の壬申戸籍の編纂ですべての人が，また姓名をもつようになり，1889年の明治民法の成立までは，女性は結婚しても姓は変わりませんでした。

（箕浦康子）

▷3　須藤健一　1989　母系社会の構造　紀伊國屋書店。

▷4　箕浦康子・野津隆志　1998　タイ東北部における中等教育普及過程と機会拡大中学校　東南アジア研究　**36**(2)，131─148。

▷5　夫婦別姓については，I-14　VII-9 参照。

▷6　アジア経済研究所　1994　第三世界の姓名；人の名前と文化　明石書店。

▷7　16世紀の中頃から19世紀の終り頃までスペインの植民地。1898年の米西戦争後1946年の独立まで，アメリカが領有。

▷8　土着のフィリピンの親族体系は双系的で，男女は同等の権利をもち，「嫁入り」の観念や父方親族を重視する感覚はない。

I 家族とは何だろうか？

 世界の教科書にみる家族

子どもの社会化の源としての教科書

　小学校で読んだ教科書の内容を覚えているでしょうか。当時の教科書を見ると懐かしいと思う人もいるでしょう。しかし教科書はたんに郷愁を誘うだけのものではなく，各国，各時代のおとなたちの次世代への期待が反映されている重要な資料なのです。ここでは教科書に注目して，東アジア4カ国（日本，韓国，中国，台湾）と欧州3カ国（イギリス，ドイツ，フランス）の国語教科書に描かれた家族像についてみていきます。

2 家族内での父親と母親の位置づけ

○父親と母親の親役割

　まず親役割の面から，東アジアと欧州の2000年出版の教科書に描かれた，父母に期待される家族内での位置づけについてみます。さまざまな分析結果の1つを紹介すると，欧州3カ国に比べて，東アジアの父親は，家族内で子どもに知識や教育を与える者という位置づけがなされていました。
　さらに東アジア4カ国間でも違いがみられ，日本と韓国では，父親に比べて母親はこまごまとした世話をする（「実際的な世話」）者だと位置づけられていました（図I-7）。一方，中国と台湾では父母間にこのような差はみられませんでした（図I-8）。父母に期待される親役割の種類や量は，国によって必ずしも同じとは限らないのです。

▷1 塘利枝子（編著）2005　アジアの教科書に見る子ども　ナカニシヤ出版．

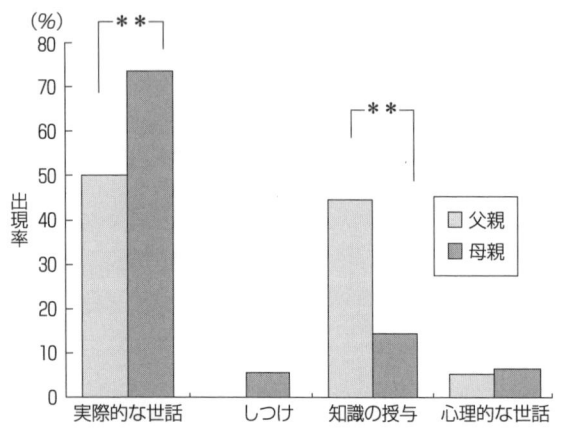

図I-7　日本の父母の親役割（$\chi^2=(3, N=147)=18.51, p<.001$）

図I-8　中国の父母の親役割（$\chi^2=(3, N=61)=8.75, p<.05$）

○社会と密接に結びつく家族

以上の結果を実社会の女性の社会進出と重ね合わせてみましょう。子育て中の女性の就業率や，女性の政治経済参加や経済力をあらわす**ジェンダー・エンパワーメント指数**（GEM）の数値と，家族内での位置づけには関係があると推測されます。日本や韓国のように教科書に描かれた母親がこまごまとした育児を多くしている国では，他国に比べて女性の就業率やGEMの数値が低いのです。家族内での役割分担は，社会内での役割や位置づけとも関連していると考えられます。

さらに父親と母親の家族内での位置づけは，時代によっても変化します。たとえば日本の教科書に描かれた父親の「実際的な世話」は，1960年に比べて2000年では少なくなっています。その1つの理由として，産業構造の変化により第一次産業が減少し，職住が分離されたことで，父子が一緒にいる時間や場面が減少したことがあげられます。

3 家族内での子どもの位置と価値

○「お手伝い」の時代的変化

教科書に描かれた子どもは，家族内でどう位置づけられているのでしょうか。子どもの「お手伝い」に注目します。7ヵ国での「お手伝い」の割合は，2000年出版の教科書では，どの国でも子どもが登場する全作品の10％未満です。またそれらの内容も簡単な料理や掃除などです。

しかし1960年の教科書に登場する子どもは，2000年よりもさらに多くの，より大変な労力のいる「お手伝い」をしています。たとえば日本の1960年の教科書には，7，8歳の子どもが指の痛くなるほどの重労働をする様子が描かれています。もはや「お手伝い」という気軽なものではなく，家族の成員として1つの役割を担って仕事をする子どもの姿が描かれているのです。

○子どもの価値の変化

子どもに課されたこのような労働は，教科書内だけではなく，実社会でもこの40～50年間で大きく変化しました。この背景には，産業構造の変化や機械化による子どもの労働の場の減少が考えられます。また東アジアでは急激な少子化により，子どもの価値が「経済的・実用的価値」から「精神的価値」へと大きく変化したことも，要因の1つとなるでしょう。子どもは家族のなかで他成員を支援する存在から，もっぱら支援を受ける存在へと変化したのです。

このように，次世代に伝えられる家族像は，国家間での違いのみならず，1つの国のなかでも社会状況により常に変化していきます。各国・時代の価値観が埋め込まれた教科書に描かれた「望ましい」家族像の変化をみていくことは，社会が期待する次世代の家族のあり方を知る有効な方法の1つとなるでしょう。

（塘　利枝子）

▷2　OECD　2007　Labour Force Statistics 1986-2006.
行政院主計處　2007　勞動力按年齡與教育程度分。
http://win.dgbas.gov.tw/dgbas04/bc4/manpower/year/year_t23-t70.asp?table＝41&yearb＝96&yeare＝96
NationMaster.com　2003-2009 Chinese labor statistics.
http://www.nationmaster.com/red/country/chchina/lab-labor&all=1

▷3　ジェンダー・エンパワーメント指数（gender empowerment measure）国連開発計画（UNDP）が導入した指数で，議席の男女比率を測定した「政治参加と意思決定力」，議員，高官，経営幹部の地位にある男女のパーセント比率および専門職と技術職の地位にある男女のパーセント比率を測定した「経済参加と意志決定力」，男女の推定勤労所得を測定した「経済資源支配力」の3つの分野から計算される。女性の能力ではなく機会に焦点をあてた指標として，国家間の比較がなされている。
UNDP（国連開発計画）（編）二宮正人・秋月弘子（監修）　2008　人間開発報告書2007/2008　阪急コミュニケーションズ。

▷4　子どもの価値
⇒Ⅴ-4　Ⅴ-5　参照。

▷5　柏木惠子　2001　子どもという価値；少子化時代の女性の心理　中央公論新社。

I 家族とは何だろうか？

核家族は家族の典型か

1 夫婦と子ども2人＝「標準モデル世帯」

テレビCMなどの広告には，「夫婦と子ども2人」という家族が数多く登場します。私は毎年，授業の冒頭に「ごく普通の家族」を思い浮かべてもらい，その家族構成を書き出してもらうのですが，これまでにこの質問をした1476人のうち65.9%が「夫婦と子ども2人」の家族をイメージしていました。「ふつうの家族」と聞いて多くの人がイメージするのは，夫婦と子どもからなる核家族，しかも子どもは2人というのが多数派なのです。

ところで年金や税金などのニュースでは，しばしば「標準モデル世帯にあてはめると……」という試算が示されることにお気づきでしょうか。この「標準モデル世帯」もたいてい「サラリーマンの夫と専業主婦の妻に子どもが2人」と設定されています。例示としてのわかりやすさもさることながら，制度自体が「人は結婚して2～3人の子どもをもつ」と想定した世帯単位で設計されているためと考えられます。

多くの人が「標準的な家族」としてこのような家族を思い浮かべるのは，あながち根拠のないことではありません。世帯構成の統計をとると，「夫婦と未婚の子ども」で構成される世帯は2007年には31.3%を占めています（図Ⅰ-9）。また結婚後15～19年経った夫婦の子ども数を調べると，一番多いのは「2人（56.0%）」，次いで「3

▷1 「完結出生児数」という。夫婦が最終的に何人の子どもをもったかの指標とされる。

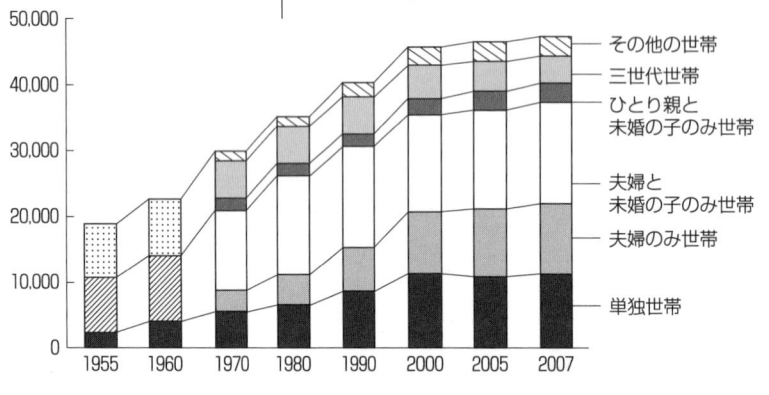

図Ⅰ-9 世帯構造別の世帯数の推移

（注）1955，60年は「夫婦のみ世帯」と「夫婦と未婚の子のみ世帯」を，「ひとり親と未婚の子のみ世帯」と「三世代世帯」と「その他の世帯」とをそれぞれ一括している。
出所：厚生労働省 2007 国民生活基礎調査より。

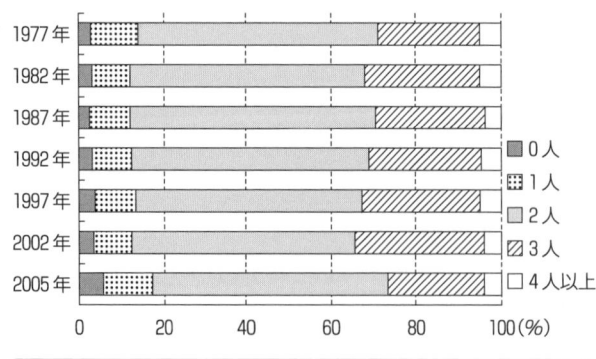

図Ⅰ-10 出生子ども数の推移（結婚持続期間15～19年の夫婦）

出所：国立社会保障・人口問題研究所 2006 第13回出生動向基本調査より。

（22.4％）」となっています（図Ⅰ-10）。「両親と子ども2人からなる家族」は現実に最も多くみられる家族の姿なのです。

② 世帯構成の移り変わり

ところがここ数十年の変化をみると、「夫婦と未婚の子ども世帯」の割合は年々下がってきているのです。入れ替わりに増加しているのが「単独世帯」つまりひとり暮らしをする人です。

「単独世帯」は2007年の時点で25％と、すでに「夫婦と未婚の子ども世帯」に次いで2番目に多い世帯構成です。「単独世帯」の世帯主の年齢構成をみると、20代の若者と60代以上の高齢者が多いのです（図Ⅰ-11）。独身時代に親元を離れてひとり暮らしを経験し、その後結婚して配偶者や子どもと暮らす時期を経て、高齢期に配偶者の死によって再びひとり暮らしに戻るというライフステージによる変化がうかがえます。

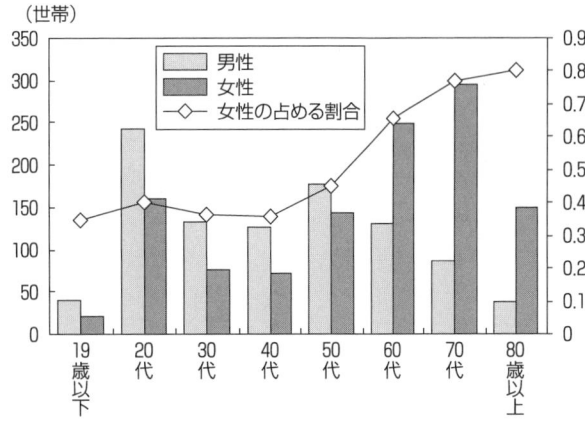

図Ⅰ-11 年代別単身世帯数と，女性の単身世帯の割合
出所：国立社会保障・人口問題研究所 2007 第5回世帯動向調査より作成。

特に高齢期のひとり暮らしは女性の割合が高いことが目立ちます。「単独世帯」の増加の裏には「三世代世帯」の割合の減少があります。かつては夫を亡くした高齢女性は子ども夫婦と同居することが多かったのですが、現代ではひとり暮らしを選ぶ人が増えているのです。これは女性たちが親子同居の安心感より、個としての自立・自律を重視していることを意味します。「年をとったら子どもの世話になりつつ、孫の世話をするのが生き甲斐」とはいえないのです。

③ 家族の個人単位化

近年の人口動態の指標をみると、晩婚化、生涯未婚率の上昇、離婚の増加などが顕著にあらわれています。これらの動きは結婚して家族をもつことを人生に必須の要素とは考えず、まず個としての自立・自律を大切にしたいという価値観のあらわれと考えられます。こうした傾向は今後も続くと考えられるので、2010年には「単独世帯」は「夫婦と未婚の子ども世帯」を抜いて最多の世帯構成となると予測されています。そうなれば、もはや核家族は家族の典型像とはいえないでしょう。「標準モデル世帯」を想定すること自体が妥当性を失いつつあるともいえます。

結婚するかしないか、子どもをもつかもたないかは個人の自由です。家族をもつ人生を選んだとしても「基本単位は個人」という発想に立つほうが現実とよくマッチするように思われます。

(大野祥子)

▷2 国立社会保障・人口問題研究所による2008年3月時点の推計。

Ⅰ　家族とは何だろうか？

「男は仕事／女は家庭」は合理的？
―― その効用と限界／弊害

1　性別役割分業とは

　性別役割分業とは性別によって異なる役割を割りふる分業形態のことです。男性には仕事などの生産的活動に従事して家族を養う役割が，女性には家事と育児を担う役割が付与されます。

　女性の**労働力率**を年代別に描いてみると，アメリカやスウェーデンなどの欧米各国では台形のグラフになるのに対して，日本のグラフはアルファベットのMのような形になります（図Ⅰ-12）。M字の真ん中の谷間は，日本の女性が学校卒業後に一旦は就職するものの，30代くらいの年齢で仕事を離れることを意味します。この年代はちょうど結婚・出産にあたる時期であり，それが主な離職の理由と想像できます。別の縦断調査では，出産前に働いていた女性のうち67.4％が第1子出産後に離職したという結果もみられます。日本の家族，特に子育て期の家族では，性別役割分業が一般的であるといえます。

　人類にとっての「家族」のはじまりの形を探る研究によると，「家族」の起源は食を共にする社会集団であったといわれます。森を出て食べ物を求めて草原を移動するようになった初期の人類は，直立二足歩行をするようになりました。姿勢の変化は女性の産道を狭めたため，人類は胎児を未熟で小さいうちに出産する「生理的早産」という性質を獲得しました。未熟な子を連れて，移動や食物採取で遅れをとりがちな母子に対して，仲間が食物を運んで分配するようになりました。安全なキャンプ地が見つかると，食物を探しに出かける者と

▷1　労働力率
15歳以上の人口のうち，仕事に就いている「従業者」と休職中の「休業者」，仕事に就いていないがすぐに働ける状態にあって求職活動をしている「完全失業者」を合わせた「労働力人口」が占める割合。

▷2　厚生労働省　2002
第1回21世紀出生児縦断調査より。

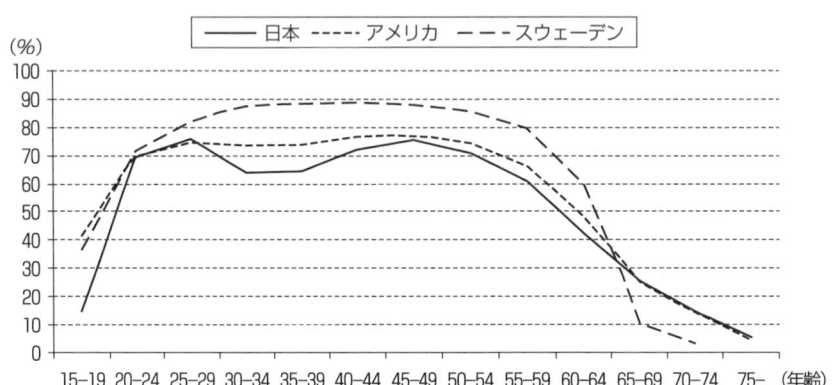

図Ⅰ-12　年代別の女子労働力率（2007年）

出所：ILO LABORSTA のデータに基づき作成。

子どもと共にキャンプに残る者の分業がはじまります。人類の家族の祖型は，食の分配と子育てという絆でつながった分業集団だったと考えられています。

▷3　山際寿一　1994　家族の起源；父性の登場　東京大学出版会。

❷ 性別役割分業は「自然」か

こうした説明をうけて「だから人類にとって性別役割分業は自然な姿なのだ」とする論があります。確かに，煮炊きの習慣のない先史時代であれば乳幼児に適した食物は母乳だけですから，母親は子どもと一緒にいる必要があったでしょう。しかし今では人工乳も母乳を絞って保存する道具も開発されていますので，子どもはどうしても母親と一緒にいなくては飢え死にしてしまうということはありません。子どもを連れて出かけるための移動手段も，子どもを安心して預けることができる保育制度もある現代社会では，性別役割分業は生き残りのための必須の方略ではないのです。

▷4　人工乳と母乳については，Ⅳ-9 参照。

どのような家族内の役割分担が適応的であるかは，時代や社会によって異なります。第1次産業が主である社会か，第3次，第4次産業が盛んな社会かによって，筋力などの肉体的な強さが仕事上必要とされるかどうかも違ってきます。産児制限の考え方がなく，結婚後女性が毎年のように妊娠と出産を繰り返す時代であれば，母親は雇用労働には不向きであったかもしれません。しかし少産少子の現代では妊娠・出産で働けないのは人生のなかのほんの一時期に限られます。

少産少子化に加え長寿命化した日本では，女性の人生において子育てに忙殺される時期は昔に比べれば格段に短くなっています。その変化は「子育て後の長い人生をどう生きるか」という自分の将来への関心を抱かせ，「子どもの親である」だけでない「私個人としての生き方」を希求する欲求につながります。同じ変化は男性の人生にも起こっています。仕事一筋で生活をおくり定年後の生き甲斐を見出せなければ，世界一長くなった人生を充実させることは難しいのです。

❸ 戦略としての分業

現代の日本ではむしろ，性別役割分業が適応的でないことを示す現象が多くみられます。働く男性のメンタルヘルスの問題や，専業主婦の育児不安の強さ，中高年夫婦の気持ちのすれ違いなどは，いずれも「家族を養うのは男性の役割」「子どもには母親が大切」とする性役割規範と自分の欲求や理想との葛藤に起因するネガティブな感情が高じたことの不幸な帰結でしょう。また経済的に考えても，雇用の先行きが安定しない情勢では，男性ひとりの収入に家族全員の生活がかかる性別役割分業はリスクの高い生き方といわざるを得ません。

▷5　Ⅲ-14 参照。

▷6　Ⅳ-11 Ⅳ-12 参照。

▷7　Ⅲ-18 参照。

心理的にも経済的にも安定した生活を求める戦略として，「共働き」という形を選択する人が増えているともいえそうです。

（大野祥子）

I　家族とは何だろうか？

14　最新の夫婦さまざま
——規範のゆらぎ

1　国民皆婚の崩壊

　日本では法的に結婚すると，配偶者控除，配偶者相続権といった経済的保障だけでなく，社会的に認められ，地位が上昇すること，親密な他者との結びつきが精神的安定を与えることといったメリットがあります。日本は1970年代前半まで50歳時点の未婚率が約1％であったことから，「国民皆婚」といわれるほど結婚することが当然視されていました。ところが，現在では結婚数が減少し，未婚者が増加しています。2000年における生涯未婚率は男性12.6％，女性5.8％とこれまでにない高い数値を示しています（図I-13）。

2　子どもをもてることこそ結婚する価値

　では，現代の結婚のメリットとは何でしょうか。第13回出生動向基本調査（国立社会保障・人口問題研究所）によると，結婚することに利点があると考える未婚男性は65.7％，未婚女性は74.0％でした。男性，女性ともに結婚の利点は自分の子どもや家族をもてることであり，子どもをもつための結婚であるととらえていることがわかります。

3　同棲してから結婚へ，できちゃった婚の増加

　未婚で同棲経験のある人の割合は近年わずかに増加し，20代後半から30代で1割を占めるようになりました。同棲に対する意識は，「男女が一緒に暮らすなら結婚するべきだ」と考える独身者の割合は依然として多く，男性70％，女性67％でした。男性独身者の割合はほぼ横ばいですが，女性独身者の割合は1992年から13％減少しました。

　厚生労働省の人口動態統計特殊報告によると，妊娠期間よりも結婚期間の方が短い場合，妊娠してから結婚している，つまり"できちゃった婚"であるととらえています。日本において結婚した夫婦の第1子出生数のうち，できちゃった婚の割合は，1980年では10.6％でしたが，2004年では26.7％と急増しています。この数値は，第1子が生まれた夫婦の4組に1組はできちゃった婚であることを示しています。できちゃった婚をする割合は年齢が若いほど多く，20〜24歳では63.3％，15〜19歳では82.9％を占めていました。

　夫婦関係の形成，親となるための発達という観点から考えると，夫婦として

▷1　50歳時点の未婚率は「生涯未婚率」と呼ばれる。

▷2　利点の内容（多重回答）として，男性は「精神的な安らぎの場が得られる」36％，「自分の子どもや家族を持てる」33％が最も多かったが，女性は「自分の子どもや家族を持てる」のみ45％と圧倒的に多かった。

▷3　法律上の結婚をした夫婦における同棲経験率は，スウェーデンは9割，フランスは8割となっている。同棲期間中に出生する子ども（つまり婚外子）の割合はスウェーデンで56％，フランスは44％である。この背景には社会的な意識の違いだけでなく，法律制度面で同棲カップルや婚外子の保護がある。

▷4　『平成17年版　国民生活白書』によると，できちゃった婚の原因として，婚前交渉を許容する社会的意識が一般化したこと，そのうえで，法的な婚姻関係を重視する伝統的な意識が依然存在し，妊娠後の結婚増加につながっていること，と分析している。

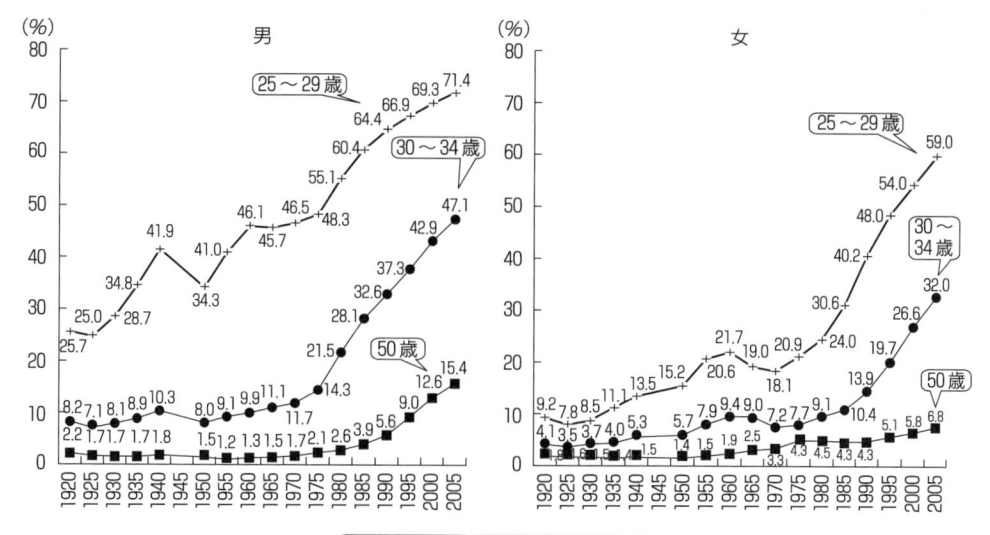

図Ⅰ-13 年齢別未婚率の推移

（注）50歳時の未婚率は「生涯未婚率」と呼ばれる。
出所：国勢調査，国立社会保障・人口問題研究所 人口統計資料集。

さまざまな困難に当たり，互いに意見をしたり，サポートしたりすることが夫婦の協力関係を育て，ひいては子どもが生まれ親となった時により良い子育てができるということが心理学の知見でわかっています。この点で，できちゃった婚は夫婦関係を形成する時間が短いことから，夫婦が子の誕生を受け入れ協力して家事育児ができるようになるまで時間がかかるのではないでしょうか。

❹ 別　姓

　現在の日本では，結婚したら夫婦どちらかの姓を選ばなくてはならず，**夫婦別姓**は法律上認められていません。姓の選択は，ほとんどの場合夫の姓を名乗ることが根強い慣習として残っています。しかし，結婚後も自分たちの姓を名乗りたい希望が強く，夫の姓に変えることへの抵抗感から，実質上の結婚生活はするが別姓でいるために入籍しない，つまり事実婚を選択するカップルもいます。事実婚のデメリットは，配偶者が亡くなった時に法定相続権がない，事実婚のまま子が生まれた時は非嫡出子になる，離婚する時に事実婚だったことを証明しなければいけない場合があります。事実婚が確認されれば，住民票に「夫／妻（未届）」と続柄記載することができ，年金や保険の扶養認定などで法律上の婚姻と同等に扱われることもあります。

　別姓を希望する場合，旧姓の通称使用という方法も普及してきました。通称使用とは，婚姻届を出して姓を変えた方の配偶者が，日常生活や仕事上で元の姓を通称として使い続けることです。婚姻届を出していますから法律婚の権利義務は保証されます。ただし，パスポート・免許・各種資格などの公の書類に関しては通称が使用できない場合が多いです。

（小泉智恵）

▷5　夫婦別姓
⇒Ⅰ-10　Ⅶ-9 参照。

▷6　別姓の背景には，女性が長年親しんだ自分の姓を捨て，夫の姓を名乗ることは男女平等ではないという揺らいだ規範の浸透によって発生したと考えられる。内閣府の2006年世論調査によると，結婚する以上夫婦は必ず同じ姓を名乗るべきで法改正の必要はないと考える人の割合は35％，個人が別姓を選択できるような法改正を容認すると考える人の割合は62％で，個人の選択を広げる方向が伺える。

I　家族とは何だろうか？

15　今どきの「食卓の風景」
——共食は今？

▷1　共　食
⇒ I-6, VII-2 参照。

1　共食は文化

　人間が他の動物とは異なり文化をもつ存在であることを述べるテーゼは、いくつもあります。「人間は道具をつくる動物である」とは、100米ドル札でお馴染みのフランクリン（Franklin, B.）によるものですが、食文化研究の第一人者である石毛は、「人間は共食をする動物である」と述べています。共食をする、つまり食物を他者に分配し、共に食べるという行動様式は、人間にしか認められないというのです。

▷2　石毛直道　1982　食事の文明論　中公新書。

　鳥類の多くは親鳥がヒナに餌を運び食べさせますし、ライオンのような肉食動物は共同で狩りを行い、しとめた獲物を共に食べます。しかし、これらは人間の行う共食とは本質的に異なります。まず、親鳥からヒナへの食物分配は繁殖期間にしか認められず、繁殖行動の域を出るものとはいえません。肉食動物による共同の狩りは、効率的に食物を手に入れる戦略の1つです。チンパンジーやボノボは他個体に食物を分配することがありますが、自らすすんで分配することはまずありません。人間の場合、何を食物とするか、そしてそれをどのように調理し口に運ぶかは社会によって大きく異なるものの、ひとりで食べることを常とする社会は世界中のどこにもないのです。

▷3　チンパンジーやボノボの行う分配は、基本的には他個体から「乞われて」生じる分配である。食物の所有者が「はいどうぞ」とばかりに食物を差し出した結果として生じた分配というよりも、他の個体による横取りを阻止できるにもかかわらず、阻止しなかった結果として生じた分配といえる。

　なぜ、人間は社会的な場として共食をすることができたのでしょうか。それは、食という喜びを他者と分かち合う能力をもっていたからです。「あの人もきっとおいしいと思ってくれるだろうな」と推論する能力が、食物を自ら分け与え共に食べるという行動を生起させたのです。その意味で、共食は社会的動物としての人間の証ということができるでしょう。

▷4　外山紀子　2008　発達としての共食　新曜社。

2　「同じ釜の飯」の減少と孤食・個食

　強い絆で結ばれた他者のことを、「同じ釜の飯を食った仲」といいます。字義通りに解釈すれば、「1つの釜で炊いた飯を分け合って食べた仲間」となりますが、このことばはたんに「一緒に食べたことのある仲間」をさしているのではありません。生活のほぼすべてを共にし、家族のように暮らした仲間、つまり家族同然のつきあいをした特別な関係にある仲間、これが「同じ釜の飯を食った仲」なのです。ここでは、共食が家族のように生活することの象徴として位置づけられているのです。

30

現代日本では，その家族の間でさえ「同じ釜の飯を食う」ことは減少しつつあるようです。その最初の報告は，食生態学者の足立己幸による1982年調査にみることができます。小学生に「ある日の朝食と夕食の風景」を描いてもらったところ，子どもがひとりで食事をしているケースが少なからず認められたのです。足立はこれを「ひとり食べ」と呼びました。現在では「孤食」という立派な名称が与えられ，一般的にもよく知られるようになっています。それだけ，孤食が広がっているということでしょう。

　もう1つの「こしょく」も増加しています。食卓を共に囲んではいるものの，食べているものが異なること，つまり「個食」です。子どもはハンバーグとパンを，父親は煮魚を食べているという場合がこれにあたります。家族が揃って同じものを食べることよりも，家族それぞれの嗜好を優先することに重きが置かれるようになってきたのでしょう。

③ 共食のこれから

　近年，食事の準備や片づけなど，従来家庭内で行われていた労働が外部のサービスに委ねられることが多くなっています。外食や中食は，今や珍しいことではありません。家事労働の外部化は，食に限らず多くの分野で進んでいます。洗濯・掃除といった家事の代行サービスを利用したことのある人も多いのではないでしょうか。これらのことは，就労する女性の増加のみならず，そこに目をつけ家事に新たな市場を見出そうとする産業社会の動きを背景としています。

　社会の変化と共に，これまで家庭内で担われてきた機能が弱体化したり外部化したりする傾向は，止めることのできない流れでしょう。しかし家族のあり方が大きく変わっても，家庭内に残り続けるもの，家族以外の人には代行できないものもあるはずです。その1つが共食ではないでしょうか。なぜなら，人間にとっての共食は生存や繁殖の必要性を超えて，本来きわめて情緒的色彩の強いものだからです。共食をすることは人間のみが有する特権であり，社会的動物としての人間の本性にかかわっています。もし家族の共食が消滅してしまったとしたら，それは家族自体の消滅，ひいては社会的動物としての人間の消滅を意味するように思われます。

　レトルトカレー一品だけの夕食など驚くべき食卓風景を報告している『変わる家族　変わる食卓』でも，家族が揃う週末の夕食には，バーベキューや手巻き寿司など「みんなで作ると家族のイベントという感じがする」ような「一体感の感じられる」ものが好んで用意されることが多いとあります。「手抜きもいいところだ」などと眉をひそめる方もいるかもしれません。しかし，たとえイベントであっても，家族の食卓において集う楽しさを追い求める姿に，社会的な動物である人間の本性をみることができる，こう考えることはできないでしょうか。

（外山紀子）

▷5　足立己幸・NHK「おはよう広場」班　1983　なぜひとりで食べるの　NHK出版。

▷6　中食
スーパーなどで買ってきた調理済みの総菜や弁当が，そのまま家庭の食卓に並べられること。外食と家庭で調理した食物の中間にあることから，「中食」と呼ばれる。

▷7　家事労働
炊事，洗濯，掃除，育児，介護など家庭生活を営んでいくために必要な労働のこと。

▷8　岩村暢子　2003　変わる家族　変わる食卓　勁草書房。

I　家族とは何だろうか？

16　お墓事情にみる家族

1　「家の墓」とその変化

　日本のお墓の多くには「〇〇家之墓」などといった家名が彫られていて，家族単位で入っていることがわかります。また「お墓を買う」といっても，墓地としての土地を買うわけではなく，永続的に使用する使用権を得るだけで，代々継承し管理料を払う継承者がいなくなれば使用権を失い，お墓は片づけられてしまうシステムになっています。このような家族墓を代々継承していく継承制（父系）は明治民法の「家」がもつ本質的な特徴でありました。「家」は先祖を祀り，世代を超えて永続することが期待され，それは継承制によって可能となっていました。先祖伝来の田畑を受け継ぎ，そこに世代的に定住して農業を生業とするような社会では，このような考えや家族のあり方は適合していたといえるでしょう。

　しかし，戦後の民法が規定した夫婦制家族は，子どもが離家すれば「夫婦だけ」，夫婦の一方が亡くなれば「独居」，最後のひとりが亡くなれば消滅する一代限りの家族です。さらに夫方妻方の双方の親は同等であります。このような夫婦制家族の夫婦一代性・双方性といった特徴と，「家」の世代性・単系性（父系）といった本質的な違いから，墓に付随する家的システムと整合せずに顕在化した問題が，1980年代後半から浮上してきました。

　そして1990年代から大きな変化が起こりました。「永代供養墓」「合葬式墓地」などと呼ばれる継承を前提としない**非継承墓**や「散骨」「樹木葬」といった墓石を立てない自然志向の葬法が登場したのです。また，家から個人へと価値意識が転換するなかで，家のメンバーとして自分の死後を子孫に託すのではなく，自分がどう生きて，どうその生を閉じるかに関心が移行し，自分で用意する生前墓やオリジナル・デザイン墓石なども増えました。

　このように1990年以降のお墓の変化の特徴は，墓に付随する家的システムから脱却する「脱継承」「自然志向」「個人化」といえるでしょう。

2　脱継承・自然志向・個人化する墓

　市民団体に寄せられた人々の声をもとに説明すると次のようになります。「私たちの代からはじまり，私たちの代で終わりの家です」というように，

▷ 1　非継承墓
継承を前提としない墓。1980年代末では全国で4つだけ。90年代で急増し，2003年1月現在判明しているものだけで450〜500ヵ所（「六月書房」編集部調べ），近年ではさらに増加している。申込者をみると上位2位は「子どもがいる」人々で（下記の表Ⅰ-2参照），息子がいるケースでも継承困難（息子が未婚，遠居，息子の子が女子だけ，他）であることがわかる。

表Ⅰ-2　継承を前提としない墓「安穏廟」申込者の属性

申込理由 (n=451)	％
1．娘だけ	25.7
2．息子がいる	22.2
3．子どもがいない	19.7
4．単身者	9.5
5．夫方の家墓を拒否	8.9
6．離婚者	5.6
7．再婚者	4.4
8．その他	4.0
合計	100.0

（注）複数の理由が絡み合っているケースもあるが，優先する理由によって分類した。2003年1月15日現在。

家を永続させることが規範化していた戦前の家族と違って，現代の家族の多くは夫婦一代限りであるからこそ「子どもたちには，お墓の面倒をみるという重荷を負わせたくない」と考える人が増えてきました。一方，子どもの立場では「母は離婚し，子どもは私と姉の二人姉妹で，それぞれ嫁いでいます」「私と弟がともに独身なので」とあるように，80年代後半以降は，生涯未婚者や離婚者，子どもをもたないカップルの増加など，祭祀の担い手を確保しにくい人々の増加がみられます。さらに「娘だけしかいません」「3つのお墓を抱えています」などと，少子高齢社会の到来で子どもが「娘だけ」のケースも多く，夫も妻も仏壇や墓の継承を期待された者同士の結婚が一般的となって，夫方妻方の双方を1つの墓に祀った「両家墓」も登場しています。

また工業化社会が残した環境問題や業者主導の葬送儀礼への反発などから「樹木の下に埋めてほしい」「海にまいてほしい」というように，自然志向の葬法が登場しました。さらに自立的に生きようとする妻のなかには，墓を通じて夫側の家への所属を強いられることに苦痛を感じ，夫の家の墓に入らず「個人墓」を選択する人もいます。夫婦家族制理念が定着し男女平等意識が根づいた社会になると，父系単系で継がれてきた墓のあり方が疑問視されてきたのです。

3 個人化・私化する葬送

「桜葬」墓地（東京都町田市）は，家族による管理を必要とせず，継承は自由で，遺骨を埋めたあと永遠にそのまま土に還る形式です。宗教も自由で，桜の花が咲く春に「桜葬メモリアル」という合同慰霊祭を行っています。個人区画，二人区画（主に夫婦），家族区画があり，101区画が売れた時点でみると，家族区画47，二人区画41，個人区画13と，家族区画の申込みが多いことがわかります。しかし家族用といっても夫婦で申込むケースがほとんどで，当初の入墓予定者だけをみると二人区画の「夫婦」で入るケースと違いはないのですが，「子どもたちが将来一緒に入りたいと思ったときに入れるように」と，可能性を保持できるところに家族区画の人気があります。子どもに墓の管理を負わすことなく，しかし一緒に入りたければ入ることもできる。このあたりに現代家族の特徴があらわれていて興味深い現象です。

葬儀も「家族葬」などといった参列者の少ない小規模なものが主流になり，一方で故人が生前に自分の葬儀のやり方を指示しておくなど，私化や個人化の傾向がみられます。また家の先祖を祀った仏壇ではなく，故人の遺骨を容器に入れたり，加工する形態の「手元供養」と呼ばれる家庭内死者祭祀も登場し，現代家族の死者祭祀に親和性がある祭祀として注目されています。

（井上治代）

▷2 桜葬
「樹木葬」の一種で，シンボルの木が桜であるものをいう。樹木葬は自然を志向して墓所に外柵や墓石を設けず，遺骨を土中に埋めて樹木を墓標とする葬法。1999年に岩手県一関市の祥雲寺が，この呼び名の墓地を開設したことから広まった。

▷3 私化（privatization）
「共同生活のなかから私的領域を分化させ，公共領域に対置してこれを尊重する態度，プライヴァシィ意識の明確化をいう」（森岡清美　1992　家族社会学研究第4号，1－10頁）。葬儀でいえば，会社関係者や近隣の人々など義理の関係者の葬儀への参列を拒み，悲しみを共有する家族・親族だけで，あるいは加えても親族とごく親しかった友人だけで葬儀を行うような傾向をいう。

▷4 手元供養
遺骨を手元に置いて供養する形態で，美術品的な器等や，遺骨をパウダー状に粉砕してセラミックス製のプレートやペンダントに，高温処理してダイヤモンドに加工するものもある。

図Ⅰ-14　東京都町田市にあるNPO法人エンディングセンター「桜葬」墓地

（注）桜の木を墓標として個別区画が隣接した集合墓。「桜葬メモリアル」の写真。

II 恋愛から結婚へ

1 変化する結婚の形態

1 結婚構成の推移

▷1 国立社会保障・人口問題研究所 2006 第13回出生動向基本調査 結婚と出産に関する全国調査 夫婦調査の結果概要(http://www.ipss.go.jp)(2006年9月10日)。

▷2 瀬知山角 2004 東アジアの家父長制 勁草書房 148—150頁。

▷3 ロマンティック・ラブ・イデオロギー
結婚は恋愛を経てするものであるという、恋愛と結婚を結びつけた思想。

▷4 山田昌弘 1996 結婚の社会学 丸善。

　戦後60年の間に結婚のし方が大きく転換しました。図II-1にみられるように、戦前の1935年には見合い結婚で結婚する人の割合は、恋愛結婚で結婚する人の約5倍以上でした。ところが、その後見合い結婚は徐々に減少する一方、それと反比例して恋愛結婚の比率が増え、1960年代後半には逆転しました。以後恋愛結婚の比率は2015年くらいまで上昇し続け、2022年には74.6％の人が恋愛結婚していることがわかります。このような推移の背景にあるのは、社会構造と社会状況の変化です。

　まず、戦前には民法が規定する「家」制度が存在していました。「家」制度の下では結婚にしても、個人の意思より親や親戚の意向が重んじられます。当然ながら、見合い結婚が主流で、夫婦間の愛情よりも家の「あととり」を産み、「家」を存続させることが優先されたのです。恋愛は結婚とは別の次元のものだったのです。第二次世界大戦のあと民法が改正され表面的には「家」制度は廃止されました。そして、欧米からの影響でしょうか、日本にも**ロマンティック・ラブ・イデオロギー**が普及することになります。歴史的に検証すればわかるとおり、わが国では一貫して恋愛と結婚は別次元のものでした。ところが、両者が直結するという、大げさにいえば、日本の歴史上未曾有の事態が、それも短時日で実現してしまったのです。今度はそれまでとは違って、結婚に直結しない恋愛は制限されてしまいます。特に見合い結婚が主流であった上流階級においても、結婚は個人の意思に沿った相手、しかも自分が好きな人を選択するという恋愛結婚が大多数となりました。

　二番目の要因としてあげられるのが、親の経済力の増大です。山田によると、長い高度成長期後の1970年半ばには、経済的に余裕のある中年世代が形成されはじめ、そのことが男女交際の条件を整えたということです。つまり、大学の学費を出すことができる親が増え、生活の心

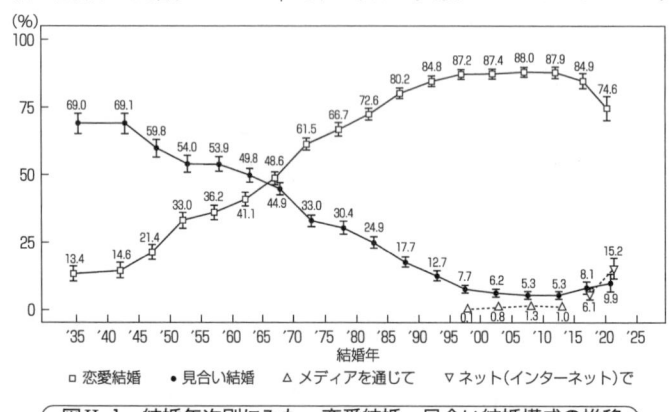

図II-1 結婚年次別にみた、恋愛結婚・見合い結婚構成の推移
(注)　対象は初婚どうしの夫婦。
出所：国立社会保障・人口問題研究所（2022）第16回出生動向基本調査 夫婦調査の結果概要(https://www.ipss.go.jp/ps-doukou/j/doukou16/JNFS16gaiyo.pdf)（2022年10月31日）

配のない大学生が増大しました。また，この頃から経済の構造転換によるサービス業の増大によって，学生のアルバイト向きの職種が増え，アルバイトが一般的となりました。以上のような経済的余裕の増大が，未婚者の男女交際の増大に寄与しました。加えて，女性の高学歴化や就労が進んだことにより，男女の出会いの場が増えたことも，恋愛結婚が増加した一因だと考えられます。

近代社会における結婚の恋愛化は，家庭の経済上の必要や家柄，門地といった要素が結婚に際して重要でなくなればなくなるほど，つまり結婚が家系と家計の要請から自由になればなるほど，進むことになるのです。

❷ 「愛情」が結婚の前提に──しかし「3高」今も

ロマンティック・ラブ・イデオロギーの普及により，恋愛結婚が主流になり，「愛情」が結婚の前提になりました。確かに，最近の調査における結婚の利点をみると，男女ともに上位2位は，「精神的な安らぎの場が得られる」「子どもや家族をもてる」となっています。これらをみると，情緒的な要因が重視されていることがわかります。

1980年代末のバブル全盛期には，女性の結婚相手の条件として「高学歴」「高収入」「高身長」のいわゆる「3高」という実利的な条件が掲げられていました。では，21世紀の今日，これらも変化したといえるのでしょうか。現代の女性の結婚相手の条件は「Confortable（快適な）」「Communicative（理解しあえる）」「Cooperative（協調的な）」の3Cに変化しているとのことです。この条件を小倉は，「快適な」＝「十分な給料」，「理解しあえる」＝「階層が同じかちょっと上」，「協調的な」＝「家事をすすんでやってくれる」と読み替えています。これが妥当だとすれば，3高のうちの「高学歴」と「高収入」はあいかわらず根強く条件に組みこまれているとみなすことができます。

▷5 小倉千加子 2007 結婚の条件 朝日新聞社。

❸ 本当に見合い結婚は減ったのか──形態が変化した見合い結婚

上述したように見合い結婚の比率は低下しています。しかし，以前とは異なる形の見合い結婚と称すべき形態が出現しています。それは，結婚情報サービスといわれるものです。「仕事が忙しくて出会いがない」「異性へのアプローチが苦手」などの理由で，結婚情報サービスに入会する人もいます。入会者は自分の希望条件を提示し，何万人という会員のなかでマッチングが行われた結果，自分の希望に沿った相手が紹介されるというシステムです。入会者の感想から，その利点として，「普段の生活では出会えない相手と出会える」「知人の紹介だと断りにくい場面でも，角が立たない」「スタッフの第三者的な視点のアドバイスが役に立つ」などがあげられています。「愛」だけでなく，合理的に自分の条件に合った結婚相手を見つけたいと思う男女が増えているのかもしれません。

（赤澤淳子）

▷6 結婚情報比較ネット（http://www.kekkon-jyoho.jp/konna00.php）（2008年8月11日）。

II 恋愛から結婚へ

2 性の解放・自由化

1 セックスは「愛情あれば——」

恋愛結婚の一般化は，男女の性的関係にも大きな変化をもたらしました。恋愛結婚の割合は，高度成長期の1960年代に上昇し，やがて1970年代頃から，男女の交際のあり様が量・質両面で変化してきます。

▷1 山田昌弘 1996 結婚の社会学 丸善。

量的変化としては，学校，アルバイト先，職場などにおける接触量の増大により，出会いの場が増え，恋愛相手を広い範囲から選べるようになりました。質的変化としては，1970年代頃までは，結婚を前提とした恋人でも婚前交渉を行うのがためらわれていましたが，徐々にどの程度まで深くつきあうかは，当人たち次第になってきました。

婚前交渉に対する意識の変化をみると，「結婚がすむまでは，性的なまじわりをすべきでない（不可）」とする者の割合は年々減少し，それに対して「深く愛し合っている男女なら，性的なまじわりがあってもよい（愛情で可）」の比率が高まっています（図II-2）。若い世代における，性に関する意識や性行動は，明らかに解放，自由化の方向に変化してきたといえます。しかし，「性的なまじわりをもつのに，結婚とか愛とかは関係ない（無条件で可）」とするものの比率には変化はなく，ほぼ3～5％に留まっていることから，性交渉の前提には，やはり愛情が必要だと考えているようです。

▷2 NHK放送文化研究所（編）2007 現代日本人の意識構造 日本放送出版協会 47頁。

▷3 性の自由化については，VII-1 参照。

2 恋愛と性交渉

現代の若者においては，異性の友人の数が明らかに増えているようです（図II-3）。また，「恋人」がいる者のうち，性交経験がない者の割合も減少し，大学生に関しては1999年以降，恋愛関係における性交渉は，ほぼ当然のこととなっており，プラトニック・ラブということばは死語化したといえます（図II-4）。高橋は，恋愛の目的が結婚でなくなったのと同様に，恋愛の最終地点に性交関係を置いたプロセスは逆転し，性行動は自己開示の一ステップとして恋愛に組みこまれてきたのだと指摘しています。

	〈不可〉	〈婚約で可〉	〈愛情で可〉		
'73年	58%	15	19	3	5
'78	50	20	23	4	3
'83	47	21	25	4	3
'88	39	23	31	4	3
'93	32	23	35	5	5
'98	26	23	43	5	3
'03	24	23	44	5	4

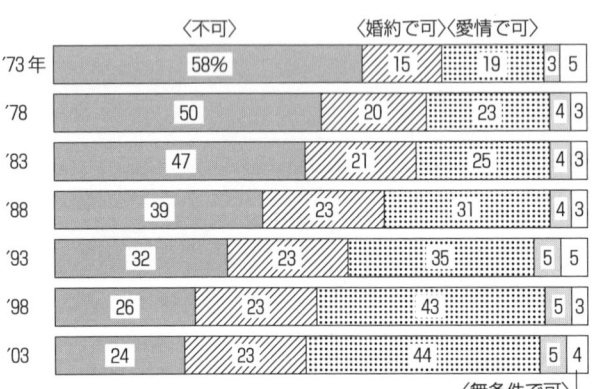

〈無条件で可〉　その他，わからない，無回答

図II-2 婚前交渉

出所：NHK放送文化研究所（2007）。

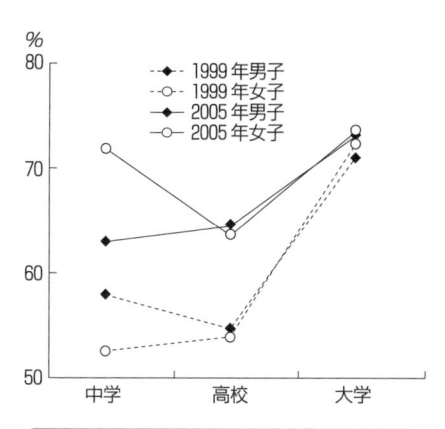

図Ⅱ-3　異性の友人がいる者の割合の推移
出所：財団法人日本性教育協会（2007）。

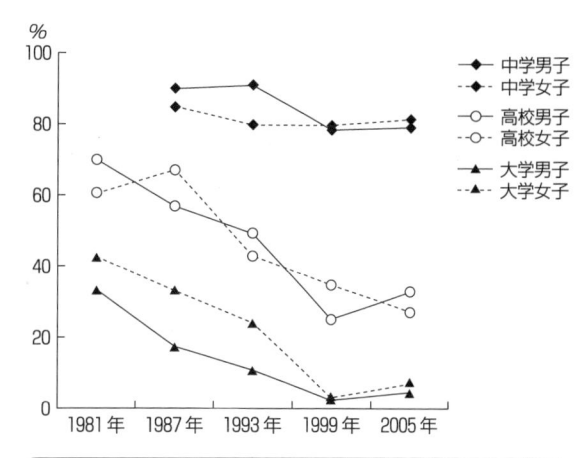

図Ⅱ-4　「恋人」がいる者のうち，性交経験がない者の割合
出所：財団法人日本性教育協会（2007）。

つまり，「恋人」であることが性交の必要条件であるという関係から，性交関係のあることが「恋人」の必要条件であるというように関係の逆転が生じているというのです。

カップルにおける性交は否定されるものではありませんが，性に関する知識が未熟な段階で，性交＝愛の証しというような考え方により，自己の意思に反する性交を受け入れてしまうことも懸念されます。性行動においては，昔から，男女に対し**ダブル・スタンダード**が暗黙の了解とされており，イニシアティブは男性がもちリードするという意識が強く，女性は自らの意思に反した性交渉をも受動的に受容してしまうという状況が生まれやすくなるのです。

3　性体験の低年齢化

性交経験の年齢は，明らかに早まっています。たとえば，1981年では男性の性交経験率が50％に達するのは22歳でしたが，2005年では19歳になっています。

片瀬は，性行動の低年齢化を促す要因について，(1)社会的活動範囲の広さ，(2)家族による統制の弱さ，(3)社会的適応のあり方，に着目しています。まず，携帯電話をもち，アルバイトなどの活動資金をもっている者の方が，活動の範囲が広がり，異性と交際する機会も多く，性行動が活発になります。また，特に高校生男子において，個室や専用テレビをもっている者は，そうでない者より，キスの経験率が高く，家族の目が届きにくい個人的な空間の所有が，性行動の活発化に関連することがわかりました。さらに，高校生女子の場合，家族との関係を「楽しくない」と考える者ほど，キスの経験率が高くなっており，家族不適応を示す者ほど性行動が活発化する傾向がみられました。つまり，性体験の低年齢化の背景には，家族による若者の行動への統制や家族との情緒的なつながりなど，家族関係の影響があるのです。

（赤澤淳子）

▷4　高橋征仁　2007　コミュニケーション・メディアと性行動における青少年層の分極化　財団法人日本性教育協会　「若者の性」白書　第6回青少年の性行動全国調査報告　小学館　49—80頁。

▷5　ダブル・スタンダード
価値判断の基準が対象によって異なること。

▷6　年齢別性交経験率については，Ⅱ-7の図Ⅱ-11参照。

▷7　片瀬一男　2007　青少年の生活環境と性行動の変容：生活構造の多チャンネル化のなかで　財団法人日本性教育協会　前掲書　24—48頁。

II 恋愛から結婚へ

3 恋する男女の心理

1 恋愛感情にみる性差——コミットメントの性差仮説

　松井は，恋愛を行動によって恋愛の進行度に分け，その進展と恋愛感情の高さとの関連を検討しています(図II-5)。LL群からHH群にかけて，順に恋愛行動の経験率が高くなっています。たとえば，初期では，悩みをうち明けたり，寂しい時に電話をしたりする段階で，最終的には，結婚の約束をしたり，親に紹介する段階となります。熱愛感情は男女ともに段階が進むにつれ高まるのですが，高まり方は男女間で同じではありません。男性はLL群からL群という恋愛の初期に恋愛感情が高まるのに対し，女性ではH群からHH群という恋愛の後期に熱愛感情が高まっていました。この男女間の非対称性を「コミットメントの性差仮説」と呼んだ松井は，その一因として，恋愛関係において主導権を握るために，戦略としてわざと女性が初期や中期にはコミットを低めていると考察しています。主導権は表面的には男性が握っているため，女性は少しずるいかもしれませんが，「いつでも撤退できる」とコミットメントを低めるように装い，男性に自分の意見を尊重させるようにして，実質的な主導権を握るというわけです。

▷1 松井豊　1997　恋ごころの科学　サイエンス社。

2 恋愛関係におけるコミュニケーション

　夫婦関係においては，コミュニケーションの満足度が，結婚満足度の重要な予測因であることがわかっています。それでは，恋愛関係において，コミュニケーションはどのような影響を与えるのでしょうか。
　日常的コミュニケーションが恋愛関係に及ぼす影響について検討された結果，

▷2 Jacobson, N. S. & Moore, D. (1981). Spouses as observers of events in their relationship. *Journal of Consulting and Clinical Psychology*, **49**, 269-277.

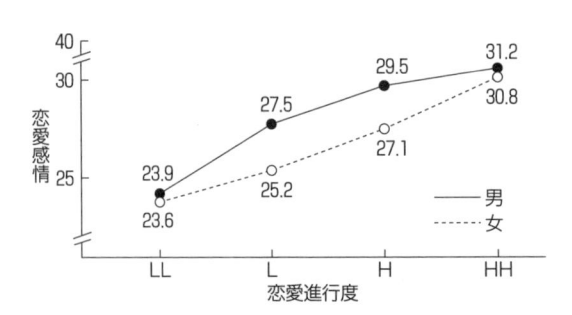

図II-5　恋愛行動経験別にみた恋愛感情得点の平均値

出所：松井 (1997)。

日常的な報告が頻繁に行われていること，二人だけに通じる独特なことば遣いや呼び名をもっていることなどが二人の間の親密性や情熱を高めていることがわかりました。日常的な情報のやりとりにより，自分自身のことを相手に理解してもらえる，また，相手のことを理解できるなど，相互理解が深められることにより，親密性がさらに高まることに貢献するようです。夫婦関係と同様に，恋愛関係においてもコミュニケーションが良好であることは，関係性に大きく影響することがわかりました。

▷3 多川則子・吉田俊和 2006 日常的コミュニケーションが恋愛関係に及ぼす影響 社会心理学研究 22(2), 126—138。

3 恋愛関係の崩壊

　恋愛の崩壊に際して，大学生がどのような対処行動をとり，崩壊時にどのような感情を抱くのか，さらに崩壊後にどのような行動的反応をとるのかについて，性差と恋愛関係進展度によって検討されています。恋愛関係が進展した者ほど，崩壊時に説得・話し合い行動が多くとられ，崩壊時の苦悩も大きく，崩壊後の後悔・悲痛行動と未練行動が多くなっていました。特に女性では，関係が進展している者ほど，説得・話し合い行動を多くとっていました。

　これを，先の「コミットメントの性差仮説」からはどう説明できるのでしょうか。女性は恋愛が進展してから恋愛感情を高めるため，そこに到達するまでにかなりの多くの時間を要します。到達するのに時間がかかった以上，簡単には関係を終わらせることもできません。どうしても，元に戻そうとする行動が増えることになります。これに対し，男性では進展度にかかわりなく消極的・受容行動を多くとっていました。つまり，男性では，自分が納得していなくても，相手の考えを尊重し，受け入れているのです。このような男性の態度は，男性が「男らしさ」に強く縛られているためでしょう。相手を説得して関係を元に戻すより，潔く別れを受け入れる方が男らしいのです。

　恋愛が崩壊する時には，二者間にいさかいが生じる可能性が高くなります。説得したり，別れを受け入れたりするだけでなく，暴力やストーカー行為が発生する危険性もあります。恋人からのDV被害は，特に性交経験後に起こりやすいことが報告されています（図II-6）。また，性的暴力経験者は非経験者より，「あなたは（性交）したくないときに，相手にその気持ちを伝えることができますか」という質問に対して「できる」と回答したものの比率が低いということです。そして，性的暴力については，そのほとんどの被害者は女性です。このような状況の背景にも，「男性は力強く女性をリードし，女性はそれに従うものである」という「男らしさ」や「女らしさ」へのとらわれが潜んでいるのではないでしょうか。

▷4 和田実 2000 大学生の恋愛関係崩壊時の対処行動と感情および関係崩壊後の行動的反応 実験社会心理学研究 40(1), 38—49。

▷5 DV（ドメスティック・バイオレンス）
⇒ II-6 VI-2 参照。

▷6 土田陽子 2007 青少年の性的被害と恋人からのDV被害の現状と特徴 財団法人日本性教育協会「若者の性」白書 第6回青少年の性行動全国調査報告 小学館 122—144頁。

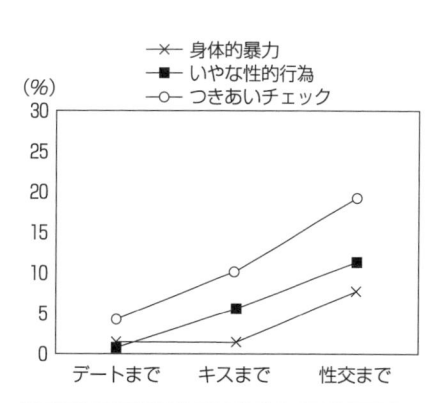

図II-6 交際の程度によるDV被害率（女子）
出所：財団法人日本性教育協会（2007）。

（赤澤淳子）

II　恋愛から結婚へ

4　ジェンダー化する恋愛

1　新性別役割分業

　内閣府による「男女共同参画社会に関する世論調査（2007）」によると，「夫は外で働き，妻は家庭を守るべきであるか」という問いに対し，「賛成」とするものの割合が44.8％，「反対」とする者の割合が52.1％となっており，反対が賛成をやや上回る結果となっています。そして，男女の役割に対する意識は，女性の方が男性より，また若い世代の方が，平等主義的であるという報告があります。

　しかし，意識の変化に実態は追いつかず，有職女性の平日の家事時間は3時間8分であるのに対し，男性は21分と，かなりの性差が示されています。つまり，「男は仕事，女は家庭」という性別役割分業は，「男は仕事，女は仕事と家庭」という新性別役割分業になっているといえます。このような女性における仕事と家事の二重負担は，既婚女性にとって大きなストレスになります。

　この意識と実行動との乖離を，東は「表面的には平等主義的であるが，基本的には伝統主義的な態度」として擬似平等主義的と呼び，日本人の特徴と述べています。

2　若者における性別役割分業の再生産

　若い世代は中高年世代より，意識の面では平等主義的なのですが，意識に実行動は伴っているのでしょうか。

　大学生を対象として，「女性は男性に料理をつくる（以後，料理）」「女性は男性の身のまわりの細かい気遣いをする（以後，気遣い）」「性交渉で男性は女性をリードする（以後，リード）」「男性は女性に食事をおごる（以後，食事代）」などの性別役割について，下記のような質問をしました。

〈性別役割に対する自分の考え〉
1. 「料理」：あなたは女性が男性に料理をつくるのは当然だと思いますか。
2. 「気遣い」：あなたは女性が男性の身のまわりのことに対して，細かい気遣いをするのは当然だと思いますか。
3. 「リード」：あなたはセックスで男性がリードするのは当然だと思いますか。
4. 「食事代」：あなたは男性が女性に食事をおごるのは当然だと思いますか。

▷1　内閣府　2007　男女共同参画社会に関する世論調査（http://www8.cqo.go.jp/survey/ h19/h19-danjyo/index.html）（2008年8月11日）。

▷2　国広陽子　2005　女性の家事負担の重さ；アンペイド・ワークとしての家事　女性のデータブック［第4版］　有斐閣　142頁。

▷3　東清和・鈴木淳子　1991　性役割態度研究の展望　心理学研究　62(4)，270—276。

▷4　赤澤淳子　2000　性別役割行動の再生産システムとしての性別役割規範　今治明徳短期大学研究紀要　24，39—53。

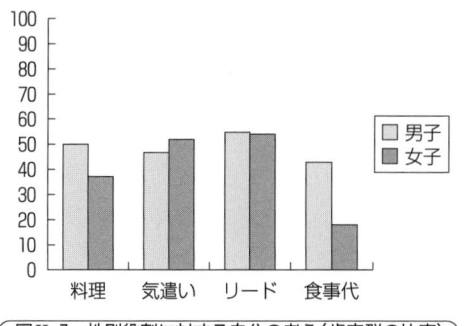

図Ⅱ-7　性別役割に対する自分の考え（肯定群の比率）
出所：赤澤（2000）。

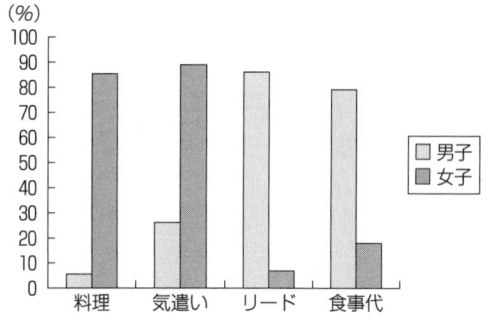

図Ⅱ-8　性別役割に対する自己の行動（肯定群の比率）
出所：赤澤（2000）。

　その結果，図Ⅱ-7にみられるように，「料理」「気遣い」「食事代」に関しては，男女ともに肯定している人の比率はほぼ半分以下となっていました。唯一，「リード」については，男女ともに肯定する者の比率が50％を超えていました。この結果だけをみると，青年期の若者の性別役割意識は，「性」領域以外に関しては，確かに平等主義的であるといえます。

　次に日常的かつ個人的な場面を想定した質問を作成し，実際にとる行動について下記のような質問をしてみました。

〈性別役割に対する自分の行動〉

1．「料理」：あなたが好意をもっている男性（対男性では，女性）と二人で郊外に花見に行く時，二人分のお弁当を作っていこうと思いますか。
2．「気遣い」：あなたが好意をもっている男性（女性）のシャツのボタンが取れていることに気づきました。その時あなたは，ボタンを付けてあげようと思いますか。
3．「リード」：あなたは恋人とのセックスの時，自分がリードしようと思いますか。
4．「食事代」：あなたは，好意をもっている男性（女性）と食事に行く時，相手に食事をおごろうと思いますか。

　すると，性別役割に対する自己の行動については，自己の考えとはまったく異なる結果が示されます（図Ⅱ-8）。つまり，男女ともに約80％以上の者が，各々の性に期待された役割を実行しようと考えているのです。若者ですら，すでに意識のうえでは平等主義的であるにもかかわらず，私的な男女の関係では，ジェンダーに沿った役割行動を遂行しようとしており，意識と行動との間には著しい乖離がみられるのです。

　この矛盾が生じるのは，ジェンダーに沿った役割が，若者においては，一種の対人魅力になっているからだと思われます。しかし，結婚前からのジェンダーに即した役割行動は，結婚後も継続され，ルーティン化された労働となるのです。つまり，性別役割分業は再生産され続けていくのです。

（赤澤淳子）

II　恋愛から結婚へ

5　結婚相手に求める条件

1　現代青年の結婚相手の条件

　結婚に関する社会規範が希薄化するなか，結婚において個人の選択が重視されるようになりました。現代青年においては自由に恋愛を楽しみ，結婚相手も自らの意思で自由に選択しているようにみえますが，結婚相手の条件としてどのような条件が重視されているのでしょうか。[1]

　結婚相手の条件には，親切で理解があり，積極的で知的というような男女共通の条件と，男女によって異なる条件があると指摘されています。男女で異なる条件として，女性は男性に，年上で，大学卒で，経済力があることを望み，一方男性は，女性に年下で，魅力的な容姿を望んでいるとされています[2]。バスは，結婚相手に望まれる性差を進化論的な立場から考察し，男性は自分の遺伝子を残すため，生殖能力という観点から女性の若さや身体的魅力を重視し，女性は自分や子が安全に豊かに生活するための資産を多くもつ男性を結婚相手として選択していると説明しています[3]。

　一方，結婚相手を選択する際の性差を社会構造的な側面から説明した山田は，男女による結婚の意味の違いが，結婚相手選択における男女差に影響を及ぼすと指摘しています。男性にとって結婚は，あくまでも人生のコースの一通過点に過ぎず，それによって自分の人生が一変するとは考えていないため，結婚相手の条件は「自分の人生のコースを邪魔しない女性」ということになります。その結果，男性は自分より年下で，収入や学歴が自分より下の女性を選びます。一方，女性の方は，結婚する相手の職業，経済，家族の状況等によって，自分の人生のコースの修正を余儀なくされる可能性があります。ですから，育児のために一旦自分が仕事を辞めても，十分に余裕のある生活ができるよう，年上で経済力のある男性を選択しようとするというわけです[4]。

　それでは，男女のライフコースも多様化しつつある現代社会において，若者の結婚相手の条件も変化しているのでしょうか。赤澤ら（2008）は，日本，韓国，および中国という東アジアの国々の青少年における結婚相手の条件について調査しました[5]。上位5位の結果をみると（表II-1），国籍・男女を問わず，2位までが全ての国の男女において一致しており，現代の若者においては，ジェンダー差が消失しているようにもみえます。しかし，3位以降をみると，男性に共通して「家事育児能力」および「容姿」が，一方，女性には「経済力」

▷1　III-12 参照。

▷2　Buss, D. M. & Barnes, M. (1986). Preference in Human mate selection. *Journal of Personality and Social Psychology,* **50**, 559-570.
Kenrick, D. T. & Tronto, M. R. (1989). A reproductive exchange model of heterosexual relationship: Putting proximate economics in ultimate perspective. In C. Hendrick (ed.) *Close relationships.* Newbury Park, CA: Sage, pp. 92-118.

▷3　Buss, D. M. (1989). Sex differences in human mate preferences: Evolutionary hypotheses tested in 37 cultures. *Behavioral and Brain Sciences,* **12**, 1-49.

▷4　山田昌弘　1996　結婚の社会学　丸善　42-64頁。

▷5　赤澤淳子・山中千恵・伊月知子　2008　青少年のジェンダー意識とナショナリズムに関する日中韓比較研究　2007年度仁愛大学学内共同研究報告書。

および「職業」が入っており，ジェンダーの影響もあいかわらず示されています。つまり，女性においては結婚相手に対して，家庭内外の仕事を分担することを前提として，そのうえでジェンダーに沿った役割も期待しているといえます。

表II-1　国籍別男女別にみた結婚相手の条件

	1位	2位	3位	4位	5位
日本人男子	人柄	仕事への理解	家事育児能力	容姿	共通の趣味
韓国人男子	人柄	仕事への理解	家事育児能力	経済力	容姿
中国人男子	人柄	仕事への理解	共通の趣味	家事育児能力	容姿
日本人女子	人柄	仕事への理解	経済力	家事育児能力	職業・共通の趣味
韓国人女子	人柄	仕事への理解	経済力	職業	家事育児能力
中国人女子	人柄	仕事への理解	職業・共通の趣味		経済力

2　結婚相手の条件にみる文化差

結婚相手の条件として，男性は女性の家事能力や容姿を，女性は男性の経済力や職業を重視するという性差は，古今東西に共通しているわけではありません。パートナーの好みに関する比較文化研究では，ジェンダーよりもむしろ文化の影響が大きいといわれています。白水は日本と中国との結婚相手の条件を比較検討し，日本女性は男性への経済的依存が際だって高く男女差が大きいが，中国の女性ではさほど重視されず性差もないと指摘しています。これは，中国は社会主義国であり，男女が共に社会で働くことが自明とされており，長期にわたって国家主導で男女平等が推進されてきたことが影響しているようです。確かに，表II-1にもその特徴がみられます。その他にも，中国のジェンダー意識調査においても，「男性と女性は平等に家事をすべきか」という問いに対し，女性の95.7%，男性の93.9%が肯定的な回答をしたという報告もなされています。つまり，社会における男女のあり様が，結婚相手の条件に大きく影響しているといえます。

3　恋愛の相手と結婚の相手

男女交際の増大によって，恋愛は必ずしも結婚に結びつかないものになりました。恋愛相手と結婚相手に対する若者の意識や行動は異なっているのでしょうか。結婚を意識した恋人をもつほど，男女はジェンダーに沿った行動をとるようになることが指摘されています。つまり，結婚を意識した恋人をもつほど，女性は「食事や弁当をつくる」などの女性的行動の，男性は「重い荷物をもつ」などの男性的行動の遂行率が高くなるのです。それでは，恋愛相手と結婚相手に望む条件に違いはあるのでしょうか。小倉によれば，1985年頃から，女子大生は恋人に求めるものと結婚相手に求めるものをはっきりと区別しはじめていたということです。すなわち，恋人にはルックス，話題，車の所有を求め，結婚相手には先ず長男でないこと，経済力，安定した職業を要求し，ルックスは恋人に対するほどにはうるさく求めないそうです。このような違いは，あいかわらず結婚が性別分業を前提としたものであることを如実に物語っています。

（赤澤淳子）

▷6　Buss, D. M., Abbott, M., Angleitner, A., Biaggio, A. et al. (1990). International preferences in selecting mates: a study of 37 cultures. *Journal of Cross-Cultural Psychology*, **21**, 5-47.

▷7　白水紀子　2002　現代中国女性群像　アジア遊学　**43**，4—21。

▷8　宮坂靖子　2007　中国の育児　落合恵美子・山根真理・宮坂靖子　アジアの家族とジェンダー　勁草書房　105頁。

▷9　赤澤淳子　2007　青年期後期における恋愛行動の規定因について；関係進展度，恋愛意識，性別役割の自己認知が恋愛行動の遂行度に及ぼす影響　仁愛大学研究紀要　**5**，17—31。

▷10　小倉千加子　2007　結婚の条件　朝日新聞社。

II 恋愛から結婚へ

6 デートDVはなぜ？

▷1　ドメスティック・バイオレンス
⇒ VI-2 参照。

▷2　Frieze, I. H. (2005). *Hurting the one you love: Violence in relationships.* Belmont, CA: Thomson Wadsworth.

▷3　内閣府男女共同参画局　2006　男女間における暴力に関する調査報告書（http://www.gender.go.jp/e-vaw/chousa/danjokan/h1804top.html）。

▷4　深澤優子・西田公昭・浦光博　2003　親密な関係における暴力の分類と促進要因の検討　対人社会心理学研究　**3**, 85—92。

▷5　Henton, J., Cate, R., Koval, J., Lloyd, S. & Christopher, S. (1983). Romance and violence in dating relationships. *Journal of Family Issues,* **4**, 467-482.

▷6　Sugarman, D. B. & Hotaling, G. T. (1989). Dating violence: Prevalence, context, and risk marker. In M. A. PirogGood & J. E. Stets (eds.), *Violence in dating relationships: Emerging social issues,* New York: Praeger Publishers, pp. 3-32.

▷7　Bookwala, J., Frieze, I. H. & Grote, N. K. (1994). Love, aggression and satisfaction in dating relationships.

1 デートDVとは

ドメスティック・バイオレンス（家庭内暴力）ということばからは，夫婦間の暴力が想起されるでしょう。ところが最近では，結婚していないカップルの暴力，いわゆる親密な関係における暴力に大きな注目が集まっています。このような関係は，当事者にとっても周りからみても流動的であり，夫妻間暴力よりもいっそうみえにくく，法律による保護や救済の対象となりにくいため，暴力が潜在しやすいと考えられます。ドメスティック・バイオレンスにしてもデートDVにしても，暴力の被害と加害についての報告は必ずしも一致していません。それは，サンプルや暴力の定義が異なることと，当事者にとっても認識されていない現状があるからです。

　米国の研究によると，米国とカナダの高校生の約3分の1が1年間に1回以上何らかの身体的暴力を受けているそうです。また，穏やかな暴力や言語的な暴力を含めると，男性よりも女性の方が暴力を多用していることになるそうです。これは，女性と男性の暴力に対する許容度（敏感さ）が，暴力の認知や報告に影響を与えている可能性を示唆しています。しかし，傷害を受けるのは女性の方が多いという事実は銘記すべきでしょう。また，若いカップルほど暴力の頻度が高く，年齢や教育年齢が高くなるほど女性の暴力が多くなる傾向も見出されています。日本の内閣府が行った調査によると，10～20歳代でパートナーから身体的暴力，心理的暴力，性的強要のいずれかを受けた女性は13.5％で，現在20代の女性に限定すると22.8％でした。しかし，別の女子大学生を対象とした調査では，身体的暴力は32.9％，心理的暴力38.2％，性的暴力が21.1％にのぼっています。

2 恋愛の心理とデートDV

　親密な関係には愛情と敵意が同居していることは多くの人が指摘しています。たとえば，被害者と加害者の約3割の人が，デートDVを愛情によるものと解釈していること，関係が長くなるほど，また親密になるほど攻撃レベルが高くなること，マニア（mania, 嫉妬深い愛）の得点が高いほど暴力性が高くなることなどの研究結果があります。恋愛関係は，嫉妬などの否定的な感情を介して暴力に発展しやすい側面を含んでいるといえるでしょう。

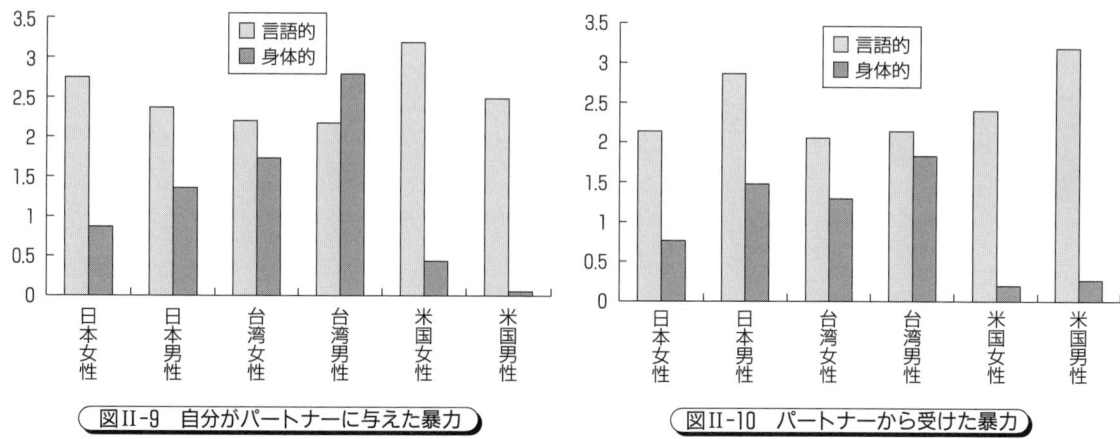

図II-9　自分がパートナーに与えた暴力
出所：青野・周・Frieze・森永・葛西（未発表）。

図II-10　パートナーから受けた暴力
出所：青野・周・Frieze・森永・葛西（未発表）。

　これまでの研究から，デートDVに及ぼすその他の予測因子として，大量の飲酒（男性の場合），低い自尊心，怒りの感情，ずるさ，親密さへの忌避感，不安といったものが見出されています。また，相手に暴力をふるうかどうかを予測する最大の要因は，相手から暴力を受けたかどうかということでした。つまり，暴力は相互的なものであるということです。この点は夫婦間の暴力（ドメスティック・バイオレンス）と大きく異なっています。

3　デートDVの社会的背景

　暴力的な両親のもとで育った子どもは成人後に暴力の加害者や被害者になりやすいという「暴力の世代間伝達（intergenerational transmission of violence）」仮説が多くの人々に支持されていますが，研究結果は一貫していません。研究によると，暴力の被害者は両親の離別，親との疎遠な関係，規律の厳しさなどを生育史において経験している可能性が高い傾向にありますが，加害者の生育史の特徴は明らかではありません。また，子どもの頃に受けた暴力とデートDVの被害の受けやすさについても，研究結果は一貫していません。さらに，子どもの頃に両親の暴力を目撃したこととデートDVの被害・加害との関係も明白でありませんでした。

　デートDVの研究は主に欧米で進められてきましたが，恋愛やデートにまつわる文化が明示的でなく，家父長制や性別分業主義が根強いアジア諸国では異なる状況が予想されます。図II-9・図II-10には，日本，台湾，米国の恋愛経験のある大学生を対象に，「相手をののしる」などの言語的攻撃，「相手を叩く」などの身体的暴力が過去（直近の）半年間にどの程度あったかを，「まったくなかった」(0)か「1回以上あったか」(1)，で回答を求めた合計得点を示しています。総じて米国は身体的暴力が少なく台湾の男性でややめだつことから，家父長制と男性の暴力との関係が認められます。また，暴力を与えることと受けることは相関があるといえるでしょう。

（青野篤子）

▷ *Journal of Social and Personal Relationship*, 11, 625-632.

▷8　Frieze (2005).

▷9　Sugarman, D. B. & Hotaling, G. T. (1989).

▷10　女性195名，男性196名。
▷11　女性276名，男性196名。
▷12　女性151名，男性93名。
▷13　青野篤子・周玉慧・Frieze, I.・森永康子・葛西真記子（未発表）。

II 恋愛から結婚へ

7 結婚前の発達課題

1 性行動の活性化と二人の関係性

かつて結婚はまずだれもがするものでした。そして結婚によって性関係がはじまると考えられていました。もちろん今でもそう考える人はいるしそのように実行している人もいます。

しかし性にかかわる若者の実態はずいぶん変化してきました。結婚→性交→出産という順次性は確かなものではなくなりました。図Ⅱ-11, 12にみられるように青少年の性行動は調査のたびに日常化, 早期化が顕著になり男女の差はなくなりました。また性交の相手が複数に及ぶことも例外的ではなく, 性交したからといってその人と結婚するとは限らなくなっています。さらに結婚すること自体必修ではなく選択テーマとなりつつあるのも大きな変化です。

さて性行動の男女差が消滅したことは男だから女だからとの理由で制約や抑制されなくなったという点で積極的な意味があると考えられなくありませんが, 問題は性行動にのぞむ主体性です。図Ⅱ-13をみると性交に向かう女子のイニシアティブが著しく低いことが目立ちます。こうした両者の関係性から, 予期しない妊娠とか性感染症はもちろん, 女子のもつ不安や期待が十分配慮されているかどうか大いに気がかりです。しかもこうした関係が結婚にもちこまれるとしたら, その後の不幸の源となりかねません。この意味で改めて結婚にいたるまでに考えておくべき問題があると思われます。

▷1 日本性教育協会による第6回青少年の性行動全国調査（2005年）。

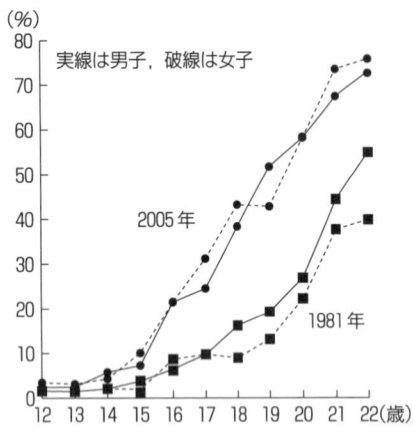

図Ⅱ-11 年齢別性交経験率
出所：財団法人日本性教育協会 2007 「若者の性」白書 第6回青少年の性行動全国調査報告 小学館

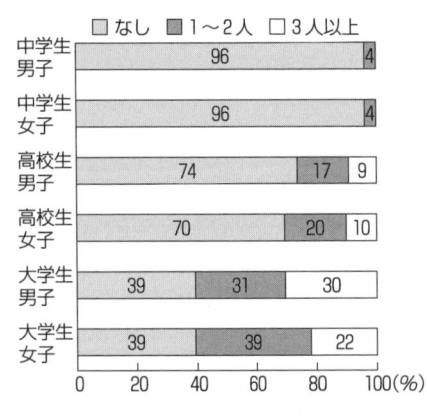

図Ⅱ-12 学校段階ごとにみた性交経験相手数

	なし	1～2人	3人以上
中学生男子	96		4
中学生女子	96		4
高校生男子	74	17	9
高校生女子	70	20	10
大学生男子	39	31	30
大学生女子	39	39	22

出所：財団法人日本性教育協会（2007）。

2 結婚の絆とは何か

従来, 結婚した男女は次のような絆で結ばれていました。経済的な絆, 法的な絆そして子どもという絆, さらに結婚はするものという社会的な規範です。これらはとても強固なものでしたが上に述べた時代の変化のなかで次第に確実に力を失いました。

そしてそれに代わって重視されるべきものとして情緒的な絆, 性的絆があります。情緒的な絆とは精神的な連帯感, つまり互いの人生観や生き方に共感したり生活上の喜怒哀楽を共有すること

から生まれる心の絆のことです。性的絆とは性的に互いに価値ある存在として表現しあうことから生ずる絆です。性の快楽性について受け入れたり自分の性的欲求を伝えあって生きる喜びを分かちあうなど，結婚における中心課題の1つです。

この2つの絆はお金や法律のように客観的に存在するものではありません。実体のない，とらえどころのない不確かなもので「絆をつなぎ続けよう」とする二人の意思と努力があって初めて確かなものとなります。情緒的絆を結ぶために必要なのはコミュニケーションの力です。自分の考えや感情をことばによって卒直に相手に伝えると同時に相手の気持ちを真正面から受けとめて交流していく力です。性的絆を結ぶために必要なのは，性について考え自分の気持ちを伝えあうことが生きるうえで価値あることという考えをもつことです。そうすることでお互いを掛けがえのない存在として受け入れあっていけるのです。

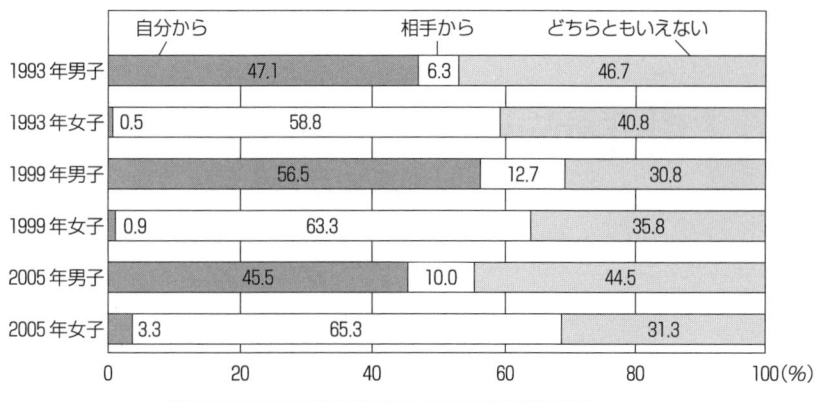

	自分から	相手から	どちらともいえない
1993年男子	47.1	6.3	46.7
1993年女子	0.5	58.8	40.8
1999年男子	56.5	12.7	30.8
1999年女子	0.9	63.3	35.8
2005年男子	45.5	10.0	44.5
2005年女子	3.3	65.3	31.3

図II-13　大学生の性交経験におけるイニシアティブ
出所：財団法人日本性教育協会（2007）。

3　性教育のあり方とその課題

人間の性には新しい生命の誕生につながる「生殖」という意味があります。とても大切な営みでありしっかり学んで取り組むべき大きな課題です。しかし人間は生殖のためにだけ性行為をするわけではありません。避妊という，予期しない妊娠を避ける方法を考え追求するのはもう1つの「性の快楽を共有することで生きる充実感を味わい人間関係を深める」という欲求，願いがあるからです。

ところが学校での性教育の内容は月経，妊娠，出産，避妊，中絶など生殖の性に関すること，および性感染症の学習にほぼ限られており快楽の性について学ぶことはほとんどありません。それどころか快楽を卑しむ，否定する傾向が強いのです。そして青少年にとって興味の強い性交に関する情報は男子は主にポルノビデオ，女子はコミックスなどから得ているのです（財団法人日本性教育協会 2007）。そこには暴力的で性差別的なものが溢れていて柔らかな二人の関係を育てるものとはいえないものが多いのです。

結婚という人間関係を結び深めるには互いの性への誤解や偏見を取り除くことが不可欠です。と同時に互いを尊重し生き甲斐を分かちあう快楽の性について青年期に考え学ぶことが，その先にある結婚に向かう重要な発達課題といえるでしょう。

（村瀬幸浩）

II 恋愛から結婚へ

8 進む晩婚化／非婚化
――結婚の価値への疑義

1 結婚する？ しない？

　自分の将来を思い描く時，特に深く考えることなく「結婚して，子どもをもって……」と想像する人は少なくないでしょう。ところで結婚とは，するのが当たり前，誰の人生にも当然起こりうるライフイベントなのでしょうか。
　1960年代までの日本では，**生涯未婚率**は男女とも1％台だったので，ほとんどの人が人生のなかで一度は結婚していたことになります。当時の感覚では「結婚するのが当たり前」だったことでしょう。ところが2005年になると，生涯未婚率は男性が15.96％，女性が7.25％まで上昇しています。8～9割の人が結婚を経験しますが，結婚しない人も珍しいとはいえなくなってきています。
　変わったのは結婚するかしないかだけではありません。結婚する年齢も変化しています。かつて女性は「適齢期」とされた24歳前後にこぞって結婚していましたが，今ではもっと遅く，しかも人それぞれになってきていることがわかります（図II-14）。いまや結婚は，してもしなくてもよい，いつしてもよい，人生のオプションの1つとなっているのです。

2 結婚の価値の変化

　晩婚化・非婚化の背景にはどのような心理があるのでしょうか。独身者にその理由を尋ねた調査があります（図II-15）。
　独身でいる理由の上位3つは男女共通です。この結果から読みとれるのは「いい人がいれば結婚はしたい，でも結婚によって不自由になるような面倒な結婚ならする必要はない」という意識です。
　かつて結婚は，男性にとっては母親に代わって衣食住を整えてくれる妻を，女性にとっては父親に代わって自分を養ってくれる夫を得る「生活保障の手段」という意味ももつものでした。しかし，女性が社会進出によって経済力を得たこと，家事サービ

▷1　生涯未婚率
50歳までに一度も結婚したことのない人の割合（率）。I-14の図I-13参照。

▷2　内閣府　2007　男女共同参画に関する世論調査より。

▷3　山田昌弘・白河桃子　2008　「婚活」時代　ディスカバー・トゥエンティワン。

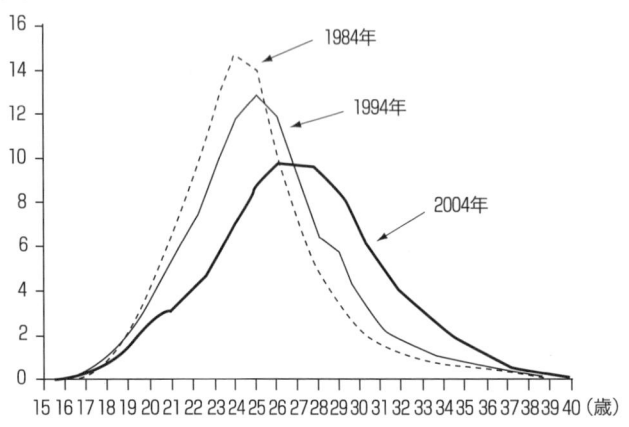

図II-14　平均初婚年齢の変化

（注）　各届出年に結婚生活に入ったもの。
出所：厚生労働省　2006　平成16年度人口動態統計より。

スが購入可能になったことによって、結婚の生活保障という意義は薄れました。かわって人々が結婚に求めているのは「精神的満足」です。満足を得られない結婚なら続ける価値がないという思いは、離婚に対する意識の変化にもあらわれています。「結婚しても相手に満足できないときは離婚すればよい」という考え方への賛否を問うと、20～50代では賛成が反対を上回っています。こうした意識の変化の背景には、「結婚はしなければならないものではない」という価値の相対化があるのです。

③ 結婚できない非正規労働者

結婚に精神的な満足を求める思いは、自分をより高めてくれる相手と幸せな関係を築きたいという願望につながります。配偶者選択のハードルが上がったことが晩婚化・非婚化の原因の1つでしょう。選択の幅が狭まれば「いい人」との自然な出会いは難しくなることから、理想の結婚相手を積極的に探し求める「婚活」にいそしむ若者が増えているといわれています。

結婚相手として「いい人」の条件が具体的にあげられれば、その条件にあわない人は「結婚相手として適当ではない」と判断されることになります。2002年に20～34歳であった若者を対象とした縦断調査によると、2002年から2006年までの4年間に結婚した者の割合は、非正規就業や仕事のない男性で著しく低くなっています（図Ⅱ-16）。安定した経済力のない男性が結婚市場で不利な立場であることがみてとれます。

「結婚して家族をもちたい」という希望も就業意欲もあるのに、人生の見通しがもてずに結婚できない若者の増加は、個人の責任というより社会制度の問題である面も大きいといえるでしょう。

（大野祥子）

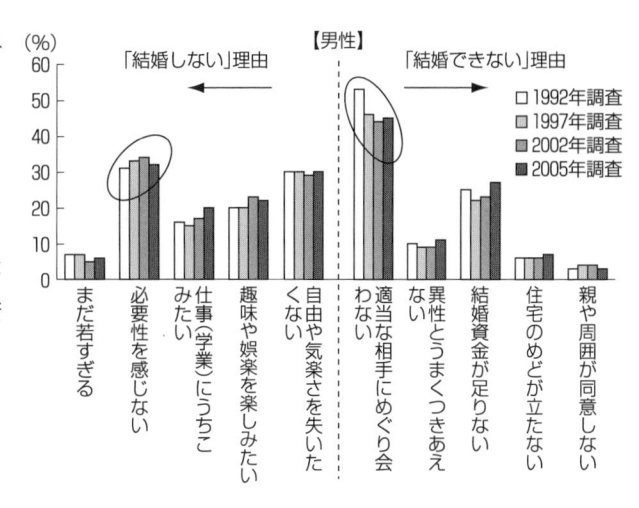

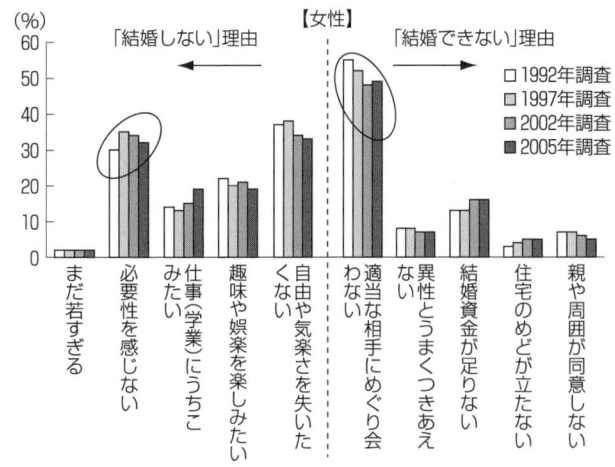

図Ⅱ-15　独身にとどまっている理由（25～34歳）

（注）未婚者のうち何％の人が各項目を独身にとどまっている理由（最大3つまで）として選択しているかを示す。
出所：国立社会保障・人口問題研究所　2005　わが国独身層の結婚観と家族観より。

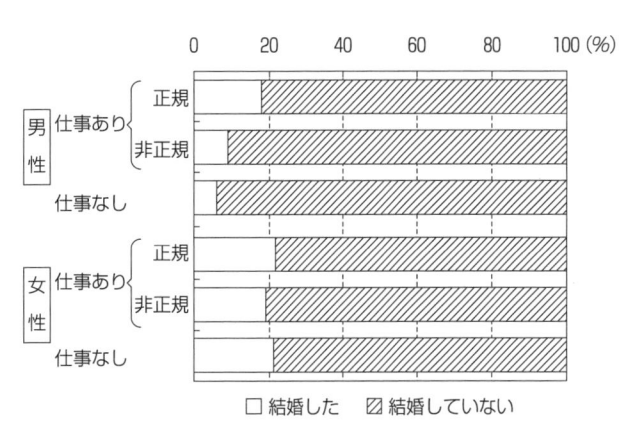

図Ⅱ-16　2002～2006年の4年間で結婚した者の割合

出所：厚生労働省　2006　第5回21世紀成年者縦断調査より。

Ⅲ　結婚生活と夫婦関係

1 夫と妻は結婚・配偶者に満足しているか／幸せか

1 結婚の道具的価値の低下と心理的価値（親密性）を求める結婚へ

1969年を境に見合い結婚は減少の一途をたどり，恋愛結婚が優位を占めるようになりました。少数派の見合い結婚も，かつてのように仲人口や釣書で大体決まっていて見合いは形式的なものというのはなく，見合いは単なるきっかけ，結婚はその後の交際で双方とも愛情がもてるようになってのことになりました。愛情が結婚にとって最重要となったのです。

Ⅰ-8 でみたように，結婚の道具的価値は大きく低下しました。女性も自分の稼ぎで生活できる，家電製品や商品化によって男性も家事を妻に依存する必要が減退したからです。これに代わって，他では得られない親密な関係，相互の愛情，精神的安定など心理的価値が結婚に求められることになりました。恋愛結婚の増加はこうした土壌を背景にしています。現在，65歳以下の世代の夫婦はほとんどが恋愛結婚，愛情に基づいて結婚したとみてよいでしょう。

2 恋愛結婚夫婦のその後は？──〈夫は満足／妻は不満〉という対照

さて，このような恋愛結婚夫婦はその後どのような関係になっているでしょうか。幸せで心理的安定が得られているでしょうか。かなり悲観的状況です。結婚後の数年から15年が経過した夫と妻に，「結婚に満足しているか」「配偶者（恋愛結婚した相手）との生活はうまくいっているか」「もし再度結婚するとしたら今の配偶者を選ぶか」「一番愛情をもてるのは配偶者か」など，現在の結婚や配偶者への満足度についての大掛かりな調査結果をみましょう（図Ⅲ-1）。

▷1　Ⅱ-1 の図Ⅱ-1参照。

▷2　菅原ますみ・小泉智恵・詫摩紀子・八木下暁子・菅原健介　夫婦間の愛情関係に関する研究(1)〜(3)　日本発達心理学会第8回大会発表論文集　57―69頁。

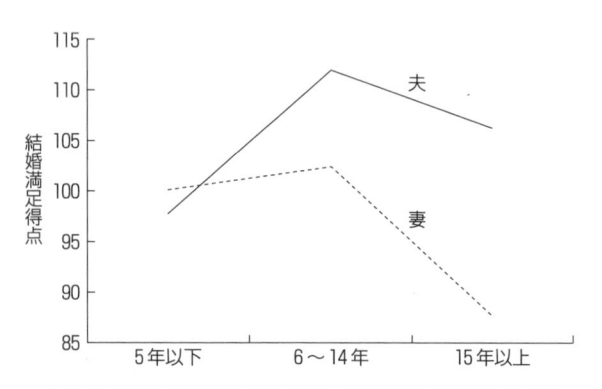

図Ⅲ-1　配偶者に対する愛情・満足度の結婚年数による変化

出所：菅原ほか（1997）。

表III-1 『もう一度結婚するとすれば誰とするか』
（結婚後 20 年前後の中高年夫婦）

	夫		妻
今の配偶者と	71.4	>	42.9
別な人と	23.1	<	41.8
結婚しない	5.5	<	15.4

出所：柏木・数井・大野（1996）。

　結婚後しばらくの間（5年以下）は夫と妻はほぼ同得点で，愛情や満足度に差はありません。恋愛結婚したばかりですから当然でしょう。ところが年が経つにつれて変わってきます。6～14年後は，妻の方は前とほとんど変化がありませんが，夫の満足度は急上昇します。さらに15年以上経った時点では，夫は少し低下しますがそれほど大きな変化がないのに対して，妻は急激に低下します。この結果，中年期の夫と妻では結婚への満足度に大きな差が生まれ，夫は満足，妻は不満という対照的な様相を呈するようになっています。これが恋愛結婚した夫婦の十数年後の平均的なあり様なのです。

③ 「もう結婚しない」（こりごり）と中年期の妻の15％は思っている！

　このような結婚満足のジェンダーギャップ──夫は満足／妻は不満という状態は，他の研究でもほぼ一致して確認されています。このことを端的に示すのが表III-1のデータです。▷3

　夫の方は何と7割強が今の妻と再度結婚したいと思っていますが，妻の方は「今の夫と」というのは4割強，そしてほぼ同じ位の妻が「別な人と」答えているのです。そして15％もの妻が「もう結婚しない」と答え，結婚への強い失望を表明しています。

④ 結婚は心理的安定になるか

　「心理的安定」は多くの男女が結婚に最も期待するものです。では，その期待は充たされているのでしょうか。情緒不安定，ひとりぼっちで寂しい，気分が晴れない，ものごとに集中できないなど，心理的不安定状態（デイストレス）が結婚とどう関係しているかを検討したデータをみますと，男性と女性では大分ちがいます。III-17 の図III-17で詳しくみますが，男性では，配偶者がいる人でデイストレスは低く，男性にとって配偶者の存在はストレス低下に役立っています。▷4 ところが，女性ではストレス水準は夫がいる／いないとまったく関係がありません。つまり，夫がいても，妻のストレスを低減する役割を果たしていないといえる結果です。どうしてこのような違いが生じているのでしょうか。何よりも「精神的な安定」が得られることを期待して結婚したのに！

（柏木惠子）

▷3　柏木惠子・数井みゆき・大野祥子　1996　結婚・家族観に関する研究(1)～(3)　日本発達心理学会第7回大会発表論文集 240—242頁。

▷4　稲葉昭英　2002　結婚とデイストレス　社会学評論　53, 69—84。

参考文献

伊藤裕子　2008　夫婦関係における男性　柏木惠子・高橋惠子（編）日本の男性の心理学；もう1つのジェンダー問題　有斐閣 97—119頁

善積京子（編）2000　結婚とパートナー関係；問い直される夫婦　ミネルヴァ書房

諸井克英　2003　夫婦関係学への誘い　ナカニシヤ出版

春日キスヨ　1994　家族の条件；豊かさのなかの孤独　岩波書店

III　結婚生活と夫婦関係

2　結婚に伴って生じる家族内ケア
──「結婚は生活！」という女性の慨嘆

1　だれが家事をしているか

「日本の男性は家事をしない」といわれます。15歳以上の男女が1日24時間のうち，家事関連の行為を行う時間は，男性39分に対して女性が3時間44分です。子育て期の夫婦の家事分担率を調べてみると，妻の分担率が圧倒的に高いのが現状です。それは妻が働いている共働き夫婦でも変わりません（図III-2）。

では日本の女性は誰でもみんな家事をよくするかというと，そういうわけではありません。未婚の男女の家事遂行時間にはあまり差はないのです。結婚前には男女とも，親元に暮らしながら母親に家事をしてもらうのでしょう。家事をしているのは既婚の女性，つまり「主婦」という立場の女性たちなのです。家事とは健康で快適な生活を維持するために必要不可欠な労働です。女性にとって，まさに「結婚とは生活！」なのです。

▷1　総務省　2006　平成18年社会生活基本調査より。

2　「家事」から「家族内ケア」へ

ところで「家事」と聞いてイメージするのはどのような行為でしょうか。おそらく掃除・洗濯・炊事などが基本的な家事として，まず頭に浮かぶと思います。実は家事とは，そのような身体を動かしてする行為だけではありません。家族に対する気遣いや心配り，日用品の在庫管理や衣替えなど頭の中で生活の予定を立てること，自分の感情を抑えて家族の都合を優先することなどの「**感情労働**」も，やはり家族の快適な生活のために行われる重要な行為です。この

▷2　感情労働
与えられた役割を果たすために，自分の感情を抑えて相手に対して共感的にふるまうことを必要とするような仕事をさす。看護，介護，接客業など人を相手にする職業に要求される。

〈夫〉　〈妻〉

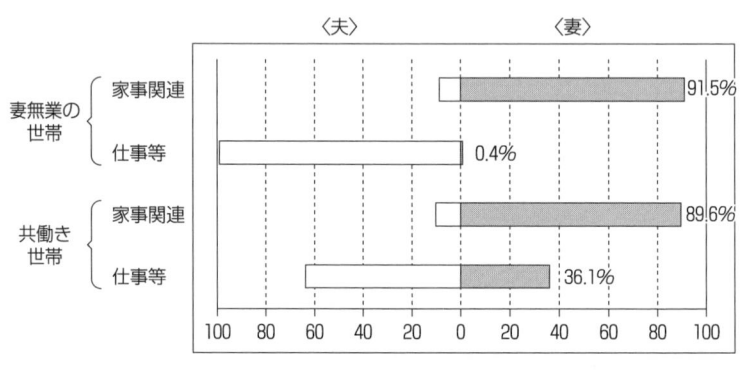

妻無業の世帯
- 家事関連　91.5%
- 仕事等　0.4%

共働き世帯
- 家事関連　89.6%
- 仕事等　36.1%

図III-2　2次的活動の分担率

出所：総務省（2006）より作図。

ように家事の定義を拡張し「行動・意識・感情の諸側面にわたり，自分の資源を使って家族のために行う行為」ととらえなおした概念は「家族内ケア」と呼ばれています。▷3

　気遣いや配慮といった情緒的なケアまで含めた「家族内ケア」はだれがどのように行っているのでしょうか。図Ⅲ-4は育児期夫婦におけるケアの遂行度を調べた結果に基づき作成されたイメージ図です。妻は，子どもへのケアや家事全般だけでなく，大人である夫に対してもケア行動を行っています。夫へのケアは情緒的ケアのほか，「夫が帰宅して脱いだ服をハンガーにつるす」などの身辺的ケアまで含まれています。一方の夫は，対子どもケアは多少するのですが，家事や妻へのケアはあまり行いません。妻はケアの与え手として家族のために自分の資源を相当量投入していますが，その妻を手厚くケアしてくれる人は家族内にはいないという構図が浮かびあがります。

　「夫婦は平等であり，対等であるのだから互いに助け合うべきである」という意見に賛同しない人は稀だと思われますが，現状はそうではありません。結婚によって家庭責任が発生するのは夫婦どちらにとっても同じはずですが，「細やかで優しいのは女性である」という性別役割規範があるために，家族をケアする役割＝女性の役割となりやすいのでしょう。もちろん同じコインの裏側では，男性が働いて家族を養う役割を期待されていることも忘れてはなりません。

3　ケア役割を期待される人の燃え尽き

　夫婦間の情緒的ケアに限ってみると，夫から妻へのケアが少なく，夫婦間のケアが非対称であるほど，妻の「家族内ケアへの否定感」（＝家事や子育ては報われない仕事であり，嫌気がさすという気持ち）が高まります。▷4 一方的にケアを与えるばかりで，自分がだれからもケアされない状態は，人を消耗させ，場合によっては心身の安定を損なうことにもつながります。

　近年，保育や看護，介護などのヒューマンサービスに従事する人のバーンアウト（燃え尽き症候群）が問題になっています。他者に対する配慮や自己抑制を期待される点では，ヒューマンサービス従事者と家庭における主婦や母親の立場はとても似ているといえるでしょう。▷5 Ⅰ-4でみたように，家庭や家族に「温かさ」「安心」を求める人は多いですが，その温かさは，だれによってどのようにつくりだされているのか，考えてみることも必要です。

（大野祥子）

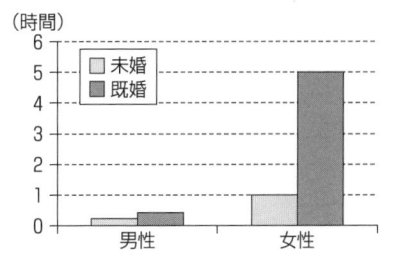

図Ⅲ-3　性別・婚姻状態ごとの家事関連時間
出所：総務省（2006）より一部改変。

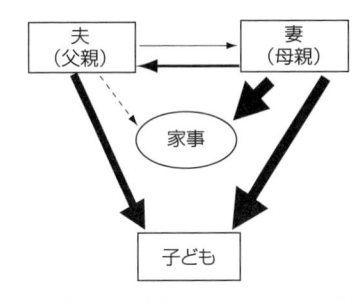

図Ⅲ-4　子どもや配偶者に対するケア
出所：平山（1999）。

▷3　平山順子　1999　家族を「ケア」するということ；育児期の女性の感情・意識を中心に　家族心理学研究　13(1)，29—47。

▷4　平山順子　2002　中年期夫婦の情緒的関係；妻から見た情緒的ケアの夫婦間対称性　家族心理学研究　16(2)，81—94。

▷5　目良秋子　2008　ケアするものとしての役割意識からフリーになるには　柏木惠子（監修）塘利枝子・福島朋子・永久ひさ子・大野祥子（編）　発達家族心理学を拓く；家族と社会と個人をつなぐ視座　ナカニシヤ出版　71—88頁。

III 結婚生活と夫婦関係

3 男性にとっての結婚・女性にとっての結婚

1 妻にとって配偶者がいる意味は？——夫在宅ストレス症候群

III-1 で，恋愛結婚した夫婦なのに，夫は結婚に満足し精神的ストレスも低いのに，妻は不満が大きくストレスも低くはないことをみました。男性にとっては結婚や配偶者の存在は有意味ですが，女性にとっては結婚生活や夫から心理的安定は得られていないのです。妻たちの日頃の気分や感情にもこのことがあらわれています。「このままでいいのか不安」「自分は一人前ではないような焦り」「将来なにがしたいかわからず焦る」など，妻たちの否定的感情は強いのです。しかしそのような妻の気持ちに気づいていない夫は多く，妻も（自分と同様）結婚に満足していると楽観しているのです。自分は不満や不安に悩んでいる，なのに夫はそれに鈍感という状態は，妻の心を夫から離れさせ，孤独感を強めるでしょう。

中年の夫婦がどのような時に孤独だと感じるかをみましょう（図III-5）。

「1人のとき」が最も高いのは当然として，注目されるのは，妻が孤独だと感じる第2位の「配偶者といるとき」です。自分のことを夫はわかってくれていないと思っている妻にとっては，夫といる時却って孤独感を感じさせられます。孤独感どころか，夫の存在はストレスだという妻も少なくありません。「夫在宅ストレス症候群」といわれ，夫がいると用事は増える，楽しい会話があるわけではなくむしろぎくしゃくしたコミュニケーション，自由に行動できないなど，夫の在宅は妻にストレスをもたらすのです。「夫は丈夫で留守がいい」の一因はここらにもあるのではないでしょうか。

2 男性にとっての家族／女性にとっての家族——「家族もち」と「家族する」

「家族もち（だ）」ということばがあります。そういわれるのは概して男性で，「養わなければならない家族がいる，だから経済的に大変」といったニュアンスで使われます。妻子のために稼ぐという男性の稼ぎ手役割を念頭にしたことばです。女性が「家族もち」といわれることはまずありませんが，「子もち」ということばがあり，子の養育役割つまり母親であることを重視してのレッテ

▷1 孤独を感じる妻については，III-10 参照。

▷2 井上清美 2001 家族内部における孤独感と個人化傾向；中年期夫婦における調査データから 家族社会学研究 **12**, 237—246.

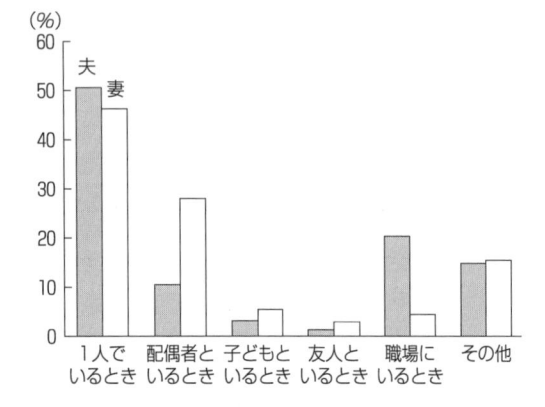

図III-5 孤独感を感じる状況——夫と妻

出所：井上（2001）。

ルです。

　この対照的なレッテルは，男性にとっての家族と女性にとっての家族の対照を見事に表現しています。男性は「家族をもつ」，しかし稼ぎを家計に入れる以外の「家族する」——家事や育児などはほとんどしない，他方，女性には稼ぎは期待しないけれど，「家族する」ことが第一の役割という状況です。

❸ 家族は「暖かいやすらぎの場」という夫 VS その場をつくり出す裏方の妻

　家庭はやすらぎの場，暖かな家庭とよくいわれます。多忙で厳しい社会生活を送っている人々にとって，心身を休ませ明日の活力を養ってくれるには，暖かさややすらぎを提供してくれる家族・家庭は望ましいもの，だれもがそうあって欲しい当然の願いでしょう。

　ところで，この「暖かさ」や「安らぎ」は，室温やお風呂のように機械で自動的に調節／提供することはできません。帰宅した家族がどんな状態かを察知する，その人の状態に必要なもの／喜ぶことを準備し提供する細やかな心遣いと手間を惜しまない労力が必要です。暖かさ／やすらぎなど家族の求める安寧のために行う心身の労働は，「**家族内ケア**」ともいわれ，「家族する」の中心的な行為です。暖かさや心地よいやすらぎをつくり出すために「家族する」，この裏方の役割を担っているのが女性です。そうして提供される「暖かさ」「やすらぎ」を享受しているのが男性です。ケアする女性（妻）とケアされる男性（夫）という非対称な関係です。このことが，夫は満足，妻は不満，妻にとって配偶者はストレス低減にならずむしろストレス源となっている状況を生み出している背景です。

❹ 生活時間調査が物語る日本の男性と女性

　NHKや各種調査機関が行っている生活時間調査データは，「家族する」女性 VS「家族しない」男性を端的に示しています。フルタイム有職の妻と夫はほぼ等しい稼ぎでも，家事育児の分担率は夫15：妻85です。女性は稼ぎ手役割を果たしていても，家事育児は圧倒的に妻に片寄っているのです。セカンドシフト——仕事の後，第二の勤め家事育児にシフトしなければならないのが女性です。「家族する」は女性の役割，男性は妻が稼ぎを分担しようが「家族する」は自分の役割ではない，これは他国と比べて際立って日本に顕著な特徴です。

　スウェーデンでは，職業をもって働き稼ぐことと，家族役割を担うこと／享受することは，男性女性双方の責任であり権利だと考えられ，実践されています。「家族する」ことは性を超えたおとなの権利であり責任だという考えと実態は，いつ日本に定着するのでしょうか!?　これは，男女共同参画，**ワーク・ライフ・バランス**の課題です。

（柏木惠子）

▷3　家族内ケア
⇒ III-2 参照。

▷4　労働運動総合研究所女性勤労研究所　1991　男女平等社会をめざす賃金・生活費・生活時間調査。

▷5　田中重人　2001　生活時間の男女差の国際比較；日本，欧米六カ国データの再分析　大阪大学大学院人間科学研究科　年報人間科学　22，17-31。

▷6　ワーク・ライフ・バランス
⇒ III-14 VII-7 参照。

参考文献
　矢野真和（編）1995 生活時間の社会学　社会の時間・個人の時間　東京大学出版会
　舩橋惠子　2006　育児のジェンダー・ポリティクス　勁草書房
　諸井克英　2003　夫婦関係学への誘い　ナカニシヤ出版

III　結婚生活と夫婦関係

4　家事はどう／だれによって行われているか

1　家事の担い手は妻＝母親に集中

　日本の男性があまり家事に参加せず，仕事偏重の生活を送っている傾向は，国際的にみて際立っています。日本ではまた，子どもの「お手伝い」も少ないという特徴があります（図III-6）。そのため，日本の家庭では家事のほとんどを妻＝母親が行っていることはIII-2でみたとおりです。

2　家電製品は家事を楽にした？

　1950年代まで，家事労働は重労働でした。洗濯は腰に負担のかかる姿勢でタライと洗濯板を使う手作業で行い，衣類は綿など天然繊維が中心ですから，パリッとしわの伸びた衣類を身につけたければアイロンは欠かせません。炊事は保存や温め直しができないので，食事の度に調理をしなくてはなりませんでした。

　わが国では戦後，電気釜，電気洗濯機などの家電製品が開発されました。高度成長期の家計収入の増加に伴い，これらの機器は次々に家庭に導入され，家事作業の一部は機械化・自動化されました。その後，電子レンジ，食器洗浄機，全自動洗濯乾燥機など，便利な家電が新たに登場したのはご承知のとおりです。

　では，これらの家電製品は本当に家事の負担を減らして主婦を楽にしたのでしょうか。家電製品の導入前後の家事時間を比べてみると，実はあまり変化は

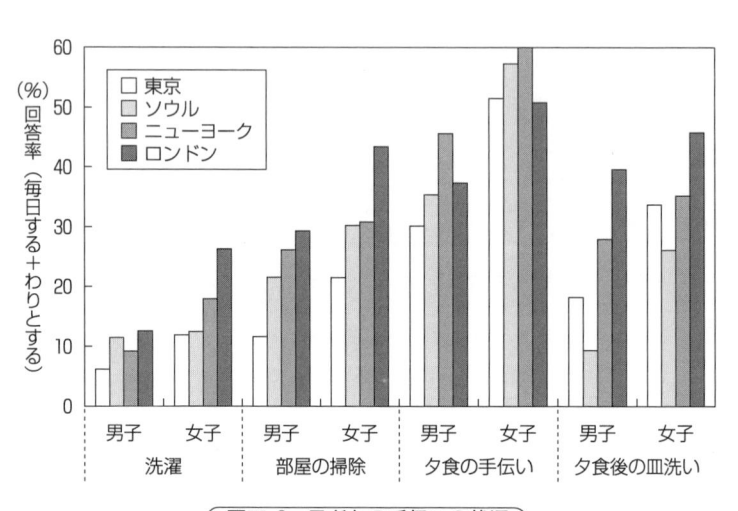

▷1　家電製品の普及率については，I-8の図I-6参照。

図III-6　子どもの手伝いの状況

出所：内閣府　2003　男女共同参画白書平成15年版より。

ありませんでした。1つには家事は何種類もの仕事を同時並行的に行う「ながら仕事」であり，一部が機械化されても大きな助けにはならなかったことがあります。また，家電の導入が確かに家事の手間を減らしたために，かえってお手伝いさんやクリーニングなどに頼らずに家事は主婦が行う仕事と位置づけられたこと（家事の内部化），さらに標準的な家事の水準が上がり「するべき家事」がむしろ増えたことが原因でした。

最近でも，授業の課題として食器洗浄器導入前後の家事分担の変化について大学生にレポートしてもらったところ，「食器洗いが楽になったので，かえって誰も手伝わなくなり，食後の後片づけは母がひとりでするようになった」という報告が多数寄せられました。家電の導入は，スキルの低い人でも家事参加を容易にする可能性をもっているのですが，現実には家事の担い手を主婦ひとりに集中させるという逆の作用をもたらしたのです。

❸ 家事は労働か，楽しみか

日本では家事を，仕事と同様に労働ととらえることが指摘されています。どちらも労働であるから「この人が仕事を，あの人が家事を」と分業されることになります。その時，報酬の発生しない不利な仕事である家事は，家庭内で立場の弱い女性に"押しつけられ"やすいのです。

現代社会には，衣類のクリーニング，できあいのお総菜，食材の宅配など，家事をする代わりにサービスを購入・外注する手段はたくさんあります。しかし，家庭内で家事がどのように分担されているかを尋ねた調査では，そうしたサービスの利用によってまかなわれているのは家事全体の1％程度にすぎませんでした。便利なサービスがあまり利用されないのは，家事を「家族への愛情表現」ととらえる意識が原因と考えられます。家庭内で主婦が行う限り，家事はアンペイド・ワーク（unpaid work）です。金銭という目に見える報酬によって報われることのない労働を倦まずに毎日続けていくためには，家事を「私にしかできない肯定的な意味のある仕事」すなわち「家族への愛情表現」と意味づけることが必要になるというのです。家事が家族への愛情表現であるなら，家事サービスを購入することは家族に対する自分の愛情が薄い証拠になってしまうので，主婦は家事の手を抜くことができなくなります。そうして主婦自身が家事のハードルを上げ「私の仕事」として背負い込むことで，他の家族メンバーが家事参加しにくくなるという構図が発生してしまうのです。

欧米では，家事はプライベートなもので，家庭外での仕事と同列には論じられない種類のものと考えられています。したがって「だれが家事の担当であるか」という発想ではなく，だれもが等しく家事をする責任を担うのです。家族みんなで家事を共有することで，家族のコミュニケーションがはかられ，家庭生活がより充実するのではないでしょうか。

（大野祥子）

▷2 品田知美 2007 家事と家族の日常生活；主婦はなぜ暇にならなかったのか 学文社。

▷3 品田（2007）。

▷4 大野祥子・菅野幸恵・柏木惠子 2002 家庭内の家事分担と家族の属性の関連 発達研究 **16**，53—68。

▷5 山田昌弘 1994 近代家族のゆくえ；家族と愛情のパラドックス 新曜社。

▷6 品川（2007）。

III　結婚生活と夫婦関係

5　夫婦間のコミュニケーション

日本では，戦後半世紀の間に結婚の仕方が大きく変わり，戦前には7割を占めていた見合い結婚は減少し続け，戦後生まれの団塊の世代が結婚しはじめた1965〜69年頃に恋愛結婚と逆転し，1995年以降は1割を下回っています。団塊の世代の夫婦は，その対等で親密そうな様子から「友達夫婦」と呼ばれ，以来この形が結婚の一般的モデルとなり，現在では，「話が面白い」「わかり合える」「話せる」などコミュニケーションの良さが結婚相手を決める時の最重要な理由になっています。しかし，結婚後の実際の夫婦間コミュニケーションは真に対等で親密なものとはいえず，特に女性の側に不満が強いことが明らかにされています。

1　妻と夫のコミュニケーション態度・行動の特徴

難波は，団塊の世代の夫婦に面接し，語られた夫婦関係の物語の分析から，実際に夫婦間でどのようなコミュニケーションが行われているのか，妻と夫の態度と行動の特徴を明らかにしています。それによれば，妻が夫に働きかけ，「私の意見も言い，相手の意見も言い，じゃあどうしたらいい？」と「つっこんだ話し合い」を求めるのに対して，夫は「じっくり相手の話に耳を傾けて会話を続ける」ことがなく，都合が悪くなったり，気に入らなければ「怒る」「馬鹿にする」「黙る」「無視する」「席を立って出ていく」などして一方的に会話を中断する，という態度・行動で応じています。夫がそのような「自分の方が上」だという「高圧的」態度で撤退行動をとる時，妻はあきらめて逆らわず黙って引き下がるというのも特徴的態度です。「いろいろな話ができて」「共に育ち合っていきたい」と望む妻の不満は，このような対等性，共感性に欠ける夫のコミュニケーション態度・行動に集中しています。また，平山・柏木は，核家族世帯の中年期の夫婦277組を対象に質問紙調査を行い，夫婦間のコミュニケーション態度の特徴を表III-2のように明らかにしています。矢印の太さと方向にあらわされているように，ここでも，「共感」「依

▷1　難波淳子　1999　中年期の日本人夫婦のコミュニケーションの特徴についての一考察；事例の分析を通して　岡山大学大学院文化科学研究科紀要　8, 69－85。

▷2　平山順子・柏木惠子　2001　中年期夫婦のコミュニケーション態度；夫と妻は異なるのか？　発達心理学研究　12(3), 216－227。

表III-2　相手へのコミュニケーション態度得点（SD）および夫婦間コミュニケーションの特徴をあらわすイメージ図

態度次元	夫得点（❶）		妻得点（❷）	夫婦間得点差（＝❶−❷）	コミュニケーション態度の方向と程度
共感	2.95 (.45)		3.06 (.51) **	− 0.11	夫 ◄────── 妻
依存・接近	2.56 (.41)	<	2.89 (.52) ***	− 0.33	夫 ◄══════ 妻
無視・回避	2.41 (.53)	>	2.08 (.49) ***	0.33	夫 ══════► 妻
威圧	2.11 (.53)	>	1.71 (.47) ***	0.40	夫 ══════► 妻

（注）　***$p<.001$, **$p<.01$。
出所：平山・柏木（2001）。

存・接近」という肯定的な態度は妻に顕著であり，「無視・回避」「威圧」という否定的な態度は夫に非常に顕著であることが実証されています。現実の夫婦間のコミュニケーションは，一般的にこのように非対称的に行われているといえるでしょう。

② 対等で共感的コミュニケーションはなぜ成立しないのか

　難波は，夫と妻の語りから，「話し合いたい」妻と「会話を中断して続けようとしない」夫のコミュニケーション不全は，妻と夫が結婚に何を期待するか，期待の違いから生じていることを見出しています。つまり，一家を背負って働く夫は，養い役としての責任を果たし，妻から親密な世話を受けることを期待し，その期待が充足されることで結婚に満足していますが，妻は夫のように経済役割と世話役割の交換だけでは満足せず，真情を開示してかかわり合い，親密さを交換することを望んでいます。この真情の相互交換（reciprocity）が夫とできないことに妻の不満は集中しています。

▷3　難波（1999）。

　では，「男女平等」「男も女も1つの人格としてお互いを認め合い」「共に育ち合える」「新しい結婚の形」を理想として，「つっこんだ話し合い」をしたいと望んでいる妻は，夫が「怒る」「黙る」「無視する」「席を立つ」などして会話を中断してしまう時，それに抗議することなく引き下がり，不満を鬱積させているのはなぜでしょうか。日本は男性優位の性別分業が徹底した社会で，日本人の性別役割分業意識の強さは先進国随一で，「男は女より上」という意識も強固です。たとえば，日本では，夫は妻を呼び捨てか「おまえ」，妻は「○○さん」「あなた」と呼ぶのが今も一般的ですが，この呼び方に夫婦（男女）の上下関係が象徴されています。このような社会で働き，妻子を養っている夫は，「うちは平等な夫婦」だといいながら，「親父を見習うという意識はまったくないけれど自然に同じように」，自分も「亭主関白」だと自認しています。一方妻は，夫が「男は女より上」だというイメージを意識の奥深くに内面化しているのと同様に，自分自身も「子どものころから見てきた両親やまわりの古い形の結婚に影響されて」「妻は夫に従うというイメージをいつもどこかにもっている」ために，「男女平等で新しい結婚を目指しながら」夫が一方的に対話を中断しても抗議することなく，黙ってひき下がってしまうのだと自覚しています。

　夫を家計の主たる責任者とする性別役割分業は，戦前と変わらず経済力をもつ夫ともたない妻の不平等な関係で成り立っているうえに，夫婦が別々の世界で分業するために共通の生活体験が少なく，必然的に関係を疎遠にします。したがって，役割分業の枠組みのなかにとどまったままで，真に対等で親密なコミュニケーションを実現するのは困難です。難波の一連の研究では，夫の意識が変わり，真に対等で共感的なコミュニケーションを実現しているのは，妻が経済的に自立し，役割分業をやめた夫婦だけです。

（難波淳子）

▷4　難波淳子　2006　日本人女性の結婚と成熟　風間書房。

III 結婚生活と夫婦関係

6 『話を聞かない男』はなぜ？
── この本の売れたわけ

1 「男が話を聞かない」のは脳の構造の差!?

　この本が世界のどの国よりも日本で圧倒的に多く売れたということは，男女は生まれつき脳の構造がちがうから，役割も能力もすべてちがうのだと，さまざまな場面を示して男女のちがいを強調する作者の説明が，私たち日本人がもつ男女のイメージ，考え方にすっぽりはまり，腑に落ちたからでしょう。日本人がいかに強く「男と女はちがう」と信じているか，信念の強さのあらわれであり，また，日本がそのような強い信念をうむ社会であるということのあらわれでもあります。

　この本の作者は，脳の構造・機能の性差についての最近の研究を示して，男の脳と女の脳は異なる進化を遂げ，構造がちがうために役割，態度，行動，価値，知能，思考，感情すべてちがうのだと繰り返し，さらに男が話を聞かないのも脳がそのようにできているからだと説明しています。本質的に男と女はちがうという主張は，この種の本だけでなく専門書でもあります。しかし，生物学的性差についての脳科学，進化生物学，心理学，科学史などいろいろな分野の研究では，空間認知・数学的推論と言語の能力，左右の脳をつなぐ脳梁の大きさなどに性差は認められるが，これらの性差の生じる理由，構造の違いと認知能力との関連については未だ明らかでない，というのが現時点での一致した見解です。

　性差は実際には小さく，個人差の方がはるかに大きく多様であるのに，二項対立的に男女を均質な集団ととらえて，男と女はちがうという強い信念・性差神話が広く浸透しているのは，性別役割分業体制が徹底し，男女で異なる役割，能力が期待され固定化されている男性優位の日本社会では特に，この本で描かれているような性差・性差別があると感じられる場面・現象に，私たちが日常的に遭遇しているからでしょう。二項対立的に男女をみる目とその目でさまざまな出来事をみる習性が，私たち日本人には強く深く植えつけられています。狩猟する男は，ジャングルを迷わず動くために空間認知能力が進化したから生物学的に地図を読む能力が高く，おしゃべりしながら育児をする女は，言語能力が進化したから生物学的に地図は読めないが男よりおしゃべりだ，というような男女の能力の差を強調する「空想」に基づく話が好まれるのはそのためです。

▷1　ピーズ, A. ピーズ, B.（著）藤井留美（訳）2004　話を聞かない男, 地図が読めない女；男脳・女脳が「謎」を解く　主婦の友社．
Pease, A. & Pease, B. (1999). *Why men don't listen and women can't read maps* の日本語版．2000年に日本で初めて出版され, 200万部売れた．日本で大ベストセラーになったのを受けて，その後全世界で翻訳出版され，合計600万部売れたといわれている．Ⅲ-8 参照．

▷2　Kimura, D. (1999). *Sex and cognition*. MIT Press（野島久雄・三宅真季子・鈴木眞理子（訳）2001　男の能力, 女の能力；性差について科学者が答える　新曜社）．

▷3　日本学術協力財団（編集・発行）2008　性差とは何か；ジェンダー研究と生物学の対話．

▷4　これらの研究では，生物学的に性差があるというのはあくまでテストの平均値の差にすぎず，個々の人を見た時必ず差があるという意味ではなく，実際には個人差の方がはるかに大きく，人間がもつ膨大な能力から考えれば，性差があるとされる事象はそのうちほんの限られたものであることに留意する必要があると強調されている．

❷ 夫婦間のコミュニケーションは夫が支配する

　男が話を聞かないのは男の脳がそのように進化したからだというような作者の説明は論外ですが，他にも，生物学的性差を強調する一方で，男が感情を隠すのは，男は泣くな，勇敢であれと社会的圧力を受け，条件づけられたからだと社会的文化的性差であることを認めるなど，作者の主張には矛盾もあります。しかし，男は何を求め・好み，何を嫌うか，それはなぜかと説明している部分は，「男らしさ」にとらわれている男性の気持ちや考えが正直に語られており，そこから Ⅲ-5 で明らかにした夫のネガティブなコミュニケーション態度・行動と夫婦間コミュニケーションの非対称性がなぜ生じるのかについて知ることができます。

　作者は，太古の昔から狩をして家族を養う男は，敗北することは許されないので敗北する（敗北を認める）ことを何より嫌う，業績をあげて相手を打ち負かし，有能だと評価され，地位・権力・名声を手にして常に「脚光を浴び」「自分には能力がある」「自分は状況をコントロールできる」と「実感したい」のだと繰り返し述べています。謝る，ものを他人に尋ねる，悩みを打ち明けるなどを男がしたがらないのは，ひとりで問題を解決する能力がないことを人目にさらし，「敗北」を自ら認めることになるから。妻から対話を求められると「威圧」「無視」「回避」して斥けるのは，突然いくつもの複雑な問題を出されると，すぐにはひとりで答えが出せないし，思わず感情的になって弱みや不安をさらけ出す恐れがある。女のように結論が出ないうちにあれこれしゃべれば，知性がない無能な人間だと思われ，出世もできない。黙ってひとりで考え，結論をズバリ言ってこそ男として有能だと評価されてきたから，うろたえて問題解決能力がないと思われたくない。自己防衛しているのだと説明しています。

　夫が「話を聞かない」のは，かかわり合いを避けることによって状況をコントロールし，優位な立場に立って，「男らしさ」が傷つくことから身を守るためだということです。「ことばは男が支配する」といわれている通り，夫婦間のコミュニケーションは夫が支配していることが明らかです。

　作者は，「男と女は生物学的に違い，役割・能力に差があるのに，同じだと思うから関係がおかしくなる。違うということを理解して認めれば，お互いハッピーになれる」と述べ，男が話を聞かない時は無理に話させようとせず放っておき，女がしゃべる時は黙って聞いて，しゃべりたいだけしゃべらせておくのがよいのだとアドバイスしています。しかし，夫が「男らしさ」にとらわれ，優位な立場に立ってコミュニケーションをコントロールしようとする限り，非対称的な夫婦関係とコミュニケーションに満足し，ハッピーなのは夫だけで，妻は失望・不満という状況はいつまでも続きます。

（難波淳子）

▷5　田中（貴邑）冨久子　2008　脳の性差　日本学術協力財団　前掲書　169－180頁。

▷6　Spender, E. (1985). *Man made language*. Routledge & Kegan Paul（れいのるず＝秋葉かつえ（訳）1987　ことばは男が支配する　勁草書房).

III 結婚生活と夫婦関係

7 夫は妻をどうみているか
──コミュニケーション・スタイルの規定因

▷1 平山順子・柏木惠子 2001 中年期夫婦のコミュニケーション態度；夫と妻は異なるのか？ 発達心理学研究 **12**(3), 216—227。
▷2 難波淳子 1999 中年期の日本人夫婦のコミュニケーションの特徴についての一考察；事例の分析を通して 岡山大学大学院文化科学研究科紀要 **8**, 69—85。

III-5 では，夫婦間のコミュニケーションにおいて，妻は「依存・接近」態度であるのに対して，夫は「無視・回避」態度をとることが多く，対等性と共感性に問題があることをみてきました。ここでは，夫の態度と妻の態度を規定し，夫婦間コミュニケーションの対等性，共感性を規定する要因について検討します。

1 妻の経済力

鎌田は，妻の所得が家計にとって重要な位置を占めるようになるに従い，妻の夫に対する態度がより対等になり，夫婦の力関係はより平等に，さらには妻上位になることを明らかにしています。この点について，平山・柏木は，妻の年収がない夫婦（62組），100万円未満の低収入（59組），100～400万円未満の中収入（65組），400万円以上の高収入（45組）の夫婦の4群に分けて，妻の経済力と妻への夫の「共感」度との関連を検討しています。その結果，図III-7のように，妻の経済的地位が高いほど，夫は妻に対してより共感的コミュニケーション態度をとることを明らかにしています。また，柏木・平山は，妻が専門性・継続性の高い職業に就き，高収入（年収200万円以上）を得ていることが，夫が妻のあり方・生き方を理解，尊重，支持する傾向を強めることを明らかにしています。また，難波は，個別面接による事例研究で，責任のある仕事に就きフルタイムで働いている妻は，経済的に自立していることで，「養われる人」としてではなく対等なひとりの人間として夫に向き合うことによって，夫は妻の人格的社会的能力を評価・尊重し，図III-8のように，相互理解の深い，対等で共感的パートナー関係を形成していることを明らかにしています。性別役割分

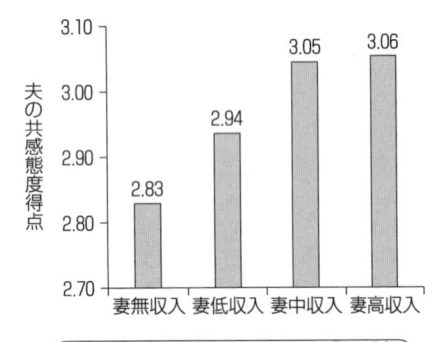

図III-7 妻の収入別の夫の「共感」

（夫の共感態度得点）
- 妻無収入：2.83
- 妻低収入：2.94
- 妻中収入：3.05
- 妻高収入：3.06

出所：平山・柏木（2001）。

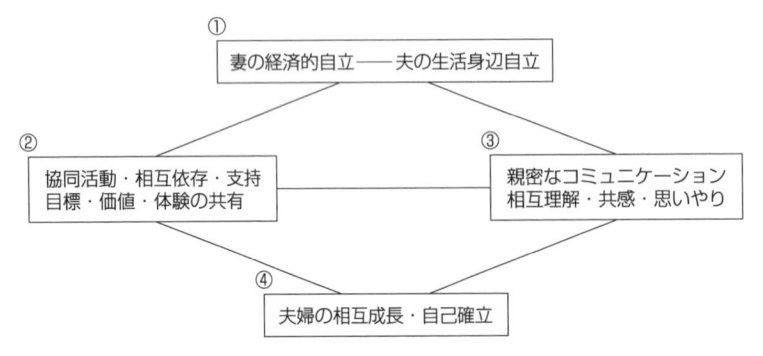

図III-8 パートナー夫婦関係発展プロセス

① 妻の経済的自立──夫の生活身辺自立
② 協同活動・相互依存・支持　目標・価値・体験の共有
③ 親密なコミュニケーション　相互理解・共感・思いやり
④ 夫婦の相互成長・自己確立

①妻の経済的自立によって，夫が生活身辺的に自立し，夫婦双方が独立した対等な個人としてお互いを認め，自分自身の人生を生きる人として向き合う。②このような対等な関係のなかで目標・価値・体験を共有し，相互に依存・支持し合いながら協同活動をすることにより，③親密なコミュニケーション・共感・共通理解・思いやりが生まれる。④これらのプロセスの循環のなかで，夫婦が相互により精神的に成熟していく。

出所：難波（2000）。

業する妻たちが一様に夫や夫婦関係を否定的に語るのに対して，経済的に自立している妻が語る夫と夫婦関係の物語は肯定的です。

このように，親密なコミュニケーション成立の第一条件は双方が人格を認め，対等な関係に立つことであり，そのためには妻の経済的自立が必須条件で，夫婦間のコミュニケーションの様態を規定する最重要な要因であることが実証されています。

❷ 夫と妻の結婚観

平山・柏木は，コミュニケーション・パターンに違いをもたらす，もう1つの重要な要因として，「新しい結婚観」を取りあげ，夫婦双方が新しい結婚観を重視しているかどうかを測定し，コミュニケーション・パターンとの関連を検討しています。その結果，夫が「新しい」結婚・夫婦関係のあり方を志向していることが，夫婦間の共感的で親和的なコミュニケーション関係を形成・維持するうえできわめて重要な要因であることを明らかにしています。ここでいう「新しい結婚観」とは，戦後人々の間で重視されるようになったと考えられる，夫婦の対等性を前提とする平等主義的な結婚観と結婚の愛情・精神機能を重視する結婚観をさしています。難波も，団塊の世代の夫婦についての事例研究で，「新しい結婚観」を妻がもっていても，夫がもっていないために共感的親密なコミュニケーションが成立しないことを明らかにし，一家を養う夫の結婚観が夫婦の関係性を左右する重要な要因であることを示しています。

しかし，性別分業し，夫に経済的に依存している多くの女性が，「一家の大黒柱」の夫を「立て，従い，世話し，尽くす」という伝統的良妻モデルを実践している現状では，戦前以来の伝統的結婚観が夫に劣らず妻にも非常に優勢です。鎌田によれば，「妻上位型」カップルの妻にも，「おとこ世帯主意識」「頼れる男（女性を守る男）の神話」は強固で，「女の子は頭が良くても家事ができなければダメだ」「男の子は家族を養える経済力を身につけてほしい」とする，子育てにおける性別役割の再生産に賛成しています。同様の意識は，図Ⅲ-8に示したパートナー関係を形成している女性にも深く根づいています。しかし，図Ⅲ-8に示した通り，夫婦ともに伝統的結婚観をもっていても，妻が役割分業をやめ，経済的に自立することによって，夫も態度・行動が変わり，生活身辺的に自立して，対等・共感的親密なコミュニケーションが成立し，新しい結婚の形が実現しています。新しい結婚観は，妻の経済的自立と表裏一体で，夫婦双方が経済的，生活身辺的に自立した人間として対等な関係を結び，ともに人生を歩むパートナーとして認め合い，支持し合う日々の実践のなかで育ち，一般化していくものでしょう。

（難波淳子）

▷3　鎌田とし子　1999　社会構造の変動とジェンダー関係　鎌田とし子・矢沢澄子・木本喜代子（編）講座社会学14　ジェンダー　東京大学出版会　31─74頁。

▷4　平山・柏木（2001）。

▷5　柏木恵子・平山順子　2003　結婚の"現実"と夫婦関係満足度との関連性；妻はなぜ不満か　心理学研究　74(2)，122─130。

▷6　難波淳子　2000　働く女性の結婚と夫婦関係　岡山大学大学院文化科学研究科紀要　9，157─176。

▷7　難波淳子　2006　日本人女性の結婚と成熟　風間書房。

▷8　佐藤悦子　1996　家族内コミュニケーション　勁草書房。

▷9　鎌田（1999）。

▷10　平山順子・柏木恵子　2004　中年期夫婦のコミュニケーション・パターン；夫婦の経済生活及び結婚観との関連　発達心理学研究　15(1)，89─100。

▷11　難波（1999）。

▷12　難波（2006）。

▷13　鎌田（1999）。

▷14　難波（1999）。

III　結婚生活と夫婦関係

8　コミュニケーション・スタイルは生活体験のなかでつくられる

1　コミュニケーションは親密性を求める結婚の核

　結婚は，心の支えや親密性といった心理的な価値が最重要となりました。この心理的支えや親密性には夫婦間のコミュニケーションが必須です。「黙っていてもわかり合える」のは限度があり，相手の立場や気持ちを傾聴し率直に語りあうコミュニケーションが重要。それは幸せな結婚，夫婦関係のキーです。家庭内暴力や不登校などの問題でカウンセリングに来る家族には，問題現象が何であれ家族の間のコミュニケーションがうまくいっていないことが共通しています。

2　男が「話を聞かない」のは脳のせい？

　このように大事な夫と妻の間のコミュニケーションがあまりうまくいっていないことはⅢ-5などでみました。妻は何とか夫と話がしたい，わかって欲しい，自分も相手のことを理解したいと思うのですが，その妻からみると，夫は「問答無用」といわんばかりの態度。それは妻にとっては不満や疑問の種です。なぜそうなのでしょうか。

　2004年に『地図が読めない女／話を聞かない男』という翻訳書が出版され大いに売れました。「話を聞かない」男に日頃悩まされている人が，なぜなのかを知りたくて読まれたのではないかと推察します。しかしこの本の答えは実に単純，そして答えになっていません。男と女は脳のつくりがちがう，女の方がその部位が発達している，男が話をきかないのはこうした脳の結果，というのです。

　行動が脳の働きによっていることは確かです。けれども，人間の能力や性格，行動は脳や遺伝ですっかり決まっているのではありません。脳の構造を基盤としながら，生育環境での経験によって育まれ特徴づけられるものです。言語はその典型です。音声言語は人間の大脳と発声器官の発達を基盤にしていますが，何語を話すようになるかはどの言語圏に生まれ育つかによって決まるのです。何語かだけではありません。同じ日本語でもどのような語彙を使うか，表現の仕方，対話のリーダーシップをとるかなど，コミュニケーションのスタイルも体験的に身につけるものです。

▷1　家庭内暴力
⇒ Ⅵ-3 参照。

▷2　平木典子　2009　柏木惠子・平木典子　日本の家族は今；研究と臨床討論から　東京大学出版会。

▷3　Ⅲ-6 参照。

③ 生活の分離・異質な体験が生む（男性と女性の）コミュニケーション・スタイル

夫と妻のコミュニケーションの食いちがいは，コミュニケーション・スタイルの相違による場合が少なくありません。夫は感情的でこまごま具体的な妻の話に辟易する，そこで「要するに何だ!?」ということになる，妻には，「夫は聞いてくれない」と非難や諦めになってしまう。この分裂は夫と妻の生活／体験の分離に根があります。夫は職業生活のなかで論理的客観的に（つまり感情を交えずに）要点を概括する明晰な表現が求められ，それが身についています。このような夫に，妻の話は冗長で感情的で何が要点かさっぱりわからない「おしゃべり」に映じます。しかし，家事育児中心の妻には論理や概括などは不要，相手の感情を汲み取り自分も情感込めて話す具体的な表現が必要で，そのスタイルが身についています。このようにそれぞれの生活体験のなかで身につけた（夫／男性の）リポートトークと（妻／女性の）ラポールトークとが噛み合っていないのが，夫婦の会話の情景といえましょう。▷4

共働き夫婦では片働き夫婦よりも会話が活発ですが，その一因は夫婦双方が職業体験と家事育児体験を共有している，その結果，リポートトークとラポールトークを身につけていることにあるでしょう。

④ 立場と責任が父親の子どもへのしつけ方略（何といってしつけるか）を変化させる

体験や立場がコミュニケーション・スタイルを変化させることは，父親の場合にもみられます。母親の子どもへのことば掛けは情感豊かでやさしい，それに対して父親はきっぱり厳しいといわれます。

しかしこれは女性と男性というちがいのせいではありません。母親は日々の育児の責任者，一方，父親の出番はたまでそれも特別な時と，父母間には育児の責任や子ども体験のちがいがあり，これが子どもへの行動を変化させ特徴づけているのです。子どもにしてはいけないことをしつける時，どのようなことばでしつけるか（しつけ方略）を育児しない父親と（母親に劣らず）育児する父親について比べてみます（図Ⅲ-9）。▷5

育児することの少ない父親は断定的に叱ったり教えたりしますが，日頃，まめに育児し子どもとの接触が多い父親は子どもの気持ちに訴え誘導的間接的なしかたで叱ったり説得しています。父親・男性だからではなく，どのような立場／責任で子どもをしつけるか，子ども体験をもっているか否かが，子どもへのコミュニケーションのスタイルを決めているのです。

（柏木惠子）

▷4 伊藤公雄 1996 男性学入門 作品社。

▷5 目良秋子 1997 父親と母親のしつけ方略；育児観と父親の育児参加から 発達研究 **12**, 51—58。
Ⅳ-19 の図Ⅳ-23参照。

参考文献
内田伸子 1999 発達心理学；ことばの獲得と教育 岩波書店
岡本夏木 1982 子どもとことば 岩波新書
中村桃子 2001 ことばとジェンダー 勁草書房

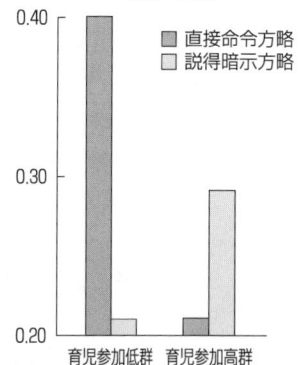

家族の諸相

図Ⅲ-9 育児参加の多い父親と少ない父親のしつけ方略

出所：目良（2002，未発表）。

III 結婚生活と夫婦関係

9 日米夫婦と日日夫婦

1 増える国際結婚

　配偶者のどちらかが外国籍である国際結婚は，日本では1970年代から急増しました。その後の政治・経済・通信・文化におけるグローバル化の結果，2006年にピークを迎え，その後減少し2013年以降は横ばいとなっています。[1]

　そもそも結婚生活とは，生まれも育ちも違う他者同士が出会い，それぞれの考え方ややり方を交流させて，新しい文化を構築する場です。夫婦間で考え方ややり方が一致しない場合は，結婚生活を続けるため，何らかの形で調整が行われます。国際結婚夫婦は，夫と妻の言語や習慣が国レベルで異なることから，調整が必要となる課題と調整のプロセスが，日本人同士の夫婦とは異なります。以下に，日本人女性の国際結婚件数において戦後一貫して上位を占める日本在住の夫アメリカ人・妻日本人夫婦（以下「日米夫婦」）を例にとり，これらが日本在住の日本人同士の夫婦（以下「日日夫婦」）とどのように異なっているかをみてみましょう。[3]

▷1　厚生労働省　平成28年人口動態統計特殊報告「婚姻に関する統計」の概要。

▷2　矢吹理恵　2005　国際結婚の日本人妻の名のりの選択にみられる文化的アイデンティティの構築；戦略としての位置取り　発達心理学研究　**16**(3)，215—224。
矢吹理恵　2004　国際結婚夫婦の妻におけるアメリカ文化への同一視　質的心理学研究　**3**，94—111。
矢吹理恵　2011　国際結婚の家族心理学；日米夫婦の場合　風間書房。

▷3　矢吹理恵　2012　日米国際結婚夫婦における葛藤課題の調整過程；課題の認知の言説化をめぐる質的分析　家族心理学研究　**26**，54—68。

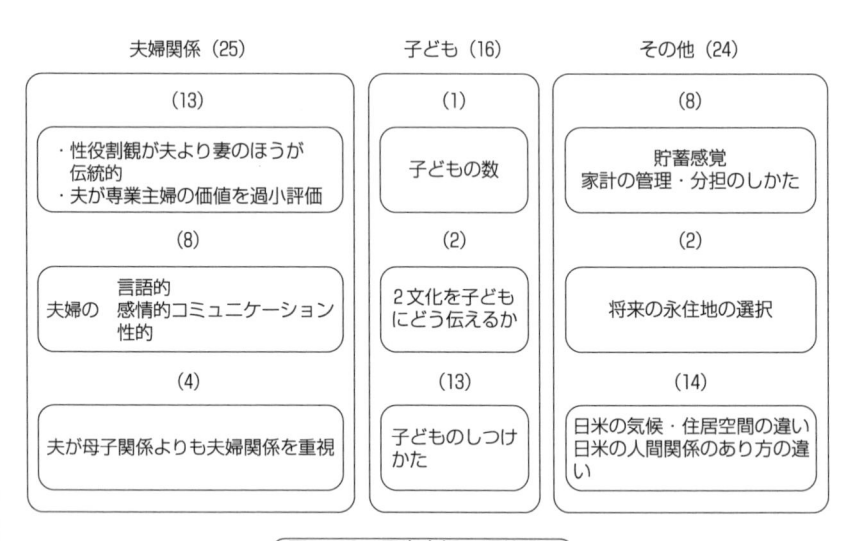

夫婦関係 (25)	子ども (16)	その他 (24)
(13)　・性役割観が夫より妻のほうが伝統的　・夫が専業主婦の価値を過小評価	(1)　子どもの数	(8)　貯蓄感覚　家計の管理・分担のしかた
(8)　夫婦の　言語的　感情的コミュニケーション　性的	(2)　2文化を子どもにどう伝えるか	(2)　将来の永住地の選択
(4)　夫が母子関係よりも夫婦関係を重視	(13)　子どものしつけかた	(14)　日米の気候・住居空間の違い　日米の人間関係のあり方の違い

図III-10　日米夫婦の調整課題

（注）総課題数65，（　）は課題数。

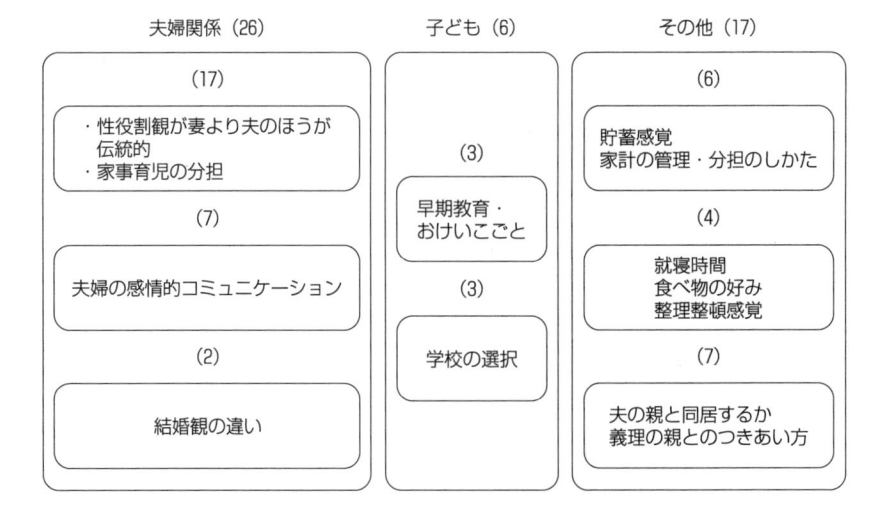

```
夫婦関係 (26)              子ども (6)           その他 (17)
┌─────────────────┐      ┌──────────┐       ┌─────────────────┐
│       (17)       │      │   (6)    │       │       (6)        │
│ ・性役割観が妻より夫のほうが │      │          │       │ 貯蓄感覚          │
│   伝統的          │      │          │       │ 家計の管理・分担のしかた │
│ ・家事育児の分担    │      │   (3)    │       │       (4)        │
├─────────────────┤      │ 早期教育・ │       │ 就寝時間          │
│       (7)        │      │ おけいこごと│       │ 食べ物の好み       │
│ 夫婦の感情的コミュニケーション │  │          │       │ 整理整頓感覚       │
│                  │      │   (3)    │       │                  │
├─────────────────┤      │ 学校の選択 │       │       (7)        │
│       (2)        │      │          │       │ 夫の親と同居するか   │
│ 結婚観の違い       │      │          │       │ 義理の親とのつきあい方│
└─────────────────┘      └──────────┘       └─────────────────┘
```

図Ⅲ-11 日日夫婦の調整課題

(注) 総課題数49，( )は課題数。

2 夫婦はどのような領域で衝突するか──日米夫婦と日日夫婦の調整課題の比較

　日米と日日の夫と妻が新しい家庭に持ち込む文化のちがいから，夫婦間で調整が必要となった課題（以下「調整課題」）を示したのが，図Ⅲ-10, 11です。

　日米夫婦と日日夫婦の調整課題数を比較すると，両群とも「夫婦関係」の領域が多いという点では同じですが，そのなかの**性役割観**についての内容に質的なちがいがあります。それは，「性役割観」が日米夫婦では「アメリカ人夫よりも日本人妻のほうが伝統的（**性役割分業**を肯定すること）」で，日日夫婦では「日本人妻よりも日本人夫のほうが伝統的」だという点です。すなわち，「男は仕事，女は家庭」という考え方が，日米夫婦では日本人妻に，日日夫婦では日本人夫に強いのです。以下に，家庭生活のどのような場面で「性役割観」のちがいから夫婦が対立し，調整が必要になったかの代表例を両群の日本人妻の語りからみてみましょう。

〈日米夫婦の場合　「日本人妻による身辺の世話をアメリカ人夫が嫌がる」〉

　（語り1）「私は外で仕事はしないから，（アメリカ人夫が）家に帰ってきて（日本人妻が）『お帰りなさい。お風呂にする，ご飯にする？』っていって，（アメリカ人夫が）お風呂から出てきたらご飯が出来上がっていて，（アメリカ人夫が）会社にいく時には着るスーツが出ていて（日本人妻が）『はい，じゃあ，これを』っていうことをやろうとしたの。そうしたら，（アメリカ人夫が）『子どもじゃないんだから，そんな事は自分で出来る。僕はお風呂に入りたければ入るし，洋服だってその日に自分が着ていきたいと思う服を着て行くから，何もしないでいい』って。いやなんですって。それ自体が。」

▷4　小林玲子　1992　日独結婚における夫婦間の調整過程；ミュンヘンでの事例研究から　お茶の水女子大学大学院　家庭経営学専攻修士論文（未公刊）。

▷5　性役割観
「性役割」，男女それぞれにふさわしいとみなされる行動やパーソナリティに関する社会的・文化的期待，規範およびそれらに基づく行動についての態度・意識・評価・価値判断・選好のこと。鈴木淳子　1997　性役割；比較文化の視点からレクチャー「社会心理学Ⅲ」坪内出版。

▷6　性役割分業
生物学的特性に基づき，役割行動，役割規範，役割期待における男女の区別をすること。具体的には「男は仕事，女は家庭」という区別（鈴木，1997）。

▷7　本節の語りの表記に使用する記号
（　）：語りを理解するための補足説明
〈　〉：語りを理解するための状況説明
『　』：語りに含まれる会話部分

〈日日夫婦の場合 「日本人夫が家事・育児を分担しない」〉

（語り２）「夜，彼（日本人夫）がテレビを見ている時間は，私は子どもをお風呂に入れたり寝かしたりするので，家事がたまっていて家事はしなくちゃいけないし，保育園のノートも書かなくちゃいけないしで，私はワークする時間なわけよ。10時とか，11時でも，12時でもそうなのね。彼（日本人夫）は，〈家に〉帰ってきたら，もう全身オフなわけよ。疲れているし，お気楽で帰ってくるわけね。『さあ，じゃあ，家のことを何かやろうか』というふうには帰ってこないわけ。」

このように，日米夫婦ではアメリカ人夫は家事・育児は夫婦で分担し，「男だから，女だから」という意識が薄いという点で，非伝統的な性役割観（性役割分業を否定すること）をもっていました。他方，子どもが幼い時にもアメリカ人夫自身の趣味のための外出は控えないという個人志向的な側面，また専業主婦による家事労働の経済的価値をアメリカ人夫が認めないという側面がみられました。日日夫婦では，日本人妻が日本人夫の家事・育児の分担に不満をもっているなどから，日本人夫のほうが日本人妻よりも伝統的な性役割観をもっていることがわかりました。

③ 夫婦はどのように衝突を調整するか──日米夫婦と日日夫婦の調整過程の比較

家庭生活の場面で夫と妻の間で考え方ややり方のちがいが明らかになったとき，結婚生活を続けるためには，何らかの調整の過程（以下「調整過程」）が必要です。ここでは，相手との考え方ややり方のちがい（「調整課題」）を認識したとき，それを相手に伝えるか否か，伝えるならどのような方法で伝えるのかに注目しました。日米夫婦と日日夫婦の日本人妻による「調整課題」の言語化のパターンを示したのが表Ⅲ-3です。それには，以下の６つのパターンがありました。

① 「一貫した言語化」（日米夫婦・日日夫婦）

夫婦の間で「調整課題」が認知されたとき，夫も妻も相手に対して言語化して伝達し，お互いが傾聴的態度で聴くというものです。その結果，夫婦がそれぞれの考え方を変えずに，相手が異なる考え方をもつことを理解するようになっていました。

▷8　小林（1992）。

表Ⅲ-3　日本人妻による「調整課題」の言語化のパターン

	日米夫婦	日日夫婦
一貫した言語化	○	○
非言語化から言語化へ変化	○	
課題によって言語化・非言語化を使い分ける	○	
言語化から非言語化へ変化		○
態度でほのめかす		○
一貫して非言語化		○

② 「非言語化から言語化へ変化」（日米夫婦のみ）

結婚当初，妻は(1)自分の感情や考えを表現できずにいる，または(2)夫に妻の感情や考えを察することを求めて「調整課題」を言語化していません。しかし夫から「言われないとわからない」と言語化することを求められます。妻が言語化すると，夫も傾聴的態度で聴き，話し合いが成立していました。

③ 「調整課題によって言語化・非言語化を使い分ける」（日米夫婦のみ）

ほとんどの事柄について妻は言語化するが，夫が話題にするのを好まない「調整課題」については，言語化しないというものです。このケースの夫婦では，夫も「調整課題」の言語化をせず，夫婦の話し合いを好まない傾向がみられました。

④ 「言語化から非言語化へ変化」（日日夫婦のみ）

妻は結婚当初は，「調整課題」を夫に言語化していましたが，夫が傾聴的でないために，次第に妻が言語化しなくなったケースです。これらの夫婦の夫は，夫婦間のコミュニケーションはことばで伝え合うよりも「以心伝心」が理想であると考えていました。

⑤ 「態度でほのめかす」（日日夫婦のみ）

妻は一貫して「調整課題」をことばではなく態度でほのめかすことで，夫に伝えていました。その態度には「やんわり」としたものから，「あてつけっぽい」ものまでが含まれます。これらの夫婦は，家庭生活のさまざまな局面において，夫婦が互いにちがう考え方をもっていることをお互いが察していました。それを言語化による話し合いで解決するのではなく，場面ごとに，なし崩し的に主張を通し合うというやり方をとっていました。

⑥ 「一貫した非言語化」（日日夫婦のみ）

夫婦間で「調整課題」が言語化されることがないケースです。夫婦間でお互いに察し合うことがコミュニケーションの基本になっていました。妻が言語化による対立を避けるために，夫の機嫌をうかがいながら，自分の意向を通す場合もありました。

以上のことから，(1)国際結婚であろうとなかろうと，結婚生活とは夫と妻の文化が出会い，せめぎ合い，新しい文化が造られる場であること，(2)夫と妻の文化のせめぎ合いの結果，調整が必要となる課題が，日米夫婦と日日夫婦では異なること，(3)調整のプロセスも異なり，日米夫婦では，「言語化による話し合い」が中心となること，日日夫婦では「察し合い」や「態度によるほのめかし」が行われることがわかりました。

言語や生活習慣など，夫婦の出身文化の基本部分が異なる日米夫婦では，文脈に埋め込まれた行動の意味を読み取るよりも，日常生活の細部にわたって互いに「言語化」し，確認し合うことが夫婦関係の安定に必要であることが示唆されました。

（矢吹理恵）

III 結婚生活と夫婦関係

10 家族のなかで孤独を感じる妻

1 結婚後，家族ストレーンが高まる妻と，低くなる夫

Ⅲのここまでの項目では，夫婦間コミュニケーションにおける夫と妻のちがいについてみてきました。Ⅲ-1で書かれているように，結婚満足感には夫と妻でちがいがあるのですが，妻は夫とのコミュニケーションをどのように感じているのでしょうか。

家族役割をもつことは，楽しいことばかりではなく，困難や葛藤などの役割ストレーンも経験することになります。20代から50代までの男女を対象とした調査によれば，女性の家族のストレーンは男性より格段に高いことが示されました。他の分析の結果も踏まえると，その理由として考えられるのは，女性は家族に主観的にコミットするので家族にかかわる出来事が大きな影響力をもつから，というものでした。これは，「他者への配慮」「世話」などの性別役割分業規範を，女性が内面化していることによって生じるストレーンといえるでしょう。

抑うつ・不安など個人が経験する不快な主観的状態を心理的ディストレスと呼びますが，同じ調査では，このディストレスについても調査しています。配偶者の有無別に，男女それぞれのディストレスの規定因をみた結果，独身男性は仕事と家族両方のストレーンとの関連がみられますが，結婚し有配偶になると，仕事ストレーンだけがディストレスの規定因になることがわかりました。

一方女性は，有配偶になると，職の有無にかかわらず，家族ストレーンが最大の規定要因となることが明らかにされました。つまり結婚すると，男性は家族の問題は妻に任せて仕事ストレーンだけになり，女性側はそれを引き受ける形で，自分の問題だけでなく家族の問題によってもディストレスが高まるのです。

2 夫と妻はどんな時に孤独を感じるか

この報告からは，家族の悩みを夫と共有できない妻の孤独な姿が想像されます。では現実はどうなのでしょうか。

夫婦がそれぞれ，どんな時に孤独を感じるかをみた調査があります。夫が最も孤独を感じるのは「ひとりの時」であるのは当然として，2番目に孤独なのは「職場」にいる時でした。職場の同僚や上司から自分が理解されていないと

▷1 稲葉昭英 1995 性差，役割ストレーン，心理的ディストレス；性差と社会的ストレスの構造 家族社会学研究 **7**，93—104。

▷2 Ⅲ-3の図Ⅲ-5参照。

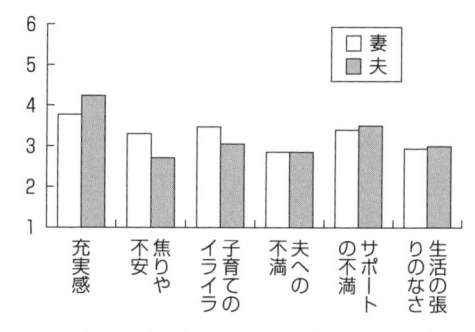

図Ⅲ-12 夫による妻の生活感情の推測

出所：永久（1995）を修正。

感じる時，孤独を感じるのでしょう。そして夫は「家族がいない時」にも孤独を感じていました。夫にとって家族は，重要な情緒的サポート源であるといえるでしょう。ところが妻は，配偶者と一緒にいる時に最も孤独を感じていたのです。家族ストレーンが高い妻の側は，夫に自分の大変さをわかってほしいと思っても，夫から理解されていないと感じることが多いことが反映されているのでしょう。

③ 妻の感情を楽観的に推察する夫

夫の立場からすれば，自分は妻の気持ちを考えていると思っているかもしれません。しかしこれらの報告を総合すると，夫は妻の「気持ち」にあまり関心を向けていないか，実際とはズレて理解をしているのではないかと推測できます。では，夫が妻の感情をどう推測しているかをみてみましょう。幼児をもつ無職の母親の生活感情を，夫がどう推測しているかをみた調査があります（図Ⅲ-12）。

妻の経験している生活感情を，毎日が充実している，自分が必要とされているなどの「充実感」，将来の目標がなくて焦るなどの「焦りや不安」，子育てでイライラするなどの「子育てのイライラ」「夫への不満」「サポートの不満」，毎日が同じことの繰り返しのようだなどの「日常生活への否定感情」に分類し，妻自身の実際の生活感情とそれらへの夫の推察とのズレをみました。

その結果，妻の実際の感情よりも有意に，否定感情は低く，肯定感情は高く推測していることがわかりました。つまり，実際の妻の感情よりも「妻はさほど悩みもなく活き活きと生活している」と楽観的に推察しているのです。30代の男性は生涯のなかで最も仕事が忙しい年代です。性別分業の夫婦の場合，睡眠時間を削って仕事をしている夫が，家で子育てしている妻の「将来の目標がない」という焦りを理解するのは難しいことかもしれません。お互いの気持ちや考えをことばで伝える努力なくして，妻を孤独感から救うことはできないでしょう。

（永久ひさ子）

▷3 永久ひさ子 1995 専業主婦における生活感情；夫は妻の生活感情をどう推察しているか 発達研究 **11**, 125—134．

III 結婚生活と夫婦関係

11 妻の有職=［働く母］の家族への影響

▷1 欠乏仮説
従事する役割が多くなると各役割からの要求と義務が増加するが，個人のもつエネルギーと時間には限界があるために多重役割を困難であると感じ，多重役割が負担感，抑うつ，不安などを増加させ，満足感，主観的幸福感を低下させるというネガティブな影響があるという仮説。

▷2 増大仮説
多重役割に従事すると各役割から資源など恩恵を得て全体的な地位が安定，向上し，豊富な経験によって人間的に成長し，結果として精神的，身体的に健康になるというポジティブな影響があるという仮説。

▷3 スピルオーバー・補償・分離
スピルオーバーとは仕事と家庭の一方の役割での状況が他方の役割にもち込まれること，補償とは一方の役割での不満のために他方の役割での満足を求め均衡を保つこと，分離とは両方の役割が独立していることを意味する。

▷4
たとえば，仕事から家庭へのポジティブ・スピルオーバーとは仕事がうまく進むと家でも家事・子育てを楽しむことができた，家庭から仕事へのポジティブ・スピルオーバーとは家庭で家族と楽しい時間を過ごすと仕事がはかどった，仕事から家庭へのネガティブ・スピルオーバーとは仕

1 多重役割の研究

　心理学では仕事と家庭については，第二次世界大戦後，先進国の働く母親の増加を背景として数多く研究されてきました。当初の問題は，女性の伝統的役割である妻役割，母親役割という家庭役割に仕事役割が加わり多重の役割に従事することはどのような影響があるだろうか，という発想でした。2つの仮説が提出されました。その1つは**欠乏仮説**，もう1つは**増大仮説**でした。これまでの研究では，欠乏仮説の検証研究が多くを占めており，増大仮説の研究は少数でした。その背景には，女性が家事・子育てに加えて仕事もすると自身や家族のストレスや不健康，家事・子育てに悪影響があるのではないかという否定的な社会的風潮も影響しています。先行研究で2つの仮説を検討したところ，いずれも支持されています。

2 仕事と家庭のスピルオーバー

　仕事と家庭の役割間の関係は，主に**スピルオーバー**ないし流出，**補償，分離**の3パターンが提出されています。先行研究ではこの3パターンのうちスピルオーバーを支持するものが多いことが知られています。

　スピルオーバーは，仕事と家庭の関係をその日の仕事や家庭の状況によって日々変動しやすい性質があります（たとえば，仕事が忙しいと家事・子育てに差し障る）。スピルオーバーは生起した役割の2方向（仕事から家庭へ，家庭から仕事へ）と影響の2方向（ポジティブな影響：ポジティブ・スピルオーバー，ネガティブな影響：ネガティブ・スピルオーバー）の組み合わせで四下位尺度が理論上想定されます。多くの研究はネガティブ・スピルオーバーのみを扱い，ポジティブ・スピルオーバーを扱った研究は少ない点で，多くの研究が欠乏仮説にたっているといえます。

　では，仕事と家庭の仕事から家庭へのネガティブ・スピルオーバーは，働く母親，配偶者，子どもにどのような影響を及ぼすのでしょうか。多くの研究では，働く母親の仕事から家庭へのネガティブ・スピルオーバーが多くなると母親自身の精神的健康が低下しました。同様の結果は就労している父親においても実証されたことから，仕事から家庭へのネガティブ・スピルオーバーは女性だけの問題でなく男性の問題でもあるといえます。児童期の子どもをもち働く

母親を対象とした日本の調査では，働く母親の仕事から家庭へのネガティブ・スピルオーバーが多くなるほど，子どもの教育・育児役割負担が重くなるほど，夫婦間の意見の一致が減少しました。また，仕事から家庭へのネガティブ・スピルオーバーが多くなるほど，仕事ストレッサー，子どもの教育・育児役割負担が増加するほど，子育てストレスが高くなりました。夫婦間の意見の一致が減少するほど，子育てストレスが強くなるほど，働く母親自身の抑うつ傾向は増加しました。こうした点から，働く母親の仕事の量的質的負担が重すぎて家庭に侵出することのないような働き方が，働く母親だけでなく配偶者や子どもにとって良い影響を及ぼすことといえます。

ところで，女性が働くことは悪い影響ばかりなのでしょうか。現実には多くの働く母親は，仕事と家庭の両立の大変さだけでなく，充実感や気分転換など良い面も感じています。つまり，仕事と家庭のポジティブ・スピルオーバーとネガティブ・スピルオーバーを両方とも感じていることから，両者を統合して仕事と家庭の適合の道を探ることが仕事と家庭の適応と健康の維持・増進を考える上で重要ではないでしょうか。

③ 「働く母」の子は問題か

母親の就労の有無それ自体は直接子どもの認知発達，学力，親子関係，問題行動などに影響を及ぼさないことが知られています。しかし，父親，母親の仕事ストレッサーや仕事と家庭のネガティブ・スピルオーバーが多いときには，親自身のネガティブな感情が高まり，それが子どもに対する拒否的態度や罰の使用を増加させ，その結果，子どもの問題行動が多くなることが報告されています。父親，母親の労働時間の短縮や仕事の質的量的負荷の減少は父母自身だけでなく子どもの健康にとっても重要です。

④ 仕事と家庭の両立は女性だけの課題か

OECD加盟24ヵ国を出生率の推移と女性の労働力率で分類し，仕事と子育てに両方従事している女性が置かれている社会環境について分析しました。その結果，Aタイプ：出生率が上昇し，女性の労働力率が高い国，Bタイプ：出生率がわずかに低下し，女性の労働力率が高い国，Cタイプ：出生率が大幅に低下し，女性の労働力率が低い国，に分類しました。AタイプとBタイプの特徴をCタイプと比較して検討したところ，A，Bタイプは，Cタイプより児童手当や公的教育の充実といった子育てに掛かる直接的な支出が抑制でき，乳児の保育の供給量が多く，パートタイム労働などの促進，育児休業や育児時間取得，男性の労働時間が短いとわかりました。こうしたことから，仕事と家庭の両立は女性が頑張りさえすれば実現できるのではなく，社会全体として労働時間と子育て支援の取り組みが必要不可欠であるといえます。 　　　　（小泉智恵）

事で忙しいと家事・子育てに支障がでた，家庭から仕事へのネガティブ・スピルオーバーとは家庭で家事・子育てで忙しいと仕事に支障がでた，といった内容である。

▷5　小泉智恵・菅原ますみ・前川暁子・北村俊則 2003 働く母親における仕事から家庭へのネガティブ・スピルオーバーが抑うつ傾向に及ぼす影響　発達心理学研究　14，272-283。

▷6　たとえば，東京都に在住する40歳代の有職女性を対象とした大規模調査では，女性が家庭・子どもをもちつつ仕事をすることに対して「負担が大きすぎる」「家事や家族の世話がきちんとできなくなる」と思う人の割合はそれぞれ64.8%，64.4%だったが，それらと同時に，「人生が充実する」「仕事でリフレッシュでき家族と良い関係がつくれる」と思う人の割合はそれぞれ81.4%，69.2%だった。厚生労働省 2007 平成18年度社会福祉行政業務報告。

▷7　ゴットフライド，A.E./ゴットフライド，A.W.（著）佐々木保之（監訳）1996 母親の就労と子どもの発達；縦断的研究　ブレーン出版。

▷8　24の先進国　男女共同参画会議少子化と男女共同参画社会に関する専門調査会 2005 少子化と男女共同参画における社会環境の国際比較報告書。

▷9　Aタイプは，アメリカ，フィンランド，オランダ。Bタイプは，フランス，イギリス，スウェーデン，カナダ，ドイツ。Cタイプは，日本，韓国，イタリア。

Ⅲ　結婚生活と夫婦関係

12 夫と妻では結婚に求めるものがちがう

1　家でくつろぐ男性と，家族が出て行くとほっとする女性

　1週間のうち何曜日の何時が最も心地よいかを調査した結果によると，夫の1位は土曜の21時，妻の1位は月曜10時との報告があります。夫は家でくつろぐ時間が心地よいのに対し，妻は月曜に家族が出て行き，家族の世話から解放される時間に心地よさを感じているのでしょう。

　結婚式などでは「夫婦二人三脚で」「夫婦はあうんの呼吸で」など，夫婦が一体であることを強調することばが聞かれます。しかし，心地よい時間が夫婦でちがうように，夫婦一体への思いが夫婦で同じとは限りません。理想の家庭についての調査によれば，「夫唱婦随」の支持は1983年以降減少し続け，代わって「夫婦自立」が上昇しています。この調査では，性差は明らかではありませんが，「妻の朝10時」から考えれば「夫唱婦随」への支持は妻の側でより低いと推察されます。

2　女性にとっての家族

　なぜ「夫婦自立」の支持が上昇しているのでしょうか。夫婦が一体であろうとすれば，どちらかが自分の意思を抑えて相手に合わせることが必要です。そして，「夫唱婦随」にみられるように，それが求められるのは一般的に妻の側でしょう。つまり夫婦一体は，女性が自分を抑え家族優先にすることによって実現されるといってよいでしょう。夫が家でくつろげるのは，妻が，仕事から帰って疲れていても晩御飯の支度をし，休日に自分のやりたいことを後回しにしてでも家族の世話をし……と，時間やエネルギーを家族に優先的に使っているからこそではないでしょうか。

　「夫唱婦随」が近年支持を弱めている背景には，多様な生き方が選択できるようになったことが関係すると思われます。家族優先をどれほど不自由と感じるかは，女性のなかでもさまざまです。どうしてもやりたい仕事や目標がある女性ほど「夫唱婦随」への支持は低く，妻・母としての仕事以外にそれほどやりたいことはないという人は，「夫唱婦随」にさほど不自由さを感じないのではないでしょうか。「夫唱婦随」の支持は，1980年代に急激に低下していました。女性の社会進出が進み，男女雇用機会均等法が制定された1980年代には，女性も職業生活への関心やコミットメントを強めるようになったと考えられま

▷1　シチズン時計　2005　夫婦の時間アンケート。

▷2　NHK　2003　日本人の意識調査。

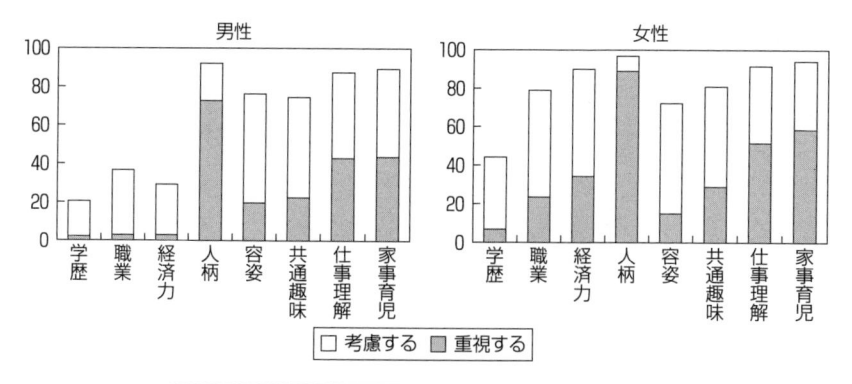

図III-13　独身男女が結婚相手に重視・考慮する条件

出所：国立社会保障・人口問題研究所　2002　わが国独身層の結婚観と家族観より。

す。サービス産業が発展するなかで，女性の社会進出が進み女性の経験が変化したこと，家族をもちつつ就労するなどさまざまな生き方が選択可能になった結果，「夫唱婦随」の家族像が現実に合わなくなったのではないでしょうか。

3　独身者が望む条件

では，独身者はどのような家族を求めているのでしょうか。結婚相手に望むことから，そこに反映された家族観をみてみましょう（図III-13）。

男性が結婚相手に「仕事の理解」「家事育児」を求める傾向は，従来の性別分業に沿った家族観といえるでしょう。では女性はどうでしょうか。女性が結婚相手に「経済力」「職業」を求めている点では，性別分業に沿った家族観をもつようにもみえます。しかし一方で，「仕事の理解」「家事育児」を結婚相手に求める傾向は男性と同程度に高いのです。女性は結婚後も男性と同等に働き，家事育児を夫婦で対等に担う脱性別分業家族を志向しているのに対し，男性は親や祖父母世代と同じような保守的な家族観をもっているといえるでしょう。

男性と女性の家族観のズレは，そのライフコースや希望子ども数別にみるとさらにはっきりします。同じ調査によると，男性が結婚相手の女性に「家事育児」を求める程度は，女性に専業主婦になってほしいと希望する男性が最も高く，DINKSを希望する場合に最も低くなっています。一方女性が男性に「自分の仕事への理解と協力」を求める度合いは，DINKSを希望する場合に最も高く，専業主婦になろうとする場合に最も低くなっています。このようにみてくると，性別分業の保守的家族観の男性と，脱性別分業の女性の間では，相手に求めるものにも自分が何を求められているかとの役割期待の認知にもズレが生じていることがわかります。女性は男性に比べ，対等な個人と個人としての関係を，未来の家族に求めているといえるでしょう。

（永久ひさ子）

▷3　II-5 参照。

▷4　国立社会保障・人口問題研究所　2002　第12回出生動向基本調査　結婚と出産に関する全国調査　独身者調査。

▷5　DINKS
⇒ I-1 参照。

Ⅲ　結婚生活と夫婦関係

13 家族のなかでも「自分」は大事

▷1　Ⅲ-18 参照。

▷2　目黒依子　1987　個人化する家族　勁草書房。Ⅶ-2 参照。

▷3　柏木惠子・永久ひさ子　1999　女性における子どもの価値；今，なぜ子を産むか　教育心理学研究 47, 170—179。

1　女性の個人化志向

　社会学における家族研究で，「個人化」は今や重要なキーワードになっています。「個人化」を家族の危機ととらえるか，家族が社会の変化に適応しようとするプロセスととらえるかは，研究者によって異なるものの，「家族であっても個人と個人」と考える「家族の個人化」が進行していること自体は事実でしょう。

　では，夫婦一体とする家族観が女性の側でどう変化しているのかを，心理的側面からみてみましょう。この調査では，大卒の既婚女性を対象に，1999年当時40歳前後と60歳前後の2世代群間で，夫婦は経済的，心理的に一体だと思うか，夫とは独立の個人としての世界をもちたいと思うかについて質問しました（図Ⅲ-14）。

　グラフにみられるように，「個人としての私」を志向する態度は両世代ともに高いことがわかります。しかし，40歳群の若い世代では60歳群に比べ，夫婦を一体とする家族観が，経済的にも心理的にも弱くなっていることが示されています。この変化には多くの要因がかかわると考えられますが，大学卒業後の経験のちがいもその一因でしょう。40歳群の女性は，大学卒業後，少なくとも結婚や出産までは就業し，個人としての目標や経済をもつ経験をした人たちです。一方60歳群は，職業生活を経験した人の割合は40歳群ほど多くなく，また職業に就いても短期間で，結婚や出産で退職した人の割合が多い世代です。職業生活のなかで個人としての能力を発揮した経験や，個人の経済をもち消費した経験は，たとえ専業主婦になったとしても，個人の経済は個人のもの，夫婦でも考え方や生き方はちがうのが当たり前という意識を強めるのではないでしょうか。

2　社会の変化と家族の個人化

　女性が個人としての生き方を求めることについて，「わがまま」「自己中心的」など，個人的心がけの問題ととらえる意見がありますが，そうではありません。そこには，社会の大きな変化に伴う必然的理由があるのです。

　女性の生き方とかかわる重要な変化として，まず「少子長

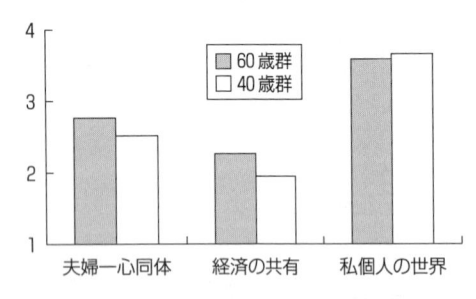

図Ⅲ-14　夫婦の一体感は若い世代の方が低い
出所：柏木・永久（1999）。

寿命化」があげられます。医学の進歩によって長寿命になる一方で，産み育てる子ども数は戦前の5〜6人から2〜3人に減少しています。今日の女性は母親役割をほぼ終えた後，約40年ほどを，母親として以外の生き甲斐や目標を探して生きる必要があるのです。次にあげられるのは，家事の変化です。今日の家事は，家電製品のおかげでだれにでも（やる気さえあれば）簡単にできる仕事になりました。つくらなくても，外食やデパ地下で売られている調理済み食品もあります。しかし，これらの普及は近年のことです。戦後，工業化が進んで家電製品がつくられ，さらにサービス産業が進んで，家事がサービスとして商品化されるようになってからのことなのです。それ以前の家事には，すべて熟練した技術や能力が必要でした。つまり，工業化以前の家族の快適な生活は，すべて母親の家事能力や技術のおかげだったのです。その時代には，女性は家事の遂行を通して，生き甲斐，達成感，有能感などを充分に得ることができたでしょう。ところが今日，家事がだれにでも同じように短時間でできるようになった結果，女性にとって家事は，それだけでは充分な生き甲斐や達成感や有能感を得にくい仕事になってしまったのです。つまり，社会の変化に伴い妻・母としての役割が縮小し，それだけでは長い人生を充実させて生きることが困難になったといえるでしょう。

　一方で，産業の進展に伴い生き方の多様化が進みました。農業など第一次産業の時代，筋力が劣る女性は自活できる経済力はもてず，経済的基盤を結婚・家族に求めざるを得ませんでした。男性側にしても，家事には訓練や技術が必要なため，生活基盤を結婚に求める必要がありました。しかし，サービス産業，IT産業へと産業が進展するに伴い，女性の社会進出が進み，女性も経済力をもつようになり，家事もお金を出せば買えるようになったことで，家族のあり方が大きく変化しました。

　女性の就労は，これまでの「男性が稼ぎ手，女性は家事と育児」という家族のあり方を揺るがしました。この25年間で，「夫は外で働き，妻は家を守る」という性別分業への支持は男女双方で低下し，不支持が上回るようになりました。そして，晩婚化や未婚率の上昇にみられるように，結婚が生き方の選択肢の1つへと変化しました。経済的基盤や生活基盤を結婚に求める必要性が弱まったことがその一因でしょう。さらに，女性が社会で自分の能力を活かす経験は，たとえ退職して無職になったとしても，どのようなことに関心をもち，達成感や充実感を感じるかを変えずにはおかないでしょう。サービス産業やIT産業では，女性でも専門知識や学歴があれば男性と同等の職務で能力を発揮し，収入を得ることができます。その経験は，夫婦であっても経済的には個人と個人，妻・母役割以外に自分の能力を活かせる生き方をもち続けたいとの欲求を強めるのではないでしょうか。

（永久ひさ子）

▷4　家電と家事の関係については，I-8, III-4参照。

▷5　男女共同参画会議2006　少子化と男女共同参画に関する社会環境の国内分析報告書。

III 結婚生活と夫婦関係

14 職業時間と家族時間
——ジェンダーギャップの大きい日本

1 ワーク・ライフ・バランスとは？

この頃，しきりに「ワーク・ライフ・バランス」といわれます。

ワークとは職業，ライフは職業以外の生活関連の活動，この2つをバランスよくもとうといった意味です。これがなぜキャンペーンとなったのでしょうか。これまで2つのバランスがとれていなかった，それを直す必要が浮上したからです。どうアンバランスだったか。その典型は仕事一辺倒の男性です。男は何といっても仕事，それに一家の稼ぎ手と，心身の全エネルギーも時間も仕事に投入している「仕事人間」の夫や父親は，周囲に珍しくありません。本人もそれを誇りとし，周囲も男だからと認める風潮があります。これではダメだ，ワーク一辺倒でないライフもワークとバランスよく，というのです。

2 だれがどのようにアンバランスなのか——際立つジェンダーギャップ

なぜワーク・ライフ・バランスなのかを考える前に，いかにアンバランスだったかをみておきましょう。1日の24時間をどのような活動に使っているかをみた生活時間調査は，日本の成人の生活が男性と女性とで際立った差があることを明らかにしています。そのなかからワーク—職業時間とライフ—家事育児時間を取り出して比べてみましょう（表III-4）。

一見して，男性の生活がワーク中心，これに対して女性は家事育児というライフ関連の活動にかなりの時間を使っていることが明らかです（無職で子どものいる女性はワークはゼロ，家事育児に主な時間を使っており，ライフに片寄った生活です）。

これをワーク・ライフのバランスの点からみますと，男性と無職の女性はワークとライフに偏りアンバランスな状況ですが，有職の女性だけはワーク・ライフ・バランスといわれる以前からすでにワークもライフも双方をしています。その典型が「働く母」たちです。母親が働くことは，家族特に子どもによくないと非難されがちです。しかし「働く母」について行われたたくさんの研究の結果には，働く母はよくないという証拠はまったくなく，それどころか働く母親の子どもは自立の発達に優れて健やかに育ち，母親自身も無職の母親よりも精神的健康度が高いことがわかっています。

▷1 田中重人 2001 生活時間の男女差の国際比較；日本，欧米六ヵ国データの再分析 大阪大学大学院人間科学研究科 年報人間科学 **22**, 17—31。

▷2 III-11 参照。

表III-4 日本の男性と女性の職業，家事・育児時間（分／週）

家事・育児		職業	
女性	男性	女性	男性
1,967	217	1,603	3,045

出所：田中（2001）。

3 なぜ日本の男性は karoshi するのか
―― ワーク・ライフ・バランスの重要性

　このことは複数の役割をもつことの意味，ワーク・ライフ・バランスの重要性を示唆しています。ところで，2001年 OED（Oxford English Dictionary）に"karoshi"が新語として収録されました。なぜ karoshi が英語になったのでしょうか。前例があります。柿は外国にはないのでそれを表す単語もなかった，そこで柿は kaki としてそのまま英語になっています。karoshi も同じです。過労の挙げ句死んでしまうという現象など，英語圏にはない（その後アメリカで過労死が出はじめていますが），そこで karoshi として国際語となったのです。日本語が国際的になったなどと，自慢できることではありません。

　過労死は，超過勤務やサービス残業など過酷な長時間の労働条件を反映していることは確かです。最近，うつをはじめ精神的疾患は増え続け，過労死の増加も深刻です。これらを食い止めるには，労働時間の短縮をはじめ労働条件の是正は絶対必要です。しかし，それだけでは不十分だというのが，ワーク・ライフ・バランスのキャンペーンです。労働時間を減らすだけでなく，ワークと同時にライフにかかわる活動もする，両方をバランスよく，というのです。

　先の表III-4をよくみてください。長時間労働しているのは男性ではなく，実は女性です。女性は仕事の後，家事や育児もする，その結果，総労働時間は男性より長いのです。けれども，彼女たちが過労死したケースはほとんどありません。過労死は男性だけです。なぜでしょうか。男性の誇りだと考えられがちな「仕事一筋」が，実は過労死の温床です。仕事が唯一の生命線，人に負けないよう皆から認められるよう業績をあげねばとがんばる，しかし長時間同一活動は能率低下やエラー多発を招き，それほど高い成果にはなりません。仕事一筋と思う人ほど心身切羽詰まった状況に陥り，死にいたる道に通じます。これに対して，仕事から離れて異質の活動をすることは，惰性やマンネリから解放し発想の転換や気分一新など心身を活性化させる効用があります。このような複数役割と人の精神的健康の関係については，産業心理学が明らかにしているところです。これはワーク・ライフ・バランスの心理学的根拠です。

　働く母親たちは，期せずしてワーク・ライフ・バランスの先駆的実験者です。多忙でも過労死せず，充実感と幸福感を抱いています。けれども，これも複数役割があまりに過重だったり，妻だけに片寄っていることは問題です。男性のワーク偏重／ライフ切り捨ての生活を是正する，そして男性のライフへの参入が男性本人にも配偶者・女性にとっても日本の緊急の課題です。

（柏木惠子）

▷3　VII-7 参照。

参考文献

金井篤子　2008　職場の男性；ワーク・ライフ・バランスの実現に向けて　柏木惠子・高橋惠子（編）日本の男性の心理学；もう1つのジェンダー問題　有斐閣　209―226頁

原ひろ子・近江美保・島津美和子　2008　男女共同参画と男性・男児の役割　明石書店

伊藤公雄　1993　〈男らしさ〉のゆくえ；男性文化の文化社会学　新曜社

III 結婚生活と夫婦関係

15 中年期の危機と夫婦関係

1 人生半ばの心理

　40代や50代のいわゆる中年期は，青年期や老年期と比較して変化が少なく，平たんな道のりというイメージをもつ人は多いのではないでしょうか。しかしながら，実際には必ずしもそうではありません。むしろ中年期は変化の可能性に満ちた，発達的に重要なライフステージとして注目されはじめています。

　中年期の人々は，その名称からもわかるように，人生の中間地点を生きています。そのことが，時間的な展望のあり方に大きな変化をもたらすと考えられています。つまり，生きてきた時間（過去）とこれからの時間（未来）の比率が逆転する過程のなかで，自己の終着点（死）から過去や現在をみつめ，残された時間をいかに生きるかといった自己の問い直しが生じる場合があります。

　このことと関連して，岡本は，青年期の心理社会的課題とされるアイデンティティの危機や探求が，中年期においても，「自己の有限性」の自覚により再び生じやすいことを示唆しています[1]。また清水・杉村は，中年期には青年期のアイデンティティ形成の重要な要素とされる「強さ」（主体性，斉一性・連続性）に，「やわらかさ」（変化への適応性，他者への開放性）が加わり，両者が協働することで，人生半ばのアイデンティティの課題をしなやかに成し遂げられると指摘しています[2]。

　このように中年期には，自己の心身の変化に対応しなければならない一方で，「サンドイッチ世代」と呼ばれるように，たとえば家庭では子育て役割と老親介護役割の両方を期待され，職場では中間管理職として上司と部下の間で板ばさみになっている場合も少なくありません。

2 中年期危機における配偶者の存在意味

　そうした状況にあって，配偶者の存在はどのような意味をもっているのでしょうか。宇都宮は，中高年夫婦がなぜ結婚生活を続けているのかに着目し，3つのコミットメントの性質を見出しています[3]。すなわち，「人格的コミットメント」（たとえば，"妻（夫）をひとりの人間として深く尊敬しているから"や"私にとって妻（夫）はかけがえのない存在だから"など），「機能的コミットメント」（たとえば，"妻（夫）がいろいろと役に立つから"や"生活の安定のため"など），「非自発的コミットメント」（たとえば，"たとえ離婚を求めても，どうせ相手が承

▷1　岡本祐子　1994　成人期における自我同一性の発達過程とその要因に関する研究　風間書房。
岡本祐子　2007　アイデンティティ生涯発達論の展開　ミネルヴァ書房。

▷2　清水紀子・杉村和美　2006　発達心理学から見た中年期；失いつつ得る　岡本祐子（編）　現在のエスプリ別冊　中年の光と影；うつを生きる　至文堂　93—102頁。

▷3　宇都宮博　2005　結婚生活の質が中高年者のアイデンティティに及ぼす影響；夫婦間のズレと相互性に着目して　家族心理学研究　19，47—58。

諾してくれないから"や"身内や結婚でお世話になった方々に申し訳ない"など）です。

図Ⅲ-15に示すとおり，夫と妻ともに得点が高いものから，「人格的コミットメント」「機能的コミットメント」「非自発的コミットメント」の順となっていました。また夫妻間で「人格的コミットメント」の類似性の傾向がみられる一方で，妻は夫に比べると「人格的コミットメント」を有していないことも確認されました。

興味深いことに，アイデンティティとの関連において，妻では，夫にみられた「人格的コミットメント」だけでなく，「非自発的コミットメント」も正の関連が示されていました。このことは，アイデンティティ感覚の高い中高年女性は，配偶者への「人格的コミットメント」による円満な結婚生活を基盤としている場合と，逆に結婚生活を続けながらも，配偶者との関係性に見切りをつけている場合とがあることを示唆しています。後者では，配偶者の存在はサポート源というよりも，むしろストレス源として作用しているかもしれません。いずれにせよ，結婚生活の文脈は，女性の方がより個人差が大きいことがうかがえます。

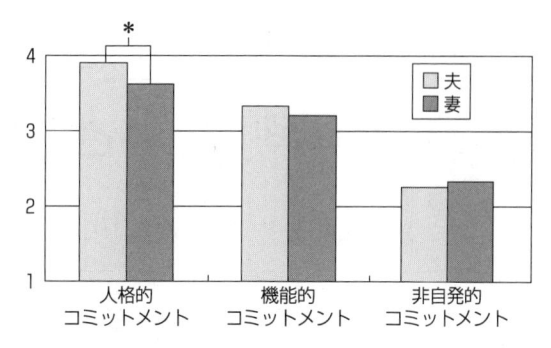

図Ⅲ-15　中高年夫婦の結婚生活に対するコミットメント

（注）*$p<.05$
出所：宇都宮（2005）をもとに作成。

❸ 老年期へ向けての夫婦関係の問い直しと深化・成熟

夫婦は，結婚生活が長期化すればするほど，歴史が積み重なっていき，揺るぎない信頼関係を構築していくものと考えられます。しかしながら，時間だけが経過しても，関係が深まるわけではありません。それまでの道程のなかで，棚上げしてきた問題が大きければ，子どもの巣立ちなどを契機に，葛藤が一気に顕在化し，破綻へと向かう場合もあると考えられます。

寿命の面だけでみるならば，夫婦で老年期を向かえることは，高い確率で実現可能になってきたといえます。しかしながら，社会が離婚に対して寛容になってきていることとも関連して，今後「ともに健康＝結婚生活の存続」という単純な構図は成立しにくくなっていくのではないでしょうか。中年期には，これまでの結婚生活を振り返り，老年期を夫婦として生きていけるだけの豊かな関係を構築しているのかをじっくりと吟味し，必要に応じて修正していくことが求められるかもしれません。

（宇都宮博）

III　結婚生活と夫婦関係

16　老年期夫婦と役割移行

① 老年期を配偶者とともに生きる

　わが国は，男女ともに世界有数の長寿国であり，厚生労働省（簡易生命表）によると，2007年の平均寿命は男性79.19歳，女性85.99歳と，いずれも過去最高を記録しました。男女双方の平均寿命の延びは，老年期の結婚生活の長期化をもたらしています。また家族の居住形態の変化により，老年期を夫婦のみで過ごす人が増加し，「65歳以上の者のいる世帯」では，夫婦のみの世帯が最も高い割合（29.8％）を占めるようなってきています（図Ⅲ-16）。

　かつては，ごく一部の夫婦にしか迎えることができなかった共白髪が，今日ではそれほど珍しくなくなってきました。ここにきて，老年期を幸福に送るうえで，夫婦関係の質が注目されています。

② 中高年以降の役割変化と老年期の夫婦関係──定年退職による揺らぎに注目して

　人は一生のなかでいくつかの転機を経験するといわれています。定年退職は転機となる可能性をもつ典型的なライフイベントかもしれません。特に性別役割分業の体制下において，職業役割を期待されてきた男性のなかには，人生の主要な転換期にあげる人は少なくないでしょう。

　それまで職業役割に没頭してきた男性にとって，定年退職は職務から解放されるといった肯定的な面をもつ一方で，自分の存在意味を確認できる大きな拠り所を喪失するという否定的な面ももっています。そのため，退職後には，第２の人生の新たな拠り所を見出すのに苦労する場合もあり，配偶者に生活面や対人関係面など全面的にサポートを

(年)	単独世帯	夫婦のみの世帯	親と未婚の子のみの世帯	三世代世帯	その他の世帯
1986	13.1	18.2	11.1	44.8	12.7
1989	14.8	20.9	11.7	40.7	11.9
1992	15.7	22.8	12.1	36.6	12.8
1995	17.3	24.2	12.9	33.3	12.2
1998	18.4	26.7	13.7	29.7	11.6
2001	19.4	27.8	15.7	25.5	11.6
2004	20.9	29.4	16.4	21.9	11.4
2007	22.5	29.8	17.7	18.3	11.7

図Ⅲ-16　世帯構造別にみた65歳以上の者のいる世帯数の構成割合の年次推移

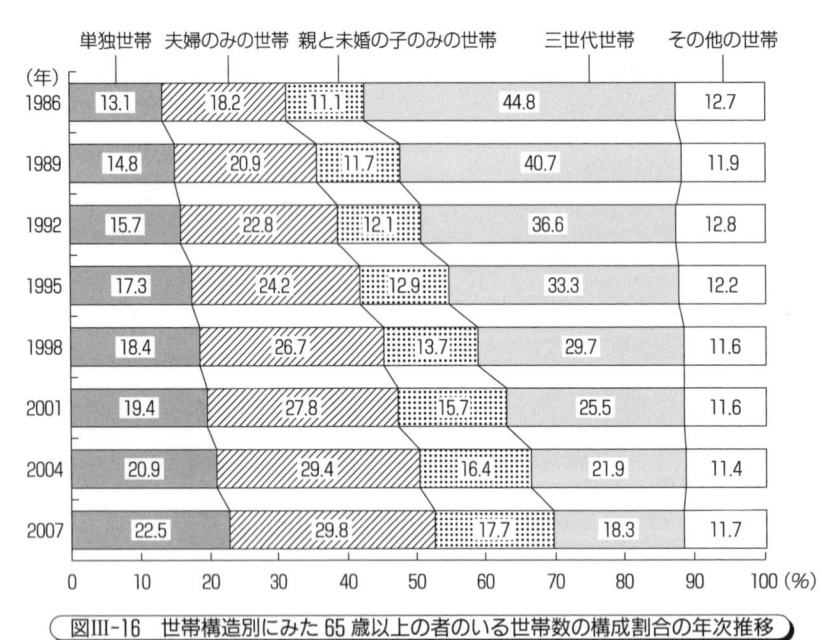

出所：厚生労働省　2008　平成19年国民生活基礎調査より。

期待するようになる男性もみられます。定年退職は本人のみならず，その家族，とりわけ配偶者にとっても，重大なライフイベントに発展する可能性があるといえます。

長年連れ添ってきた夫婦であっても，実に多様な関係のあり方があり（表Ⅲ-5），老年期夫婦を対象とした研究では，女性の方が拡散的，献身的，妥協的といった現状に根本的には納得できていない人が多く確認されています▷1。また，同じ研究から，夫と妻とで異なるステイタスの夫婦が，同一のステイタスの夫婦よりも多いことも示されています。そうしたステイタスの組み合わせによっては，定年退職を契機として離婚問題が浮上することもあるかもしれません。

中高年以降に夫婦関係の問い直しを迫る重大なライフイベントは，定年退職の他にも，子どもの巣立ちや，老親もしくは自分たち夫婦の介護―被介護関係への移行などがあげられるでしょう。これらは，関係の破綻をもたらす可能性がありますが，同時に関係を再構築するためのチャンスでもあります。

夫婦という間柄は，空気のようにたとえられることがありますが，それだけ自分と配偶者とが別人格であることを見失いやすい関係なのかもしれません。夫婦関係の問い直しや再構築の第一歩は，そのことに自覚的になることだと考えられます。

3 夫婦としての人生をまとめる

老年期はまさに人生の最終段階です。過去の人生に折り合いをつけたり，意味あるものとして受容することが，待ったなしで求められる時期だといえるでしょう。それは夫婦関係についても同様です。

生涯を添い遂げるということは，自分が看取る側として，あるいは看取られる側として，配偶者との死別を経験することを意味します。双方の死を現実に迫りくるものとして覚悟することは，決してたやすいことではありません。しかし，互いの有限性に気づくことで，あらためて配偶者の存在意味をみつめ，残された二人の時間を有意義に過ごすための，新たなかかわりが展開される可能性もあるのです。

（宇都宮博）

表Ⅲ-5　関係性ステイタス

ステイタス	特徴	妻	夫
関係性達成型（人格的関係性型）	最高のめぐり合わせ。この人（配偶者）と深くわかりあえていると思う。私にとっては唯一無二の存在。	67 (35.6)	69 (38.3)
献身的関係性型	めぐり合ったのは間違いじゃないはず…。この人と心の底からわかりあいたい。あきらめたくない。	20 (10.6)	2 (1.1)
妥協的関係性型	この人とわかりあいたいと思っていた。でも，今は期待していないし，もうこのままでよい。	30 (16.0)	18 (10.0)
関係性拡散型	かつてはわかりあえるようにと努力をしていた。しかし，もう傷つきたくない。どうしてこの人と出会ってしまったのだろう。別れたい，やり直したい。	18 (9.6)	1 (0.6)
表面的関係性型	なぜこの人と一緒にいるのかなんて考えたことはない。とにかく満足している。それ以上言うことはない。	46 (24.5)	77 (42.8)
独立的関係性型	なぜこの人と一緒にいるのかなんて考えるのは無意味。生きていく上で必要な人。愛している，愛していないなんて，私には関係のないこと。	7 (3.7)	13 (7.2)

（注）数値は老年期夫婦を対象とした調査での実数である。（ ）内は，％を示す。
出所：宇都宮（2008）より作成。

▷1　宇都宮博　2008　結婚生活の継続による心理的影響；夫と妻，子どもの視点から　柏木惠子・髙橋惠子（編）　日本の男性の心理学；もう一つのジェンダー問題　有斐閣　127―132頁。

▷2　宇都宮博　2004　高齢期の夫婦関係に関する発達心理学的研究　風間書房。

III 結婚生活と夫婦関係

17 配偶者がいることの幸福は夫婦で同じか

1 配偶者がいるとディストレスが低下する男性, いてもいなくても変わらない女性

一般的に,結婚は配偶者からのサポートをもたらし,心理的健康が向上すると考えられます。では,配偶者の心理的サポートとしての機能は,夫婦で同じでしょうか。配偶者の有無でディストレス(困難や葛藤など)がどう異なるかを,男女別にみてみましょう。[1]

図III-17から一見してわかるのは,年齢にかかわらず,男性の有配偶のディストレスは未婚者に比べ格段に低いのに対し,女性ではほとんどちがわない点です。つまり,結婚による心理的メリットは女性より男性の方がずっと大きいのです。

▷1 稲葉昭英 2002 結婚とディストレス 社会学評論 **53**, 69—53。

▷2 国立社会保障・人口問題研究所 2005 一般人口統計 人口統計資料集(2005年度版)。

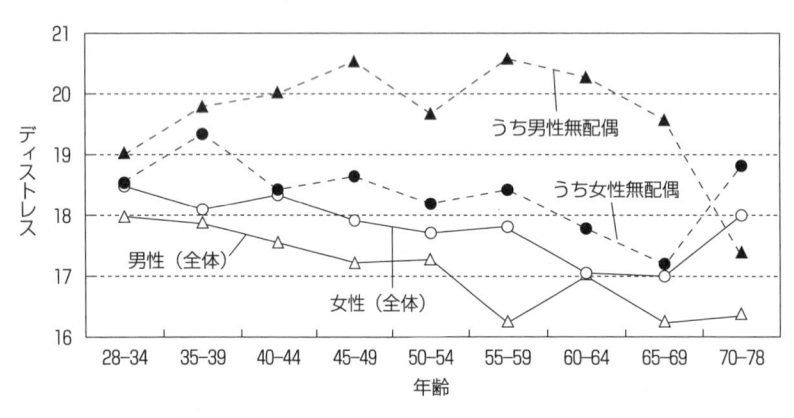

図III-17 性別・年齢別にみたディストレスの平均値

出所:稲葉(2002)。

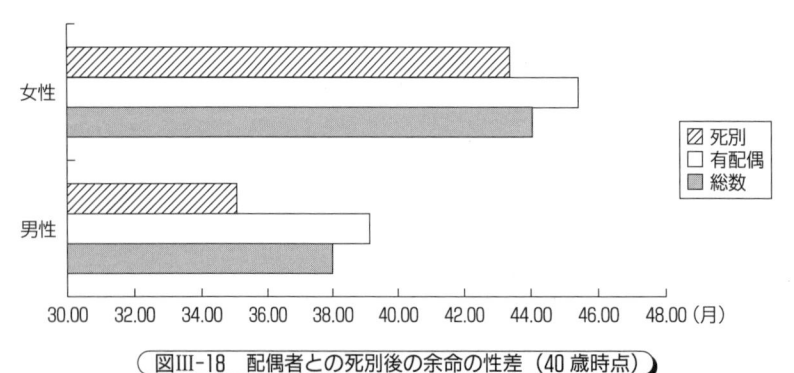

図III-18 配偶者との死別後の余命の性差(40歳時点)

出所:国立社会保障・人口問題研究所(2005)資料より作成。

2 男やもめは寿命が縮む

配偶者がいることの意味は,配偶者を離別・死別により亡くした場合により明確にみられるのではないでしょうか。配偶者との離別・死別が,その人の平均余命にどう影響するかをみた調査があります[2](図III-18)。1995年に40歳で有配偶の人の平均余命を算出し,配偶者と離別・死別した場合の余命と比べたのが下のグラフです。有配偶の場合の平均余命と比べ,女性は死別すると1.96歳,離別すると4.79歳寿命が短くなります。ところが男性の場合は,死別では4.11歳,離別では10.34歳も寿命が短くなるのです。つまり,配偶者を失うことで男女ともに

寿命が縮むのですが，男性の側のダメージの方が圧倒的に大きく，女性より男性側で，配偶者の存在がより重要であるといえるでしょう。

❸ 生活も精神面もすべて妻に依存

　結婚の意味は，なぜ男女でここまでちがうのでしょう。性別分業が根強く残る日本では，主に夫が経済的サポートを提供し，妻が家事などの生活上のサポートを提供しているケースが多いと考えられます。配偶者を失うことは，まず，このサポートを失うことを意味します。経済的サポートは保険や年金によって代替可能なのに対し，それまで家事をやっていない男性にとって，生活上のサポートを失うことは，栄養面でも衛生面でも，健康に直接かかわる重大な道具的サポートの喪失になることでしょう。

　配偶者の存在は，道具的サポートだけでなく，情緒的サポートの供給源でもあります。配偶者は人生のなかで，いいことも悪いことも含め，多くのライフイベントを共有してきた存在です。それだけに，最も自分を理解してくれる身近な存在と考えることができます。自分のことについて他者に話すことを「自己開示」といいますが，どのような内容をだれに自己開示しているかをみた調査があります[3]。それによると，女性は配偶者に特化せず，友人にも職場の人に対しても自己開示するのに対し，男性は，友人にも職場の人にも個人的な事柄については話さない傾向がみられ，特に中年期男性にそれが著しくみられました。男性の感情表出は性役割期待に合致しないため一般的に否定的に評価されがちです。そのため，自己開示の対象が配偶者に限定されるのでしょう[4]。

　つまり，夫婦間での情緒的サポートの重要性は高く，夫にとっての妻はその役割を十分に果たしているのに対し，夫は妻に対して十分なサポートを提供していないのが現状と考えることができるでしょう。この非対象性は，他者への配慮や世話が，女性に対しての性役割期待であることとも関連すると考えられます。さらに「稼ぎ手」としての役割遂行に忙しい男性にとって，家庭はほっとする場であることが最も重要で，妻と楽しい会話はしても，妻の困難や葛藤など深い問題に向き合おうとする余裕がないのかもしれません。先述のように，夫が妻の気持ちを楽観的に推測していることを考え合わせれば，妻が夫に心理的サポートとしての機能をさほど期待できないのも無理のないことでしょう。その失望が，妻の側の，夫との心理的一体感を弱め，結婚満足感を低める一因とも考えられます。

　結婚し夫婦になった後も，夫と妻，母親と父親という役割による関係ではなく，個人と個人として向き合い，ひとりの個人として悩みや喜びを共有し，情緒的サポートをお互いに提供し合える関係をつくる努力が必要でしょう。

（永久ひさ子）

▷3　伊藤裕子・相良順子・池田政子　2007　夫婦のコミュニケーションが関係満足度に及ぼす影響；自己開示を中心に　文京学院大学人間学部研究紀要　**9**，1—16。

▷4　稲葉昭英　2004　夫婦関係のパターンと変化　渡辺秀樹・稲葉昭英・嶋崎尚子（編）　現代家族の構造と変容　東京大学出版会。

III 結婚生活と夫婦関係

18 中高年夫婦の離婚増の意味

1 なぜ中高年離婚が増えたのか

離婚が増加しています。長らく離婚の少なかった日本が，離婚大国アメリカほどではありませんが，欧米並みの水準に近づきつつあります(図III-19)。それも中高年夫婦の離婚が増えたことが特徴です。結婚して5年以内の離婚は昔から結構あり，今も結婚数年以内の離婚も少なくありませんが，注目されるのは以前にはほとんどなかった結婚後20年以上の夫婦の離婚が増えたことです。

その理由の第一は結婚の価値の低下です。離婚してもひとりで生活することが可能になった，独身は結婚しているよりもメリットさえありとなった，これらが離婚に踏み切らせる背景です。では，なぜ中高年期なのでしょうか。結婚後20年頃は，妻は子育てはほぼ終わり親としての責任を果たし，夫はそろそろ定年を迎える，夫婦にとって一区切りの時期です。夫が退職して新しい生活をはじめる，それと同時に妻も妻役割を終わらせ新しい生活を，というのです。III-1 III-2でみた妻の年々強まる結婚への不満がこの決断に傾くのでしょう。そして家事育児を無償で担ってきた貢献に，応分のものを夫の退職金や年金から受け取りたいとの思惑が，夫の退職時の離婚となっています。

2 結婚規範／離婚規範のゆるみ

結婚や離婚についての規範のゆるみも加速させています。結婚する娘に「家の敷居をまたぐな」といっていたのが，今はダメになったら，帰っておいでという親は，少なくありません。結婚関係はメリットがあり納得できる間のものと考えられるようになったのです。法律も変化しました。不倫や暴力など十分な理由がある場合に離婚を認める有責主義だったのが，実質的に夫婦の意味がなければ認める破綻主義になってきています。こうして，不幸なことと考えられていた離婚が，今は「離婚して幸福」「幸福になるための離婚」となったといえましょう。

▷1 厚生省 1997 婚姻統計；人口動態統計特殊報告。
国際連合 1999 世界人口年鑑。

▷2 II-8 参照。

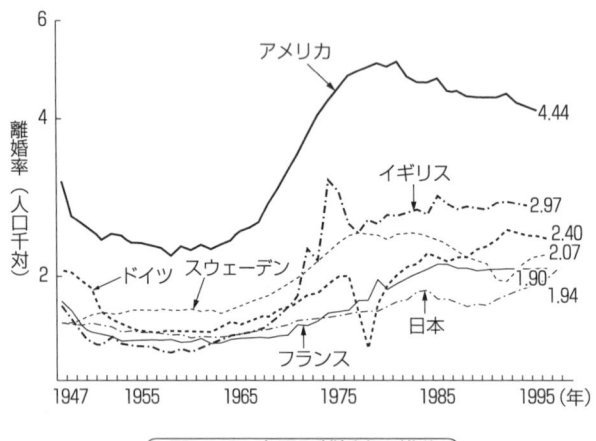

図III-19 各国の離婚率の推移

出所：国際連合 (1995)，厚生省 (1997)。

❸ 長命化―結婚の賞味期限切れ――「死が二人を分かつまで」は無理になった

かつて結婚は「死が二人を分かつまで」、共白髪が理想でしたから、長年連れ添ってきた関係を途中でやめるなど考えられないことでした。それが増えた背景に長命化を無視できません。寿命が短かった時代、夫婦が元気で共白髪はごく僅かでした。また一方が死んだ後、残された者の寿命もそう長いものではありませんでした。それが一変しました。世界一長命の日本の夫婦には、子育て後も夫の退職後も長い年月が残されます。その生活には、老老介護をはじめ明るくない多くの困難が予想されます。夫婦がよほど満足し安定した関係でなければ、長い年月の困難を克服することはできません。子育てが終わり夫も退職した区切りの時に、夫婦関係を解消して新しい生活をとの決断は、こうした将来を見越してのことでしょう。人生が長期化したことで結婚の賞味期限がもたなくなったといえるでしょう。

❹ 妻／母でない個人としての「自分」の浮上――個人化志向

子育てと家事全般を担ってきた妻たちには、固有名詞をもったひとりのおとなとして考え行動し生きることが制限されてきた、しかしそれが必要だ、そう生きたい、と強く願うようになっています。かつて「嫁」として生きる女性にとっての幸福や喜びは、夫や子どもが幸福であり喜び満足していることでした。それが変わりました。▷3

個人化志向は女性のわがままや薄情ではありません。▷4 子育て後も夫の退職後もさらに夫の死後も続く自分の長い人生を考えると、「個」として生きる必要性と重要性を考えずにはいられなくなりました。長命化をはじめ、社会の変化が女性の心を変化させたのです。

❺ なぜ離婚は女性／妻から申し出るのか

中高年離婚はほとんどが妻からの申し出です。中高年夫婦では、夫は満足しているが妻の不満は大きく。妻の15%が結婚はもうこりごりといった気持ちを抱いています。▷5 このような妻が離婚を申し出るのは自然の趨勢でしょう。申し出られた夫の多くが驚き怒り慌てるそうです。結婚に満足している夫、妻と心を通わせる会話を欠いた夫には、妻の「個」として生きたいとの願いも結婚を解消したいとの意向も理解し難いのでしょう。

「個」として生きたいとの志向は離婚を促す契機です。けれども独身がいい、ひとりがベストと思っているわけではありません。離婚後の再婚は少なくありません。個が尊重されつつ親密なパートナーシップを求める気持ちは強いのです。このような関係を築くことが、これからの結婚のテーマになるのではないでしょうか。

(柏木惠子)

▷3 柏木惠子・永久ひさ子 1999 女性における子どもの価値；今、なぜ子を産むか 教育心理学研究 47, 170—179。

▷4 女性の個人化志向については、III-13 参照。

▷5 III-1 の表III-1 参照。

参考文献

宇都宮博 2004 高齢期の夫婦関係に関する発達心理学的研究 風間書房

女性学研究会（編）1996 女性がつくる家族 4 勁草書房

目黒依子 1987 個人化する家族 勁草書房

平木典子 1988 離婚のメカニズムとカウンセリング 平木典子（編）夫と妻 講座家族心理学2 金子書房 117—134頁

善積京子 1997 近代家族を超える；非法律婚カップルの声 青木書店

Ⅳ　子育て

1　人間はどこまで動物か

1　哺乳類動物の異端児としての人間

　誕生直後からしばらくの食事を乳汁だけで過ごす動物をひとまとめにして"哺乳類"と称します。ところが、同じ哺乳類でありながら、在胎期間の長さ、出生児数の多少、誕生時の状態（ひとりで行動できるまでの期間の長さ）によって、ポルトマン（Portman, A.）が示した表Ⅳ-1のように2つに分けられます。その1つは「離巣性（巣立つもの）」と呼ばれる特徴をもち、もう1つは「就巣性（巣に座っているもの）」と呼ばれる特徴をもっています。

　人間の場合、在胎期間がほぼ9ヵ月と長く、子どもの数が少ないことでは、離巣性の特徴をもちながら、親の保護を必要とする状態で生まれてくることでは、就巣性の特徴をもちあわせています。つまり、完全な離巣性を実現するにはさらに約1年間の在胎が必要なところ、直立歩行によって母体の産道が狭くなっているために、胎児のからだの大きさに限界があり、そのために大脳の発達だけを優先させて、誕生してしまうと考えられるのです。◁1

　それでは、このような特殊性がその後の成長にどんな利点を生み出しているのでしょうか。

　在胎期間が長いことは、それなりに準備を整えてから誕生してくると考えられます。けれども、それにしては人間の赤ちゃんは誕生直後自分ではなにもできません。からだを随意に動かすことや歩くことはもちろん、声を出すのは泣く時だけといった状態です。そこで、補っているのが、いわゆる「原始反射（新生児反射）」と呼ばれる周囲の働きかけに対して示す自動反応です。この原始反射は、世話する側からすると面倒をみやすくする役目を果たしています。◁2

　そのいずれもが前頭葉の発達とともに3ヵ月齢で消失してしまうのですが、それまでの間どれだけ養育者のかかわりを助けているか知れません。例をあげ

▷1　このことを「生理的早産」と呼んでいる。
ポルトマン, A.（著）高木正孝（訳）1961　人間はどこまで動物か；新しい人間像のために　岩波書店．

▷2　主な原始反射には、ほほ・口の周り・唇にものが触れるとおこる探索反射、唇にものが触れるとそれを吸おうとする吸啜（きゅうてつ）反射、手のひらにものが触れるとおこる把握反射、からだが不安定になるとおこる手足の伸展反射、抱かれるとおこるからだの婉曲反射などがある。

表Ⅳ-1　哺乳類動物の初期発達の規則性

	下等な種 （ネズミ，コウモリなど）	高等な種 （馬，猿など）
妊娠期間	非常に短い	長い
一胎ごとの子の数	多胎（5〜22匹）	単胎（1〜2匹）
誕生時の状態	未熟である （就巣性）	成熟している （離巣性）

出所：ポルトマン（1961）より一部変更。

れば，赤ちゃんのほほに乳首がさわるとその方向に首を動かし，唇に触れるので，そのままお乳を飲みはじめるといった具合です。この場合，養育者が赤ちゃんの口にその都度乳首をふくませる必要はないのです。また，赤ちゃんを抱いた時に，抱きやすいと感じるのは，赤ちゃんのからだが抱く人の胴にそって僅かに婉曲するからです。

さらに，赤ちゃん研究にみられる最近の知見では，視聴覚など感覚器官の発達が著しいことが明らかにされていますが，このことも養育者とのかかわりを容易にする赤ちゃんの能動性とみなせます。

❷ 養育の必要性

自立するには早すぎる誕生は，それだけ周囲から養育という働きかけを必要とします。けれども，それさえも前述したような赤ちゃんの反応によって多分に養育者が助けられていることも見過ごすわけにはいきません。

むしろ，そのような赤ちゃんからの能動的な参加があるからこそ，養育行動は当たり前のように自然に成立していくのでしょう。決して以前主張されていたように養育行動は本能ではありません。むしろ，養育者と赤ちゃんとの関係ははじめから協力しあうものであって，養育行動はその人間関係の過程で段々に形成されてくるのです。

さらに，子どもの成長に伴って，知識や技能，さらには社会のルール・信念・価値観などを伝え，子ども自身の判断に基づいて，それらを子どもが身につけていくのを後押しするのも養育の課題といえるでしょう。

誕生から数年を経過していくうちに，子どもが社会生活をするためのスキルを身につけ，独り立ちするにつれて，養育者は子どもを見守り，子どもに助言を与えたりする立場へと変換していきます。しかし，ここでも養育者は子どもが新しい行動を身につけるための社会的モデルのひとりとなっていることには変わりありません。

この時期，養育者から子どもへの養育のあり方は，文化によってかなり異なっています。たとえば，生活するための具体的なスキルを必要とする文化圏においては，それを習得するための機会を養育者は子どもがまだ幼い時から積極的に与えたり，労働に参加させたりします。一方，生活するための知識や思考や社会性が重視されている文化圏においては，設けられた制度に従って，子どもは養育者の手を離れて，保育所・幼稚園や学校で多くの時間を過ごすようになり，家庭での養育に加えて，要望される人間像実現への教育が実行されていきます。

（古澤賴雄）

▷3 養育については，Ⅳ-2 Ⅳ-4 Ⅳ-22 参照。

Ⅳ 子育て

2 人間の発達と家族

1 人間の発達にみられる特殊性と養育の必要性

　脳の発達や在胎期間の長さ，子どもの数では離巣性の特徴をもちながら，誕生直後の状態ではまったく就巣性の動物としかいえない人間は，Ⅳ-1 で述べたように，必然的にかなり長期にわたる周囲からの養育を必要とします。それは，授乳・排泄の世話・からだの清潔・温度変化への対応・快い状態の維持・罹病の治療などを基本にして，子どもが目を覚ましている時の適度な働きかけによって，子どもが少しでも快適な状態で過ごせるように工夫することなどからはじまり，漸次多様化していきます。

　ところで，約10年にわたる養育を可能にしているのが，人間の発達にみられる特殊性それ自体にあることを指摘できます。その1つは，子どものからだの成長が誕生直後では急速であるものの，その後，児童期を終える頃までひどく緩やかで，そのことが，子どもにかかわる養育者の負担を軽減し，養育行動に慣れていく原因となっているのです。

　もう1つは，子どもの大脳皮質の質・量の著しい成長です。それは在胎後半期からはじまっているのですが，誕生後には記憶・学習，ものごとへの関心（好奇心），さらには，ことばの獲得とともに実物がなくても，頭のなかでそのイメージを描くことができる，いわゆる，表象を抱くようになることなどが養育者の子どもとのコミュニケーションをより円滑にしていきます。このことは子どもの成長に応じて養育者のかかわりを変化させることに大きく影響していきます。

　以上のように，子どもにとって養育が必要とはいっても，子どもの側もかなり養育に参加している状態がこれまた人間の特殊性と考えられるところですが，幼い子どもが社会的に一人前になっていくためには，さまざまな養育の努力が必要であることも事実です。それは子どもを養育者とのかかわりだけでなく，周囲のさまざまな人々，広く社会のなかで将来生きていける人間に育てあげる役割で，そこには，日常的な世話・保護に加えて，周囲の社会で維持されている慣習・信念・価値観，さらには，考える力などを子どもに身につけさせることが含まれます。

▷1　Ⅳ-1　Ⅳ-4　参照。

▷2　周囲からの影響によるこのような子どもの変化を社会化（socialization）と呼ぶ。

2 家族の成立

人間が家族をもつようになった契機としては、性と食の特殊性によるという指摘がなされています。

まず、性については、排卵と発情が一致している動物では、オスがメスの発情をからだの徴候（たとえば、メスのお尻が赤くふくれる）を知ることによって、交尾し、子孫を残すことができますが、人間の場合、女性自身でさえも排卵が定かでなく、まして他人にはまったくわからないことから、男性は性交渉をもちたい女性と継続的に一緒に生活していくことが必要となります。また、排卵と発情とが一致していないので、排卵に関係なく、性的関係をもてるため、なによりも女性に気に入られ、生活を共にすることが子孫の繁殖に結びつき、そのことが夫婦の成立につながったと考えられるのです。

さらに、このような生活を強化したのが、食の分配と**共食**です。他の動物では、幼い子への給餌や餌がなくなる季節への貯えを除いて、「自食」状態ですが、人間の場合には、直立二足歩行のために両手で食料を運搬することが可能となり、さらに、持ち帰った食料を相手に食べさせたい、一緒に食べたいというういわば社会的な交流の場として食の分配と共食が行われるようになったと考えられます。

性生活にしても、食生活にしても、さらには子どもを養うにしても、それらが永続するためには、生活を共にする人たちがお互いの心を通い合わせる絆を築くことが何よりも必要です。そして、日常生活における分業と共同をそれぞれの理解のもとに進めていくことを通して、いたわりあいや共感といった独特な気持ちの通いあいが形成され、家族としての親密さが形成されたと考えられます。

ここで特記すべきことは、男親の家事や養育への参加です。他の動物の場合、常に群れとして狩猟をする動物を除いて、繁殖を済ませるとオスは単独行動をとるのが通例です。ところが、人間の場合、夫婦生活における分業と共同が形成されるにつれて、行動が制約される妊娠中の女性への介助にはじまり、子育てへの参加が男親によってなされました。そして、家族成員のひとりとしての父親の存在がごく当たり前のこととなったのです。

ところで、今西は、家族が形成された条件として、(1)配偶者間に労働の分業が存在すること、(2)**インセスト・タブー**が存在すること、(3)**外婚の慣習**が存在すること、(4)コミュニティが存在することをあげていますが、このうちのインセスト・タブーと外婚は、家族内における親世代（夫婦）と子ども（きょうだい）世代との区分が明確になされるようになったことに伴って慣習化したと理解されています。

（古澤頼雄）

▷3 山際寿一 1994 家族の起源；父親の登場 東京大学出版会 151—185頁。
柏木惠子 1995 家族心理学；社会変動・発達・ジェンダーの視点 東京大学出版会 22—26頁。
柏木惠子・大野祥子・平山順子 2006 家族心理学への招待 ミネルヴァ書房 8—12頁。
I-5 参照。

▷4 共 食
⇒ I-6 I-15 VII-2 参照。

▷5 今西錦司 1976 今西錦司全集第5巻 人間以前の社会・人間社会の形成 講談社 260頁。

▷6 インセスト・タブー
異性の親子間の性交渉を禁ずる慣習をいう。

▷7 外婚の慣習
子世代が結婚適齢期になった場合に、非血縁の異性を相手に選ぶこと。

Ⅳ　子育て

3　人類の種の保存＝繁殖＝妊娠／子産み＆子育てとは？

1　結合・愛着と葛藤／対立の関係

◯人間の母子関係の出発はいつから？——哺乳類としての宿命

母親に抱かれ微笑む赤ちゃんとじっと見守る母親の姿はだれの目にもうるわしい情景，聖母子像そのものです。母親の子どもへの慈しみの心と養育は，自分では何もできない未熟無熟な状態の赤ちゃんに出会うことではじまり，育て育てられる関係が母子間に格別強い絆をつくっていきます[1]。しかしこの母と子の絆は，子の誕生以前にすでにはじまっているのです。人間は胎生と哺乳を特徴とする動物です。受胎＝妊娠後，子は子宮内で育てられる胎生，誕生後出る母乳で育つ哺乳，この動物としての２つの特徴が子と母を強く結びつける基盤です。しかし，重要なことは，母と子は結合の関係と同時に，反発し合う関係も孕んでいることです。これも人間が胎生哺乳類動物だからです。

◯親子関係を（母）親の視点からみると——愛着だけではない親と子

（母）親子関係は子どもの発達の視点から研究されてきました[2]。この親の養育や親と子の関係を，（子どもの視点から転じて）親とくに母親の視点に立ってみますと，大分違った様相がクローズアップされてきます[3]。

胎児は９カ月間母親の胎内で過ごします。この胎生期は，子ども（胎児）にとっては栄養も排泄も過不足なく自動的に処理され外界の危険も防ぐきわめて快適／安全な場と時間です。ところが，胎児をもつ母親にとっては決して快適な期間ではありません。それどころか，自分がとった栄養が奪われる，胎児の排泄物などによるつわり，次第に重くなる体重など，さまざまな不快や不自由を味わう体験です。このように胎生期＝妊娠期間は，子には安全快適，母には損失や不快など負の体験と，子と母とでは180度違ったものなのです。出産も，子や周囲の人々には新しい命の誕生という喜ばしい出来事ですが，産む母親にとってはわが身を賭けた労働です。今でこそ死語になった「産死」（お産での母親の死）は，100年余前にはありふれたこと，そして今も世界のそこここで無視できない女性の死因です。

◯妊娠は「何ということ！」「お気の毒な！」——オースティンの手紙

19世紀初頭のイギリスの女性作家オースティン（Austen, J.）が書き残した手紙のなかに，知人が妊娠した消息を伝えるものがあります[4]。

「デイーズ夫人がまたまた子供を産むことも嘆くべきでしょう」（1007，2

▷1　Ⅳ-4　Ⅳ-5　参照。

▷2　母親との愛着，子どもへの愛情，親子間の安定した関係，親の子どもへの期待，子への応答的なしつけ，などである。

▷3　根ヶ山光一　2002　発達行動学の視座；〈個〉の自立発達の人間科学的探求　金子書房。

▷4　オースティン，J.（著）新井潤美（訳）2004　ジェイン・オースティンの手紙　2004　新井潤美（編訳）岩波文庫。

「テイルソン夫人は可哀相な人！ なんだってまた妊娠しているのでしょう？」(1908, 10／1〜2)

妊娠や子の誕生を家の繁栄と楽観的に喜べるのは男性。女性たちには「おめでたい」ことではなかったのです。避妊も計画もなかった当時，妊娠は悲劇でもあったのです。産死がなくなった今日も，妊娠は女性の自由を奪い損失を伴う出来事です。出産後も状況は変わりません。赤ちゃんは本当にかわいく母親は授乳をはじめ世話に明け暮れます。無心におっぱいを飲む赤ちゃんを見守る母親は至福のひとときを味わうでしょう。けれども，至福ばかりではありません。子どもの存在がうとましく感じられる時があり，少なからぬ時間と心身の労力を要する育児を投げ出したくもなるのです。

▷5 アリエス, P.（著）成瀬駒男・伊藤晃（訳）1999 歴史家の歩み アリエス1943〜1983 法政大学出版局。

❷ 妊娠も育児も母親の有限資源の投資——投資をめぐって対立する子と親

それは当然です。育児というものは母親の時間，体力，多様な精神的力を子に与える営み，親資源の投資だからです（図Ⅳ-1）。

親の資源は子どもには絶対必要ですが，必要なのは子だけではありません。自分のためにも時間も心身のエネルギーも使いたいものです。しかし，時間も体力，精神力も無限ではありません。時間は1日24時間，心身の力は疲労も枯渇もする有限のものです。ところが，子どもはずっと傍にいて！もっと遊んで！などと，できるだけ多くの投資を母親から引き出そうとします。けれども母親は時間や労力を自分のことにも使いたい——子の誕生以前はすべて自分の活動に投資してきたのですから——。このジレンマ——子との対立に母親は直面します。

そもそも自己資源というものは，生物体自身が快適に生き延び成長するために絶対必要，そのために使うものです。そこへ子育てという新たな投資を迫る子が出現したのですから，親が戸惑いや不安，反感を抱くのは当然の成り行きです。

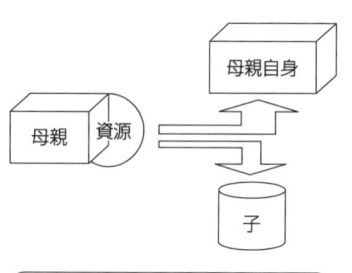

図Ⅳ-1 子別れの身体イメージ
出所：根ヶ山光一 2007 早稲田社会学会大会資料より修正。

❸ 親と子の2つの関係——結合・愛着と反発／対立

このように有限の親資源投資という点からみますと，母親にとって子どもや育児は愛情の対象だけではなく，反発／対立の対象です。長いこと母親の愛情や育児は無私の愛，献身とみなされてきました。しかし人間がまぎれもなく胎生哺乳類動物としてもっている妊娠／出産／育児のプロセスをみますと，親と子は愛着・結合と同時に，反発・対立という関係をもつことは明らかです。このことは，母親や育児を子どもの視点からだけみてきたため，見逃してきたのです。

（柏木惠子）

参考文献
根ヶ山光一 2006 〈子別れ〉としての子育て NHKブックス
柏木惠子 2004 序論 人間の親子関係 有賀美和子・篠目清美（編）親子関係のゆくえ 勁草書房 1—38頁
原ひろ子・舘かおる 1991 母性から次世代育成力へ 新曜社
網野武博 2002 子育ての社会化 児童福祉学 中央法規出版

IV 子育て

4 本能で育てるか／大脳と体験によって育てるか
―― 「母性本能」？

1 本能だけで子育てはできない

　親は，子どもが健やかに育ち，やがて自立していけるように，愛情と責任をもって支え助ける役割を担っています。そのためには，子どもをありのままに受けいれて慈しむ心と，社会的なルールを毅然と示して教える心とが必要です。一般に，前者は母性，後者は父性と呼ばれています。

　日本では，とりわけ子どもが幼い頃の子育ては「母性本能をもつ女性の役割である」と考える傾向が強く，いわゆる**3歳児神話**が，男女にかかわらず根強く存在しています（図IV-2）。しかし，母性ははたして女性の本能といえるのでしょうか。

　確かに，妊娠・出産・母乳による授乳は"産む性"である女性にしかできません。そして，出産や母乳分泌にかかわるホルモンが母性行動に関連していること，メスのもつ遺伝子のなかに母性行動の発現にかかわる遺伝子があることなどが，マウスを使った動物実験において報告されています。動物実験の結果を人間にあてはめることには慎重であるべきですが，人間も動物ですから，"産む性"としての生物学的基盤が子育てに影響する可能性を否定することはできません。

　けれども，もし母性が本能ならば，どんな女性においてもあらゆる場面で自動的に機能するはずですが，現実はそうではありません。全国約6000人の母親の協力によって行われた大日向の面接調査では，約8割の母親が「子どもをかわいく思えないことがある」と述べています。2008年度に全国の児童相談所が対応した虐待相談件数は過去最多の4万2664件にのぼりましたが，その60.5%において，主な加害者は"実母"でした。このような現実は，母性が女性の本能だとはいえないことを示しているのではないでしょうか。

　「人間は本能の壊れた動物である」ともいわれます。そもそも，現代に生きる私たちが，自らに備わった力だけで子どもを健やかに産み育てることなど不可能でしょう。"産む性"＝"育

▷1　母性には，産む性としての女性に備わった機能（妊娠や出産など）をさす場合と，子どもを育てる資質をさす場合とがあり，ここでの母性は後者にあたる。
▷2　3歳児神話
子どもが3歳くらいまでは母親の手で育てなくては，子どもの発達に悪影響を及ぼすという考え。1998年度版の厚生白書には「少なくとも合理的な根拠は認められない」と記載された。
▷3　母性行動にかかわるホルモンとして，オキシトシンやプロラクチンが知られている。
▷4　石野史敏　2003　ゲノムインプリンティング，世代に刻みこまれる時　生命誌ジャーナル2003年秋号。
▷5　大日向雅美　1999　子育てと出会うとき　日本放送出版協会。
▷6　厚生労働省　2009　平成20年度社会福祉行政業務報告。
▷7　原ひろ子（編）2003　次世代育成を考える　放送大学教育振興会。
▷8　Robson, K. S., Moss, H. A. (1970). Patterns and determinants of

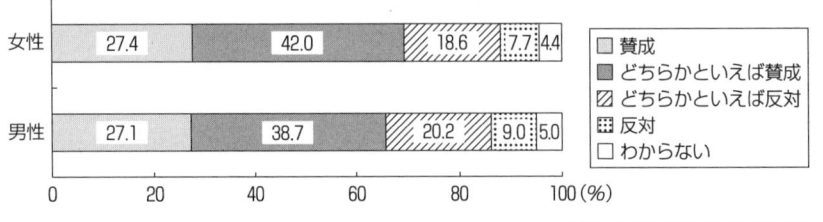

	賛成	どちらかといえば賛成	どちらかといえば反対	反対	わからない
女性	27.4	42.0	18.6	7.7	4.4
男性	27.1	38.7	20.2	9.0	5.0

図IV-2　「3歳くらいまでは母親が家庭で世話をするべきだ」という意見に対する賛否
出所：内閣府　2006　少子化社会に関する国際意識調査報告書より作成。

てる性"といえるほど，人間の子育ては単純なものではないのです。

❷ 親としての感情や行動の獲得

世界には，妻の妊娠・出産時に夫もつわりや陣痛を体験する社会や，子どもの養育を主に母親以外の人が担う社会があります[7]。人間社会における親の役割や子育てのあり方は，時代や文化によって規定されているのです。

そして，親の子どもへの愛情や適切な養育スキルは，子育ての責任を負い，子どもとの具体的なかかわりを積み重ねることによって育まれていくことが，数々の研究によって明らかにされています。ロブソン（Robson, K. S.）とモス（Moss, H. A.）が初産の母親54名を対象に行った調査では，出産直後には赤ちゃんに肯定的な感情を感じていなかった母親（全体の41%）が，赤ちゃんのみせる微笑などをきっかけに，あるいは抱っこや授乳といった養育行動を通して，徐々に赤ちゃんへの愛情を感じるようになることが示されました[8]。また，子育て経験を積むことによって養育スキルが向上するのは当然のことですが，従来指摘されてきた母親と父親の養育行動や子どもへの感情のちがいも，子育てにかかわる程度の差から生じている部分があります（図Ⅳ-3）。人間は，他の動物とは比較にならないほど発達した大脳を用いて，社会のなかで，親としての感情や行動を獲得しながら子育てをしていくのです。

❸ 次の世代を育てる力

母性は母親だけのものではなく，父性は父親だけのものではありません。そこで近年は，これらを包含する，親性，育児性，次世代育成力といった概念が使われるようになってきています。さらにフォーゲル（Fogel, A.）や小嶋は，こうした親の資質の基盤につながるものとして**養護性**を提唱しています[9]。養護性は子ども時代から形成されていくもので，"養護する経験"とともに"養護される経験"が必要であると考えられています。

子どもを育てることは，生物学的なつながりのある親にしかできないことではありません。**エリクソン**[10]は，成人期の発達課題を**世代継承性**[11]と呼んでいます。おとなは，世代と世代を結び，次の世代をケアする（世話し，気遣い，育む）ことによって，自らの責任を果たしていくのです。

親として，おとなとして，子育てにどうかかわっていくのか。それは，人間として「どう生きるのか」ということに，深く結びついているのです。

（富田庸子）

図Ⅳ-3 父親の役割のちがいと子どもへの行動との関連

出所：Field, T. (1978). Interaction behaviors of primary versus secondary caretaker fathers. *Developmental Psychology* 14, 183-184.

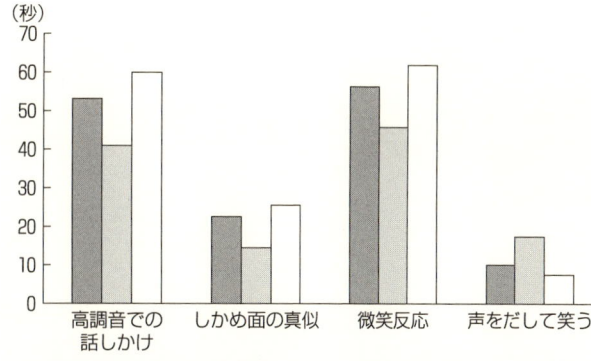

■父親：一次的世話役　■父親：二次的世話役　□母親：一次的世話役
＊3分間内の平均的出現秒数

maternal attachment. *Journal of Pediatrics,* 77, 976-985.

▷9 **養護性**（nurtutance）
相手の健全な発達を促進するために用いられる共感性と技能。その対象は，子どもだけではなく，障害をもつ人や老人，さらには一時的にその有能性を失った状態にある人々（落胆して元気を失った人など）や，動植物も含められる。したがって，養護性は養育者としてのおとなだけがもつものではない。

▷10 エリクソン，E. H.
⇒Ⅳ-22参照。

▷11 **世代継承性**（generativity）
generate（生み出す）とgeneration（世代）を掛け合わせたエリクソンの造語。次の世代や自分が生み出したものを信頼し，気遣い，見守り，育んでいく傾性をさし，停滞（stagnation）と対立する。

参考文献

Fogel, A. D. and Melson, G. F. (1986). The origins of nurturance. Hillsdale, N. J.: Lawrence Frlbaum Associates.

小嶋秀夫　2001　心の育ちと文化　有斐閣

Ⅳ　子育て

5　赤ちゃんのかわいらしさと天使の微笑み

1　動物の赤ちゃんに共通するかわいらしさ
──赤ちゃんの形態による演出

　図Ⅳ-4は，動物の赤ちゃんに共通する頭部のかたちを示したものです。
　ここで，気づくのは頭の大きさに比べて，顔，なかでもひたいが占める割合がおとなよりも多いことや目・鼻・口が大きめであることです。それに加えて，他の身体部位についても，手足がぽっちゃりしており，動きがぎごちなかったり，ちょこちょこしていることがいずれも赤ちゃんにかわいらしさを感じさせる形態的な特徴です。さらに，人間の赤ちゃんの場合，周囲の人を引き込むようないくつかの性質を備えています。
　その1つが生来的に備わっている"微笑み"です。通例，**自発的微笑**と呼ばれているもので，特に寝ている時にも，目を覚ましている時にも15分に1回くらいの割に"微笑み"を浮かべます。この表情の変化は，見ている人には"赤ちゃんが笑っている"と受け取らせます。つまり，赤ちゃんが快い気持ちを抱いていると思い，こちらも一緒になって楽しい気持ちになり，話しかけたり，笑いかけたりするのです。もちろん，周囲の働きかけに対応して表情をくずして笑うようになるのは3カ月頃から，さらに，声を出して笑うようになるのは

▷1　ローレンツ，コンラート（著）日高敏隆・丘直通（訳）1989　動物行動学Ⅱ　思索社　187頁に「図4　人間の養育反応を開発する図式」として掲載されている。

▷2　自発的微笑
浅い眠りにある新生児があたかも微笑んでいるかのように表情を変化させること。からだの内的刺激（たとえば，腸の動き）や外からの刺激（たとえば，風）によって起こるともみられるが，明白ではない。

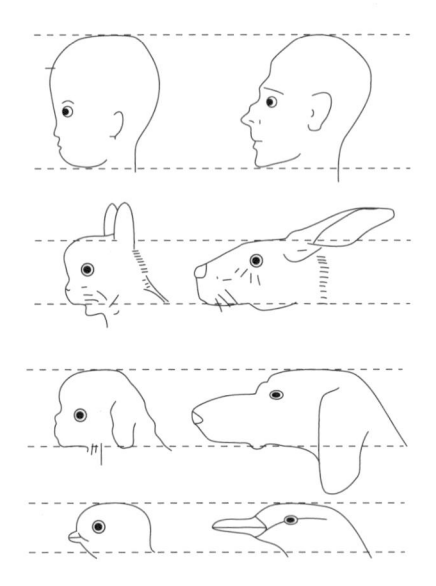

図Ⅳ-4　動物の赤ちゃんの頭のかたち──おとな（右側）との比較

4カ月頃からですが，それ以前からこのような周囲の反応が続けられていくからこそ，社会的な笑いへと移行していくと考えられます。さらに，笑いの表情そのものがこの間ほとんど変わらないことも，周りの人に余計にかわいらしいと感じさせていくのでしょう。

もう1つは，見ている人と目を合わせたり，人の声に注意を向けたりすることです。赤ちゃんは生れつき人に関心をもっていることがこれまでの研究で明らかにされていますが，特に，人の表情には敏感に反応し，相手の目をじっと見つめます。また，相手が出す声にも適確に反応し，赤ちゃんの発声のタイミングは，ちょうどおとな同士の会話でなされる間合いと同じテンポです。

このようにまだ幼さにあふれている赤ちゃんがかかわる人と対等に応じてくることもかわいらしさを感じさせる引き金になっているといえるでしょう。

2 なぜ，赤ちゃんはかわいいのでしょうか

前述した動物の赤ちゃんの形態的なかわいらしさは，まわりからの関心をひき出すことによって自分のかよわさを補おうとしていると考えられます。それは，1つの保身の手段となっています。そのかわいらしさにまどわされて，赤ちゃんをいじめたり，殺したりするのを踏みとどまらせるかもしれません。そして，何よりもそのかわいさのために，いろいろと世話をしてあげようとする気持ちを抱かせるのです。

このようにやさしく接してあげようとする気持ちは，人間の場合には，同じことでもより赤ちゃんにわかるように工夫して伝えようとする働きかけとなってあらわれます。話かけはそのなかでもっとも際立ったもので，おとな同士で使うことばとはちがう"赤ちゃんことば"で話かけたり，擬音を使ったり，繰り返しを多用したり，間をおいて話しかけたりします。さらに，何かを教える場合に，よりそったり，赤ちゃんと同じ目線になって，具体的なものを用いたり，ジェスチャーを交えて伝えようとします。このような働きかけは，赤ちゃんのもつかわいらしさによって，少しでも相手に伝わるようにやさしく接しようとする行動がおとなや子どもにひき起こされた証拠といえるでしょう。

もう1つ，赤ちゃんがあらわす行動で，接する人にかわいらしさを感じさえもするし，またある時は複雑な気持ちをひき出すのが赤ちゃんの泣きです。泣きは，赤ちゃんが不快を周囲に伝える有力な手段ですが，どのような場合でも軽く叩いたり，ゆすったりしてリズミカルな刺激を与えたり，毛布にくるんだり，しっかり抱きしめてあげたりして，赤ちゃん自身がからだを動かすことによって起こす自己刺激を少なくしてあげることによって，きげんを直したり，すやすやと寝入ったりします。赤ちゃんが，このような働きかけによっていとも容易にきげんをなおしてくれることも接する人にかわいらしさを感じさせるところです。

（古澤頼雄）

▷3　赤ちゃんことば
文化によってかなりの違いがあるものの，おとなが母国語で赤ちゃんに話しかける時に用いる独特なくずしことばを総称する。マザーリーズ，ペアレントリーズなどとも呼ばれている。ペットに話しかける時に用いることもある。

▷4　ダン，J.（著）古澤頼雄（訳）1983　赤ちゃんときげん；表情・身ぶりの語りかけるものは　サイエンス社　20—33頁．

参考文献
下條新輔　2006　まなざしの誕生；赤ちゃん学革命　新曜社

Ⅳ 子育て

6 母と子（赤ちゃん）の間のコミュニケーション

1 乳幼児の認識能力とコミュニケーション

○赤ちゃんは無能？ それとも有能？

生まれたばかりの赤ちゃんというのは，実にか弱く頼りなげにみえるものです。他の動物の赤ちゃん——たとえばチンパンジーのようなヒトにより近い類人猿の赤ちゃんと比べてみても，ヒトの赤ちゃんは自分自身の力で移動することも姿勢を保持することもできず，より手厚い保護が必要となります。こうした赤ちゃんの姿から，従来，人間の赤ちゃんは無力な存在であると考えられてきました。

けれども最近では，乳幼児を対象とした研究手法の開発により，新生児や乳児がこれまで考えられていたのよりもはるかに高い知覚能力や認知能力を身につけていることが明らかにされてきました。すなわち，赤ちゃんは我々が想像するよりもずっと有能な存在であることがわかってきたのです。

○新生児のさまざまな能力

たとえば，聴覚に関しては，視覚に比べてかなり早い段階から発達しています。生後数時間の段階ですでに，母親の声とちがう女性の声とを聞き分けたり，母国語と外国語を聞き分けたりできることがわかっています。これは胎内にいる頃から母親の声を聞いてきた経験によるものと考えられています。[1]

また，生後間もない赤ちゃんに向かっておとなが舌を出したり，口を開けたりしてみせると，赤ちゃんもこれと同じ顔の表情をすることがあります。[2] 新生児模倣と呼ばれるこの現象は，意図的に行われているというよりむしろ，自動的に生ずる共鳴動作のようなものと考えられています。こうした行動を生まれつき備えていることは，当然ながら周囲の人との豊かなコミュニケーションにとって有利に働きます。なぜなら，赤ちゃんが真似をしてくれれば，周囲の人は赤ちゃんに対してより「可愛らしい」という気持ちが沸き起こり，より多くの声かけやことばかけを返してあげることとなるからです。

2 乳幼児期におけるコミュニケーション

○ことば以前のやりとり

赤ちゃんが実際に意味のあることばを発するようになるには生後1年は待たねばなりません。しかしそれ以前の前言語期の段階でも赤ちゃんは周囲の人々

▷1 大坪治彦 2004 胎内で聞こえる母親の声 無藤隆・岡本祐子・大坪治彦（編） よくわかる発達心理学 ミネルヴァ書房 2-3頁。

▷2 Meltzoff, A. N. & Moore, M. K. (1977). Imitation of facial and manual gestures by human neonates. *Science*, **198**, 75-78.

と豊かなコミュニケーションを行っています。たとえば，新生児の段階ですでに，赤ちゃんがお母さんからの話しかけに対して，手足を動かしたり，声を出したり，または表情を変えたりして，からだ全体を使って反応していることがわかっています。そして母親のほうもまた，赤ちゃんの声やしぐさを敏感に読み取り，タイミングよく応答してあげています。こうした，ことば以前の段階でのやりとりというのは，その後の親子の相互コミュニケーションの重要な基礎となるものです。

▷3 渡辺富夫 1999 エントレインメントと親子の絆 正高信男（編）赤ちゃんの認識世界 ミネルヴァ書房 51—74頁。

○「応答的環境」の重要性

こちらが働きかければ相手も応えてくれるといった「応答的環境」が，コミュニケーションの発達にとって重要であることは，赤ちゃんの微笑の発達においても当てはめて考えることができます。

新生児期の微笑というのは**自発的（生理的）微笑**とも呼ばれ，特に人に向けて発せられたものではなく，生理的な意味合いの強いものです。けれども，微笑をみたおとなの側は，これを赤ちゃんからの意味のあるメッセージとして受け止め，微笑をした赤ちゃんに積極的に応えてあげます。こうしたやりとりを行ううちに，乳児の微笑は，だんだんと社会的な意味合いをもつものとなります。そして生後3カ月頃には，赤ちゃんの微笑は特に人に向けられて発せられるようになり，相手が微笑めば自分も微笑み返すというように，相互的なものとなります。

▷4 自発的微笑
⇒ IV-5 参照。

また，この頃には乳児はさまざまな情報源（視覚的な見え，声，匂いなど）をもとに，馴染みのある人とそうでない人とを識別するようになり，個々の人に対して異なった反応を示すようになります。同時に，乳児は自分にとって最も信頼でき，安心できる存在として母親（特定の養育者）の存在を認識するようになります。そのあらわれの1つが生後半年以降にみられる，いわゆる「人見知り」です。

以上，みてきたように，乳幼児期におけるコミュニケーション能力の発達には，赤ちゃんに生得的に備わっているさまざまな認識能力や行動傾向に加えて，赤ちゃんから発せられるさまざまな行動や情動表出に対して，適切に応答してくれる人の存在が大切です。微笑めば微笑み返してくれる，声をあげれば応じてもらえる，そうした応答的な環境があってこそ，赤ちゃんは，より一層，人と積極的にかかわっていこうと動機づけられるのです。そして忘れてはならないのは，このような応答的な環境を基盤として，親子との間に安定した**愛着関係**が築かれてゆくということです。乳幼児期における安定した愛着関係は，その後の子どもの社会性の発達にとって重要な役割を果たすこととなります。

（江尻桂子）

▷5 愛着関係
人が特定の対象に対して抱く，親密で情緒的な絆のこと。アタッチメントとも呼ばれる。
IV-25 参照。

IV　子育て

7　「個」性の強さと母親
——「母子一体」は自然か

1　「日本の母親は子どもと〈一身同体〉」——アメリカ研究者の発見

　戦後，日本の母親とアメリカの母親を比較した研究が行われました。母親が子ども（乳児）と一緒にいる時間，子どもの世話，あやし方などが観察され，日米の母親の特徴が明らかにされました。そのなかで最も印象的なことは，日本の母親が子どもと一緒にいる時間がアメリカの母親よりもずっと長いことでした。この違いは，主に子どもが眠っている間の母親のあり方が原因でした。アメリカの母親は子どもが起きている時は傍にいる，けれども眠ってしまうと子から離れて自分のことをしているのです。ところが，日本の母親は子が眠っている間も傍にいたりおんぶし続けているのでした。研究者コーデイルはこの日本の母親の違いに注目して，日本の母親は（アメリカの母親よりも）子どもとの関係が近密だ，母親にとって子どもは自分の一部のような存在，いわば母子一体の関係だ，といったことを記しています。

　このコーデイルの指摘はその後の研究に大きな影響を与えることになりました。日本の母親は子どもをしつける時，なぜしてはいけないのか，なぜそうすべきなのかをはっきり論理的に説明するよりも，母親の気持ちを子どもに訴える間接的暗示や示唆に特徴があります。それは，母親と子どもとの心理的距離が小さく一体的な関係だからだ，お互いに気持ちに共感しあえる関係が母と子にある，とみることができるでしょう。

2　文化としての母子関係——状況のなかでつくられる関係

　この解釈の当否はともかく，子どもを生き甲斐とし子のために労苦をいとわない母親の姿は，日本では周知のことです。また，母親の愛情や労苦に報いることを目標とも生き甲斐ともする子どもも少なくない日本です。このように母親と子が格別緊密な心理的絆で結ばれている情景を，コーデイルの〈母子一体〉として確認したといえるのかもしれません。

　なぜそのような母子関係が日本にあるのでしょうか。母が子を産み育てるこ

▷1　Caudill, W. & Weinstein, H. (1969). Maternal care and infant behavior in Japan and America. *Psychiatry,* **32,** 12-42.

▷2　東洋　1994　日本人のしつけと教育；発達の日米比較にもとづいて　東京大学出版会。

表IV-2　2つのタイプのしつけ方略——野菜を食べない時

明示的命令	情感に訴えての暗示／示唆
食べないと病気になるよ 出されたものは食べなさい	せっかくお母さんつくったのにがっかりだな—— もりもり食べるポパイみたいに元気になるように

とは胎生哺乳動物である人類共通のことです。けれども，母と子の関係の近さ／強さは文化によって異なります。女性が「嫁」として肩身狭く生きるほかなかった時代，子を産んでようやく婚家での地位が固まった，そして自分が産んだ子が唯一自分の味方であり，生き甲斐とせざるを得なかったでしょう。そうしたことが母と子を強く結びつけ緊密な心理的絆を醸成しました。加えて，母親の子への愛情や育児は長いこと無私の行為，献身とみなされ，女性に奨励されてきました。このことも，母親の子への献身を助長し，母子一体感を強めることになりました。

長い日本の歴史のなかで醸成された日本の母子一体的関係は，今も母親の行動にうかがうことができます。子どもが予防注射を受けている時，傍に付き添う母親も泣かんばかりの表情をみせる。子どもの食べ残しや食べこぼしを母親がごく自然に食べてしまう，これは日本に独特の情景です。いずれも母親の子どもと自分との境界が薄く心理的分離があいまいな状態を反映した行動といえるでしょう。

▷3 根ヶ山光一 2006 〈子別れ〉としての子育て NHKブックス。

3 変化しつつある日本の母親／女性──強まる［個］［私］へのこだわり

しかし，近年，母親にとっての子どもの位置は変化してきています。日本の特徴でもある共感的示唆的方略は，母親の高学歴化とともに後退し，代わってアメリカ型の明示的論理的方略に移行してきています。

ところで，子と親は資源投資を巡って葛藤する関係です。育児しない親（父親）はこの葛藤とは無縁ですが，子育てするとこの葛藤に出会い，子の他者性に直面します。育児という体験は，子が自分にとって有限資源の配分を巡って対立する存在であることを顕在化させる体験でもあるからです。

子を他者としてみる態度は，親としてではない「個」「自己」を強く認識することと裏腹です。コーデイルが研究した当時，日本の母親は（子から離れて自分のことをするアメリカの母親とは異なり）100％母親としての生活でした。〈母として〉〈妻として〉〈ひとりの個人として〉をそれぞれどの程度重視しているかを聞いたところ，〈母親として〉が最も大きな比重を占めていました。同じことを2007年に調査したところ，〈母として〉の比重が縮小し〈個人として〉が拡大してきています（図Ⅳ-5）。

最近の日本の女性たちが，妻／母という家族役割以上に個人として生きることを重視してきている変化がみてとれます。自分というテーマがクローズアップした個人化傾向を反映しています。

（柏木惠子）

▷4 Ⅳ-3 参照。

参考文献

目黒依子 1987 個人化する家族 勁草書房

柏木惠子 1999 社会変動と家族の変容・発達 東洋・柏木惠子（編）流動する社会と家族1 社会と家族の心理学 ミネルヴァ書房 9－15頁。

柏木惠子 2001 子どもという価値；少子化時代の女性の心理 中公新書

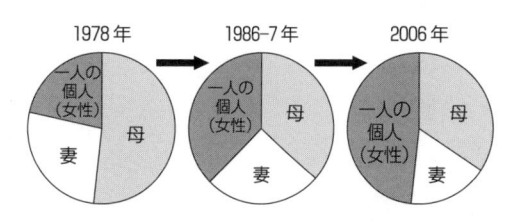

図Ⅳ-5 あなたにとってどれが重要か

出所：Scholer & Smith（1997），Suzuki（1986, 87），柏木（2006）による。

IV 子育て

8 「赤ちゃんポスト」の古今東西
―― 繁殖と自己生存のはざま

1 現代だけの問題ではない赤ちゃんポスト

　2007年に熊本県の慈恵病院が「赤ちゃんポスト」を設置したことは，全国的なニュースになりました。これは親が「どうしても自分では育てられない場合に匿名で赤ちゃんを預けられるところ」で，病院建物の外壁に小さなドアがあり，内側には保育器が設置されているそうです。▷1

　慈恵病院がこの事業をはじめた1つのきっかけは，ドイツにおける同様の施設を知ったことだったそうです。歴史をたどれば，ヨーロッパでは中世のころから修道院にこうした設備があり，預けられた子どもが孤児院で育てられてきました。▷2　現代日本だけでなく，古今東西で子どもが「捨てられて」きたことがわかります。▷3　さらにいえば子殺しですら，古今東西行われてきましたし，人間に限られるものでもありません。たとえば口腔内で卵を保護する魚が，その卵を食べてしまうことがあります。▷5　親が子育てを諦めること（子捨て・子殺し）は，頻繁ではないものの特殊な現象ではないのです。その背後には何か，共通する原因があるのでしょうか。

2 赤ちゃんポストの進化的分析

　動物行動学では，進化の視点から子育てについて研究されてきました。その知識から，赤ちゃんポストについて考えてみます。まず2つ前提があります。

　第一に，自然淘汰の結果として，動物にはできるだけ多くの子孫を残そうとする傾向があります。ここで重要なのは，次の世代を残すまで成長する子どもの数を増やすことです。

　第二に，親のもっている時間やエネルギーといった"資源"には限りがあり，そのすべてを子どもに使うことはできません。目前の子どものためだけでなく，親自身の生存のため，そして将来の子どものためにも資源を配分する必要があります。▷6

　子どもを出産した貧しい学生カップルを例に，どのように資源を使うのが自然淘汰による進化において適応的（より多くの子孫を残せる）か考えてみましょう。1つの方法は，今いる子どものために資源を使うことです。周囲からのサポートがなく学校を辞めて働く必要があるかもしれません。結果，その子どもを育てる以上の余裕はなく，十分な教育を子どもに与えられない可能性もあり

▷1　慈恵病院ホームページより（http://www.jikei-hp.or.jp/index.html）。慈恵病院ではこの施設を「こうのとりのゆりかご」と呼んでいる。ここでは通称として「赤ちゃんポスト」と表記した。

▷2　ハーディ, S. B.（著）塩原通緒（訳）2005　マザーネイチャー（上・下）早川書房。

▷3　「捨てる」という表現のネガティブな含意は必ずしも筆者の意図ではないが，字数の都合上このような表記にした。

▷4　沢山美果子　2005　性と生殖の近世　勁草書房。太田素子　2007　子宝と子返し　藤原書店。

▷5　桑村哲生・狩野賢司　2001　魚類の社会行動1　海游舎。

▷6　IV-3 参照。

ます。

　別の方法として，今の子どもを諦めて卒業と就職に資源を使い，生活基盤をつくってから新たに子どもを育てることが考えられます。うまくいけば，より多くの子どもをより良い環境で育てられるかもしれません。2つのやり方を比較して，場合によっては，後者の方が適応的なことが理解できるかと思います。しかしそれは，今の子を「捨てる」または「殺す」ことにつながります。赤ちゃんポストに預ければ子どもが成長できる可能性はずっと大きくなりますから，それを利用することは，適応的な選択肢となるでしょう。

③　人間は必ずしも適応的に行動しようと考えてはいない

　注意してほしいのですが，人間は常に「より多くの子どもを残そう」と考えているわけではありません。適応的に行動するために，必ずしも適応的に行動しようと考える必要はないからです。たとえばオートマチックギアの自動車は「運転者を助けよう」と考えているわけではありませんが，結果として運転者を助けています。

　仮に「周囲と同じことをしよう」と考える傾向だけが人間にあったとしましょう。それでも，出産した学生カップルが「周りは学生生活を謳歌しているのに，自分たちだけ子どもの世話に追われるのは耐えられない」と考えて赤ちゃんポストを利用し，数年後には「みんな子どもがいて羨ましい」と考えることで，結果として適応的な行動をとることが考えられます。これはあくまで1つの仮想例ですが，そうと意識していなくても，自然に適応的な結果が得られるように，人間の心が働きうることがわかるでしょう。しかし，ブレーキとアクセルを踏み間違えるとオートマチック車が暴走してしまうのと同じように，人間の心が思いがけず不適応な結果をもたらすこともあります。たとえば先進国における出生率の低下は，その1つのあらわれではないかと考えられています。▶7

④　適応的な行動と善悪

　ここで用いてきた「適応的」ということばは，より多くの子孫を残す可能性が高いという意味であり，それ以上でもそれ以下でもありません。つまり，ある人にとって赤ちゃんポストを利用することが適応的であることと，それが倫理道徳的に正しい行為かどうかは，まったく別の問題です。適応的に行動することと，その人が幸福かどうかも，まったく無関係ではないものの，別の問題であることに注意が必要です。

　そして忘れてならないのは，人間には「赤ちゃんポスト」をつくり，見知らぬ他人を助けようとする心もあることです。こうした利他性がどのように進化したのか（どのように適応的なのか）という問題もまた，非常に興味深いものです。▶8,9

（平石　界）

▶7　Borgerhoff Mulder, M. (1998). The demographic transition: are we any closer to an evolutionary explanation? *Trends in Ecology & Evolution* 13(7), 266-270.

▶8　論理的に考えると，他者を助ける利他行動は，自分と自分の子孫のための資源（時間・エネルギー）を，他人と他人の子孫のために使うことなので，不適応な行動となる。しかし現実には，人間社会に限らず，他者を助ける行為は多くみられる。このパラドックスを解こうとして，多くの研究が行われている。
リドレー, M.（著）岸由二（監修）古川奈々子（訳）2000　徳の起源　翔泳社．

▶9　第10刷の重版前に，かつて「赤ちゃんポスト」に預けられた子が，成人し自らの経験を語った記事が発表された。「赤ちゃんポスト」の意味を考える上で，ぜひ参照して欲しい。『読売新聞』2022年3月27日　あれから　https://www.yomiuri.co.jp/national/20220326-OYT1T50289/

IV 子育て

9 母乳か人工乳か
——文化としての子育て

1 日本の母乳プレッシャー

　日本では母乳育児の大切さが非常に強調されており，母乳で育てなければ母親として失格というようなプレッシャーを感じている人が多いようです。厚生労働省の「平成17年度乳幼児栄養調査」によると，妊娠中から「母乳で育てたい」と考えている母親が96%[1]，「粉ミルクで育てたいと思っていた」母親は1%でした。

　しかし，現実には母乳はなかなか思うようには出てくれません。同調査によれば，生後1ヵ月時点での栄養法は，「母乳栄養」が42.4%，「混合栄養」（母乳と粉ミルクの両方）が52.5%，「人工栄養」が5.1%です。つまり母乳で育てたいのだけれども足りないからミルクを足す人が多いのです。さらに「母乳栄養」と答えた人についてみると，1ヵ月時点で授乳について困ったこととして，20.2%が「母乳が不足気味」，5.7%が「母乳が出ない」[2]，などといっています。「混合栄養」と答えた人の方がそれぞれの項目の数値はもっと高いのですが，それにしても母乳が出なかったり不足気味なのにミルクを足さないということに驚きます。赤ちゃんの体重が増えなかったり授乳が苦痛なのに，がんばって母乳栄養を続けている人がいるということを示しています。それでも，しだいに現実と折り合って，生後3ヵ月には「母乳栄養」は38.0%に，「混合栄養」は41.0%に減り，「人工栄養」は21.0%に増えていきます。

　現代の母親はだめになったのではありません。今も昔もかわらず，母乳はあふれるほど出る人と，なかなか出ない人がいるものなのです。粉ミルクがなかった時代には，乳母がいたり，たくさん出る人からもらい乳をしていました。

2 母乳か人工乳かを考えるフランスとアメリカ

　フランスやアメリカでは，日本ほど母乳礼賛が強くはなく，母乳の利点と欠点をよく考えて，ケース・バイ・ケースで選ぶような指導がなされています。

　母乳の利点については，国際保健機構（WHO）でもキャンペーンを行っており，多くの国々で(1)特に初乳には免疫が含まれているなど栄養的に価値があり，(2)母子の絆を強める，などの理由があげられています[3]。

　母乳の欠点として，フランスのロングセラーの育児書は[4]，(1)今日の人工乳は栄養的に良くなっているので母乳に劣りません，(2)常に母乳が簡単なわけでは

▷1　その内訳は，「是非母乳で育てたいと思っていた」母親が43.1%，「母乳が出れば母乳で育てたいと思っていた」母親が52.9%。

▷2　8.6%が「赤ちゃんの体重の増えがよくない」，5.7%が「授乳が苦痛・面倒」，3.8%が「赤ちゃんが母乳を飲むのをいやがる」。

▷3　その他に，(3)母胎の回復を促し排卵を抑えて次の妊娠までの間隔を保つ。(4)常に適温で温めたり冷ましたりする必要もなく簡単で経済的である。

▷4　Pernoud, Laurence (1987). *J'élève mon enfant*. Paris: Horay.

▷5　その他に，(3)仕事に早く復帰したい女性にとっては，母乳を続けると拘束される。(4)母子の絆は「母乳」そのものによって形成されるのではなく，母親が子どもにかかわることで形

IV-9 母乳か人工乳か

図IV-6 母乳育児の国際比較

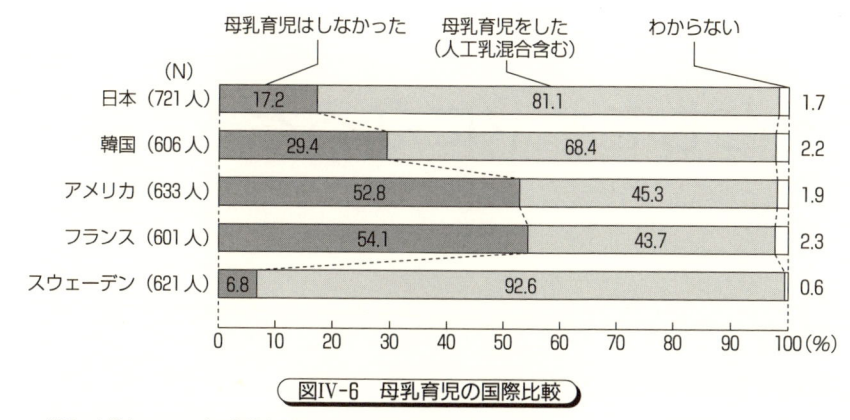

	母乳育児はしなかった	母乳育児をした（人工乳混合含む）	わからない
日本 (721人)	17.2	81.1	1.7
韓国 (606人)	29.4	68.4	2.2
アメリカ (633人)	52.8	45.3	1.9
フランス (601人)	54.1	43.7	2.3
スウェーデン (621人)	6.8	92.6	0.6

出所：内閣府 2006 少子化社会に関する国際意識調査報告書 40頁。

なく，出にくくて苦労する人もいます，などのようなことも考慮すべきだと述べています。

また父親の視点を取り入れているアメリカの育児書は，次のような問題にも注意を払うように呼びかけています。(5)父親がひとりだけのけ者になってしまうかもしれません。(6)母乳でお乳が痛くなってしまった妻への対応に夫が悩んだり，乳房の性的な意味が失われたりするという問題もあります。(7)赤ん坊を置いて夫婦で外出しにくくなります。確かにヒトはほ乳類ですが，こうした文化的・社会的な要素を考慮して，何よりも母乳が出にくい女性を傷つけないような配慮が必要です。

3 母乳育児の国際比較

内閣府の「少子化社会に関する国際意識調査報告書」によれば，母乳育児（人工乳混合を含む）をした人の割合は，図IV-6のとおりです。フランスやアメリカでは自らの状況を文化的・社会的な背景も含めて検討した結果，母乳育児を選ばなかった人が過半数だったといえるかもしれません。

しかしまた，できれば母乳育児をしたいと思ったが，フランスやアメリカでは適切な指導や助言を得る機会が乏しくて，母乳がよくでなかったという解釈も可能です。母乳ははじめはあまり出ないのが普通で，温めたりマッサージをしたりしてゆったりと赤ん坊がほしがるままに与えているうちにだんだん豊かに出てくる場合も少なくありません。

やみくもに母乳を礼賛し，子どものことはすべて「母の手で」と母性を押しつける文化は非常に問題がありますが，母乳育児を望む人に適切な支援を与えず，潜在的に母乳が出る可能性をつぶしてしまうのも問題といえるでしょう。大切なのは，個々の状況に合った母乳／人工乳の適切な選択により，職業活動を含む女性の人生・生活が豊かになり，親子・夫婦の家族関係がうまく形成されることではないでしょうか。

（舩橋惠子）

成される。そして，母親がどんな生活・人生を送りたいのか，はたして母乳がよく出るのかどうか，よく考えるように促す。

▷6 Goldman, Marcus Jacob (1997). *The Joy of Fatherhood: The First Twelve Months*. Rocklin, C. A.: Prima Publishing.

▷7 スウェーデンが最も多く92.6％で，次いで日本81.1％，韓国68.4％，アメリカ45.3％，フランス43.7％の順であった。

▷8 河合蘭 2007 助産師と産む 岩波ブックレット No.704。

参考文献

根ヶ山光一 2006 〈子別れ〉としての子育て NHKブックス

恒吉僚子・ブーコック S. (編著) 1997 育児の国際比較 NHKブックス

牧陽子 2008 産める国フランスの子育て事情 明石書店

IV 子育て

10 母親が子どもをイヤになるとき

1 子育てのなかで当たり前に経験されるものとしてのイヤになること

子どもと過ごすなかで親はさまざまな感情を経験します。すやすやと気持ちよさそうに眠っている子どもや，満面の笑みでこちらに働きかける子どもの様子には，「かわいい」なあと思わず顔が綻んでしまうでしょう。しかし，何をしてもなかなか泣き止んでくれないわが子を目の前に途方にくれてしまうこともあるし，2歳近くになれば一人前に口答えをするようになりお互いの感情がむき出しになってぶつかりあうようにもなります。そのようなときには子どもを「イヤだ」と思うことも当然あるでしょう。

親子関係というものはそもそも親和的な側面と反発的な側面をもち合わせたダイナミックで，両義的な関係です[1]。しかし，心理学の研究においては親子関係の親和的側面ばかりが強調され，反発的側面にはあまり目が向けられてきませんでした。「子どものことをかわいいと思わない母親」はあってはならない存在として非難されてきたのです。その後1980年代に行われた育児不安の研究[2]によって子どもや子育てに対するネガティブな感情は多くの母親に経験されることが明らかになりましたが，それらの研究ではネガティブな感情は母親の精神衛生上ないほうがよいものとして考えられていたので，その軽減や解消に研究の焦点があてられていました。しかし親子関係が正負双方の側面をもち合わせた関係であることを考えれば，ネガティブな感情をもつこと自体がすぐに精神的な不健康につながるのではありません。

▷1 鯨岡峻 1998 両義性の発達心理学 ミネルヴァ書房。
根ヶ山光一 1995 子育てと子別れ 根ヶ山光一・鈴木晶夫（編著）子別れの心理学 福村出版 12—30頁。

▷2 たとえば，牧野カツコ 1982 乳幼児をもつ母親の生活と育児不安 家庭教育研究所紀要 **3**，1—13。

> 表IV-3 わが子をイヤになることについての母親の語り
>
> 語り1 近づいてベタベタしてくるとき。まとわりついてくると「やめてよー」って思います。今まで甘えられない状態だったんですよね。下の子がいたから。（5歳11カ月児の母）
> 語り2 一回注意したことを守れないとき。玄関の戸を閉めなかったりとか，テレビの電源をつけたままとか。だんだん言わなくてもわかるようになってきているんだけど，やっぱり面倒くさいというか，したいことが先なのでついついでしょうね。（4歳11カ月児の母）
> 語り3 疲れてるときに，何度も何度も同じことされたりすると，「あーもうっ」とか思っちゃって，いけませんけどね，子ども相手なのに。何度も何度も同じところ片付けたりだとか，「危ない」って言ってるのに何度も何度もそれをされたりとかありますよね。疲れてくると時々ぶちって切れそうになります。こんなちっちゃな子相手にそんなむきになったらいけないとは思うんですけど。（1歳3カ月児の母）

筆者は子育て中の母親へのインタビューを通して，母親のわが子に対する不快感情について検討しました。表IV-3をみると，母親たちは日常生活場面での不従順な子どもの行動やこれまでと変化した子どもの行動に対して不快感情をもつことがわかります。母親たちの語りには，子どもと抜き差しならない生活を送っていることがあらわれています。

② イヤになることの意味

○親子はズレている

母親の子どもに対する不快感情は，母子双方のこうしたい，こうしてほしいという思いと現実との間のズレによって生じます。母子の関係もひとりの人間同士の関係であることを考えれば，そこにズレがあることは当然です。ただ親子関係はコミュニケーションスキルや身体運動機能などの面で非対称であり，そのズレは大人同士のズレよりも大きいことが考えられます。岡本は，一般的に「通じ合っている」と考えられがちな親子のコミュニケーション場面の分析を通して，親子は「通じ合っている」のではなく「通じ合おうとしている」のではないかと指摘しています。その指摘は，親子が常に一致しているというよりも，むしろ思っているほど通じ合えない関係であること，つまり親子の間のズレの大きさを示唆していると考えられるのです。

また，生後すぐから子どもが2歳になるまでの縦断研究では，不快感情の内容がまるで子どもの発達をなぞるかのように，子どもの発達に応じて変化していることが明らかになりました。それは，母親が子どもの発達に影響を受けているということであり，親子関係における子どもの主体性や，母子が共に発達するということを示唆しています。従来親子関係の研究において，子どもは親の影響を一方的に受ける存在として考えられてきましたが，近年子どももまた親に影響を与える主体的で能動的な存在として認識されるようになってきました。たとえば子どもを抱くという行為は，母親が子どもに対して一方向的にする行動であるととらえがちですが，子どもも抱きの成立や維持に能動的に貢献していることが明らかとなっています。子どもに対する不快感情は親から子に対するものですが，母親は子どもによって不快感情を経験させられているとも受けとれるのです。

○子どもの発達や子育てを振り返る契機としてのイヤになること

では母親たちにとって子どもに対する不快感情はどのような意味をもつものなのでしょうか。表IV-3からは，不快感情を契機に母親は互いのズレを認識するとともに，自らのかかわりや子どもの内的状態やその育ちについて振り返っていることがみてとれます。親が子どもに対して不快感情を経験することは，その関係性を再編成する引き金になると考えることができるでしょう。

（菅野幸恵）

▷3　菅野幸恵　2001　母親が子どもをイヤになること；育児における不快感情とそれに対する説明づけ　発達心理学研究　12，12—23。

▷4　興味深いことに同じ質問を父親になげかけると，普段子育てに従事する機会が少ない父親ほど「イヤだと思うことはない」という回答が返ってきた。実際母親は日常生活のなかで父親と比べ育児に対してアンビバレントな感情をもっていることが知られている。
柏木惠子・若松素子　1994　「親となる」ことによる人格発達；生涯発達の視点から親を研究する試み　発達心理学研究　5，72—83。

▷5　岡本依子　2008　母親による子どもの代弁　岡本依子・菅野幸恵（編）親と子の発達心理学；縦断研究法のエッセンス　新曜社　134—144頁。

▷6　菅野幸恵・岡本依子・青木弥生・石川あゆち・亀井美弥子・川田学・東海林麗香・髙橋千枝・八木下（川田）暁子　2009　母親は子どもに対する不快感情をどのように説明するか；第1子誕生後2年間の縦断的研究から　発達心理学研究　22，74—85。

▷7　西條剛央・根ヶ山光一　2001　母の「抱き」における母親の抱き方と乳幼児の「抱かれ行動」の発達；「姿勢」との関連を中心に　小児保健研究　60，82—90。

IV 子育て

11 育児不安の内実
——育児だけをしている自分への不安と焦燥

▷1 牧野カツコ 1982 乳幼児をもつ母親の生活と〈育児不安〉 家庭教育研究所紀要 **3**。

▷2 育児不安尺度
育児不安の程度を測定する指標（ものさしとする調査項目）。牧野（1982）は，表IV-4の調査項目に肯定的（ポジティヴ）な項目と否定的（ネガティヴ）な項目を考案し，4段階（よくある・時々ある・ほとんどない・全くない）で質問し得点化（4・3・2・1点を配点）した。
その他の「育児不安尺度」
①川井尚他 1993 育児不安に関する基本的検討 日本総合愛育研究所紀要 **30**, 27—39。川井他の育児不安尺度は，第1因子（不安・抑うつ感：とても心配性で，あれこれ悩むことがあるなど）と第2因子（育児困難感：母親として不適格だと感じるなど）で構成されている。
②佐藤達哉他 1994 育児に関連するストレスとその抑うつ重症度との関連 心理学研究 **64**(6), 409—416。佐藤他の育児不安尺度は，第1因子（子ども関連育児ストレス項目：夜泣きがひどい，離乳がすすまないなど）と第2因子（母親関連育児ストレス項目：どう接すればよいか分からないなど）で構成されている。育児不安に子ども要因もかかわっていることを指摘している。

1 育児不安とは

子育てをしている親，特に母親が子どもの成長の状態に悩みをもったり，自分の育児に不安やストレスを感じたりすることは，よく知られるようになってきました。昨今はマスコミなどで実母の子ども殺し（虐待死事件）報道も過熱していますので，一般的にも理解しがたい事件ではあるけれど，母親の心の闇の部分に家族や社会の支援が必要なことも確認されてきました。

「育児不安」ということばを日本で最初に定義したのは，牧野ですが[1]，「育児行為の中で一時的あるいは瞬間的に生ずる疑問や心配ではなく，持続し，蓄積された不安の状態」が問題であり，「子の現状や将来あるいは育児のやり方や結果に対する漠然とした恐れを含む情緒の状態を呼ぶ」と概念化しました。

育児不安の程度を測定する表IV-4の**育児不安尺度**は[2]，産業労働者の蓄積的疲労を参考にして作成されています。そこには，心身ともに状態が悪化し，子育ての負担感が存在していることが感じられます。

2 父母による親役割ストレス（育児不安）のちがい

ことばも行動も未熟な幼い子どもの子育ては，昼夜を問わず世話やしつけをしなければならず心身の疲労が蓄積されます。多くの研究から育児の不安は親である役割のストレスとも指摘され，父親と母親で異なることがわかっています。

表IV-4 育児不安尺度（(P)は肯定的項目）

1. 毎日くたくたに疲れる	一般的疲労感
2. 朝，目ざめがさわやかである (P)	
3. 考えごとがおっくうでいやになる	一般的気力の低下
4. 毎日はりつめた緊張感がある (P)	
5. 生活の中にゆとりを感じる (P)	イライラの状態
6. 子どもがわずらわしくて，イライラしてしまう	
7. 自分は子どもをうまく育てていると思う (P)	育児不安徴候
8. 子どものことでどうしたらよいかわからなくなることがある	〃
9. 子どもは結構一人で育っていくものだと思う (P)	〃
10. 子どもをおいて外出するのは，心配で仕方がない	〃
11. 自分一人で子どもを育てているのだという圧迫感を感じてしまう	育児意欲の低下
12. 育児によって自分が成長していると感じられる (P)	〃
13. 毎日毎日，同じことの繰り返ししかしていないと思う	〃
14. 子どもを育てるためにがまんばかりをしていると思う	〃

出所：牧野（1982）より。

表IV-5 父母間で差が大きい親役割ストレスの項目

項　目	父	母
私の生活の大部分は，子どものために費やされている。	28.3%	58.5%
親であると共に，自分の生き方も確立したいというあせりを感じる。	22.1%	57.4%
私には親としてうまく対応できないと思うことがある。	23.5%	42.3%
子どもを持つ前の私にとって，子どもを抱いたり，世話したりすることは，決して好きな方ではなかった。	32.1%	50.3%
心のどこかで私は無意識のうちに子どもを拒否しているのではないかと思うことがある。	14.5%	29.6%
この子が（病院や産院，または実家から）自宅へ戻ってきた時に，これからはたして親としてやっていけるのかどうか自信がなかった。	17.4%	40.9%
私は子どもに対して感情的になりやすく，そのことがまた私を悩ませる。	27.3%	62.5%

（注）父母の％は，「よくあてはまる」「すこしあてはまる」を合計したものである。

出所：数井みゆき　1995　親役割ストレス・夫婦関係・親子関係の父母比較；家族システム的視点に立って　家庭教育研究所紀要　17，77。

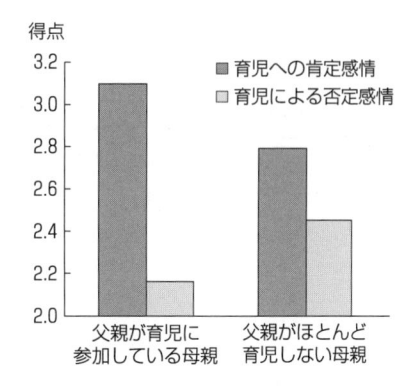

図IV-7　父親の育児参加と母親の感情

出所：柏木・若松　1994　発達心理学研究。

特に専業主婦である母親の家庭にした調査からは，その夫（父親）の親役割ストレスとちがいが著しいことが示されています（表IV-5）。母親のストレス（不安）には子育ての負担と自信のなさの混在，また育児だけをしている自分への不安や焦りも含まれていました。しかし別の調査（図IV-7）では，父親が育児参加をしている場合は，母親の育児への肯定感情が高く否定感情は低くなることが示されています。核家族時代に，家庭内で夫婦が子育てを支えあう関係があると，母親の育児不安は軽減される可能性があります。

③ 育児だけをしている自分自身との葛藤

多くの母親は，「子どもはかわいくてたまらない」と思っていますし，「子どもを育てるのは楽しくて幸せなこと」と感じています。しかし第１子出産平均年齢も29.4歳となり，教育歴も仕事をしていた期間も長くなっている現代女性にとって，結婚や出産で退職し，育児だけをしている自分への焦燥感は重くなっています。母親の職業別に子育て意識や育児ストレスを比較した調査によると，専業主婦の母親が有職の母親より，子育てと自分自身の生き方の間で葛藤し，揺れていることが読みとれます（図IV-8）。

このように育児不安やストレスは地域や家族の支えが乏しくなってきた近年でも，かわらずに日本の母親に過重な育児負担が強いられていることが影響しています。育児による親の精神疾患や不幸な虐待を予防する意味でも，多忙な父親の育児参加を高める支援や母親の就業支援なども必要であり，地域社会のなかで支えあうしくみをつくることが求められます。

（土谷みち子）

▷３　厚生労働省　2008　2007年度人口動態統計。

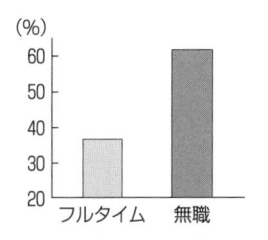

図IV-8　有職の母親と無職の母親における育児ストレス（育児不安）

出所：横浜市教育委員会　2001　文部科学省預かり保育調査研究。

Ⅳ 子育て

12 育児不安は日本の特産物
—— どのような母親に育児不安が強いのか

育児不安やストレスは，子育ての楽しさとのバランスが崩れた場合に親の精神疾患や虐待行為につながる可能性があるだけに，深刻な問題です。親のストレスは父親より母親に顕著であり，そこには「女性だけが頑張って子育て」の実態が見え隠れしています。また母親たちは子育てをしながら，自分自身の生き方への不安や葛藤を抱えていることもわかってきました。このようなわが国特有といわれる育児不安や子育ての負担感は，どこからくるのでしょうか。また，子育て中にどうして自分の生き方への不安を抱えるのでしょうか。

ここでは，まず育児不安やストレスに影響を与える要因を調べ，次に日本女性のライフコースの変化もみていきます。そして当事者である現代の女性たちが，どのような力をみせて将来への展望を切りひらこうとしているか，また支援者の援助方法の実際も考えていきたいと思います。

1　育児不安やストレスに影響を与えるもの（規定要因）

1980年代以降，わが国における母親の育児不安や育児ストレスに関する研究はすすみ，そこに影響するもの（不安やストレスを規定する要因）はずいぶんと解明されつつあります（図Ⅳ-9）。しかし育児不安やストレスを同じように抱えても，そこにいたるプロセスや抱えている背景は一人ひとり異なるため，因果関係を推定することは容易ではありません。

図Ⅳ-10では，母親の「子育てのつらさ」に3つの要因から矢印がでています。特に同時代人が共通にもつ「社会的要因」（子育て技術や知識の不足，支援者の弱体化，母性神話や3歳児神話など）の影響は，他の「個人的要因」（パーソナリティや被養育体験〈子ども時代の育てられ方〉など），「子ども要因」（出生順位の下位，人数の多さなどの子どもの育てやすさ）よりも，より影響を与えていると指摘されます。この図をまとめた菅原は，子ども自身の社会性の発達にとっても，"たくさんの異年齢の人のなかで育つ"ことの大切さを問い，母親にとっても子どもにとっても，リプロダクション（妊娠・出

▷1 「育児不安は，わが国特有のもの？」：育児不安に関する蓄積された研究のなかには，諸外国との比較研究もあり，特に育児肯定感や否定感を質問した結果もある。ほとんどは欧米との比較で，結果は欧米女性の値より日本女性が子育ての否定感や負担感，および育児不安は高得点である。つまり欧米女性にも育児ストレスはあるが，充実感や肯定感が高いのである。諸外国では特に夫である男性の家事・育児参加の高さや地域コミュニティーの支援のよさが指摘されている。

▷2　母性神話
女性は母性が本能のように備わっていて，子育てにあたるのは当然という考え方

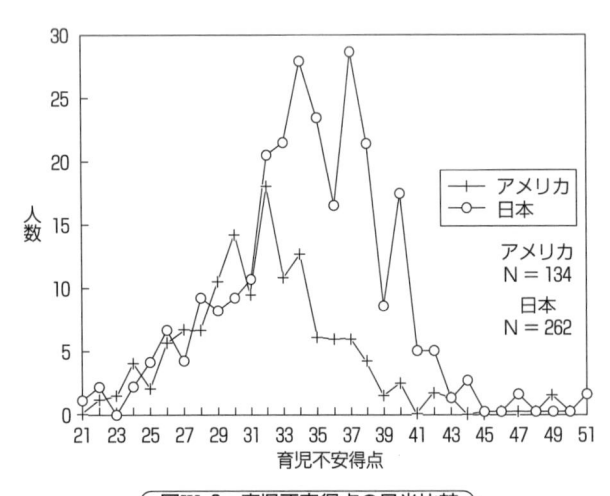

図Ⅳ-9　育児不安得点の日米比較

出所：亀山美津子・飯長喜一郎　1995　母親の育児不安についての日米比較　家庭教育研究所紀要　17, 17.
参考：大日向雅美　1988　母性の発達　川島書店.

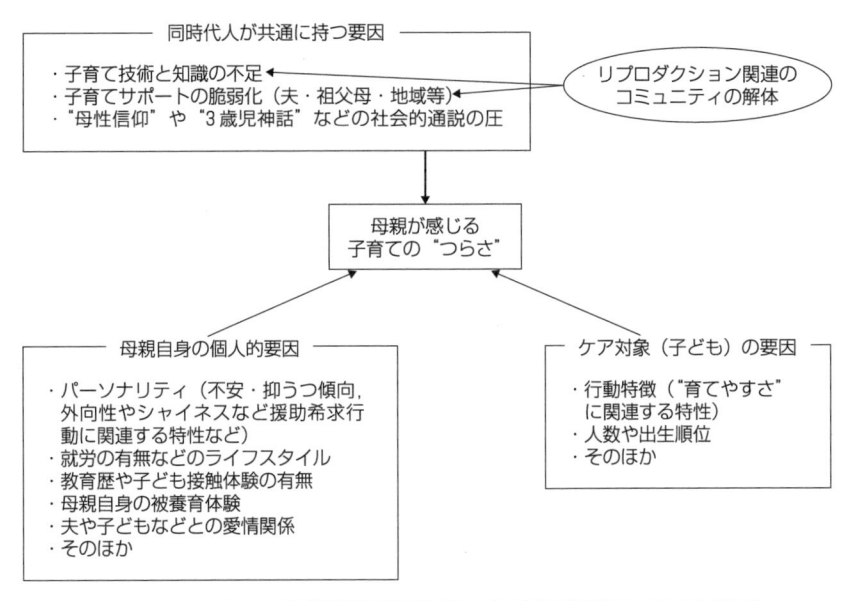

```
┌─ 同時代人が共通に持つ要因 ─────────┐
│・子育て技術と知識の不足  ←──────┐ │      ┌──────────────┐
│・子育てサポートの脆弱化（夫・祖父母・地域等）│ ├──│ リプロダクション関連の │
│・"母性信仰"や"3歳児神話"などの社会的通説の圧 │      │ コミュニティの解体   │
└─────────────────────┘      └──────────────┘
                    │
                    ↓
              ┌─────────┐
              │ 母親が感じる  │
              │ 子育ての"つらさ"│
              └─────────┘
                ↑           ↑
┌─ 母親自身の個人的要因 ──────┐  ┌─ ケア対象（子ども）の要因 ──┐
│・パーソナリティ（不安・抑うつ傾向，│  │・行動特徴（"育てやすさ"   │
│ 外向性やシャイネスなど援助希求行 │  │ に関連する特性）       │
│ 動に関連する特性など）      │  │・人数や出生順位        │
│・就労の有無などのライフスタイル  │  │・そのほか           │
│・教育歴や子ども接触体験の有無   │  └─────────────┘
│・母親自身の被養育体験       │
│・夫や子どもなどとの愛情関係    │
│・そのほか             │
└─────────────────┘
```

図IV-10　母親が感じる"子育てのつらさ"に関連が予想される諸要因

出所：菅原（2000）72頁。

産・子育て）を支えるコミュニティーを「創造」（昔の地域社会を再生することではなく）することが必要であると提言しています。

　子育ての支援者に注意が必要なことは，心配な母親が眼の前にいる場合に，図IV-10のような子育てのつらさに対する影響要因を整理して，具体的な援助方法を探りますが，その際に3要因は補完関係にあるということです。つまりいずれかの要因に改善の方向がみえてくると，全体によい循環が流れ，他の要因は変化しなくても，子育ての"つらさ"（不安やストレス）が軽減される可能性が高いのです。特に子どもと一緒に遊びながら支援することができる人（保育者や地域の人など）は，子どものよいところや成長を親に伝え，親子の共通体験を支えることによって，親子関係を調整し親のストレスを軽減することが可能な役割があるといえるでしょう。

2　日本女性のライフコースの変化と自分の生き方の模索

　誕生から死亡までの人生の生き方をライフコースと呼びます。わが国の平均寿命（2007年統計）は女性85.99歳，男性79.19歳で，世界のなかでもトップクラスの長寿国です。特に結婚や出産を担ってきた女性のライフコースは，以前の明治，大正，昭和初期とかなりちがう生き方を模索する必要がでてきました。

（社会通念）。現代では，母性や父性というとらえ方でなく，男女にかかわらず子どもを育てながら「次世代育成力」や「養護性」が発揮されていくということが研究でも示されてきた。

▷3　3歳児神話
⇒ IV-4 参照。

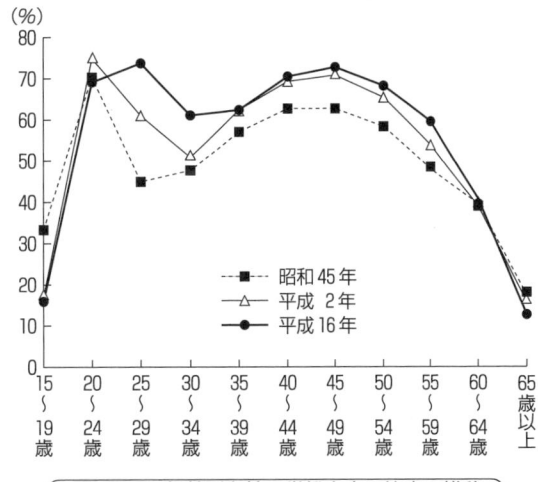

図IV-11　年齢別女性の労働力人口比率の推移

資料：総務省統計局　2005　労働力調査年報。
出所：社会福祉法人恩賜財団母子愛育会・日本子ども家庭総合研究所（編）2006　日本子ども資料年鑑　74頁。

IV 子育て

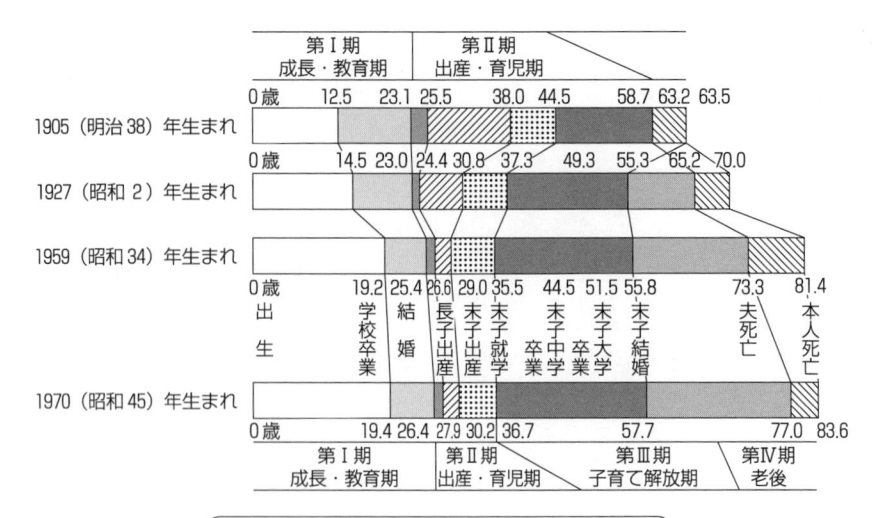

		第Ⅰ期 成長・教育期		第Ⅱ期 出産・育児期					

1905（明治38）年生まれ　0歳　12.5　23.1　25.5　38.0　44.5　58.7　63.2　63.5

1927（昭和2）年生まれ　0歳　14.5　23.0　24.4　30.8　37.3　49.3　55.3　65.2　70.0

1959（昭和34）年生まれ　0歳　19.2　25.4　26.6　29.0　35.5　44.5　51.5　55.8　73.3　81.4

出生　学校卒業　結婚　長子出産　末子出産　末子就学　末子中学卒業　末子大学卒業　末子結婚　夫死亡　本人死亡

1970（昭和45）年生まれ　0歳　19.4　26.4　27.9　30.2　36.7　57.7　77.0　83.6

第Ⅰ期 成長・教育期／第Ⅱ期 出産・育児期／第Ⅲ期 子育て解放期／第Ⅳ期 老後

図Ⅳ-12　既婚女性のライフサイクルのモデル

出所：井上輝子・江原由美子　1999　女性のデータブック［3版］　有斐閣。

▷4　菅原ますみ　2000　子育てをめぐる母親の心理；乳幼児期の子育ての"つらさ"はどこから来るのか　東洋・柏木惠子（編）　社会と家族の心理学　ミネルヴァ書房。

　たとえば日本女性の年齢別就労率は，20歳代から30歳代にかけて落ち込み，その後再び上昇していく傾向があることが知られています。つまり結婚や出産で一時退職し，子育て後に再就職するというカーブの形から，M字型曲線といわれます。図Ⅳ-11は，最近のM字型カーブの変化を示していて，現代は欧米のような台形化（U字形という）する傾向が指摘されます。これは，出産後も退職せずに働き続ける女性が増えたこと，それ以上に未婚化と晩婚化の進行があって働き続けている女性も増えているためと，両者の意見がみられます。

　子どもをもつ人生を選択した女性のライフサイクルは，少子化や晩婚化の傾向はあるものの，寿命が延びたこともあって，末子結婚（57歳前後）以降，25年前後続くことになりました（図Ⅳ-12）。自分の祖母や母親の時代と比べても，子育てだけの人生ではなくなり，その後，子育て期間以上に長い人生を生きる必要がでてきたわけです。現代の女性は，結婚や出産，また仕事の選択ばかりでなく，自分らしく生きる社会的活動をもつことが必要であり，子育て中も多様な生き方を模索し決定することが求められているのです。

❸ 多重役割を生きる「私」と生物としての「私」

　子どもをもつ現代人は，1つの役割や仕事で生きていることは少なく，多重役割を担っているといわれます。たとえば，子どもをもつ男性は，父親，夫，会社員などの役割をもち生活をしています。また親と同居の人ですと息子，地域の役員もしていたら町内会役員なども加えられます。子どもをもつ女性も同じように，母親，妻，会社員（主婦），それに幼稚園役員，ママさんバレー選手などもあるかもしれません。多重である役割の負担感や疲労感は重く，また反対に充実感や効力感も高いこともあると指摘されます。

　一方子どもをもつ前には，自分自身のペースで生活を楽しみ仕事を遂行して

いて，多重役割の大変さを考えないかもしれません。まして，生物としての「自分」を感じ，種の保存のために自分がしなければならないことを考えるなど，日常的に起こり得ないことではないでしょうか。次にご紹介する事例は，突然の妊娠から自分が「動物だったと認識した」という，女性の話です。

> 事例：勤めて10年，一生懸命働いていたときの妊娠。「私ははじめて自分が産む性別，そして動物だったと認識したんです」
> Eさんが同じ会社に同期で入社した夫と結婚したのは，入社8年目の秋だった。お互いに30歳を前にして，文字通りの同居生活を開始した。以前と同じように違う部署で働き10年目。二人に社内の昇格試験を受けるように，それぞれ話があった。試験を1カ月後に控えたある日，妻は妊娠に気づいて，帰宅後，夫に相談する。
> Eさんの話によると，夫は話を聞いたあと，すぐに「じゃ，会社を辞めて育てるんだろ？」と淡々と話し，驚きの声も妻への励ましも，そして仕事をどうするかという相談も，何もなかったという。（中略）
> （数年後，その時のことを）Eさんは「妊娠してはじめて，私は女性で，産む性別だったんだ，動物なんだなと，不思議ですが『認識した』という感じです。彼に相談したとき，もっといろいろなことを話して，相談すればよかったかもしれません。でも，知っていたんです。何を叫んでも，あの人は変わらないって。結婚したとき，子どもが生まれるかもしれないって，私たちはイメージしていなかったと思います」と話した。（略）
> 出所：土谷みち子　2008　家族援助論　青鞜社　70頁　事例6より一部抜粋。

Eさんは，その後昇格試験を受験して合格したものの退職して出産しました。しかし深夜帰宅の続く夫との夫婦関係の溝は埋まらず，3年後に離婚して，ひとり息子を育てながら他の会社に再就職しました。現在は小学校の役員も引き受け，文字通りの多重役割をこなし充実した生活をしています。

現代人にとって選択可能となっている妊娠・出産を突然抱えた場合は，Eさんのように，自分が生物であったことを「再認識」するプロセスもあり得ることがわかります。個人としての仕事をしながらの成長発達と，次の世代を産み育てる生物としての生き方への問い直しのなか，彼女の出した結論は「幸せになりたい」というものでした。それは多重役割を抱えながら，大きな葛藤の揺れを体験し，彼女が多様な生き方を編成し統合したように思われました。

❹ 予防的な支援の必要性

育児不安やストレスの軽減には，夫の実際の育児行動よりも，妻が夫に夫婦として一緒に子育てをしていると感じる「パートナーシップ」が大きいとされています。また子どもの発達との関連では，親子関係以上に夫婦という親同士の関係や親役割ストレスとの関係が重要だという指摘もされています。現代は，子育て世代の仕事の忙しさや社会の不安も加速していますので，夫婦がお互いに思いやれず，結婚10年未満の離婚件数も増加しています。今後は，家族間や地域コミュニティーのなかで，どのように育児不安やストレスの高い家族や母親を支援していけばよいか，予防的な支援が必要になると考えられます。

（土谷みち子）

▷5　数井みゆき・無藤隆・園田奈摘　1996　子どもの発達と母子関係・夫婦関係；幼児を持つ家族について　発達心理学研究　**7**(1)，31―40。

IV 子育て

13 教育ママと子どもへの性別のしつけ

1 教育ママが生まれる背景

　教育ママとは，自分の子どもの将来を期待して学業や習い事を熱心に受けさせようとする母親たちをあらわすことばで，その加熱ぶりを揶揄したものです。このことばは1960年代の高度経済成長期にあらわれたようです。つまり，子どもを大学に行かせるだけの経済的余裕が生まれ，学歴が立身出世に役立つと信じる風潮が強くなった時期に教育ママが多く生まれ，一種の社会現象となったのです。そして，1980年代以降急速に進行した少子化により，ただ子どものおしりを叩いて勉強させるというだけではなく，さまざまな面で子どもに口出しし子どもを支配しようとする教育ママへと，その意味も少しずつ変質してきたように思われます。教育ママとほぼ同じ時期に「キャラメル・ママ」ということばも生まれています。これは，学生運動に身を投じている子どもたちに，母親たちがキャラメルを配り，家に引き戻そうとしたことからきたことばですが，ここではどちらかというと母親の過保護が注目されました。今，「ヘリコプター・ペアレント」「モンスター・ペアレント」「クレーマー」など，母親に限らず子どもの教育について異常な関心をもち学校に不当な要求をつきつける親が多くなったといわれますが，根は同じです。学歴社会・競争社会のなかで，自分がなしえなかったことを子どもに託し，子どもに過剰な期待を抱き，過度に干渉したり，支配しようとしているのです。

2 教育ママの心と弊害

　子どもにとって母親が特別な存在であるとする**母性神話**は，洋の東西を問わず見出されていますが，日本は特に強い国です。日本でもさすがに結婚して仕事を辞める女性は少なくなりましたが，子どもが生まれると仕事を辞める女性が半数以上いるのが現状です。これは，子育ては母親がするべきだという社会通念が強い影響を与えています。もっぱら母親が子育てをすることにより，子どもに何か問題が起こったとすれば母親が責められることになります。かつて「母原病」ということばが使われたことがあります。こういった閉そく感や責任から逃れるために，母親たちは子どもの教育に熱心になるのではないでしょうか。女性の側にも，自分の子どもは自分で育てたいというニーズがあるようです。しかし，子育てを抱え込んだ結果として，母子密着の子育て，**育児不安**，

▷1　母性神話
⇒ IV-12 参照。

▷2　ダイアン・アイヤー（著）　大日向雅美・大日向史子（訳）　2000　母性愛神話のまぼろし　大修館書店。

▷3　Aono, A. & Kashiwagi, K. (2011). Myth or fact: Conceptions and realities of Japanese women/mothers. *Feminism & Psychology*, 21(4), 515—520.

▷4　母子一体については，IV-7 参照。

▷5　育児不安
⇒ IV-11 IV-12 参照。

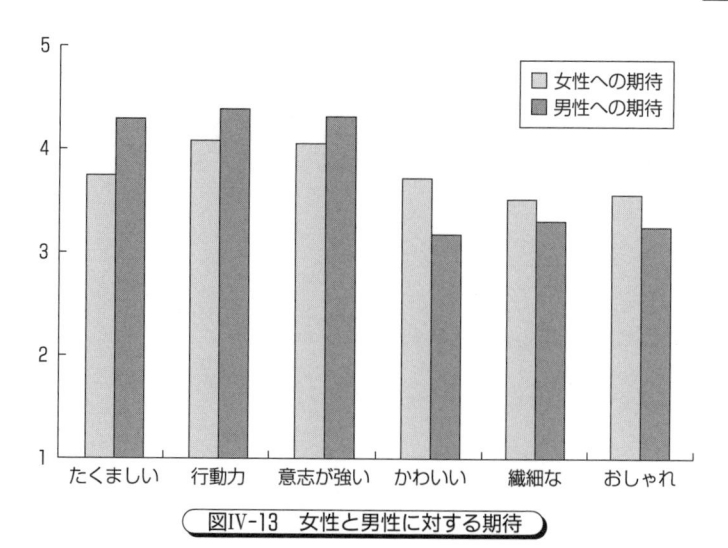

図IV-13　女性と男性に対する期待

出所：青野・金子（2008）。

育児ノイローゼ，虐待などをもたらすことになるのです。母親の強いコントロールのもとで，子どもは強いストレスを感じ，また自立心を奪われていきます。「公園デビュー」がストレスになったり，人の子どもをねたんで殺してしまったという事例も報告されています。子育てを女性のみの責任としないで，男性が子育てや教育にもっとかかわり，社会全体で子どもを育てていくという発想が必要でしょう。

3　根強い性別のしつけ

　図IV-13は，園児の母親が子どものしつけにおいて「女らしさ（表出性）」と「男らしさ（道具性）」をどの程度望むかを示したものです。母親は女の子に表出性と道具性をあわせもつことを望んでいますが，男の子には道具性を望んでいることがわかりました。クラレは毎年，小学校1年生とその親を対象に，将来就きたい（就かせたい）職業を調べています。2008年版によると，男の子が希望するトップスリーはスポーツ選手・消防士・運転手（士）ですが，親の希望は公務員・スポーツ選手・医師でした。一方，女の子の希望はパン・ケーキ・お菓子屋，花屋，芸能人・タレント・歌手・モデルで，親の希望は看護師・公務員・保育士でした。また，子どもに対する学歴期待について，小学4年生から中学生までの子どもをもつ親の考え方をみると，男の子では約3分の2が大学以上に進ませたいと考えているのに対して，女の子では半分以下にとどまっています。このように，親が子どもに期待する将来像はいまだにジェンダー・ロールに縛られていることがわかります。

（青野篤子）

▷6　青野篤子・金子省子　2008　保育にかかわる保護者のジェンダー観　日本家政学会誌　59(3)，135—142。

▷7　クラレ　2008　2008年版「新1年生の就きたい職業，親の就かせたい職業」（http://www.kuraray.co.jp/enquete/occupation/2008/pdf/2008data.pdf）。

▷8　内閣府　2002　平成13年度男女共同参画社会の形成の状況に関する年次報告。

Ⅳ　子育て

14　子どもが生まれると夫婦に何が起きるか

1　子どもの誕生はうれしいけれど……

多くの夫婦にとって，初めての子どもの誕生は大きな喜びでしょう。天使のような赤ちゃんが二人の絆をますます強めてくれるはず，という期待を抱くのが当然でしょう。しかし現実は期待どおりのバラ色ではありません。

アメリカで，第1子を妊娠中の夫婦を募り，子どもが3歳の誕生日を迎えるまでの夫婦関係の変化を縦断的に調べた研究があります。それによると，第1子の誕生をきっかけに約半数の夫婦の関係が悪化することが明らかにされました。原因は，時間や体力，経済などの資源が子どもの誕生以前と同じようには使えなくなることに対して，夫と妻が認識を共有できないことにあるとされています。不慣れな育児にエネルギーを吸いとられる妻は，家事や育児を一緒に担い，自分と同じ気持ちで子どもに向き合ってくれる「パートナー」の役割を夫に求めます。夫がそれに応えて自分個人の関心や希望の何がしかを諦め，自分の資源を妻や子どもに向けることができるかどうかが，関係が悪化するか向上するかの分岐点になるというのです。

2　日本の夫婦にとっての子どもの誕生

日本の夫婦にとって子どもの誕生はどのような変化をもたらすのでしょうか。自分を「社会にかかわる自分」「夫／妻としての自分」「父親／母親になろうとしている自分（産後は「父親／母親としての自分」）」の3つに分け，全体を10としてそれぞれの重みを答えてもらうかたちで子どもの誕生前後の自己概念の変化を調べた研究があります。妊娠中，子どもが2歳の時点，3歳の時点の3回にわたり，父母それぞれの自己概念がどのように変化したかをあらわしたのが図Ⅳ-14です。女性は，子どもをもつと「母親としての自分」がもっとも大きくなります。それに対して男性では「父親としての自分」はあまり変化せず，「社会にかかわる自分」の割合が高まっていくことが

▷1　ベルスキー，ジェイ／ケリー，ジョン（著）安次嶺佳子（訳）1995　子供をもつと夫婦に何が起こるか　草思社。

▷2　小野寺敦子　2003　親になることによる自己概念の変化　発達心理学研究　14, 180—190。

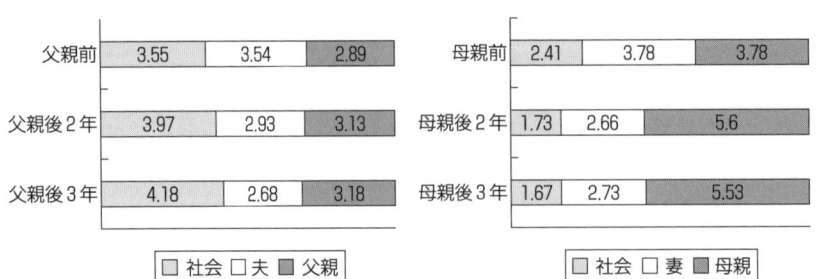

父親前	3.55	3.54	2.89
父親後2年	3.97	2.93	3.13
父親後3年	4.18	2.68	3.18

□社会　□夫　■父親

母親前	2.41	3.78	3.78
母親後2年	1.73	2.66	5.6
母親後3年	1.67	2.73	5.53

□社会　□妻　■母親

図Ⅳ-14　3つの自分の変化

出所：小野寺（2003）。

わかります。父親になることは男性に「しっかり働いて家族を養わねば」という責任感を抱かせるのです。しかしそこには母親になった妻と共に育児を担う意識は感じられません。

第1子誕生からの3年間に就寝形態がどのように変化するかを調べたデータからも興味深いことがわかります（図IV-15）。子どもの誕生からしばらくは「C分離型」すなわち両親と同室内でのベビーベッドの使用がみられますが、やがて親子3人が並んで寝るようになります（C中央型がいわゆる「川の字型」にあたります）。子どもの誕生から1年過ぎた頃から、夫が母子とは別室で寝る「F独立型」がじわじわと増えていきます。

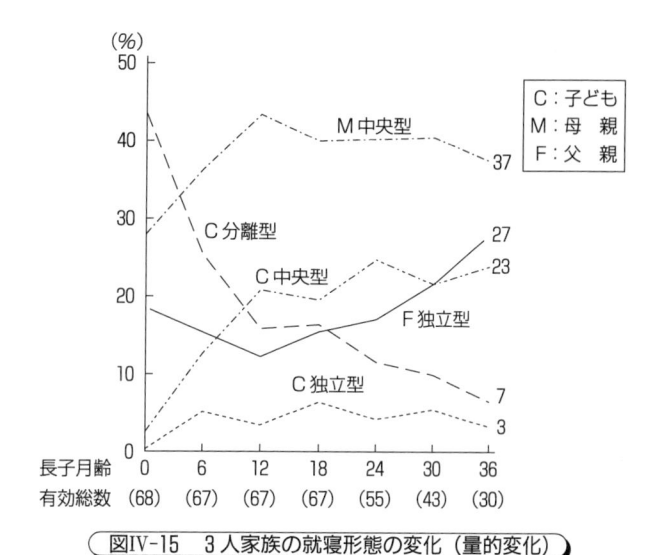

就寝形態は、だれとだれが「寝ている間も一緒にいるべき近しい関係である」と考えられているかがあらわれる現象です。そこから日本の家族においては夫婦より母子の絆のほうが重要視されている、言い換えれば日本の夫婦は子どもの誕生によって、性愛のパートナーではなく「子どもの父親と母親」としての関係に変化することがうかがえます。子どもが生まれるとお互いを「パパ」「ママ」と呼びあうようになるカップルが多いのもしかりです。

3　性別役割分業のはじまり

妻は子どもの世話をし、夫は家族のためにますます仕事を頑張ろうと思う、それは「夫は仕事、家事育児は妻」という性別役割分業のはじまりでもあります。夫婦のパートナーシップより母子の絆が強調される日本においては、子どもの誕生を機に性別役割分業が定着しても「親として当然のこと」と思われがちです。夫婦の時間が今までのようにもてなくなったとしても、ただちに関係が悪化することはないでしょう。しかし多くの研究が、夫の育児不参加が妻の育児不安や育児ストレスを高めること、育児期をきっかけに妻の結婚満足度が下がることを指摘しています。子どもの誕生による夫婦の役割の分化と固定化は夫婦の生活世界を乖離させ、じわじわと、しかし確実に夫婦関係に影響を及ぼしています。

ベルスキーらが指摘するように、夫婦が互いの期待をくみとり、子どもを含めた家族システムをつくるという課題に共に取り組むパートナーとしてコミットしあうことは、日本の夫婦にとっても必要です。

（大野祥子）

図IV-15　3人家族の就寝形態の変化（量的変化）
出所：篠田（1989）。

▷3　篠田有子　1989　就寝形態にみる家族関係のダイナミックス；乳幼児期の子どもをもつ日本の都市家族の調査から　星野命（編）　変貌する家族；その現実と未来　講座家族心理学1　142―160頁。

▷4　IV-20 参照。

▷5　III-1 参照。

Ⅳ 子育て

15 両親間不和と子どもの役割
── 青年期の発達への影響

1 青年期の発達と家族システムの機能性

青年期の発達において，家族関係は非常に影響力の大きい文脈といえます。とりわけ親が，青年の個性化に支持的でありながら，安定した愛着関係を提供することは，家庭環境がアイデンティティ形成の基盤となるうえで重要な要件であると考えられます。

しかしながら，両親間不和が生じた場合，子どもの発達を優先したかかわりが困難になることがあります。図Ⅳ-16は，両親間葛藤が子どもに及ぼす影響過程を概観したものです。これらの過程は，子ども側と親側双方の特性や，家族外の諸条件によって異なる可能性があるとされています。

親の少なくとも一方が，葛藤的な関係を改善しようと望む場合や，自分を優位な状況に置こうとする場合，さらには配偶者から情緒的に遊離し，その充足対象を欲しているような場合には，家族システムの安定や親自身の保身に注意が注がれ，子どもの自律心や自主性に対し，難色を示す親がでてくるかもしれません。むしろ，家族システムの機能維持のため，忠誠を尽くすよう顕在的，潜在的なプレッシャーを子どもに与えることも考えられます。

2 両親間葛藤への介入パターン

青年の葛藤への関与のあり方を，「葛藤の相互調整過程に直接的に参入するか否か」と「三角関係化への基本的姿勢」という観点から類型化した研究によると，母親の側から口論の最中に参入していくタイプ（母親側／直接参入），母親の側につくものの，ほとぼりが冷めた後に関与していくタイプ（母親側／間接参入），明確にどちらの側につくのかを決めずに，口論の最中に参入していくタイプ（中立・状況判断／直接参入），明確にどちらの側につくかを決めずに，ほとぼりが冷めた後に関与していくタイプ（中立・状

▷1 Zimet, D. M. & Jacob, T. (2001). Influences of marital conflict on child adjustment: Review of theory and research. *Clinical Child & Family Psychology Review, 4*, 319-335.

▷2 宇都宮博 2009 青年によって語られる両親の結婚生活の質；両親間葛藤とコミットメントに着目して 日本青年心理学会 第17回大会発表論文集，58—59。

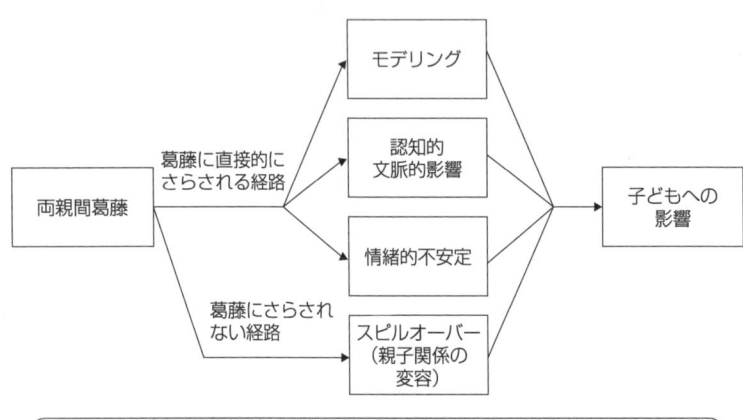

図Ⅳ-16 夫婦間葛藤が子どもへ及ぼす影響に関する媒介的，調整的過程

出所：Zimet & Jacob (2001) を修正したもの。

況判断／間接参入）が確認されています。また葛藤への参入に抵抗感を抱くタイプ（回避）も見出されています。つまり，子どものなかには，そうした期待に必死に応えようとする者もいれば，背負いきれないプレッシャーから，回避を選択する者もいることがうかがえます。

③ 両親間葛藤に対する心理的反応

青年の両親間葛藤への反応に関して，ある研究では，「情緒的衝撃」（たとえば，"両親のケンカをみると，私は不安になる"など），「罪悪感」（たとえば，"両親のケンカをみていると，自分が責められているようだ"など），「翻弄」（たとえば，"両親がケンカをした時，私は彼らに振り回される"など），「自己効力感」（たとえば，"両親がケンカをした時，私は事態をよくすることができる"など）という4つの特性が抽出されています。

このうち，「情緒的衝撃」「罪悪感」「翻弄」は，青年が自分の将来に向けた模索や自由な試みを阻害する恐れがあると考えられます。その一方で，両親が建設的な葛藤解決を行ったり，青年の介入により葛藤が沈静化すれば，むしろ子どもにとって対人関係を学習する機会になるかもしれません。

▷3 宇都宮博 2007 青年後期における両親間葛藤の心理的影響(1)；尺度作成の試み 日本健康心理学会第20回記念大会発表論文集，96。

④ 両親の本質的な結びつきに関する認知

女子青年を対象に両親の結婚生活の継続理由（コミットメントの性質）を尋ねた研究によると，「存在の全的受容・非代替性」（たとえば，"母（父）のことをあるがまま受け入れられるから"など），「社会的圧力・無力感」（たとえば，"人生の試練と思い，必死に耐えている"など），「永続性の観念・集団志向」（たとえば，"家族の分裂は避けたいと思っているから"など），「物質的依存・効率性」（たとえば，"生活の安定のため"など）という4つの性質の存在が示唆されています。

また不安との関連が検討され，母親が「存在の全的受容・非代替性」をもてず，「社会的圧力・無力感」のために結婚生活を継続していると認知している青年ほど，不安が高く示されていました。このような状況下では，青年は両親間の不和に胸を痛め，自分の自立に際し，親を置き去りにして巣立てないといった戸惑いを感じることが考えられます。

青年期になると，洞察力の発達に伴い，上記のように表出される葛藤レベルにとどまらず，両親の夫婦関係の本質的な側面にも目を向ける者がでてくるといえます。成人期以降にも，両親間不和が子どもに影響を与えていくかについては，今後の研究の蓄積が求められます。

▷4 宇都宮博 2005 女子青年における不安と両親の夫婦関係に関する認知；子どもの目に映る父親と母親の結婚生活コミットメント 教育心理学研究 **53**，209—219。

（宇都宮博）

IV 子育て

16 離婚と子ども

▷1　ひとり親家庭
⇒ IV-28 参照。

▷2　親権者
未成年の子どもを保護するために親に認められた法律上の地位をいうが，具体的には，身上監護と財産管理，居所指定などの内容である。父母が婚姻中は共同親権だが，離婚する時にはひとりの親を親権者として決める。

▷3　共同親権，面会交流
離婚後の親権者とは別に，実際に子どもの養育を行うものを監護者という。欧米では離婚後にも父母が子育てを共同して行うことに定められている。実際には子どもの居所は片方の監護親の方で，もう一方の親と面会交流をする。
共同養育については，IV-28 参照。

▷4　家庭裁判所の「離婚調停」
離婚の仕方には，協議離婚（双方の協議の結果を届け出る離婚），調停離婚で合意ができない場合に審判離婚になります。さらに地方裁判所に訴えを出し判決による裁判離婚の3つの方法がある。離婚に関する調停を，離婚調停という。

▷5　養育費
離婚後にも親は，子どもが未成年である間，扶養する義務がある。これは親権者も非親権者も同じ義務であ

1　ひとり親家庭の親と子ども

○ 離婚・別居・死別

　子どもにとっては両親がそろった家庭で養育されることが最も幸福なことですが，大人の世界（父母の状況）にはさまざまな社会的変化や性格などの問題があり，望ましい条件が継続できないこともあります。それが父母間の紛争を発端とする離婚，または別居です。また，ひとり親になる場合は片方の親が亡くなるという死別によっても起こりますが，2つの場合にはある程度異なった心理的な過程を経ることになります。

○ 離別後の親子

　ここでは生別（離別）に関して取りあげます。日本では結婚5年以内の夫婦が最も離婚率が高く，次に婚姻10年以内の夫婦が離婚する率が高いことになっていますが，カップル間の子どもたちの年齢はいずれにしても幼いことになります。また，日本の法律では離婚後には片親が**親権者**になります。欧米諸国の法律では，離婚後も**共同親権**という場合が多く，その方法としては**面会交流**ということが行われています。面会交流権は親にとっての権利で，また子にとっての権利であるとされていますが，子どもと同居している親がそれを同意する範囲で行うことが条件です。日本で面会交流は**家庭裁判所**の**離婚調停**の場合では原則として，子どもの意向を尊重して実施されています。

　また，協議離婚をしたカップルの間でも，自主的に面会交流をしていることがあります。大部分の離婚後のひとり親家庭は母子家庭であり，母親は生活のために就労することが必要で，子どもたちに父親からの**養育費**が届いたとしても，以前よりは十分な日常的な世話が精神的にも物質的にも行われないことになるため，締め切った窮屈な部屋のようなひとり親家庭に，別居親のために窓を開けることで新鮮な風が吹き込んでくるというような発想です。

○ 離別が子どもに与える影響

　幼い子どもは，離婚後のさまざまな後始末と生活のための仕事で窮々としている母親について，「ママが優しくなくなった！」と不満を述べることもあります。年長児になれば母親の苦労する姿をみて状況を理解し，不満を押さえ込んでしまうことが多くなります。これら親の離婚の後から起こってくる一切の変化は，自分が起こした結果でないため子どもにとっては納得しにくいもので，

IV-16 離婚と子ども

調査の目的
調査官がお子さんとお会いするのは、お子さんの日常生活の様子を見せていただいたり、お子さんとお話ししたりして、お子さんの状況等を把握するためです。お子さんの年齢、状況、生活リズム等を考慮して、家庭訪問することもありますし、家庭裁判所に来てもらうこともあります。

＜お子さんと別に生活している親御さんへ＞
お子さんに対する調査は、お子さんの年齢や状況などを考えて、お子さんが自然に行動したりお話ししたりできるように配慮した形で行います。
そこで、原則として、あなたや弁護士の方には同席をご遠慮いただくこととなっておりますので、ご理解ください。

＜お子さんと一緒に生活している親御さんへ＞
お子さんに対する調査では、できるだけお子さんが負担を感じずに自然な雰囲気の中で行動したりお話をしたりすることが大切です。
そこで、次のことについて、ご協力をお願いします。

調査の前に
調査官と会うことについて、お子さんが安心できるよう、事前に説明してください。
例えば、どんな人が、いつ、どこで、何のためにお子さんと会うかなどについて、お子さんの年齢に応じてお話しください。

調査に際して
○ お子さんの調査には、原則として、代理人である弁護士の方には同席をご遠慮いただくこととなっております。
○ お子さんとお話する際には、必要に応じて、親御さんにも席を外していただき、お子さんと調査官だけでお話させていただくこともありますので、あらかじめご了承ください。

日時の変更について
お子さんが体調を崩すなど、やむを得ない理由で調査の日時を変更しなくてはならない事情が生じた場合には、至急に担当調査官までご連絡ください。
東京家庭裁判所家事第6調査官室
電話　０３－３５０２－８３１１（内線　　　）

調査の後に
調査終了後、調査官から何を聞かれたかなど根ほり葉ほりお子さんに尋ねることは、お子さんの情操上望ましくありませんので、十分にご配慮ください。

調査官が家庭訪問する場合のお願い
○ 調査の際にご家族のご在宅をお願いする場合がありますので、ご協力ください。
○ 調査官とお子さんだけでお話しできる部屋や場所のご用意をお願いすることがありますので、ご協力ください。

調査結果について
調査結果については、調査官が報告書を作成して裁判官に報告します。子の利益を害するおそれがあるなど法律（人事訴訟法第３５条）で定められた場合を除いて、閲覧等をすることができます。

図IV-17　お子さんに対する調査について

出所：東京家庭裁判所家事第6部（編著）　2008　東京家庭裁判所における人事訴訟の審理の実情［改訂版］　判例タイムズ社　91頁。

一時は抑えていても数年後には子どもにとっての離婚の後遺症（**遷延反応**）として不登校、心身症、または少年非行などの問題があらわれることがあります。子どもが母親と離れ父子家庭で過ごす場合には、経済的には離婚前と変動しなくても精神的な欠乏感はさらに大きいといわれます。

ひとり親の家庭での生活が平穏であるためには、元配偶者の距離のある協力と、双方で決めた養育費が支払われて生活が困窮していないこと、さらに同居親に社会的なサポートなどがあり母親（ないし父親）が孤独でなく母性（または父性）を健全に維持できることが大切です。健全なる母性（父性）をもって子どもに対応できることが子どもの精神的な安定を確保し、子どもが親を不安解消の基地と活用できる条件なのです。

❷ 再婚家庭の義理の親と子

日本では再婚率が近年、増加しつつあるものの多いとはいえませんが、離婚時の年齢が若いこと、子どもをつくらないで離婚した場合、さらに、子どもは元配偶者に委ねて新たなる出発を意図している場合などでは、比較的再婚につながると思われます。離婚率の高いアメリカ社会では前婚の子どもを連れての再婚も多く、それがうまく機能しないために2回目の離婚にいたる場合なども

るとされているが、実際にはその親の収入や社会状況によって養育費の金額は異なる。

▶6　遷延反応
何か大変な事件や出来事などが起こった時、人間はそれによって心理的、身体的に大きな影響を受ける。そのことによって心理的に反応する場合を、心因反応という。その反応が事柄の後になってから起こってくることを遷延反応という。ここでは親の離婚という辛い体験に対する子どもの反応が、離婚の直後ではなく、しばらく時間が経ってから起こってくることをいう。

IV 子育て

表IV-6 初期反応と遷延反応

離婚時の子どもの年齢	初期反応（最初の2年間）	遷延反応（離婚後4〜10年）
就学前	最終的には理解不能。ある者は、離婚を否定。自分のせいだという罪悪感。恐怖心。当惑。分離不安、挫折、粗暴、空想。	離婚の抑圧：もとの家族への憧れ。攻撃的、反社会的、閉じこもり行動。5年間の追跡研究ではよい適応。離婚時に3歳から5歳半の場合、女子は青年期に学業上の問題。男子は、学童時に学校での問題。
学童期	父親にひきとられた女子は母親と多く交流したがるが、思い通り訪問できず悩む。男子は、仲間には攻撃的でないが対物的には攻撃的。 離婚時9歳から12歳では、別居親に対するアンビバレンスな感情を抱き、いずれかを選ぶことに葛藤を感じる。活動や遊びに熱中しようと試みる。	離婚時に5歳以下であった子どもよりも、不適応。依存性、的はずれ、引きこもり、叱責、登校拒否、非行。主として、男子は集中困難、学業不振、攻撃性、行動異常。女子は、再婚がなければ適応良好。再婚があれば、男女ともに適応の問題が生じる。青年期になって、女子は、敵意の増強、激しい闘争、反社会的な反抗。男の子の関心を引く。男女ともに、服装、作法、関心などの点で退行現象、あるいは見かけ上の成熟。離婚時9歳から12歳の者は、それより年齢が下で両親の離婚を経験した者よりも、悪い記憶が残る。青年期の非行。悲しみ、恨み、剥奪感、保守的な道徳観。

出所：井村たかね　1997　離婚後の母親の女性性および母性性の変化と女子少年の非行　家族療法研究　17(2)。
資料：猪股丈二（1997）より抜粋。

(1) 家庭訪問調査のイメージ

(2) 子との面接調査のイメージ

(3) 児童室調査のイメージ

図IV-18 子どもに対する調査の方法

出所：東京家庭裁判所家事第6部編著（2008）90頁をもとに作成。

あります。そのように，再婚家庭の人間関係の形成は難しく，継母と子どもの相性がよくて子どもが新しい母親に愛着できるためには小学校3〜4年以前の年齢がよいといわれますが，現実にはその時期を過ぎてしまうこともあります。

ある年齢以上に成長した子どもは，新しい義理の親に対して他人が入ってきたと受け止めて懐くまでに時間がかかり，また，そのことで一緒に居る実親に反発するということもあります。

さらに，継父と実母の連れ子再婚の場合も，子どもの年齢は重要です。反抗期に入った子どもと継父との関係は男女共に困難が予想され，その間に入り実母が苦労します。そのような実母の努力をみると，実母の心労を理解して子どもは反抗を一時的に止めますが，無理に捻じ曲げられたエネルギーが行動問題につながる場合もあります。

新たに継父や継母になるおとなは，子どもたちと心から打ち解けたいと努力しますが，反抗や拒絶に出会って困惑し，難しくなります。友人のような関係を目指すとフラットな関係になります。友好的に接近し，よい関係をつくりたいと思っても，おとなも子どもも前の家庭で困難だったことの記憶が幽霊のように浮かんで，そのトラウマ（心的外傷）に妨害されるのです。

おとなも子どもも，前の家庭で困難だったことの辛い記憶が思い出され，それによって妨害されることがあります。

このような再婚家庭においても，子どもたちを連れ子して結婚した実母（ないし実父）が，親としての健全なあり方を維持して努力することと，強圧的でない関係を保つように心がけることが重要です。

③ 再婚家庭の親子へのサポート

再婚家庭を形成するために困っている親の相談を親身になって受ける実家の人々や友人，またはカウンセラーなどの専門家のサポートが，新しい家庭の関係構築を助けることになります。また，子どもたちの不安や不満などは，実親が一対一でそれを聞き対応することが第一です。子ども自身が一定の年齢に達すれば，自分からスクールカウンセラーなどに相談することも必要です。

再婚家庭における継父母と子どもたちの葛藤から，児童虐待が起こるケースも稀にあるからです。そのような問題には早期発見早期治療ということが重要で，早いうちに被害者である子どもが保護されることが，その子の心の傷が深刻にならないために必要です。

（井村たかね）

▷7　児童虐待
「児童虐待の防止等に関する法律」によれば，保護者が，その監護する児童（18歳に満たない者）について，精神的，または身体的に危害を与え有害な影響を及ぼすことや，児童の心身の発達を妨げるようなネグレクトなどを指している。
Ⅵ-3参照。

Ⅳ 子育て

17 人類の父親は進化の産物
―― 父親の育児は人類の特徴

1 人はなぜ子育てするのか ――「子宮外胎児」誕生を迎える

　人類の大脳の発達は，二足直立歩行という独特の移動パターンをもたらしたことは Ⅰ-6 でみました。変化はもう1つ，直立姿勢と同時に子宮が小さくなりました。栄養補給も排泄物処理も安全快適にされる子宮にもっと長くいれば，赤ちゃんは今より大きくよく発育し，かなりのことができる状態で誕生することができたはずです。ところが子宮口が狭くなったため，大きくなっては通過できない，そこで狭い子宮口を通過できるぎりぎりのところで出産することになったのです。その結果，誕生する赤ちゃんは未熟で無能な状態となったのです。本来ならばまだ子宮内に胎児でいるべきだったのが，上のような事情で誕生した「子宮外胎児」なのです。

　この未熟無能ということが，生後の子育てを絶対必要としました。人は愛らしくか弱いものに魅力を感じ，その世話をしようという心性――**養護性**をもっています。この心性をもつ人間が無能未熟で愛らしい赤ちゃんと出会うことで，育児が出発したのです。

▷1　ポルトマン，A.（著）　高木正孝（訳）1961　人間はどこまで動物か　岩波新書。

▷2　養護性
⇒ Ⅳ-4 Ⅳ-22 参照。

▷3　小嶋秀夫（編）　1989　乳幼児の社会的世界　有斐閣。

2 「子育てするか」「だれがするか」 ―― 種によって決まっている動物の養育

　動物界にも未熟で生まれる動物は少なくありません。けれどもその子を親は育てるとは限らず，そのまま放置し，せっかく生まれた子が育たないケースも稀ではありません。動物はざっと100万種ありますが，そのなかで子育てするのは鳥類と哺乳類，全体の0.3%にすぎません。よく動物の親子は愛情深いといわれますが，全動物をみればそうとはいえないのです。人間のもつ養護性をもっていない，子育ての本能が予めプログラムされている種だけが子育てをするのです。

　この子育てする動物で，「誰が育てているか」といえば，ほとんどがメスです。オスは受精に成功すればメスから離れていき，オスは子育てせず親子の関係をもちません。子は母子家庭で育つのが普通なのです。

3 育児困難がオスの子育て「父親」を進化させた ―― 人間の父親も進化の産物

　ところが例外的に，オスがずっとメスのところに留まり，子の誕生後は育児をオスメスが共同でする動物があります。大体が鳥類とサルの仲間です。オス

が子育てする種には，鳥類でもサルでも共通することがあります。それは育児が大変，手がかかることです。一度にたくさんの卵が孵り，メスだけでは餌の運搬が間にあわない，体重が重い・双子が生まれ，二人をメスだけでは運搬不可能など，メスだけの育児ではせっかく誕生した子の生存が危うい，それをオスが子育てすることで子の命は保証される仕組みです。

つまりオスが育児する父親になったのは，子の成長ひいては種の保存を確実にするための戦略，父親は育児困難を解決して種の保存を確実にする戦略として進化した，と考えられています。

人間の父親はその典型ともいえます。鳥類やサル以上に，人間の赤ちゃんほど時間も手もかかる動物はいません。自分で歩くことはおろか食べることも危険を避けることもまったくできず，すべて他の力を必要とします。しかも，他の動物なら自分で飛べる／歩ける／餌がとれるなどができれば立派なおとな，もう親の手は必要なくなります。人間はそうはいきません。歩く／食べるはホンの一部，ことばを教える，マナーや道徳を身につける，学校教育を受けさせ就職させ，と親が子どもを「一人前」にする営みは，動物とは比較にならないほど多種多様，そして長い年月を要します。育児困難の最たるものです。このような困難な育児はメスひとりでは負担が大きすぎます。複数の手を要します。この育児困難という状況が，男を単なる精子の提供者で終わらせず，誕生後も子の養育にかかわらせる父親が進化した，父親は子がつつがなく育つための成功戦略なのです。同時に，これが人類の家族成立の契機でもあります。

❹ 育児は「母の手で」文化のなかの父親──「育児しない父」の悪影響

このように育児に不可欠なものとして進化した父親は，今日本ではどのように機能しているでしょうか。父親の育児時間と内容を国際比較した諸調査は，一致して日本の父親の育児時間の短さ（表IV-7），育児ではなく子と遊ぶことが中心であることを明らかにしています。

労働時間が長いために育児時間が短くなるというよりも，育児は母親の役割，男性／父親の役割とは考えない，換言すれば「母の手で」規範が男性に強いためのようです。若い男性の子どもの誕生前後の意識は「父親としての自分」意識はほとんど変わらず，「社会にかかわる自分」意識が強まります。父親としての役割は稼ぎ手役割だとみなしているのです。

1999年，厚生省（現厚生労働省）は「育児しない男を父とは呼ばない」という刺激的なポスターで，父親の育児を奨励するキャンペーンを行いましたが，その後も大きな変化はありません。このような日本の状況は，困難な育児を成功させる戦略として進化した父親がその役割を果たしていないというべきでしょう。この**父親の育児不在**が，母親に，子どもにさらに男性自身にさまざまなマイナスの影響を与えています。

（柏木惠子）

▷4 小原嘉明 1998 父親の進化；仕組んだ女と仕組まれた男 講談社。
▷5 小野寺敦子 2003 親になることによる自己概念の変化 発達心理学研究 **14**, 180–190。
▷6 IV-19 の図IV-21参照。
▷7 日本女子社会教育会「家庭教育に関する国際比較調査」1993年より。
▷8 **父親の育児不在**
⇒ IV-20 参照。
▷9 IV-19 参照。

（参考文献）

山際寿一 1994 家族の起源；父性の登場 東京大学出版会

大野祥子・柏木惠子 2008 親としての男性 柏木惠子・高橋惠子（編） 日本の男性の心理学；もう一つのジェンダー問題 有斐閣 153–173頁

根ヶ山光一（編著） 2001 母性と父性の人間科学 コロナ社

西田利貞 1999 人間性はどこから来たか；サル学からのアプローチ 京都大学学術出版会

原ひろ子・舘かおる 1991 次世代育成力へ 新曜社

表IV-7 国別，男性の家事参画度

	家事	保育	介護	買い物
日本	6	20	11	33
アメリカ	49	49	100	97
オーストラリア	50	29	100	69
ドイツ	50	38	67	75
ノルウェー	54	48	92	50

（注）女性が家事等に費やす時間を100とした場合の，男性の時間の割合（％）。
出所：総理府（1999）。

IV 子育て

18 女性はなぜ仕事を辞めるのか，辞めるとどうなるか

1 女性が仕事を辞める理由

◯育児期女性の就労継続に影響する諸要因

日本では，1986年に男女雇用機会均等法が施行され，産業構造の変化と高学歴化に伴い，働く女性の数が増加しています。しかし，M字型労働力率に象徴されるように，育児期（特に子どもが乳幼児期）に就労する女性の比率は低いことが指摘され，第1子出産後に同じ仕事を継続している女性は，女性全体の23％程度です。

なぜ日本では，女性が育児期に就労することが難しいのでしょうか。その理由として，まず，乳幼児の母親が働くことに否定的な考えを持つ人が多いことがあげられます。3歳児神話に象徴されるように，「三歳までは母の手で育てた方がよい」と考える人が多く，実際に幼児を育てている母親の過半数がそのように感じています。次に，物理的な要因があげられます。たとえば育児サポートの不足や育児期女性が働きやすい職場が少ないことなど，女性が仕事と子育てを両立することには，依然として困難さが伴う状況です。

◯夫や夫の親の影響

女性が出産後も就労し続けるか，辞めるのかといった就労コースの選択理由について，幼児をもつ女性を対象として質問した結果（判別分析結果）からは，表IV-8のように「夫や夫の親からの就労反対」が顕著な影響を及ぼしていることが示されました。このことは，女性の就労選択において，夫や夫の親から就労を反対された場合には退職しやすく，賛成された場合には継続しやすいことを示しています。「自立志向」や「やりがいのある仕事」といった女性自身の要因よりも，夫や夫の親の影響力が強いことは，興味深い結果です。

仕事と子育ての両立には，育児サポートが不可欠ですが，保育所等の育児サポートが十分ではない状況においては，夫や親族からのサポートの有無が重要な鍵となってきます。夫がどこまで妻の育児や就労に協力できるのかということが，妻の就労を左右しているといえるでしょう。さらに，夫の親の意向も無視できない要因です。特に，夫の親に性役割分業意識が強い場合，その意向に反して出産後も就労を継続することは，難しいかもしれません。このように，子どものいる女性の就労継続・退

▷1 IV-12 の図IV-11参照。

▷2 厚生労働省大臣官房統計情報部（編）2004 出生前後の就業変化に関する統計（人口動態統計特殊報告）財団法人厚生統計協会。

▷3 3歳児神話
⇒ IV-4 参照。

▷4 第3回子育て生活基本調査（幼児版）2008 ベネッセ教育研究所。

▷5 小坂千秋・柏木惠子 2007 育児期女性の就労継続・退職を規定する要因 発達心理学研究 18(1)，45—54。

表IV-8 育児期女性の就労継続・退職に影響する要因（判別分析結果）

標準化判別係数	
夫や夫の親からの就労反対	−.503
自立志向	.471
やりがいのある仕事	.298
周囲からのサポート	.228
家庭優先	−.226
夫の家事育児サポート	.044

グループ重心	
継続群	.772
退職経験群	−.597

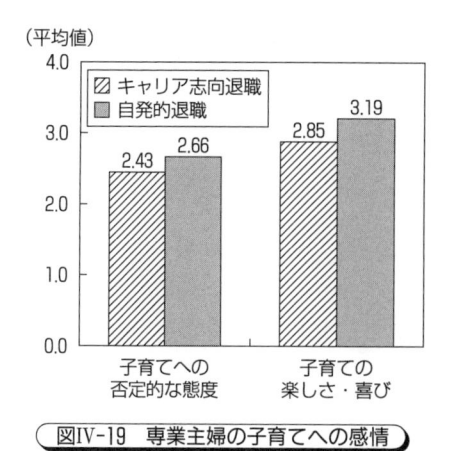

図IV-19　専業主婦の子育てへの感情

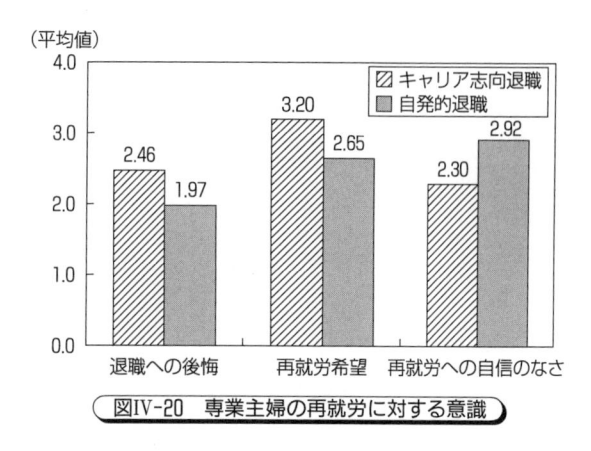

図IV-20　専業主婦の再就労に対する意識

職という決断は，夫や夫の親の意向に影響を受けやすく，家族関係を調整しながら決断している様子がうかがえます。

2　辞め方によって異なる子育てや再就労への感情

○子育てへの感情

乳幼児をもつ専業主婦の女性において子育てや生活に対する否定的な感情が強いことは，数多くの研究から明らかにされていますが，結婚・出産時の仕事の辞め方によっても，その感情は異なります。キャリア志向であったにもかかわらず仕事を辞めざるを得なかったという「キャリア志向退職」の専業主婦の場合と，積極的に専業主婦を希望して辞めた「自発的退職」の専業主婦の場合では，その育児感情も異なっています。[6]

図IV-19のように，キャリア志向退職の女性に比べ，自発的退職の女性のほうが子育てへの否定的な態度も肯定的な感情も強くなっています。積極的に専業主婦を選択した女性は，子育てに否定的な態度を取りやすい一方で子育ての楽しみや喜びも強く感じているということは，子どもへの過度な密着を示唆するものでもあり，子育てへのかかわりも強い傾向にあるといえるでしょう。

○再就労に対する意識

専業主婦の再就労に対する意識も，仕事の辞め方により異なっています。図IV-20のように，キャリア志向の場合は退職への後悔の念や再就労希望の気持ちが強く，他方，自発的退職の場合は，再び働き始めることに対する自信のなさが強くなっています。

このことから，専業主婦のなかでも特に自分のキャリアを伸ばしていきたいと思っていた女性は，退職への後悔や再就労の希望を持ちやすく，自発的に退職した専業主婦は，再就労に対して消極的といえるでしょう。

（中山千秋）

▷6　柏木惠子・平山順子・目良秋子・小坂千秋・平賀圭子・飯島絵理　2003　育児期女性の就労中断に関する研究　With You さいたま　平成14年共同研究報告書。

Ⅳ 子育て

19 父親と母親はちがうか

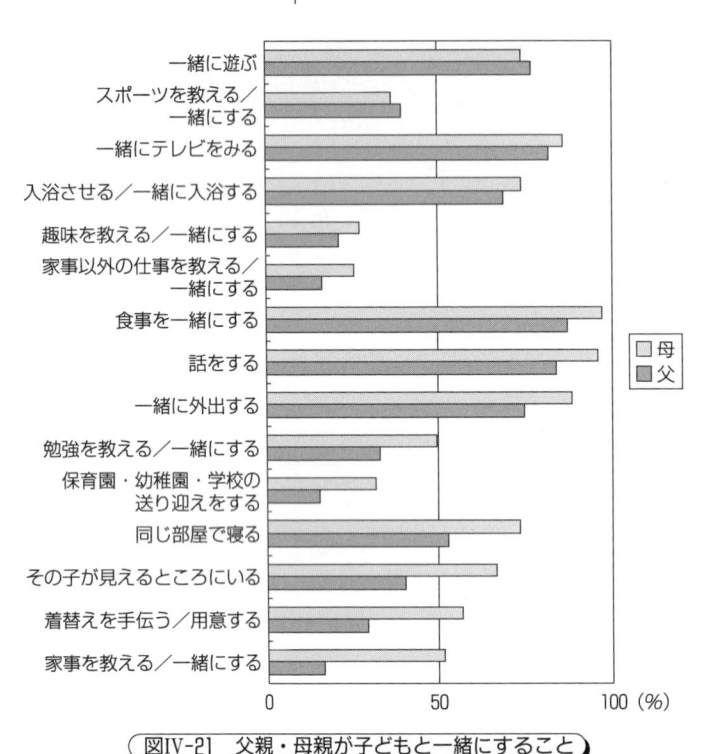

図Ⅳ-21 父親・母親が子どもと一緒にすること

出所：国立女性教育会館 2006 平成16年度・17年度家庭教育に関する国際比較調査報告書より作成。

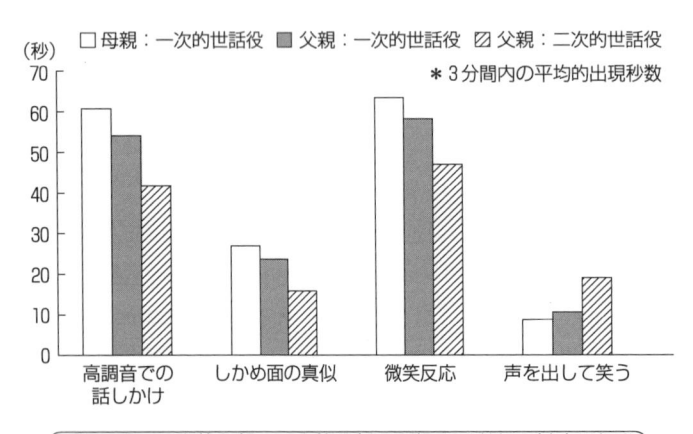

図Ⅳ-22 一次的父親，二次的父親，母親の子どもに対する行動

出所：Field（1978）183-184より作図。

1 父親と母親はどうちがう？

「父親と母親はどうちがうのか」は親研究のなかで頻繁に取りあげられてきたテーマです。たとえば図Ⅳ-21をみると大抵の行動は父親より母親のほうがよくしていることがわかります。特に世話や見守りなど子どもの身の回りのことは母親のほうが多くしています。反対に父親がよく行うのは遊びやスポーツ，テレビをみるなど，趣味的なかかわりであることも読みとれます。

父親の育児の特徴は趣味的なかかわりが中心となるだけではありません。妻の目からみて夫の育児は，自発的に子どもにかかわることが少なく，自分が促したり子どもから誘われたりしてはじめてかかわりをもつ「受動的育児」でもあります。つまり母親は，遊びのような楽しいことだけでなく，育児の面倒なこと・嫌なことも引き受けて育児の最前線に立つのに対し，父親は二番手であることがうかがえます。

子どものしつけは親の重要な役割の1つですが，そのしつけ方略にも父母のちがいがみられます。子どもがいうことを聞かない時，ルールや自分の感情を引き合いに出して子どもを説得しようとする「説得・暗示」は母親によくみられるしつけ方略です。「せっかく作ったのに食べてくれないと，お母さん悲しいな」

「お行儀よくしないと赤ちゃんみたいって笑われちゃうよ」などと，子どもとの一体感を損なわないように同じ目線で懇々と諭すやり方です。それでも子どもがいうことを聞かないとお父さんの出番です。「お風呂に入りなさい！」「おもちゃを片づけないと捨てるぞ！」と一喝されて，子どもが慌てていうことを聞くのは「直接命令」によるしつけです。ここにも，子どもの気持ちに寄り添う温かい母親と，ガツンと最後通告を突きつける厳しい父親という対比がみられます。

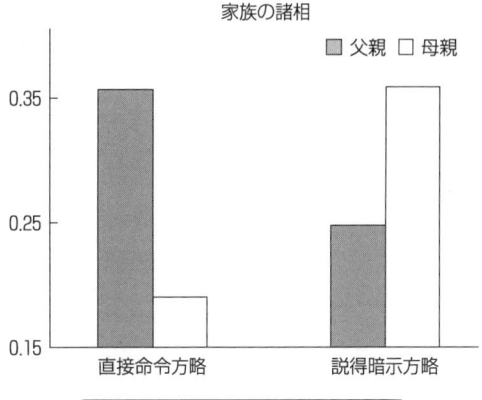

図IV-23 父親と母親のしつけ方略

出所：目良 1997 父親と母親のしつけ方略：育児観・子ども観と父親の育児参加から 発達研究 12, 51－58。

2 父親と母親はなぜちがう？

こうした父母の行動のちがいは，両親が二人とも厳しかったり甘かったりではしつけがうまくいかないので役割分担をしていると解釈することもできます。しかしそれなら「厳父慈母」でなくても「厳母慈父」でもよいはずですが，後者のパターンはあまりみられないのはなぜでしょうか。

これは親の行動の性差が「やはり男親と女親はちがうのだ」と，生物学的な性差と結びつけて解釈されるためだと考えられます。妊娠・出産は女性しかできないのだから，産む性である女性は本質的に育児に向いているはずである，だからこそ子どもと常に一緒にいて，生存に必要な衣食住の世話をする**一次的養育者**[1]は父親でなく母親であるのが望ましい，というわけです。父親は出産によって親子の生物学的な絆を直接確認する手段をもたない分，母親とくらべるとどうしても子どもとは距離を感じやすい，いわば子どもに最も身近な"他人"として社会的なかかわりをすることが役割だとされるのです。

人間も動物の一種であることは間違いなく，生物学的な身体の構造のちがいに立脚した説明は，一見もっともらしく聞こえます。しかし，実はその説明には盲点があります。

▷1 一次的養育者
主たる養育者。

3 男親と女親は本当にちがう？

学生，子どもをもつ母親，初めての妊娠中の女性，2回目以降の妊娠中の女性などさまざまなグループの女性に乳児の泣き声の録音テープを聞かせ，どのくらいネガティブな印象を受けるかを評定してもらった研究があります[2]。それによると，初めての妊娠中の女性は，子育て経験がなくても子育て経験のある女性と似たような感じ方をすることがわかりました。この調査を行った研究者たちはこの結果を，妊娠に伴う生理・心理学的変化のためだと考えました。

では自分で妊娠することのない男性はどうなのでしょうか。学生，新婚の男性（新婚群），妻が第1子を妊娠中の男性（初妊夫群），子どものいる父親（父親群）という4つのグループの男性に，同じ録音テープを聞かせて評定をしても

▷2 足立智昭・村井憲男・岡田斉・仁平義明 1985 母親の乳児の泣き声の知覚に関する研究 教育心理学研究 33, 146－151。

表Ⅳ-9　男性の泣き声の知覚と育児に関する変数との相関関係

	学生群		新婚群		初妊夫群		父親群	
	泣き声H	泣き声L	泣き声H	泣き声L	泣き声H	泣き声L	泣き声H	泣き声L
性役割観	−.08	.00	−.50	−.55	−.56 *	−.62 *	−.13	−.07
養育経験	−.04	−.02	.24	−.05	−.67 *	−.60 *	−.06	−.12
育児行動	—	—	—	—	—	—	−.47 *	−.57 **
N	45		10		15		27	

出所：神谷哲司　2008　育児関与する父親；日本の父親は？　柏木惠子・高橋惠子（編）　日本の男性の心理学　有斐閣　179—184頁より。

▷3　神谷哲司　2002　乳児の泣き声に対する父親の認知　発達心理学研究　**13**(3), 284—294。

らった研究でも，(1)父親群は学生群より赤ちゃんの泣き声をネガティブに知覚しない，(1)新婚群と初妊夫群は学生群との間に有意差はないものの，評定の値は父親群に近い，(3)まだ育児経験のない初妊夫群でもこれまでに子どもとかかわる養育経験が豊富で，父親の育児に肯定的であるほど，赤ちゃんの泣き声をネガティブに知覚しない，という結果が見出されてました（表Ⅳ-9）。自分では妊娠・出産できない男性であっても，子どもとの接触経験が豊富だったり，結婚して自分も親になるのだという予期を抱いたりすることが，やはり親としての準備性を高めているのだといえるでしょう。

　この頃は，妻と一緒に自分も悪阻になる夫がいるともいわれます。もしかすると我々は「妊娠・出産は女性にしかできない」という事実にとらわれすぎているのかもしれません。

　父母の意識や行動を比較した研究はたくさんあります。案外気がつきにくいことですが，日本のように主たる子どもの養育者が母親である社会においては，父親と母親を比べるということは，性別による比較であると同時に，子どもとのかかわりの多寡による比較という意味も含まれてしまっているのです。

　ここにメスを入れたのが図Ⅳ-24に示した研究です。ここでは，一次的養育者である母親と**二次的養育者**である父親という一般的な父母比較に，一次的養育者である父親という数の上では珍しいタイプの親を加えた3群で子どもに対する行動を比較しています。もしも，父親と母親にみられる行動の差が生物学的な性差によるものであれば，2つの父親グループの間に行動の差はみられないと考えられます。ところが結果は興味深いものでした。一次的養育者である父親の行動は，むしろ一次的養育者である母親と類似していたのです。この結果は，子どもに対する行動にみられる性差は生物学的な性別だけでなく，社会文化的に規定された父親役割と母親役割の差によっても説明されることをあらわしています。

　同様の結果は，育児をあまりしない父親群は〈子どもは自分の分身である〉という意識が高いのに対して，母親群と育児をよくする父親群はそうした意識が低いという調査でも報告されています。子どもと現実のかかわりが少ない父親は，実体験に基づかない観念的な子ども観しかもてないためだと考えられま

▷4　二次的養育者
二番手としての養育者。

▷5　Field, T. (1978). Interaction behaviors of primary versus secondary caretaker fathers. *Developmental Psychology*, **14**, 183-184.

▷6　柏木惠子・若松素子　1994　「親となる」ことによる人格発達；生涯発達的視点から親を研究する試み　発達心理学研究　**5**(1), 72—83。

す。父親であろうが母親であろうが普段から子どもの世話をしている親ならば，子どもは親のいいなりにはならない別個の主体であることは身にしみて実感されることでしょう。

また，育児休業を取得して一次的養育者として家事・育児をした父親たちは，母親同様，「自分の人生はこれでよいのか」「また同じことの繰り返し」という育児ストレスを感じたと語っています。社会との接点のないまま子どもと二人きりで過ごす生活に行き詰ると閉塞感や焦燥感から悩みを抱えるようになるのも，社会・心理的な男親・女親の共通性といえます。

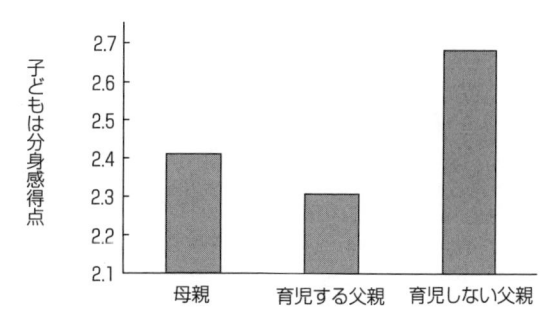

図IV-24 父親の育児参加によって子どもとの一体感・分身感がどう変わるか

出所：柏木・若松（1994）。

4 男性も「養育する親」になる

このように父親と母親の親としての行動や心理は，女性だけが産む性であるという生物学的な性差だけでなく，社会・文化のもつ性差観や役割期待，社会のなかで男女が置かれる立場等によっても規定されるのです。裏をかえせば妊娠・出産のできない父親も，子どもの誕生後のかかわり方次第で母親と同等の「養育する親」になりうるということです。父親が一次的養育者として育てた子どもの発達が，母親に育てられた子どもと異なるのかどうかを十数年にわたって追跡的に調べた調査が，アメリカ，オーストラリア，イスラエル，スウェーデンで行われています。それらの研究結果をまとめると，父親に育てられた子どもの発達や親子関係に問題となる点はありませんでした。むしろ，父親が子育てをした家庭の子どものほうが，内的統制が高い，自分自身の子育てのしかたや働き方についてステレオタイプにとらわれない価値観を持っているなど，プラスの効果を見出す研究もありました。

現に離別・死別等の理由でひとり親として子どもを育てるシングルファーザーたちは，「子どもを育てる親は母親である」ことを前提とした社会の仕組みのなかで苦労をしながらも，確かに養育役割を果たしています。離婚後，小学生の息子二人を育てあげたあるシングルファーザーは，子育てを通じて自分の世界が広がり人生が豊かになったと述懐しています。子育てが自分の成長につながる喜びもまた父親母親に共通するものなのです。

（大野祥子）

▷7 菊地ふみ・柏木惠子 2007 父親の育児；育児休業をとった父親たち 文京学院大学人間学部研究紀要 9(1), 189—207。

▷8 Radin, N. (1994). Primary-caregiving fathers in intact families. In: *Redfining families: Implications for children's development.* (eds. A. E. Gottfried & A. W. Gottfried), pp. 11-54, Plenum.

▷9 春日キスヨ 1989 父子家庭を生きる；男と親の間 勁草書房。

▷10 土堤内昭雄 2004 父親が子育てに出会う時；「育児」と「育自」の楽しみ再発見 筒井書房。

Ⅳ　子育て

20　育児不安の第二の要因
——父親の育児不在

1　育児不安は日本の特産品——その土壌は？

　育児は大事，子どもはかわいいと思いつつも，他方でイライラや焦り，不安に苛まれている母親が少なくありません。この育児不安は他国ではこれほど広くみられず，また強いものではありません。その意味で，育児不安は日本の特産品といってもいいでしょう。なぜ特産になったのでしょうか。母親を不安に陥らせる状況要因が日本の社会にあるからです。その1つは，母親が出産育児を契機に退職し無職になることです。

▷1　Ⅳ-18 参照。

　育児不安を強めるもう1つの要因が，父親——父親になるが育児しない父親の存在です。Ⅳ-17 で，人類の父親は，困難な育児を成功すべく進化したものであることをみました。さらに，日本ではせっかく進化した父親が，「父親になる」けれども「父親をする」ことが少ないこともみました。このことが，母親の育児不安を強めているのです。

2　父親の育児不在が母親の育児不安を高める

　2—5歳の幼児をもつ父親と母親に，子どもや育児についてどのような感情を抱いているかが調査されました。同時に，父親には日頃，子どもの世話や育児をどのくらいしているか——育児参加度も調査されました。そして，育児をよくする父親80人とほとんど育児しない父親80人を選び出して，その配偶者である母親の育児感情を比較したのが，図Ⅳ-25です。

▷2　柏木惠子・若松素子 1994「親となる」ことによる人格発達；生涯発達的視点から親を研究する試み　発達心理学研究　5, 72—83。

　一見して，夫が育児しない母親にイライラしたり不安だったりといった否定的感情が強く，楽しい，幸せだといった肯定的な感情は低いことがわかるでしょう。夫が育児しないことは，即育児を母親がひとりで担うことです。子どもを一人前に育てるのは他の動物とは比較にならない困難な仕事，その困難な育児をひとりだけで担うことには無理がある，そこでオス／男性が単なる精子の提供者で終わらずに育児にかかわる，つまり父親になったのでした。このように子どもの育ちに必要重要な父親が，いるのに実際には育児しない，これが日本の現実です。ひとりではムリ，なのに単独育児を強いられている状

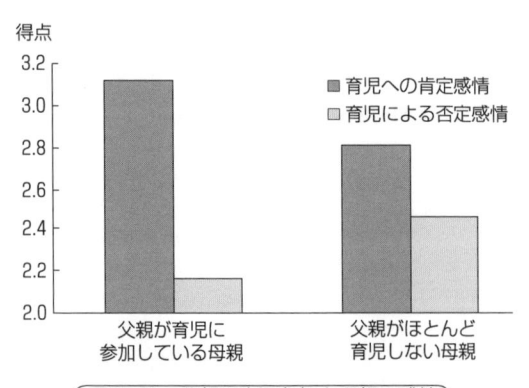

図Ⅳ-25　父親の育児参加と母親の感情

出所：柏木・若松（1994）。

況は，その母親を不安や焦燥，不満を抱かせても不思議ではありません。当然の結果といえるでしょう。

❸ 「ずるいんじゃない」——父親／夫の育児不在は夫との衡平性喪失

父親・夫の育児不在が母親／妻に与えるもう1つの負の影響は，夫との対等な関係が失われてしまったことです。ほぼ同等の教育を受け職業をもてば夫と同様にできるはずの自分は，社会から疎外され家事育児だけの生活をしている，他方夫は家事育児とは無縁の社会的職業的生活をしている，こうした夫と自分との間の落差を妻は日々，痛感させられます。

Ⅶ-3であげた「ずるいんじゃない」という投書は，父親になったが父親をしない夫への妻の批判であり憤慨でした。そのような夫に対しては愛情も薄れていくでしょう。こうした夫と妻の落差がⅢ-1でみた夫と妻間の結婚満足のギャップにつながっていくでしょう。

❹ 男性／父親の家事育児不在は少子化の背景

今，日本では少子化が進行しています。**合計特殊出生率**は1.3前後を推移しており，人口維持水準が保たれない状況が憂慮されています。なぜ少子化が止まらないのか，その1つの要因は今みた父親の育児不在です。夫の育児不在のなかで孤独な育児を経験したら，これを「もう一度するものか」「もう産むまい」という決心に傾くことにもなるでしょう。出生率と男性の家事育児時間との間に正の相関関係が認められています（図Ⅳ-26）。

男性／父親が家事育児など家族役割をすることが，女性の産む決断を促す背景にあることが読みとれます。さらにこの図で注目すべきことは，日本の男性の家事育児時間が他国とは大きく離れ，極端に短時間であることです。日本の男性は「父になる」が「父をしない」育児不在状況をありありと示しており，日本の少子化を「なるほど」と妙に納得させられるデータではありませんか。

（柏木惠子）

▷3　合計特殊出生率
⇒Ⅳ-27参照。

(参考文献)

大野祥子・柏木惠子　2008　親としての男性；父にはなるが父はしない？　柏木惠子・高橋惠子（編）日本の男性の心理学；もう一つのジェンダー問題　有斐閣　153—173頁。

春日キスヨ　1989　父子家庭を生きる　男と親の間　勁草書房

舩橋惠子　2006　育児のジェンダー・ポリテイックス　勁草書房

牧野カツコ・中野由美子・柏木惠子（編）　1996　子どもの発達と父親の役割　ミネルヴァ書房

氏家達夫　1996　親になるプロセス　金子書房

大日向雅美　1998　母性の研究　川島書店

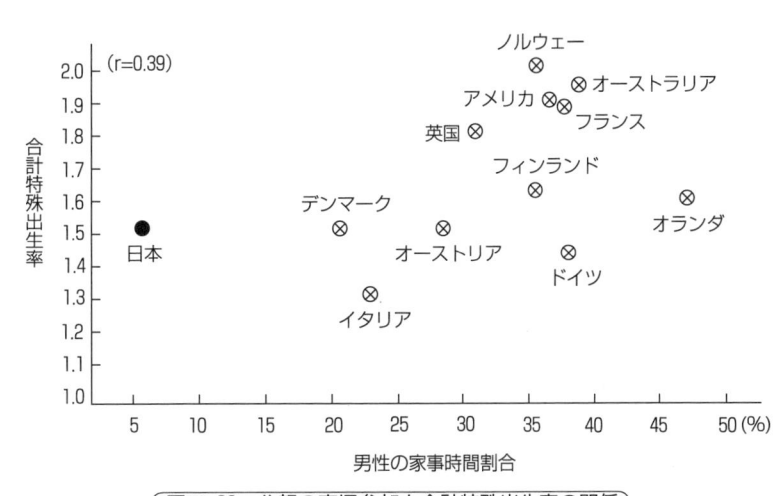

図Ⅳ-26　父親の育児参加と合計特殊出生率の関係

出所：総務庁　1996　社会生活基本調査・UNDP　人間開発報告書。

Ⅳ 子育て

21 「働く母」はいるが「働く父」はいない！ のはなぜ？

1 「両立支援」は女性労働者対策？

◯両立支援政策

仕事と家庭の両立に関する，さまざまな制度が施行されています。「男女共同参画社会基本法」(2001年) は，「社会における制度又は慣行についての配慮」として，固定的な役割分担が社会における活動の選択の中立に影響を及ぼすとし，男女ともに家庭生活における活動と他の活動の両立を促しています。

「次世代育成支援対策推進法」(2003年) により，事業主は，労働者の職業生活と家庭生活との両立がはかられるようにするために必要な雇用環境の整備を行うように努め，次世代育成支援対策に協力しなければなりません。**子ども・子育て応援プラン**▷1 (2004年) では，仕事と家庭の両立支援と働き方の見直し，男性の子育て参加の促進の必要性が掲げられています。

◯育児休業制度

日本では，1992年に**育児介護休業法**▷2が施行され，男女の労働者を対象にした社会的責任と家族的責任の両立のための法律が誕生しました。育児休業は，1歳未満の子どもの両親のうちどちらか一方が取得するか，または両親で期間を分割して取得します。男性／父親の育児休業取得を促す条件として，母乳育児との関係から「長期化」，高率の給付による「有給化」，多様で柔軟なとり方ができる「柔軟化」，譲渡不可能な個人の権利としての「割当化」があります。▷3しかし，日本の育児休業制度は，上記のどの条件も満たしていません。

ノルウェーには「パパ・クオータ制」があり，母親の産後休暇後から子どもが1歳になるまでに最大4週間父親が取得しなければ，手当の支給期間が短縮されます。また，子どもが1歳を過ぎたあと両親はそれぞれに最長1年ずつ取得期間が与えられています。スウェーデンでは両親それぞれに与えられる育児休業期間240日中，60日間は配偶者に譲渡できないため，父母それぞれが育児休業を取得しなければその期間の権利を失います。▷4これらの国の制度は，父親が育児休業を取得するために工夫がされています。

2 なぜ男性／父親は育休を取得しないのか？

◯父親の育児休業取得率は1.56%!!

「子ども・子育て応援プラン」(2004年) では，10年後の「目指すべき社会の

▷1 子ども・子育て応援プラン
「少子化社会対策大綱に基づく重点施策の具体的実施計画について」。

▷2 育児介護休業法
育児休業，介護休業等育児又は家族介護を行う労働者の福祉に関する法律 (1999年に改正)。

▷3 舩橋惠子 1998 育児休業制度のジェンダー効果：北欧諸国における男性の役割変化を中心に 家族社会学研究 10(2)，55—70。

▷4 佐藤博樹・武石恵美子 2004 男性の育児休業；社員のニーズ，会社のメリット 中公新書。
内閣府男女共同参画局 (編) 2005 少子化と男女共同参画に関する社会環境の国際比較報告書 平成17年9月。
経済協力開発機構 (編) 高木郁朗 (監訳) 2005 国際比較：仕事と家庭生活の両立；日本・オーストリア・アイルランド 明石書店。

図IV-27　育児休業取得率

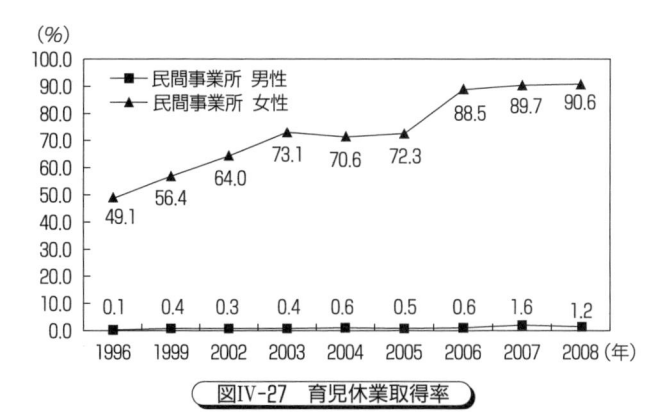

（注）民間事業所の男性における数値は，四捨五入して小数点を合わせている。
出所：厚生労働省（2009）。

姿」としては，「希望する者すべてが安心して育児休業等を取得できる職場環境となる」ことが示され，育児休業の取得率の目標を，男性10％，女性80％としました。

平成20（2008）年度の育児休業取得率（図IV-27）は，男性1.23％，女性90.6％です。「子ども・子育て応援プラン」のなかで育児休業の取得推進に向けて国の機関が率先して進めていくことを述べていますが，国家公務員の育児休業取得率は男性1.4％，女性97.3％です。このような状況で10年後の目標である男性の取得率10％は達成できるのでしょうか。

また，第5回21世紀出生児縦断調査（2006）の結果によると出産1年前に女性の有職常勤者は32.3％です。さらに，出産半年後にはその割合は15.7％に下がっています。女性の育児休業取得率は90％近くであっても，実際の育児休業取得者は少ないでしょう。

●制度を知らない男性さえも

「育児介護休業法」第6条では，母親／妻が専業主婦などの場合は，家庭で常態として子どもをみられるとして，父親／夫は育児休業取得者の対象から外れてしまいます。しかし，育児休業法の「施行規則」の第6条第3項の解釈により，産後8週間の期間は母親／妻が専業主婦などであっても，父親／夫は育児休業を取得できます。

ところが，育児休業を取得していない父親たちは，母親が働いている場合にしか父親は育児休業を取得できないと思っています。また，職場に制度がなければ育児休業は取得できないと思っています。一方，育児休業を取得した父親たちは，子どもが生まれる前から育児休業に関心をもち，育児休業を取得するために国の制度・職場の制度をよく調べていました。

まずは，父親／男性自身が育児休業制度などの仕事と家庭の両立支援を自分の問題としてとらえて，関心をもつことが大切です。

（菊地ふみ）

▷5　厚生労働省　2009　平成20年度雇用均等基本調査結果概要。
▷6　人事院　2009　一般職の国家公務員の育児休業等実態調査及び仕事と育児の両立支援のための休暇制度の使用実態調査の結果について。
▷7　厚生労働省　2006　第5回21世紀出生児縦断調査結果の概況。
▷8　育児介護休業法の「施行規則」の第6条第3項の育児休業を取得できない該当者は，「6週間（多胎妊娠の場合にあっては，14週間）以内に出産する予定であるか又は産後8週間を経過しない者でないこと。」とあり，産後8週間の期間は母親／妻が働いていなくても父親／夫である男性労働者は，育児休業を取得することができます。
▷9　菊地ふみ・柏木惠子　2007　父親の育児；育児休業をとった父親たち　文京学院大学人間学部研究紀要　9(1)，189—207。

参考文献

厚生労働省・21世紀職業財団　2006　男性も育児参加できる企業；男性の育児休業事例集。

Ⅳ 子育て

22 「だれが育てるか」から「どう育てるか」へ

1 子どもが育つ環境

○施設養育についての誤解

施設養育が子どもの発達を阻害することに言及した用語に**ボウルビィ**(Bowlby, J.)による母性的剥奪（maternal deprivation）や**スピッツ**(Spitz, R.)によるホスピタリズム（hospitalism）があります。前者は，幼い子どもにとって重要な一貫した養育者（多くの場合，母親）との温かい，親密な交流が失われていることを意味し，後者は，施設症（病）と訳されて，幼い子どもが施設で長期間生活することによって，家庭で育った子どもと比べて，情緒発達やからだの成長に遅れがあらわれることを意味します。

この2つのことばは，"施設や集団では健康な子どもは育たない""母子関係こそが子どもが育つ最高の環境である"という理解となり，子どもが育つ環境をめぐる大きな誤解となって社会に流布しました。

確かに，ボウルビィやスピッツが調査した施設では，子どもたちにそのような影響があらわれていたのは事実でしょう。しかし，その原因が施設環境にあるとするのは，いささか乱暴な論法とみなければなりません。むしろ，施設のなかでひとりの子どもにかかわる保育者の人数，かかわる時間量，保育の質，子どもを取り巻く空間的・物理的状況，子ども同士の触れ合い，さらには，子どもの生来的素質や施設入所以前の経験などが，どのように子どもの発達に影響しているかを取りあげる必要があるのです。

○豊かな子育て環境とは

それでは，子どもが育つ豊かな環境とはどのようなものでしょうか。人とのかかわりに重点をおいて考えてみましょう。

まず，何よりも子どもがどんなに幼くても本人と顔を合わせながら，誠意とやさしさをもってかかわることです。そのことはかかわる人の心のゆとりによってはじめてできることでしょう。中途半端なかかわりは，子どもにこの人は自分に気持ちを向けてくれていないと敏感に感じさせます。

次に，子どもからのどんな働きかけにも応答してあげることです。子どもからの働きかけの強さや長さに対応し，ことばによる場合はもちろんのこと，ことばを使わない場合でも"対話"というやりとりが大切です。周囲が自分に応答してくれることは，自分の働きかけが相手に常に肯定的に受け入れられてい

▷1 **ボウルビィ, J.**（1907-1990）
ロンドン生まれ。最初おとなの精神医学を専攻したが，反社会的行動をとる若者や施設で養育される子どもたちへの臨床活動に従事するうちに，個人にとって大切な人との分離が心の健康に及ぼす影響に注目しつつ，人間の発達理解に進化論的・比較行動学的・認知科学的な視点を導入することによって，愛着（アタッチメント）理論を確立するにいたった。その体系を示す3部作「愛着と喪失」はいずれもわが国において翻訳・出版されている。

▷2 **スピッツ, R.**（1887-1974）
ウィーン生まれ。第2次世界大戦によって，アメリカ合衆国に亡命した。デンバー大学で精神分析理論に基づいた乳児観察を行い，周囲の情緒的かかわりの不足が子どもにうつ的状態をもたらすことを見出した。また，乳児の生後1年間の心の発達を理論化し，ひとみしりを"8カ月不安"と名づけた。

▷3 この見解は，グループ社会化理論と称されており，次の論文に詳述されている。
Harris, J. R. (1995). Where Is the Child's Environment? A Group Socialization Theory of Development. *Psychological Review*, **102**(3), 458-489.

ることを子どもが理解する最も的確なあかしとなります。このような状況を"応答的環境"といいます。

さらに、周りからの働きかけを子どもがよりよく理解できるようにするには、創意工夫によって働きかけに変化をつけたり、新しさを加えたり、ほめてあげたり、励ましてあげたりする必要があります。子どもは目の前で起こる変化によって、好奇心をかきたて、続いて起こることを新鮮に受けとります。このようなやりとりは、子どもの心を理解しないで、むやみにあたえる一方的な働きかけの多さが子どもをうんざりさせるのとは反対に、子どもにより生き生きした心を引き起こします。

ここでいうまでもないことですが、子どもが育つ環境は家庭内の人間関係だけではありません。むしろ、外の世界に触れるにつれて、家庭環境の影響は減少し、普段接する友だちや地域のさまざまなおとなたち、なかでも、自分から選択していく仲間がより大きな影響力をもち、その交流のなかで子どもは同化（取り入れ）と分化（個性化）を繰り返し、将来にわたる自分を形成していくという証拠が見出されています。

2 世代継承性・養護性の発達

○ 次世代への関心と養育

"世代継承性"とは、**エリクソン**（Erikson, E. H.）が人生の成人期における発達課題として用いたことばです。この時期、人は次世代を育むことに関心をもち、さまざまなことを伝えようとすることを通して、自分の人生を確立させていくのです。そこには、子育て、教育、そして、後の世代に残すさまざまな社会活動・創造活動が含まれます。

さらに、世代継承性の中核を構成するのが、次世代を慈しみ、育もうとする心の動きです。このことを発達心理学の分野では"養護性"と呼んでいます。養護性は、年下の子どもを世話したり、生き物を育てるなどを経験することに加えて、他者から親身になって世話される経験を通してより積極的に養われていくことが明らかにされています。

○ 子育てを通して成長する養育者の心

実は、子育てとは文字通り「子どもの健康な心身を育むこと」と説明できますが、それでは半分の意味にしか言及していないことになります。そこには、同時に子育てを実践することによって、子育てに従事する人の心身も育まれていくのです。「親になることによる成長・発達」では柔軟性、自己制御、視野のひろがり、運命と信仰の受容、生きがい、自己の強さをあげています。そして、このことが母親にとっても父親にとっても共通にいえることはとても大事なことでしょう。

（古澤頼雄）

▷4 世代継承性, 養護性
⇒IV-4 参照。

▷5 エリクソン, E. H.
（1902-1994）
フランクフルト生まれ。美術の教員となったが、後に精神分析を学んだ。第2次世界大戦中、アメリカ合衆国に亡命し、心の発達に及ぼす社会の影響を研究し、心理社会的発達理論を構築した。8つの段階的課題に出会うことによって人は生涯を送ると提言している。その1つ"同一性（アイデンティティ）"は有名なことばである。

▷6 柏木惠子・若松泰子 1994「親となる」ことによる人格発達；生涯発達的視点から親を研究する試み 発達心理学研究 5, 72–83。

▷7 項目例：いろいろな角度から物事をみるようになった。

▷8 項目例：他人の迷惑にならないように心がけるようになった。

▷9 項目例：環境問題，児童福祉，教育問題などに関心をもつようになった。

▷10 項目例：人間の力を超えたものがあることを信じるようになった。

▷11 項目例：自分がなくてはならない存在だと思うようになった。

▷12 項目例：自分の立場や考えはちゃんと主張しなければと思うようになった。

参考文献
エリクソン, E. H.・エリクソン, J. M.・キヴニック, H. Q.（著）朝長正徳・朝長梨枝子（訳）1990 老年期；生き生きとしたかかわりあい みすず書房

IV 子育て

23 日本の産育政策
——過去・現在・そして未来へ

1 産育政策の創始と推移——第二次世界大戦まで

　日本の親子に対する産育政策は，乳幼児死亡率低減という課題から推進されます。1918年の同死亡率は統計史上最高（出生千対188.6）を記録し，2年前に内務省官制公布によって設置された「保健衛生調査会」と民間の社会事業によって，「母子」を対象に衛生・保護・保健事業が開始されます。ただ，当時は主に貧窮家庭が対象とされ，母子「全体」に対する産育や保健政策は第二次世界大戦下で始動・急進します。1920年に「児童及母性ニ対スル教化並ニ養護」を目的に設立された**恩賜財団母子愛育会**は**愛育事業**を全国展開させ，日本各地の産育の多様性を『日本産育習俗資料集成』として上梓するなど，産育政策を側面から進めました。

　大戦開始後の1939年に，平沼内閣は「産めよ・殖やせよ」の二大国民運動を提唱し，国立人口問題研究所を設置し出産力調査を行い，「国民体力法」「多子家庭表彰要綱」「人口政策確立要綱」「国民優性法」を制定します。また「高度国防国家用の兵力の確保，不健全素質者に対する断種，健全者に対する産児制限」と，明確な方向性をもった政策が進められ，母子健康手帳の前身である「妊産婦手帳」は，こうしたなかで1942年に瀬木三雄によって創始されました。

2 戦後の親子／母子政策の変遷と概要

　大戦で親を失った子どもは12万人以上といわれ，戦後1947年にはGHQ指導下で，すべての児童の福祉を国で担うため，厚生省（旧称）に「児童局」が設置され初代母子衛生課課長に先の瀬木が就任し，日本初の「児童福祉法」が制定されます。同法は「児童が心身ともに健やかに生まれ，且つ，育成されること」「すべての児童は等しく生活を保障され，愛護されること」を理念に，18歳未満の児童と妊産婦を対象に国の責任と国民の努力義務を定めています。同法によって妊産婦手帳は「母子手帳」と改称し法的根拠を得て，子どもの健康チェックや予防接種などのメディカルレコードが加えられ内容面が充実していきます。さらに1951年に政府は「保健所」を母子の健康管理の拠点と定め，2年後に**母子手帳の全面改定**を行い，徹底した妊産婦・乳幼児への指導管理対策がはかられていきます。同時期，日本は世界保健機構に加盟し，理事会メンバーとしても活躍し，国際社会が目指す健康・保健関連の目標を自国の厚生政策

▷1　**恩賜財団母子愛育会**
1933年12月23日の皇太子（現天皇）誕生を祝し，昭和天皇から内閣総理大臣に対し下賜された基金を基に創設された施設。現在は社会福祉法人として下部に日本子ども家庭総合研究所，総合母子保健センター，教護施設，愛育推進部等を配し，母子にかかわる諸事業を展開している。

▷2　**愛育事業・愛育村**
愛育会は創設後，乳幼児死亡率に関する調査を実施。その結果，農山村漁村の同死亡率が非常に高いことから，同死亡率の低下を村ぐるみで根本的に取り組む事業を展開した。その方法として事業対象となる「愛育村」を選定し，そこに基礎的単位の組織「愛育班」を置き，愛育思想の普及・啓蒙を行った。

▷3　**母子手帳の全面改定**
1953年には「出産および育児に関する指導の記事，健康の記録欄等の充実」や「予防接種法および結核予防法による予防接種の記録欄」が新設される。

の目標に組み入れ，国内の母子健康政策は急速に改善・進行します。また，1965年には，「母性並びに乳児及び幼児の健康の保持，増進を図る」目的で「母子保健法」が制定され，児童福祉法に記された母子関連項目は，母子保健法にそっくり移管されます。

この頃には日本の乳幼児死亡率は世界できわめて低い国の仲間入りを果たします。他方，妊産婦死亡率は1970年代後半にようやく低減し，先進国並の1桁（出生10万対）に減じるのは1990年代に入ってからです。

1990年に劇的な少子化状態が認知されるまでの，日本の産育政策の特徴は，(1)「子ども」と「妊産婦・母親になる女性」を対象に，(2)母と子は一体的に，または子どもを第一義に母を第二義に位置づけた施策といえるでしょう。

3　子育て支援・少子化対策の始動と親政策——母親・父親・両性への着目

少子化・超少子化のなかで，「子どもを産まないのではない，産めないのだ」という女性たちの切実な声，「母子密着」や「3歳児神話」の弊害や根拠のなさ，専業主婦に多い子育て不安，産後抑鬱症の増加，男性の育児参画の低さなど，さまざまな実態や問題が究明され論じられるなか，1990年以降ようやくこれらの課題解決を目指す政策が講じられはじめます。たとえば，92年には男女労働者を対象とした育児休業法制定，94年からは**省庁横断的な子育て支援政策**（**エンゼルプラン**，新エンゼルプラン，他）など，予算配分を伴う産育環境整備がゆっくり始動します。98年版厚生白書では，「固定的な性別役割分業や雇用慣行」が批判され，母親の過重負担を見直すため「父親の積極的な子育て参加」「3歳児神話に根拠がないこと」が明記されました。「子育てをしない男を父とは呼ばない」というキャッチ・コピーの少子化対策用政府広告が話題を呼び，「父親」の育児参画が目指され，その後「父親健康手帳」（東京法規出版）を配布する自治体もあらわれはじめます。

両性を産育の当事者として政策対象に組み込む視点は，少子化対策を機に始まり，2003年には「少子化社会対策基本法」，翌04年「少子化社会対策大綱」，05年「次世代育成支援対策推進法」さらに「子ども・子育て支援法」(2012)，「まち・ひと・しごと創生法」(2014)を制定し，「子育て世代包括支援センター」の全国設置を努力義務化するなど大量の政策が投じられ続ける。だが当事者視点に乏しい政策のため，合計特殊出生率は下降し続けています。

近年は，男性に育児休暇の取得を促し，男女ともに働き方の工夫と見直しを迫るため，政府は「**ワーク・ライフ・バランス**」政策に舵を切り，「女性活躍推進法」制定で子育てサポート企業等に厚生労働省は「くるみん・プラチナくるみん認定」と「えるほしマーク」を与え，優良企業をアピールしています。しかし，全国各地で出産施設が閉鎖し，大型産婦人科病院では混合病棟で妊産婦に対応し，他方，妊娠・産後うつ症状を抱える女性や自死者数が増え続けるなど，産育政策は現実の問題解決に追いつきません。

（中山まき子）

▷4　母子一体については，IV-7参照。

▷5　3歳児神話
⇒ IV-4 参照。

▷6　省庁横断的な子育て支援政策
1994年12月に急遽合意されたエンゼルプランは，厚生・文部・労働・建設の4大臣合意にもとづき策定され，従来の省庁縦割りによる施策とは大きく異なっていた。

▷7　エンゼルプラン
⇒ IV-27 参照。

▷8　ワーク・ライフ・バランス
⇒ III-14 VII-7 参照。

▷9　政策対象は「母子」から「父親を含む親」へ，「産まない人々」へ，「男女全体」へと確かに拡大している。ただ，個人／当事者を基盤とし，人間の安全保障を目指す「実のある政策」が必要不可欠であり，1994年国際人口・開発会議で合意されたリプロダクティブ・ヘルス／ライツ政策の推進等が待たれる。

参考文献

大和礼子ほか（編）2008
男の育児・女の育児　昭和堂

橘木俊詔（編著）2005
現代女性の労働・結婚・子育て　ミネルヴァ書房

図IV-28　父用のさまざまな手帳

IV 子育て

24 東西の養子のし方
――子育てそのものの価値

1 養子縁組と特徴

　日本では古くから養子縁組が行われてきましたが，その多くはきょうだいや親戚の子どもなど血縁のつながりのある子どもの養子縁組であり，主に家系の存続などを目的とする親側のニーズを中心としたものでした。家や血縁といった点をそれほど重視しない欧米においても，養子縁組は子どもを育てたい夫婦のためであることが主流でしたが，最近では子どものニーズや養親側の子どもを育てる能力に注目する方向に変化してきています。日本でも子どもの福祉という点を重視する方向で養子縁組をとらえるようになりましたが，こうした子ども中心の視点はまだ広がりはじめたばかりといえます。

　子どもをもつことが難しい夫婦が最初に不妊治療に取り組むことは日本も欧米も共通していますが，欧米においては不妊治療を行う前から養子縁組を選択する場合や，医療的ケアや障害を抱える子ども，あるいは複数の子どもの養子縁組など日本では決して一般的とはいえないケースも多くみられます。

　欧米と日本のこうした養子縁組のちがいは，たんに国民性や宗教観のちがいというよりも親子に関する意識や子育てを取り巻く社会状況が影響を与えているといえるでしょう。欧米では多くの子どもは18歳を過ぎると親元から独立し，子どもの養育にかかる時間も比較的短いことや，老後も夫婦二人での生活を基本としますが，日本では成人してもなお多くの子どもたちが親と同居を継続することや，子どもひとり当たりの教育費負担の厳しさや住宅事情，また子どもの問題は親の養育にその原因がある，といった子育てを取り巻く環境だけでなく親に対する強い社会的期待やプレッシャーの存在も考慮する必要があります。

　養子縁組となる子どもたちのなかには，不適切な養育をうけ児童相談所の保護のもとで特別なニーズを抱える子どもたちも少なくありません。日本では要保護児童となった子どもたちには施設養育が提供されることが主流ではありますが，近年子どもの権利の観点などから養子縁組や**里親養育**[1]といった家庭養育の重要性が再認識されるにいたっています。**社会的養護**[2]には養子縁組を目的とする場合とそうでない場合の2種類の里親があります。里親養育から養子縁組に変更することがある場合に，日本では親族の反対や，生みの親から引き継いだ姓や戸籍を子どもが失うこと，老後の負担を子どもにかけることなどについての不安を語ることがめずらしくありません。欧米ではあくまで夫婦を単位に

▷1　里親制度
社会的養護のもとで要保護となった0～18歳までの児童に都道府県から認定された里親が自分たちの家庭を提供して育てる児童福祉における制度の1つ。養育里親，短期里親，親族里親，専門里親の4種類がある。

▷2　社会的養護
養育者の元で生活することが難しい子どもに，社会が代わって家庭を用意すること。里親に代表される家庭的養護と，乳児院，児童養護施設などの施設養護の2種類がある。

養子縁組や家族をとらえるのに対し，日本は夫婦だけでなく親族や家系などの点も含めてとらえるというちがいがあります。◁3

❷ ケアとしての親

　養子縁組とは法的な親を意味しますが，そもそも親にはさまざまレベルが存在しています。遺伝的な情報を共有する生物学的な意味での親，妊娠・出産のプロセスを共有する身体的な親，また実際の子どもの養育を行う社会的な親などがそれであり，これらは一般的には一致していることがほとんどですが，◁4 養子縁組や里親養育においては，それぞれの要素が別々に存在しています。

　しかしながら，生物学的なつながりや法的なつながりを共有していない場合でも，子どもとの間に心理的なつながりや絆を形成することが可能であるという報告は，アタッチメントなどさまざまな研究の結果から明らかにされています。

　養子や里子となる子どもたちは，少なくとも生みの親や慣れ親しんだ環境と一度以上の分離や喪失を経験しています。子どもたちのなかには，心身に深いダメージを受け，新しい養育者との関係性の構築に困難を抱える場合もあります。こうした子どもたちには安心して暮らすことのできる環境や信頼できる養育者との生活が不可欠です。適切なアタッチメントや信頼感を親にもつことが難しい場合には，たとえ生物学的，法的なつながりを共有していても子どもにとって本質的な親として機能することが不十分であることは虐待などの問題からも明らかです。子どものルーツやアイデンティティという点では生物学的な親の存在も子どもにとって重要な機能を担いますが，日々の生活のなかで必要とされる本質的な親とは**安全基地**として機能し，よい面も悪い面を含めて子どもの存在を受容し，支えてくれる心理的な親であるといえるでしょう。◁5◁6

　しかしながら，お互いが他人同士からはじまる養子縁組や里親では，すぐにお互いが信頼感のある関係性を構築することは難しいといえます。子どもとの間に共有していない時間があることは，お互いが歩み寄る時間と距離を必要とします。里親に対する親意識の研究からは，実際の子どもとの繰り返される生活のなかで，次第に子どもの行動を理解できるようになり，予測が立てられるようになることで親としての自信をつけていくこと，また子どもから必要とされる自己を意識するうちに自分が親であるというアイデンティティを形成していくというプロセスが明らかになっています。◁7 日々の生活のなかで共有される喜びや苦しみといったさまざまな時間の蓄積こそが，お互いの関係性を深めることにつながり，最終的には血縁や形式にかかわらず子どもにとっての心理的な親として機能すると考えられます。

〈御園生直美〉

▷3　しかし，欧米においても人種や民族，文化のちがいや，海外からの養子縁組など日本とは異なる複雑な要因や課題があるのも事実であり，単純にその内容を比較することは難しい。

▷4　浅井美智子　2000　生殖技術とゆれる親子の絆　第1部　問われる親と子の絆　藤崎宏子（編）　親と子；交錯するライフコース　ミネルヴァ書房　59―82頁。

▷5　**安全基地**（secure base）
恐怖や不安を感じたときに養育者が子どもの安心や安全の基地として機能するというエインズワースやボウルビーによって提唱された概念。

▷6　ソブン，J.（著）　2007　先進国の児童養護制度；里親と養子縁組の比較研究から学ぶこと　新しい家族　養子と里親を考える会　第50号　98―122。

▷7　御園生直美　2001　里親の親意識の形成過程　白百合女子大学発達臨床センター紀要　5，37―48。
御園生直美　2008　里親家庭における新しい家族の形成；里親・里子の心理的展開を通して　博士論文（未公刊）。

（参考文献）
御園生直美　里親養育と子育て支援　2009　繁多進（編）　子育て支援に活きる心理学実践のための基礎知識　新曜社　152―162頁。

Ⅳ 子育て

25 子どもはだれと愛着を形成するか

1 愛着とは何か

○ 愛着という着想

愛着（attachment）という用語は，「個体が危機的な状況に直面した場合，あるいは潜在的な危機に備えて，特定のひととの近接を求め，これを維持しようとする個体に備わる特別な傾性」を意味して，**ボウルビィ**が名づけたものです。彼は，第二次世界大戦の際に，首都ロンドンがドイツ軍の空襲を受け，多くの戦災孤児が施設生活を送る過程で，情緒発達やからだの成長に遅れを示していくのを目にして，幼い時に重要な人からの養育を十分に受けなかったことが愛着の発達に不全をもたらしたという見解を公にしました。

○ 愛着の発達

第1段階（誕生—3ヵ月齢）：特定の人に限らず，近くにいる人に対して，注視したり，耳を傾けたり，手をのばしたり，微笑む，声を出すなどを示したり，相手がだれであれ，人の声を聞いたり，人の顔を見たりすると泣きやみます。

第2段階（3ヵ月齢—6ヵ月齢）：養育者の声や顔に対して状況によってちがった反応を示します。

第3段階（6ヵ月齢—2・3歳）：見知らぬ人に対しては警戒心を示し，かかわりを避けたりする一方，特定の人への後追いや接近，さらには，特定の人を安全基地として行動を拡大したりします。

第4段階（3歳以後）：これまでのところ，個体の愛着は，自分に予想される危機を回避するために他者を活用することに終始していたのですが，徐々に目標を修正して，相手と協調的な関係をもつようになります。このことは，愛着の対象は自分を保護してくれる存在であるという内的表象が形成されるにつれて，より安定した対人関係が持続できるようになったことを示しています。

2 愛着研究の発展

○ 愛着の発達モデル

ところで，個体にとって他者への愛着がどのような形で発達するか，表Ⅳ-10はこれまで提唱されてきた発達モデルとその特徴を数井が整理したものです。

提唱者ボウルビィの愛着の考えは，何よりも人生最初期の養育者（多くの場合，母親）への愛着が個体にとってすべてであると考えた"単一モデル"であ

▷1 「アタッチメント」とする場合も数多くあるが，ここでは「愛着」と表現する。

▷2 遠藤利彦 2005 アタッチメント理論の基本的枠組み 数井みゆき・遠藤利彦（編著） アタッチメント；生涯にわたる絆 ミネルヴァ書房 1—23頁。

▷3 ボウルビィ，J.
⇒ Ⅳ-22 参照。

▷4 遠藤（2005）。

▷5 数井みゆき 2001 乳幼児期の保育と愛着理論；子どものより良き発達を求めて 母子研究 **21**, 62—79。

ったといえます。ところが，その後の考えでは，あくまでも主な養育者（母親）との間で築かれる愛着がその後の人生においても中核となり，その再現が他者との人間関係においても繰り返されるという"階層的組織化モデル"が主張されました。この２つに共通することは，愛着をあくまでも一対一の人間関係にみられる現象に限定した点でした。

これに対して，個体は複数の人へそれぞれ固有な愛着を形成

表IV-10　愛着関係発達のモデル

	モデル	特　徴
1	単一モデル Monotropy Model	ひとりの人物（大抵の場合，母親）が重要な愛着対象者。
2	階層的組織化モデル Hierarchy Model	ひとりの人物（母親）が愛着の対象者であり，中心であるが，他の保育者も安全の基地として，母親がいない場合には機能しうると考える。
3	総合的組織化モデル Integration Model	愛着関係のネットワークを形成し，ある愛着が不安定であると，他の安定した愛着がそれを保障するように機能しうる。母子，父子，保育者と子という愛着ネットワークのうち，１つよりは２つ，２つよりは３つという関係が安定的であることが，子どもの情緒社会性の発達と肯定的に関連すると考える。
4	独立的組織化モデル Independence Model	子どもは同様に複数の人物を愛着対象者とする。ただ，愛着関係は，その人物とある一定の時間を過ごした範囲によって機能する。各保育者はそれぞれの範囲で特化し，その範囲でのみ安全の基地となることができる。

出所：数井（2001）。

するという考え方がその後の研究において実証されるようになりました。その１つは，"統合的組織化モデル"です。個体をめぐる人間関係は成長とともにさまざまで，幼児を考えてみると，家族・仲間・保育所（あるいは，幼稚園）などでいろいろな人たちと出会い，そこでの人間関係で形成される個々の愛着が漸次まとまりを示すようになるというものです。もう１つは，"独立的組織化モデル"と称され，それぞれの人間関係において形成された愛着は，相互に影響を受けることなく，あくまでもそれぞれの特質を保持していくと考えます。

○生涯にわたる愛着の継続性をめぐって

さて，愛着の発達を"単一モデル"または，"階層的組織化モデル"のように人生早期の養育者（主に，母親）との関係に限定して考えるよりは，むしろ，複数の人々への愛着が形成されていくという主張が最近の研究では優位ですが，そこには，ボウルビィが提唱していた**内的作業モデル**をもとにした次のような理解が考えられます。

まず，日常的に出会う他者との経験は１つのまとまりとなって，子どもの心に記憶され，さらに，ある経験が子どもにとって印象深いものであるならば，繰り返されるその人とのかかわり経験を通して，子どもに他者への愛着が形成されます。

さらに，子どもが相手の心の動きを理解できるようになるにつれて，さまざまな他者が示す微妙な心の動きの相違を区別した場合には，他者ごとに個別化した愛着が形成され，さまざまな他者が示すこころの動きに類似性を見出した場合には，複数の他者を統合したかたちでの愛着が形成させるのです。

（古澤頼雄）

▷6　内的作業モデル
主要な愛着対象との経験を通して，個人に形成される心的表象をいう。それによって，いろいろな出来事を理解し，これから先の人間関係で生ずる感情・思考・期待などを方向づけていく。

▷7　心の理論については，I-6参照。

参考文献
ルイス，M.・高橋惠子（編著）　高橋惠子（監訳）2007　愛着からソーシャル・ネットワークへ　発達心理学の新展開　新曜社
数井みゆき・遠藤利彦（編著）2007　アタッチメントと臨床領域　ミネルヴァ書房
フォナギー，P.（著）遠藤利彦・北山修（監訳）2008　愛着理論と精神分析　誠信書房

IV 子育て

26 施設で育つ子どもたち

1 「ホスピタリズム説」の弊害

　長期間家庭を離れて施設で育つ子どもたちに特有にみられる罹患率の高さ，発育の不良，情緒的問題，死亡率の高さなどを総称してホスピタリズムという時期がありました。ホスピタリズムということばは，19世紀末から20世紀初頭にかけてドイツやアメリカで用いられるようになり，20世紀の半ばに，**ボウルビィ**[1]によるWHOへの報告書を契機に世界的な論争がすすみ，わが国の施設養護や里親養育のあり方にも大きな影響を与えました。

　論争の焦点は，ホスピタリズムの原因に関するものです。当初これらの症状は，長期間母親から引き離されることに起因しているという説が有力でした。マターナル・デプリベーション（maternal deprivation，母性的養育の喪失）ということばは今日においても用いられますが，母親から引き離されていること自体が，デプリベーションという考え方です。したがって，いかに施設が優れたケアをしても，母親さえ一緒であれば家庭でケアされる方が望ましいという見解さえみられました。

　しかしホスピタリズムに関する実証的研究がすすむなかで，マターナル・デプリベーションの実質的意味が問われるようになりました。すでにその時期から，ホスピタリズムに関する科学的見解には懐疑的あるいは否定的見解がみられるようになっていました。施設において子どものケアに当たる保育者の数が整っており，母性的な養育環境や心理的相互作用が豊かにみられる場合には，ホスピタリズムが少ないことが次第に実証されるようになりました。筆者らも，特に乳幼児期のデプリベーションに関する動向と課題について研究し，ホスピタリズムということばが専門書やテキストなどで用いられていた1980年代，全国乳児院の協力を得て，入院児の精神発達に関するDQ値について詳しく調査をしました。図IV-29に示すように，在院機関が長期化するに伴いDQ値は上昇傾向がみられました。また表IV-11に示すように，入院時月齢が低い方が退院時のDQ値が有意に高いという結果がみられました。

　マターナル・デプリベーションというのは，母親と同居していないこと自体が問題なのではありません。子どもの生活環境に母性的養育環境が豊かに整っているかどうかというケアの質が問題になります。近年特に関心が高まっている児童虐待は，母親が同居している子どもに対する身体的虐待，心理的虐待，

▷1　ボウルビィ，J.
⇒ IV-22 参照。

▷2　Bowlby, J.（1951），*Maternal care and mental health*. World Health Organisation（黒田実郎（訳）1962　乳幼児の精神衛生　岩崎書店）．

▷3　網野武博・萩原英敏・金子保　1980　乳幼児期における母性的養育環境の相違と発達に関する縦断的研究；小児の精神身体発育からみた初期環境におけるdeprivationの影響に関する研究1　日本総合愛育研究所紀要　**15**，159—210頁。

▷4　網野武博・萩原英敏・金子保　1982　乳幼児期における母性的養育環境の相違と発達に関する縦断的研究(3)；小児の初期環境におけるseparation, deprivationの影響に関する研究2　日本総合愛育研究所紀要　**17**，145—153頁。

性的虐待あるいはネグレクトがみられる状態であり，まさに，マターナル・デプリベーションの典型でもあるのです。**母性神話**と同様に，ホスピタリズムの神話も克服すべきことといえます。

▷5　母性神話
⇒ IV-12 参照。

2 施設で育つ

　児童養護施設や乳児院などの児童福祉施設や里親におけるケアは，児童家庭福祉では社会的養護と呼ばれます。保護者や親が死亡したり行方不明であったり，両親の不和や離婚，疾病，特に精神的疾患や入院，虐待やネグレクト，養育拒否，棄児，そして親子関係の不調和などによって，家庭で子どもが育つことができなかったり，家庭で育てることが福祉上望ましくない場合などが，社会的養護のニーズの主たるものです。このようなニーズに対応して，公的責任で子どもの生活と発達を保障するために，児童相談所の入所措置を経て施設や里親が子どもの生活を保障します。乳児院（保護を要する乳児等を養育し，退院後の相談その他の援助を行うことを目的とする施設）や児童養護施設（保護を要する児童を養護し，退所後の相談その他の自立の援助を行うことを目的とする施設）におけるケアは集団的養護と呼ばれ，里親によるケアは家庭的養護と呼ばれます。

　ここでは，児童養護施設に入所した子どもで，一見，母子関係に何の問題も

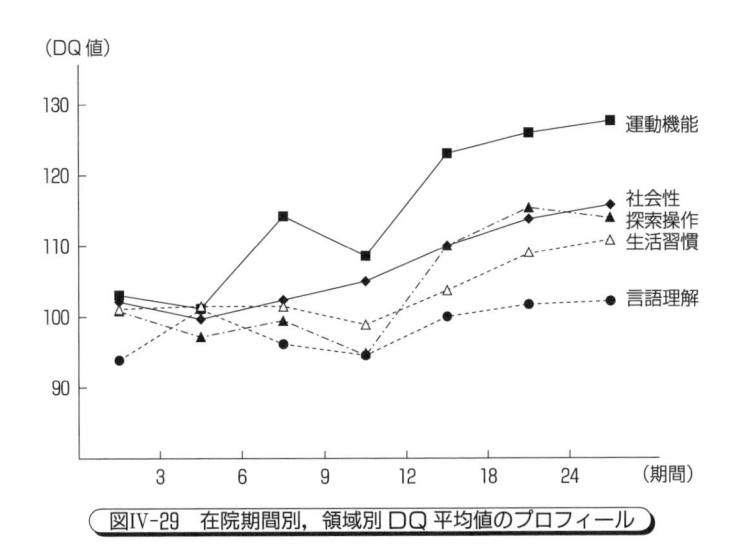

図IV-29　在院期間別，領域別DQ平均値のプロフィール

出所：網野ほか（1982）148頁。

表IV-11　（1歳6カ月～2歳）退院時のDQ値と入院時月齢との関係（T-検定）

入院時月齢	n	M	S.D.	T
～12か月	44	112.31	15.74	**
12か月～	41	104.60	14.29	

（注）　**は，2.5％水準。
出所：網野ほか（1982）148頁。

IV 子育て

ないようにみえるマターナル・デプリベーションの例をあげてみましょう。先に例示した親子関係の不調和という養護問題には，母親にも子どもにも意識化されていない以下に例示するような愛情剥奪症候群も含まれるのです。諏訪は，母親からの愛情に満たされた幸福な状態になく，しかもそれが長期間にわたり継続的に持続すると，心理的に障害を起こし，さらには身体的にさまざまな状態を呈してくる小児の例を示し，この症状を愛情欠乏症候群と呼びました。そして，身体症状として成長ホルモンの分泌に異常がないにもかかわらず成長障害を示す症状を愛情欠乏性小人症（deprivation dwarfism）と呼びました。近年では愛情剥奪症候群と呼ばれるようになっています。[6]

図IV-30は，その症状をもった子どもの身長と体重の推移です。母親から離れて，病院や祖母のもとで，そして児童福祉施設へ入所しているときに，成長を回復している様子がうかがえます。児童福祉施設におけるケアの本質は，ホスピタリズムとは逆の状況，つまり家庭での実の親によるマターナル・デプリベーションを回復させる役割も担っていることが理解できるでしょう。

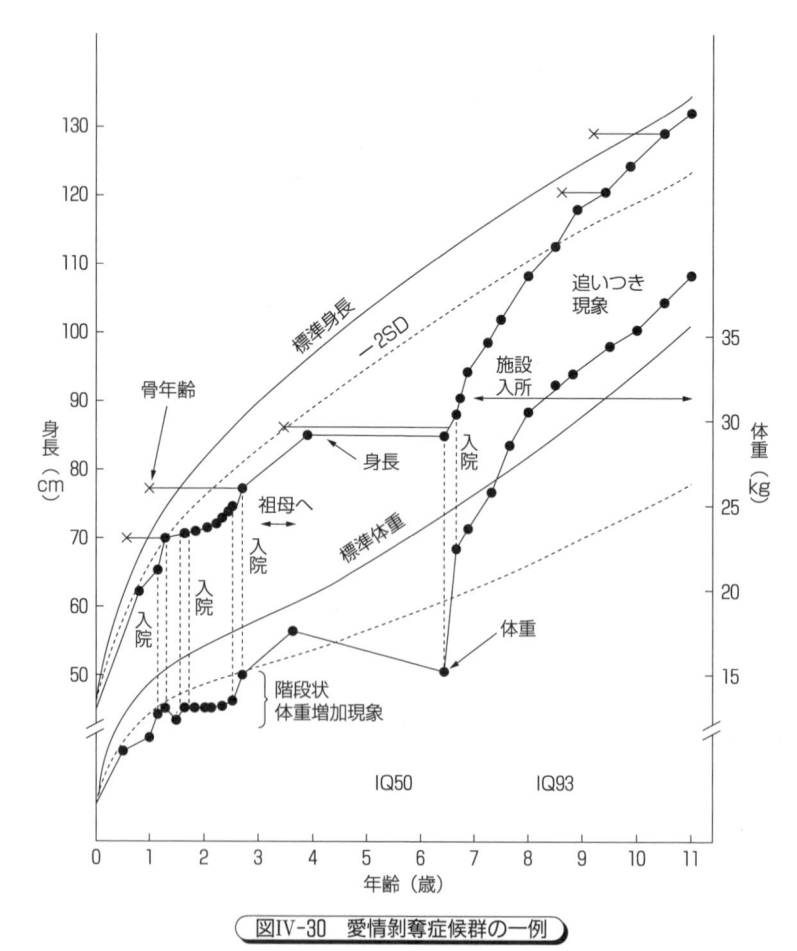

▷ 6　諏訪珹三　1990　愛情欠乏性小人症　日本医師会雑誌　103—109。

図IV-30　愛情剥奪症候群の一例

出所：小林登　1999　子ども学　日本評論社　172頁（諏訪珹三のデータによる）。

３ 家族再統合に向けて

　現在，わが国には社会的養護を担う施設として，乳児院，児童養護施設のほか，情緒障害児短期治療施設（軽度の情緒障害のみられる児童を短期間入所または通所により治療し，退所後の相談その他の援助を行うことを目的とする施設）や児童自立支援施設（不良行為をしまたはそのおそれのある児童，家庭環境その他の環境上の理由で生活指導等を必要とする児童を入所または通所により指導し，自立を支援し，退所後の相談その他の援助を行うことを目的とする施設）があります。それぞれの施設によって，養護，指導，治療などの専門性に異なる部分がありますが，近年は，虐待を受けた子どもが入所する割合はいずれの施設においても高い割合を占めてきています。2000（平成12）年に公布された児童虐待の防止等に関する法律によって，児童相談所を主とする虐待への予防と対応がすすみ，また社会の関心が高まり，相談件数が著しく増加していることが背景にあります。したがって，今日の社会的養護を担う施設の役割として，虐待への対応は，一層重要な機能となっています。

　さて，わが国の社会的養護の比重は，里親による家庭的養護よりもこれら施設による集団養護の割合が圧倒的に高く，近年里親制度の拡充がはかられつつありますが，しかしわが国の風土，文化や生活環境を考慮すると，里親制度が広く普及することは非常に難しいと考えられます。このため，国は施設における社会的養護の見直しをすすめ，望ましいケア体制の強化をはかろうとしています。まず，施設においても家庭的な養育環境のもとで安定した個別的なケアをはかることが重視されてきています。また，虐待などによるトラウマを抱えるなど，複雑な問題を抱える子どもたちへの心理的ケアの重要性が高まっています。このため，今後は乳児院，児童養護施設，情緒障害児短期治療施設，児童自立支援施設という施設の分類すら見直しがすすむとともに，施設における心理的ケアや治療のウエイトが高まってくることが予想されます。

　さらに，子どもとその親や家族などとの関係調整が必要になってきます。子どもを家庭から分離するだけではなく，入所中の子どもの実家庭へのファミリーソーシャルワークが欠かせません。これによって，親子関係の再構築や親の養育力の再形成が期待されるのです。また，退所後の家庭支援機能も，ファミリーソーシャルワークの機能として重要です。施設で育つ子どもたちのこれらの家族再統合のアプローチが，家族心理学上も期待されるのです。

（網野武博）

▷7　社会保障審議会児童部会社会的養護専門委員会　2007　社会的養護体制の充実を図るための方策について　厚生労働省社会保障審議会児童部会社会的養護専門委員会報告。

IV 子育て

27 地域子育て支援

▷1 **1.57ショック**
1989年の合計特殊出生率が1.57を記録し、"ひのえうま"という特殊要因のために過去最低だった1966年の合計特殊出生率1.58を下回ったことが判明したときの衝撃をさす。

▷2 **合計特殊出生率**
その年次の15～49歳までの女性の年齢別出生率を合計したもので、ひとりの女性が仮にその年次の年齢別出生率で一生の間に子どもを産むと仮定したときの子ども数に相当する。2008年の合計特殊出生率は1.37であった。

▷3 WHO「The World Health Report 2006」によると、日本は、調査対象となった24カ国のなかで、男女ともに平均寿命が第1位（男性79歳、女性86歳）の最長寿国である。

▷4 原田正文 2006 子育ての変貌と次世代育成支援；兵庫レポートにみる子育て現場と子ども虐待予防　名古屋大学出版会。

▷5 子育て不安の背景は、社会の変化などの社会的要因だけではなく、母親の自己効力感の低さや子どもの気質などの個人的要因があるが、本章では社会的要因を中心に論じている。

① 少子化社会・日本

1.57ショックをきっかけに、日本では少子化問題が広く認識されるようになりました。近年の**合計特殊出生率**は1.3前後を推移しており、この状態が続けば、日本の人口は今世紀末には現在の半分以下になるといわれています。世界一の長寿を誇る豊かさを手に入れたはずなのに、子どもを産み育てることは躊躇してしまう……それが、現在の日本の姿なのです。

少子化とともに、核家族化、都市化が進むなかで、子育て環境は大きく変化してきました。原田ほかによる子育て実態調査からは、小さな子どもとかかわる経験がほとんどないままに親となり、身近に相談できる相手もいない母親たちの不安や孤独が感じられます（図IV-31, 32）。一方、子どもたちは、**三間の喪失**といわれるなかで、社会性などの発達に問題が指摘されています。自分より幼い子どもにかかわる経験が少ないことは**養護性**の形成に影響し、将来の子育て不安予備群を生み出しているともいえます。

落合は、日本の貧困な子育て支援ネットワークが、子育てを困難にしている構造的背景であると述べています。現状を打開するために有効な策の1つは、

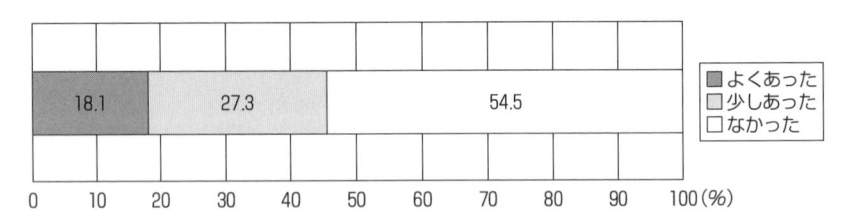

| 18.1 | 27.3 | 54.5 |

■よくあった　□少しあった　□なかった

図IV-31 「あなたは自分の子どもが生まれるまでに、他の小さい子どもさんに食べさせたり、おむつをかえたりした経験はありましたか」に対する母親の回答

出所：原田（2006）より作成。

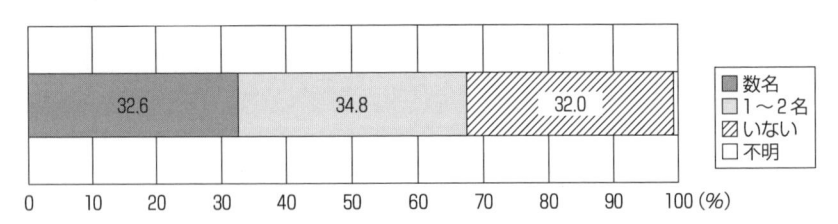

| 32.6 | 34.8 | 32.0 |

■数名　□1～2名　▨いない　□不明

図IV-32 「近所にふだん世間話をしたり、赤ちゃんの話をしたりする人はいますか」に対する母親の回答（4カ月健診時点）

出所：原田（2006）より作成。

IV-27 地域子育て支援

親と子が暮らす地域が子育てを支える機能を高めることです。かつてのような地域共同社会に戻ることは不可能だとしても，現代にふさわしい，子育てを支えるシステムの構築が求められているのです。

❷ 少子化対策と子育て支援

こうした現状を受け，わが国では，**エンゼルプラン**をはじめとしてさまざまな少子化対策が打ち出されてきました（図IV-33）。当初は子育てと仕事の両立支援を主眼とした保育に関する施策が中心でした。しかし出生率は回復しませんでした。そして，3歳未満児の8割以上が家庭で保育されていること，専業主婦の子育て不安が共働き主婦よりも強い傾向があること（図IV-34）などから，すべての子育て家庭を社会が総合的に支援する必要性が認識されるようになりました。

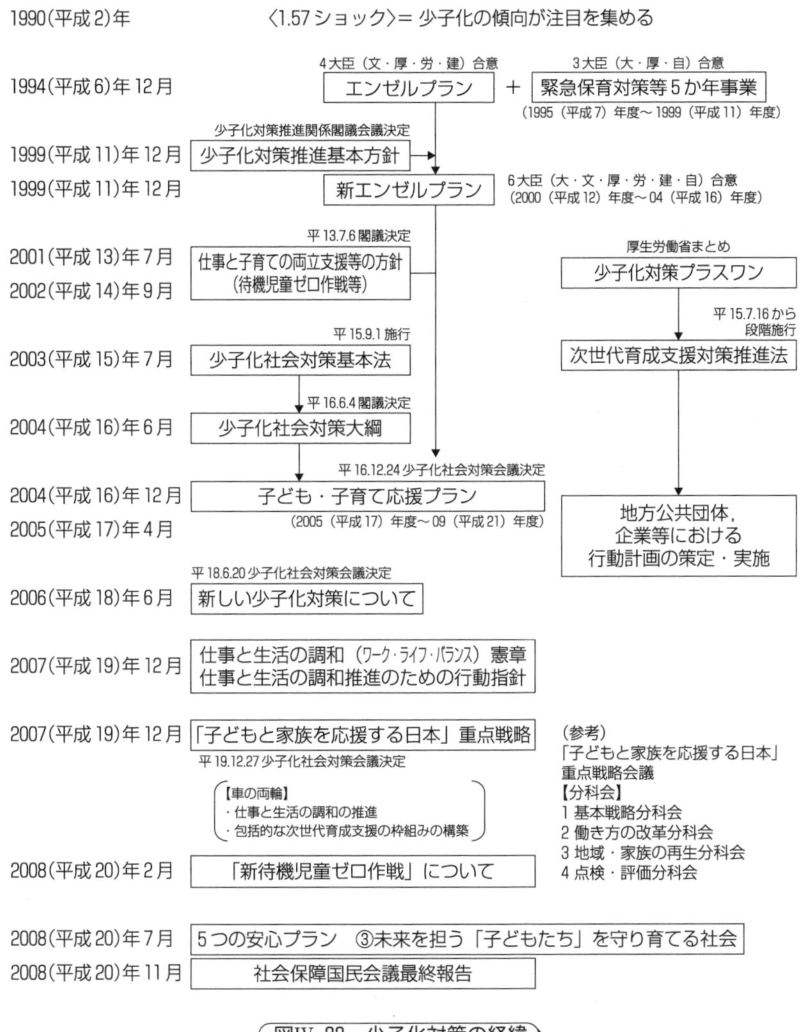

▷6 三間の喪失
子どもたちが"遊び時間""遊び空間""遊び仲間"を失っている現状。

▷7 養護性
⇒ IV-4　IV-22 参照。

▷8 落合恵美子　2008　アジアにおけるケアネットワークと福祉ミックス；家族社会学と福祉社会学の接合　家族研究年報　33，3―20．

▷9 少子化対策
子どもの数を増やすというたんなる数の問題ではなく，次世代を担う子どもが心身ともに健やかに育つための環境を整備するという考え方から，次世代育成支援対策ということばも使われるようになっている。

▷10 エンゼルプラン
1994年12月に，文部，厚生，労働，建設の4大臣の合意により策定された「今後の子育て支援のための施策の基本的報告について」のことをさす。今後10年間に取り組むべき基本的方向と重点策を定めた計算で，以後，"子育て支援"ということばが公に使われることとなった。

1990（平成2）年　〈1.57ショック〉＝少子化の傾向が注目を集める

1994（平成6）年12月　4大臣（文・厚・労・建）合意　エンゼルプラン ＋ 3大臣（大・厚・自）合意　緊急保育対策等5か年事業（1995（平成7）年度～1999（平成11）年度）

1999（平成11）年12月　少子化対策推進関係閣議会議決定　少子化対策推進基本方針
1999（平成11）年12月　新エンゼルプラン　6大臣（大・文・厚・労・建・自）合意（2000（平成12）年度～04（平成16）年度）

2001（平成13）年7月　平13.7.6閣議決定　仕事と子育ての両立支援等の方針（待機児童ゼロ作戦等）
2002（平成14）年9月　厚生労働省まとめ　少子化対策プラスワン

2003（平成15）年7月　平15.9.1施行　少子化社会対策基本法　平15.7.16から段階施行　次世代育成支援対策推進法

2004（平成16）年6月　平16.6.4閣議決定　少子化社会対策大綱

2004（平成16）年12月　平16.12.24少子化社会対策会議決定　子ども・子育て応援プラン（2005（平成17）年度～09（平成21）年度）
2005（平成17）年4月

地方公共団体，企業等における行動計画の策定・実施

2006（平成18）年6月　平18.6.20少子化社会対策会議決定　新しい少子化対策について

2007（平成19）年12月　仕事と生活の調和（ワーク・ライフ・バランス）憲章　仕事と生活の調和推進のための行動指針

2007（平成19）年12月　「子どもと家族を応援する日本」重点戦略
平19.12.27少子化社会対策会議決定
【車の両輪】
・仕事と生活の調和の推進
・包括的な次世代育成支援の枠組みの構築

（参考）「子どもと家族を応援する日本」重点戦略会議
【分科会】
1 基本戦略分科会
2 働き方の改革分科会
3 地域・家族の再生分科会
4 点検・評価分科会

2008（平成20）年2月　「新待機児童ゼロ作戦」について

2008（平成20）年7月　5つの安心プラン　③未来を担う「子どもたち」を守り育てる社会
2008（平成20）年11月　社会保障国民会議最終報告

図IV-33　少子化対策の経緯

出所：内閣府　2009　平成21年版少子化社会白書．

IV 子育て

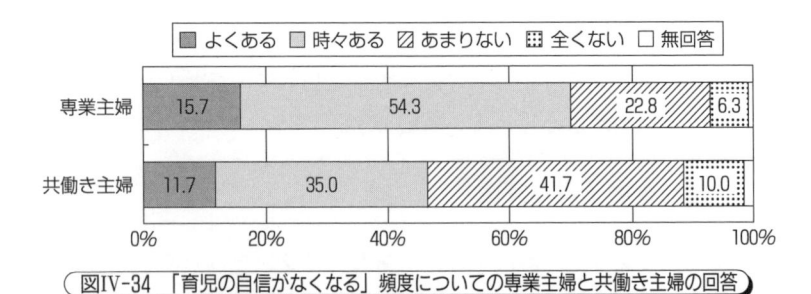

■よくある ■時々ある ▨あまりない ▦全くない □無回答

図IV-34 「育児の自信がなくなる」頻度についての専業主婦と共働き主婦の回答

出所：内閣府 1997 国民生活選好度調査より作成。

2003年には，それまで要保護児童や保育に欠ける児童対策を中心としてきた児童福祉法が改正され，すべての家庭に対する子育て支援が市町村の責務であることが明確に位置づけられました。さらに今，「子どもと家族を応援する日本」重点戦略を踏まえて，地域や職場における支援を推進するため，新たな制度体系の具体化が検討されています。2009年4月には，家庭的保育事業等の新たな子育て支援サービスの創設，困難な状況にある子どもや家族に対する支援の強化，地域における子育て支援サービスの基盤整備，仕事と家庭の両立支援などを柱として，児童福祉法等が一部改正・施行されました。

▷11 2007年12月に少子化対策会議において決定された"重点戦略"で，就労と出産・子育ての二者択一構造の解消のために「働き方の見直しによる仕事と生活の調和の実現」と「就労と子育ての両立，家庭における子育てを包括的に支援する枠組みの構築」の2つの取り組みを車の両輪として同時並行的に進めることを必要不可欠としている。

③ 望ましい支援のかたちとは

理想的な施策がつくられても，実現されていかなくては意味がありません。自分の子どもや孫以外の子育てを支援しようという意欲が乏しい現状（図IV-

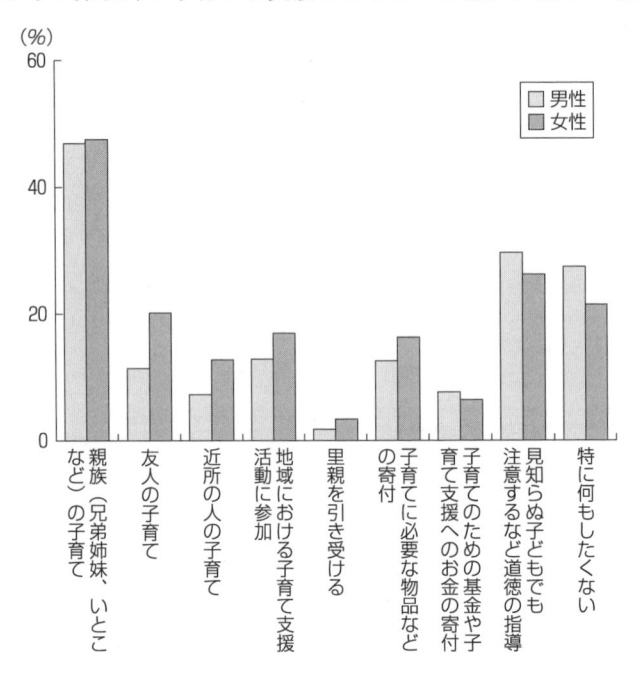

図IV-35 「自分の子どもや孫以外で子育てを手伝ってもよいと思うものはありますか」に対する回答（複数回答）

出所：内閣府 2004 国民選好度調査より作成。

35）においては，その必要性の認識を促し，支援の"支え手"を育む努力が必要です。

また，現在の子育て支援サービスの利用率は高いとはいえず，親子が真に求める支援のあり方を検討していかなければなりません。多くの人が子育てに直接・間接的にかかわりつつも，多様性と自律性，柔軟性のあるネットワークの構築が必要です。その意味では，行政が施策を準備するだけではなく，NPOやボランティアグループなど地域に根ざした民間組織が実態に即した仕組みをつくり出し，行政がそれをサポートするという協同体制が，今後の進展の鍵を握ると判断できます。

❹ 子育て支援は"子育ち"支援──例：〈0123〉の理念と実践

東京都武蔵野市には，家庭と地域と行政が1つになって子どもたちを育てていこうという理念のもとにつくられた〈0123〉という子育て支援施設があります。0〜3歳の子どもとその家族，1日平均170組が利用しています。

〈0123〉のスタッフは，子どもが自発的に何かをはじめたり遊んだりする様子を傍らで見守る姿勢に徹しています。子どもたちは，自分で遊びを工夫して熱中した時間をすごし，他の子どもとのいざこざも体験します。親たちも，自分の子どもだけではなく他の子どもたちをみることで，わが子の持ち味を再発見し，日頃の子育てを省みるきっかけになります。

子育て支援の本質は，育てるおとなを支援することを通して子どもの健やかな育ちを支えることです。"子どもが主役"を本当の意味で実現できれば，おとなの育て方・働き方・生き方も変わるでしょう。子ども自らが育つ力を存分に発揮できるように支援する──子育て支援は"子育ち"支援でもあるのです。

❺ 今後の課題

乳幼児期を対象とする支援に比べると，児童期や青年期におけるすべての子育て家庭への支援はあまり進んでいません。ひきこもりなどの問題や，日本の子どもたちが世界でも突出して孤独を感じているという切実な状況が報告されている今，本来連続したプロセスである子ども時代のどの段階においても，適切な支援が受けられるシステムづくりが急務です。

社会は，私たち一人ひとりから成り立っています。子育て家庭の"今"を支えることが，社会の"将来"にとってどのような意味をもつのか──長期的な視野に立った支援を考え，実践していきたいものです。

（富田庸子）

▷12 松田茂樹 2002 育児ネットワークの構造とサポート力；〈密度のカーブ効果〉の再検証 家族研究年報 **27**, 37─48.

▷13 たとえば，子どもが小学校に入学すると同時に預け先に困るという，いわゆる「小1の壁」にぶつかる保護者が多い。学童保育の需要は年々増加し，厚生労働省の調査（2007年度）では，学童保育に入りたくても入れない，いわゆる待機児童の数が1万4029人となっている。

▷14 UNICEF Innocenti Research Centre, Report Card 7 (2007). Child poverty in perspective: An Overview of child well-being in rich country. 経済開発協力機構（OECD）加盟国（25ヵ国）の15歳を対象とした調査において，日本の子どもは「孤独を感じる」と答えた率が25ヵ国中最も高く，29.8％であった。以下，アイスランド（10.3％），フランス（6.4％），イギリス（5.4％）などが続くが，日本の子どもの結果は突出している。

IV 子育て

28 ひとり親家庭

▷1 従来，母子家庭，父子家庭，片親家庭などといわれていたが，最近では"ひとり親家庭"と総称する。IV-16 参照。

▷2 **養育権**
離婚によって，配偶者のいずれかに付託された未成年の子どもを養育する権利をいう。

▷3 **共同養育**
離婚後に二人の生物学的親が子どもの養育を共同して行う子育ての仕組みをいう。共同監護については，IV-16 参照。

▷4 湯澤直美 2004 ひとり親世帯の生活問題と所得保障 社会福祉研究 90, 52—62.

1 ひとり親家庭の現況

図IV-36が示すように，わが国ではこの20年間にひとり親家庭，なかでも別居・離婚による母子世帯数が著しく増加しています。また，女性だけでの子育てを選択する母親（シングルマザー）数も少数ながら徐々に増加する傾向にあります。これに対して，父子世帯数は，死別・離婚ともにほとんど変化することなく推移しています。

わが国の離婚による母子世帯の増加傾向は，1970年代後半からの離婚数増加に伴い子どもの**養育権**が女性配偶者にゆだねられる傾向が顕著になっていると判断されます（表IV-12）。このことは，離婚時の子どもの年齢が幼いことに加えて，「子どもは女性配偶者が育てるのが当たり前」という風習が男性配偶者にはもちろんのこと，女性配偶者もそのことに同調する風潮を抱いているためと考えられます。

アメリカ合衆国においては，州によって状況に違いがありますが，離婚後も子どもとのかかわりを共有する**共同養育**が法令となり，非養育親も子育てに参加することが促進されています。

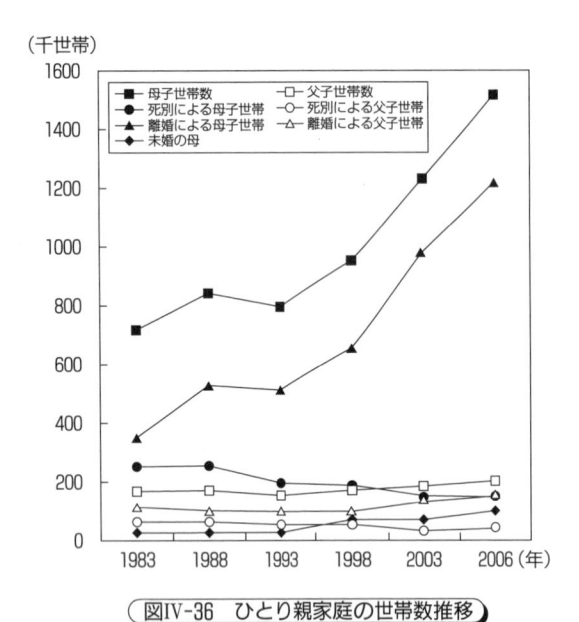

2 ひとり親家庭と子育て

ひとり親家庭における子育てが遭遇する困難は，母子世帯と父子世帯ではその事情を異にしています。母子世帯の場合，経済的状況がより大きな打撃をうけていることは，たとえば，「国民生活基礎調査」（厚生労働省）によっても明らかです。そこでは，2006年度現在夫婦と子どもがいる世帯の年間所得が約718万円であるのに対して，母子世帯のそれは約212万円といった状態です。そして，わが国の母子世帯は一貫して高就労率を維持しているにもかかわらず，労働の多くが非正規雇用であるために他世帯類型との所得格差が年々拡大する傾向にあると指摘されています。

このように世帯の経済的状況が，たんにそのことのみにとどまらないで，家族関係や子どもの情緒的安定

図IV-36　ひとり親家庭の世帯数推移

出所：厚生労働省による全国母子家庭等調査（1983～2006年）をもとに作成．

性にまで影響することは，1930年代にアメリカ合衆国をおそった経済的大恐慌に関する"大恐慌時代の子どもたち"という研究を通しても明らかです。

それでは，母子世帯に比べて父子世帯には困難がないかというとそうではありません。父子世帯が抱える困難としては，何よりも家事への対応があげられます。実際には，親族からの援助をうけている場合が大変に多いとのことですが，子どもとの共同分担もなされています。世帯主にとって，子どもの親としてのネットワークがほとんどないことが，子どもの情報を十分に把握することを難しくしたり，子どもがスムーズな学校生活を送るための援助が周囲の親たちから受けられないという影響がみられます。

表IV-12　離婚後の養育権件数

年	夫	妻
1970	22,805	28,902
1980	24,616	64,375
1990	22,389	70,554
2000	24,445	126,334
2003	26,040	137,634

出所：厚生労働省　平成15年人口動態調査をもとに作成。

3　女性だけでの子育て──シングルマザーという選択

1970年代に欧米でおこったフェミニスト運動は，伝統的な女性観を脱皮し，女性の人権とその行使を強調したものですが，その1つとして，結婚をせずに子育てをする，いわゆるシングルマザーという選択を実現させました。

シングルマザーという表現は，別居・離婚・死別による母子世帯についても用いられているのですが，そのような経過を辿らない「選択としてのシングルマザー」についての調査によると，子どもの父親とのかかわりをある程度，整理したうえで出産に臨み，その後の母と子の暮らしを前向き・肯定的に組立てているところに特徴がみられます。

このことは，国外におけるシングルマザーの発言に端的にあらわれています。マチス（Mattes, J.）は，アメリカ合衆国の「シングルマザース・バイ・チョイス」（SMCと呼ばれる全米組織）での経験として「肝心なのは，子どもがひとりの親に育てられたか，二人の親に育てられたかということではなく，不安がなく，自分が愛され，必要とされていると感じて育ったかどうか，そして，家庭の崩壊が最小限であったかどうかという点なのである」（32頁）と述べ，さらに「母親業はもっとも報われる経験であった。自分をより深く知り，自分の能力や限界についての理解が進み，成熟した人間になれるような，またとない機会をあたえてくれた」（207頁）とシングルマザーを選ぶことによって，子どもにとっても，女性としての自分自身にとっても，成長と独立の精神が促進されることを強調しています。

（古澤頼雄）

▷5　エルダー，G. H.（著）本田時雄ほか（訳）1986　大恐慌の子どもたち；社会変動と人間発達　明石書店。

▷6　中田照子・杉本貴代栄・森田明美（編著）2001　日米のシングルファーザーたち；父子世帯が抱えるジェンダー問題　ミネルヴァ書房。

▷7　中田照子・杉本貴代栄・森田明美（編著）1997　日米のシングルマザーたち；生活と福祉のフェミニスト調査報告　ミネルヴァ書房。
中田照子　2002　シングルマザーの自立と子どもの養育　教育と医学　50(6)，38－45。

▷8　マチス，ジェーン（著）鶴田智佳子（訳）1980　シングルマザーを選ぶとき　草思社。

（参考文献）

Patterson, C. J. & Hastings, P. D. (2007). Socialization in the context of family diversity. In J. E. Grusec & P. D. Hastings, (eds.) *Handbook of Socialization: Theory and Research*. New York: The Guilford Press, pp. 328-351.

V　親と子の関係

1　パラサイトはなぜ？
──離家規範の不在

1　成人子と親の関係──離家の遅い／しない日本の子ども

わが国においては，成人年齢（20歳）に達すること＝自立したおとなという図式がもはや成り立っていないのが現状です。およそ半数が大学に進学する今日では，専門学校への進学者も加えると7割強の者が未就業状態で成人を迎えることになります。[1] さまざまな（経済的・社会的・心理的な）側面において親に依存した状態で多くの若者が生活を送っているといえます。高等学校卒業後に就職した者の多くも同様の状態にあることが少なくありません。経済的には自立しているようにみえますが，親元にとどまり援助や世話を受け，それまでと変わらない暮らしを続けていることが稀な現象ではないのです。

各種学校を卒業後，仕事に就いた後も，長期にわたり成人子と親との同居が続き，その期間が延長されてきているのです。言い換えると，子どもが親の家を離れる時期（離家時期）が遅くなっているといえるでしょう。[2] 殊に都市部では，20代独身者におけるきわめて高い親との同居率が示されており，しかもほとんどの者に離家経験がないことが報告されています。[3]

2　パラサイトの生活実態

学卒後もなお，親と同居し，基礎的生活条件を親に依存している独身者をさす造語としてパラサイト・シングルということばがあります。[4] こうした状況にある独身者の増加に伴って，その生活の実態に注目が集まっています。全国20歳以上35歳未満の男女3000人を対象にした内閣府による「若年層の意識実態調査」[5] では，独身者のうち親と同居している人の割合は約7割で，そのうち「家賃，食費，水道光熱費，電話代」といった基礎的な生活コストを親に頼っている人は9割を占めているという結果が出ました。また，親にお金を納めている人は約6割で，その金額は1カ月当たり平均3.5万円となっています。また，親と同居の場合の家事分担の状況をみてみると，身の回りの家事は男女ともにほとんど親任せであることが明らかになっています。経済負担，家事労働負担，いずれにしても，親の負担が子のそれを上回り，親から子への一方向的な援助提供が行われる状態で，成人子は親と同居しているといえます。

では，こうした同居状態について，親と子はそれぞれどのように感じているのでしょうか。親と同居する20代の独身の子と親に対し，同居の満足度につい

---

[1] 文部科学省生涯学習政策局　2008　平成19年度学校基本調査報告書。

[2] 成長した子どもがしかるべき時期に親元から離れておとなになっていく，こうしたおとなになるステップとしての離家はもはやなくなりつつあるのかもしれない。

[3] 宮本みち子・岩上真珠・山田昌弘　1997　未婚化社会の親子関係　有斐閣。

[4] 山田昌弘　1999　パラサイト・シングルの時代　筑摩書房。

[5] 内閣府　2003　平成15年版国民生活白書。

て尋ねた調査結果[6]によると，子の半数程度が同居に「満足」と回答し，親の側では約7割にのぼっていることが示されています。援助の提供者側である親の方が，満足度が高いのです。このことから，親が子を情緒的な喜びや安らぎを与える存在として考えていることがうかがわれます。なかでも，親は娘との同居に対して高い満足度を示しています。子の方でも女性の方が男性よりも高い満足感をもち，成人の娘と親，とりわけ母親と娘との間でコミュニケーションの頻度が高く，お互いの関係性を肯定的にとらえているようです。

[6] 宮本ほか（1997）。

3 子ども中心家族——弱い夫婦パートナーシップの1つの結果

　日本では，夫婦関係に対するコミットメントが相対的に弱いとされています。殊に，性別役割分業のもと家庭生活を営んできた高度成長期を支えた世代は，配偶者のためという意識は薄く，父親も母親も「子どものため」にそれぞれの役割を果たし，家族システムの維持に努めてきました。[7]この世代は，子どもの誕生以降，「子どものためにすること」をアイデンティティの中心として過ごしてきたことから，子が成人した後も，引き続き援助や家事などの世話を与えることに大きな疑問をもっていないようです。家族の凝集性を子どもの存在によって保ってきた家族関係の歴史をもっていることから，結果として子どもを家庭外に押し出す力が弱くなっているのです。宮本の調査結果[8]によると，結婚に関しては本人の意思任せ，離家に関しては何も言わない親が多数を占めていることがうかがえます。結婚や離家に関して親から子に明確な指針を示すことがなく，独身期が長期化した結果，親元で子どもの役割が曖昧なまま同居が続くことになったのです。加えて，親の世代に経済的余裕があることが，パラサイトを可能にしているといえるでしょう。

[7] 子どもによりよい教育を，よりよい生活をと懸命に家庭生活を支えてきた世代であるといえる。

[8] 宮本みち子 2004 ポスト青年期と親子戦略 勁草書房。

4 少子化の1つの結果

　学卒後の子どもを家から押し出す力には，子どもの数も関連しています。子どもの数が多いと，住宅・金銭的事情などから，その力が強く働くと考えられます。きょうだい数がおよそ2人程度へと減少してきたパラサイト世代では，そうした圧力を受けることが少なくなってきたといわれています。そのうえ，きょうだい数の減少によって，比較的自由が保障された快適な生活環境に恵まれていることから，早くに親元を離れることに対する願望が低下しているようです。少子化が，子ども世代の遅い離家に拍車をかけたといえるでしょう。

　パラサイト・シングルという現象は，今後，長くは続かないだろうと予想されています。また，こうした親子関係のなかでは，親子のいずれの世代もが自立できないなどの問題も指摘されています。離家する，しないにかかわらず，それぞれが自身のライフコースを考え準備することが，重要な課題となってくるといえるのではないでしょうか。

　　　　　　　　　　　　　　　　　　　　　　　　　　（北村琴美）

Ⅴ 親と子の関係

2 親の介護をめぐる家族の葛藤
――長期化する介護，やめられない介護

▶1 国立社会保障・人口問題研究所 2004 第5回世帯動態調査。
http://www.ipss.go.jp/ps-dotai/j/Dotai5-2/t-page/Nshc04-02.asp（最終アクセス2008.8.15）

▶2 老老介護
老老介護とは後期高齢者同士が介護する，または前期高齢者が後期高齢者を介護するという意味。2008年4月から新しい高齢者医療制度が始まり，65歳以上74歳未満を前期高齢者，75歳以上を後期高齢者と区分するようになった。

▶3 国立社会保障・人口問題研究所 2003 第3回全国家庭動向調査。
http://www.ipss.go.jp/ps-katei/j/NSFJ3/NSFJ3-top.asp（最終アクセス2008.8.15）この調査には女性の介護経験に関する項目は17もあるのに男性の介護経験に関する項目はない。

1 老老介護の長期化

現在，65歳以上の7人に1人は，自分よりさらに高齢の親が生存しています。老老介護とは一般的には，高齢者夫婦が互いを，あるいは高齢化した子どもがより高齢化した親を介護することです。前期高齢女性の約35％，後期高齢女性の約30％が介護の経験があります（図Ⅴ-1）。

在宅介護を要する高齢者は，男女ともに80～84歳が最多で，全体の24.6％です。主な介護者は，74.8％が家族です。同居介護者の続柄は，「配偶者」24.7％，「子の配偶者」20.3％，「子」18.8％で，同居介護者の74.9％が女性ですから，配偶者は妻，子の配偶者は嫁，子は娘と考えられます。女性が夫を，また父（義父）や母（義母）をその配偶者に代わって平均寿命まで介護する場合，非常に長期間介護者役割を担い続けることになります。

少子化，高齢期の長期化に伴い"介護期"は"育児期"よりもかなり長くなっています。いくら「介護＝女性の役割」という風潮に抵抗したところで，平均寿命の男女差から結局介護役割を担う女性が多いのです。最近は認知症の夫を在宅介護している妻自身も認知症であるという，「認認介護」が問題となっています。

2 家族による介護と労働問題

○家族介護と職業介護

介護の脱家族化が進み，家族以外の人が職業として在宅介護を担うようにな

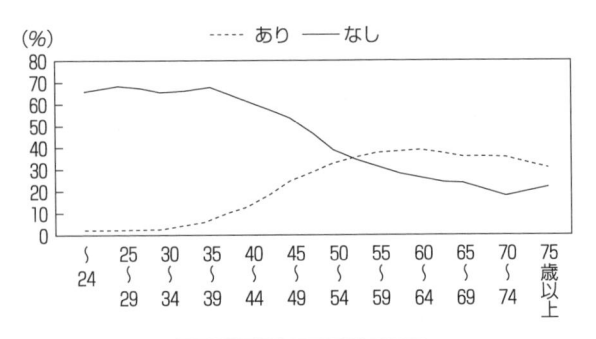

図Ⅴ-1 女性の介護経験

出：国立社会保障・人口問題研究所 2003 表58 親の介護経験の有無別有配偶女子数より高橋が作成。

りました。ところが，家族介護者と職業介護者には大きなちがいがあります。

1つは，家族介護は無償ですが，職業介護は賃金労働です。介護は，介護して'あげる'立場と介護して'もらう'立場になりがちで，介護者が優位に立つこともあります。介護保険は，介護労働の対価として被介護者が職業介護者にお金を払うので，被介護者は介護者と対等になります。しかし，賃金労働は介護を継続する動機づけになる反面，雇用関係をやめる自由もあります。一方，家族介護者は家族であり無償であるがゆえに，やめられません。最近は収入のためにアルバイトで介護ヘルパーになる社会人や外国人も増え，介護者の入れ替わりが多いため被介護者が安定しないことも問題です。

●リハビリテーションと介護

もう1つは，リハビリテーションと介護のちがいです。在宅介護でも，廃用症候群[5]や認知症の予防に筋力トレーニングなどが励行されます。リハビリテーションは病気の回復期には有効ですが，高齢者は少しずつ老いていき，明日は今日より状態が良くなることは稀です。したがって，リハビリテーションで身体機能や能力を「取り戻す・回復する[6]」ことができない老いの受容こそ家族介護者の役割として残るのです。マズローの欲求階層性にしたがえば，職業介護者は部分的支援[7]により，被介護者の自尊欲求（承認欲求）を満たすことはできます。家族介護者はさらに重要かつ困難な被介護者の自己実現を目指そうとするために，悲劇が起きるのかもしれません。

●シングル介護の増加

実際，介護で追い詰められる家族がいます。家族介護が重荷となり高齢者を虐待したのは，息子40.6％，夫15.8％，娘15.0％，妻4.9％[8]です。そして男女ともに未婚者が親の介護を担う「シングル介護」が増加しています。そのなかで，家族介護を担う息子が，仕事との両立が困難で離職・転職し，生活困難から殺人や心中にいたるケースもみられます。介護休業制度はありますが，非正規社員や管理職は介護を理由に休むのが困難で離職せざるを得ません。

離職して介護する男性の場合，自分の仕事が介護に取って代わり，仕事同様のマネージメントや流儀を介護に持ち込もうとします。それまで果たしてきた家族への責任という性役割の延長線上に介護を位置づけ，生き甲斐にする人もいます。介護を自分の仕事と受け止める男性は，支援を求めず，弱音を吐かず，愚痴をこぼさず，自身の決意で介護に没頭していくため，周囲に相談したり，援助を求めたりすることなく孤立していきます。これもまた，介護殺人・介護心中の加害者が男性に多いことの背景だと考えられます。

最近普及してきた「認知症の人のためのケアマネジメント・センター方式[9]」があります。認知症高齢者の生活習慣，好み，家族関係，生い立ちなどをシートに記入し，その情報を介護者が共有して介護するケア方式です。たとえば認知症の母の家族なら誰でも記入できますが，仕事で不在の夫や息子よりも，発

▷4 厚生労働省 2005 平成16年国民生活基礎調査の概況Ⅳ 介護の状況。http://www.mhlw.go.jp/toukei/saikin/hw/k-tyosa/k-tyosa04/index.html（最終アクセス2008.8.15）

▷5 寝てばかりいると，筋萎縮，筋力低下，関節拘縮，骨粗鬆症，褥瘡，心肺機能低下，下肢静脈血栓，慢性便秘症，免疫機能低下，知的活動鈍化，鬱状態などになる。

▷6 Rehabilitation＝Re 再び-habilis 適した・ふさわしいもの-ation にする。

▷7 在宅介護は，看護や往診だけでなく，介護保険のホームヘルパーと介護保険以外の家政婦やシルバー人材センターなどに，買物，掃除，洗濯，給食宅配，入浴介助，散髪などをそれぞれ手配する必要がある。

▷8 厚生労働省 2008 平成19年度高齢者虐待の防止，高齢者の養護者に対する支援等に関する法律に基づく対応状況などに関する調査。http://www.mhlw.go.jp/houdou/2008/10/h1006-1.html（最終アクセス2008.10.19）

▷9 認知症介護研究・研修東京センター http://itsu-doko.net（最終アクセス2008.10.19）

V 親と子の関係

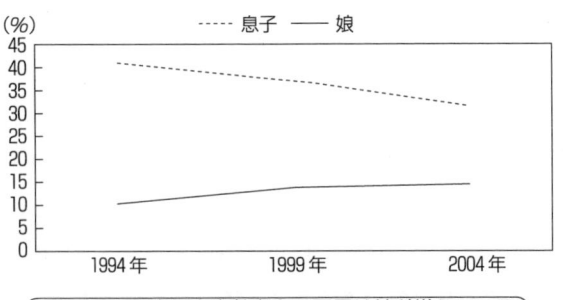

図V-2 65歳以上高齢者との同居は娘が増えている

出所：国立社会保障・人口問題研究所（2004）の概要より筆者が作成。

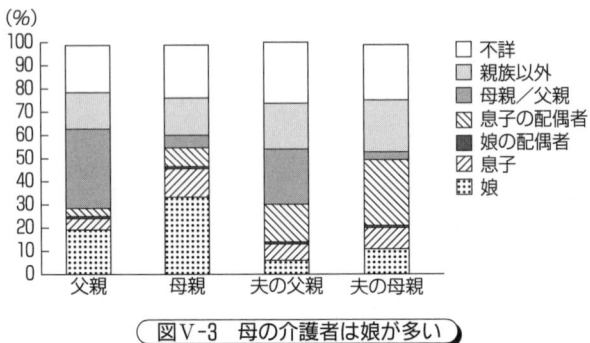

図V-3 母の介護者は娘が多い

出所：国立社会保障・人口問題研究所 2003 表97 親の主介助者の続柄別有配偶女子数より筆者が作成。

▷10 ルースらは最終的喪失である死の前に，〈社会的・娯楽的交流の喪失〉〈ライフイベントコントロールの喪失〉〈健康の喪失〉〈職業の喪失〉の4つの喪失を体験すると指摘している。Loos, C. & Bowd, A. (1997), Caregivers of persons with Alzheimer's disease: Some neglected Implications of the experience of personal loss and grief. *Death Studies*, **21**, 501-514.

▷11 ロウとカーンは疾病や傷害のない普通の高齢者像に対して，さらに自立・社会貢献・生涯現役の3条件を満たす高齢者像をサクセスフル・エイジング（Successful aging）として提唱した。Rowe, J. W. & Kahn, R. L. (1998). *Successful Aging: The Macarthur Foundation Study*. NY: Pantheon Books.

▷12 無藤清子 2008 介護とジェンダー；高齢者介護を担う男性と女性の問題 柏木惠子・高橋惠子（編）日本の男性の心理学；もう一つのジェンダー問題 有斐閣 133—140頁．

症前の母の生活歴をよく知っている娘が記入することが多いようです。

③ 介護における母—娘関係

家族介護者研究においても，介護経験の意味，介護者の主観的QOL，介護者の喪失感などが続柄によって異なり，母を介護する娘が安定していることが示唆されています。実際には65歳以上の女性，70歳以上の男性の，半数以上が子と再同居をしていますが，65歳以上の親と同居の息子は減り，娘は増えています（図V-2）また，母を介護している娘が一番多く31.9％です（図V-3）。

育児期を経て新しいライフステージである介護期を迎える女性は，養育者としての経験から親の介護者役割へ心理的移行がしやすいと考えられます。子育て中に乳幼児の要求を感知した経験は，別個の人格をもつ高齢者の非言語的な要求にも対応しやすいでしょう。高齢者は「自宅で家族に見守られ痛みや苦しみもなく死にたい」と願います。介護期には，高齢者の成長と自己実現への援助という発達課題が求められ，家族介護者もその願いを叶えようとします。しかし，死にゆく高齢者が死をコントロールして自己実現するのは困難で，その姿を見るのは，目標達成に苦戦する子を見守るのと似ているかもしれません。

また，家族介護者は最終喪失である死の前に，さまざまな喪失を体験します。被介護者となり母役割を喪失する母と，子ども役割を喪失する娘という家族アイデンティティの喪失や，認知症の母の性格変容により母娘の個人的なき

ずなも喪失します。娘が介護役割を取得すれば，娘家族の家族員とのきずなを喪失する場合もあります。女性は，結婚・出産・子の成長自立によって部分的役割喪失を体験するので，介護による喪失も受容しやすいかもしれません。

男性は，自立して生産的なサクセスフル・エイジングを実現できなければ失敗者だと考える人が多いようですが，収入を得ることだけが生産的なのではなく，家事や育児など収入を伴わない非経済的活動も生産的とみなされるようになりました。女性が担う非経済的活動である介護の意義と，高齢者がサクセスフルではない末期の日々を送る意義が結びつき，母と娘は介護される側と介護する側という立場を互いに認めやすいということもあるでしょう。

❹ 介護におけるジェンダー

介護には，直接的な身体介護や生活支援だけでなく，介護プラン作成，プラン実行のための人的手配，プランの点検と改善，介護保険外にかかる介護費用の支出入管理なども含まれます。このように介護はマネージメントであり，特に要介護者が認知症である場合は，介護者は経済的制約のなかで判断する合理性，妥当性が必要となります。無藤によれば，男性はどちらかというと「自分が正しいと思うこと」を優先させ「被介護者を従わせる」結果，介護の悲劇が起こることは先に述べた通りです。女性はどちらかというと「被介護者のため」「被介護者にとってよいこと」を優先したいと思うと報告されています。

女性が被介護者中心の介護を追求する傾向は，特に母を介護する娘に顕著かもしれません。それは，母娘関係の特性が背景にあります。高木によれば，病時や老後の世話だけでなく，話を聞いてほしい，自分の理解者になってほしいというメンターとしての役割も，母は息子よりも娘に求める期待が大きいといいます。その期待を娘は介護にも反映させるのです。しかし母の期待通りに介護をしようとすると，中高年になった娘の人生が介護一色になりかねません。高学歴で職業をもち，自己実現を介護に求めない娘の場合は，職業と介護の両立を合理的に解決しようとして母の精神的な訴えを聞き流し，「男のように」介護をマネージメントするため，葛藤よりも罪悪感をもっています。

今後，仕事と介護を両立する男女が増えるのは確実です。一般的に介護は女性の役割とされるジェンダーが女性も男性も苦しい立場に追い込んでいることに注意を払わなければいけないのではないでしょうか。

（高橋桃子）

▷13 高木紀子 2008 母における娘への思い 柏木惠子（監修） 塘利枝子・福島朋子・永久ひさ子・大野祥子（編） 発達家族心理学を拓く；家族と社会と個人をつなぐ視座 ナカニシヤ出版 38—44頁。

参考文献

山本則子（1995a, 1995b, 1995c, 1995d）痴呆老人の家族介護に関する研究 娘および嫁介護者の人生における介護経験の意味1,2,3,4，看護研究 28(3), 2—23, 28(4), 67—87, 28(5), 73—91, 28(6), 51—70

山本則子・石垣和子・国吉緑ほか 2002 高齢者の家族における介護の肯定的認識と生活の質（主観的QOL），生きがい感および介護継続意思との関連；続柄別の検討 日本公衆衛生雑誌 49(7), 660—671

北村世都・時田学・菊池真弓ほか 2005 認知症高齢者の家族介護者における家族からの心理的サポートニーズ充足状況と主観的QOLの関係 厚生の指標 52(8), 33—42

Meuser, T. M. & Marwit, S. J. (2001). A comprehensive, stage-sensiteve model of grief in dementea caregiving. *Gerontologist,* **41**(5), 658-670

高橋桃子 2008 家族介護者心理研究への展望；家族関係から介護関係へ 柏木惠子（監修） 塘利枝子・福島朋子・永久ひさ子・大野祥子（編） 発達家族心理学を拓く 家族と社会と個人をつなぐ視座 第9章 ナカニシヤ出版 154—167頁

V 親と子の関係

3 祖父母は今

親子関係の研究は長らく乳幼児と親との関係が中心でした。それが長命化によって、成人した子どもと親との関係という視点からの親子研究も行われるようになり、さらに、祖父母と孫との関係も家族心理学の新しいテーマとして浮上してきました。

1 孫との関係とジェンダー

日本では子どもに「家を継ぐ」ことの意味が少なくなりつつあり、男子より女子が望まれる調査結果が出されています[1]。しかし、子どもの性別の選好を母親と父親それぞれに尋ねてみますと、父親は、母親以上に男子を選好する傾向が顕著です。つまり、「親」が女子を望む傾向にあるのではなく、母親に女子の選好があるということです。

では、孫の場合はどうでしょうか。孫のいる祖父母に対して、「一番近い存在の孫」を聞き、その性別を尋ねてみますと、祖父、祖母で選んだ孫の性別に違いはみられませんでした。しかし、なぜ、そのお孫さんを選んだのかという、選好理由をみますと[2]、祖父と祖母で有意な差が出た項目があります。それは祖父の「男の子だから」という理由が、祖母より有意に高くなっていることです。「跡継ぎだから」という理由には、有意差はありませんが、祖父が祖母より多い傾向があります。他方、「娘の子どもだから」という理由は祖母が祖父より多いという結果でした[3]。これはどういった理由が考えられるでしょうか。

表V-1は、子どもの選好理由を、「長男が家を継ぐ」「老後は子どもと同居」などの**伝統的家族観**[4]の回答から母親、父親それぞれについて伝統的家族観の低い群と高い群とを選び出して、子どもの選好理由を比較したものです。

表V-2は、同様に孫の選好理由を伝統的家族観の低い群と高い群とを比較したものです[5]。

母親と父親との比較で、父親に伝統的家族観が強いこと、子どもの性の選好では、特に男子の選好に母親、父親共に伝統的家族観が強調されていることがわかります。そして、子どもの

▷1 日本社会保障・人口問題研究所　2002　第12回出生動向基本調査。

▷2 孫の選好理由：子・孫のいる夫婦に「一番近い存在の孫」を選んでもらい、その孫を選んだ理由を選択肢から回答。さらに、孫との交流の内容・度合を祖父母で比較。

▷3 岩澤寿美子　2007 中高年期の夫婦関係と子どもとの関係　2；孫との交流を中心に　文京学院大学人間学部研究紀要　91—107頁。

▷4 伝統的家族観
長男、息子、跡継ぎなどに含まれる男子相続という伝統的、保守的な「イエ」制度への固執が反映される考え方。

▷5 岩澤（2007）91—107頁。

表V-1 伝統的家族観と「一番近い存在の子ども」の選好理由の関係（％）

	伝統的家族観（母）		伝統的家族観（父）	
	低群（17人）	高群（12人）	低群（13人）	高群（16人）
長男だから	17.6	50.0	53.8	75.0
跡継ぎだから	5.9	25.0	23.1	56.3
頼りになるから	17.6	58.3	53.8	31.3
同居しているから	—	—	0.0	25.0
孫がいるから	—	—	0.0	31.3
老後の面倒をみてもらうから	5.9	50.0	—	—

出所：岩澤寿美子・柏木惠子　2006　中高年期の夫婦関係と子どもとの関係１；子どもとの交流を中心に　文京学院大学人間学部紀要　91—112頁。

場合ほどではありませんが孫の選好にも，伝統的家族観をもつことと男子の選好とが結びついていることがわかります。また，母親にとってこまやかな心身の世話を期待できる女子の価値が浮上していることが，「娘の子どもだから」という孫の選好理由が祖母が祖父より多いことと関連していると考えられます。祖父と祖母とでは子どもや孫の価値が異なっているともいえるのではないでしょうか。

表V-2 伝統的家族観と「一番近い存在の孫」の選好理由の関係(%)

	伝統的家族観（祖母）		伝統的家族観（祖父）	
	低群（17人）	高群（12人）	低群（13人）	高群（16人）
跡継ぎだから	0.0	25.0	0.0	25.0
男の子だから	—	—	23.1	50.0

出所：岩澤（2007）。

▷6 鈴木淳子・柏木惠子 2006 ジェンダーの心理学 培風館 144頁。

2 「おばあさん仮説」の実態

日本への「**おばあさん仮説**」の紹介者である長谷川によれば，「生物の存在は，繁殖のための前提条件であるので，繁殖が終了したあともずっと生き延びるということは，進化的にはおかしなことである。」「ヒトにおいて，女性が閉経を過ぎても生き続けるというのは，生物の進化的特徴と考えてよいのだろうか。」とあります。「おばあさん仮説」と呼ばれるものです。「祖母の存在の重要性は，父親の子育てに対する援助があまり見込めない社会や母系家族において，特に顕著である。」とも述べています。だとすれば，家族というコミュニティーのなかでこうした祖母の過度な子育てへの介入があることは，父親の子育てへの出番を阻んでしまうことも考えられるのではないでしょうか。

▷7 おばあさん仮説
女性が自らの繁殖から解放されたあと，その知恵と経験を生かして自分の娘や血縁者の子育てを援助することにより，繁殖成功度を上昇させることができたからではないかという仮説。

▷8 長谷川眞理子 2002 ヒト，この不思議な生き物はどこから来たのか ウェッジ選書 29―38頁。

3 高齢女性（65歳以上）単独世帯の増加

高齢者単独世帯は増加しており，なかでも，高齢者女性の単独世帯の占める割合は2007年度現在35％を留めています（厚生労働省平成19年度国民生活基礎調査）。高齢女性自身が子世帯との同居を望まず，自分の生き方を大事にする意識のあらわれともいえましょう。上野は子どもからの同居の誘いを「悪魔のささやき」と称し，子世代の都合といっています。しかし，そこには親世代にも，老後の世話を期待する気持ちがないとはいえません。子どもと母親の物質的なやりとりには同居か否かという物理的距離が関係し，近い距離がそのやり取りを多くしていますが，子どもとの情緒的やりとりは物理的距離がもたらすものではないこともわかっています。そしてそうしたやりとりには母親に経済的に余裕があることも1つの要因になっているようです。その影響は母親と子どもほどではありませんが，祖母と孫との関係にも出ているようです。樋口は『働く「おばあさん」の時代』と位置づけ，孫育てと自分の時間を配分しながら生きる「社会的祖父母力」を発揮している現代高齢女性を取材しています。高齢者の親と中高年の子，祖父母と孫，物理的にも適度な距離を保つことがお互いの自立につながる要因の1つだと考えます。

（岩澤寿美子）

▷9 上野千鶴子 2007 おひとりさまの老後 法研。

▷10 岩澤（2007）。

▷11 樋口恵子 2006 祖母力 新水社。

V　親と子の関係

4　子は宝か
──改めて問われる子どもという価値

1　日本に強い子宝思想

「白銀も黄金も玉もなにせむに勝れる宝子にしかめやも」という万葉集の短歌は、子どもを宝のように何より大切と思う考え方です。日本には古来から「子宝」ということばがあり、子どもを大事に可愛がる精神的基盤とされてきました。これは、子どもをおとなのミニチュアにすぎない、未熟で無能な存在とみなしてきた欧米とは大きく異なる点です。今も日本では、親より子ども優先の生活は当然とされるほど大切にされています。それなのに、なぜ今、少子化が止まらないのでしょうか。

2　社会経済的発展と子どもの価値

その理由を考えるために、子どもがどのような満足を与えてくれる存在と考えられているのか、多くの国を比較したグラフをみてみましょう。

子どもを大切と思う気持ちは同じでも、子どもに何を期待するかは、国の社

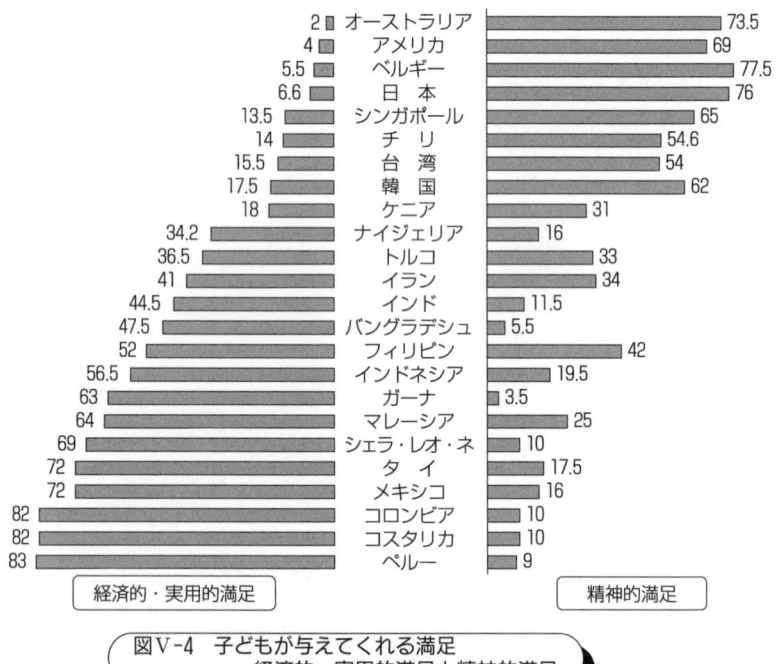

経済的・実用的満足	国	精神的満足
2	オーストラリア	73.5
4	アメリカ	69
5.5	ベルギー	77.5
6.6	日本	76
13.5	シンガポール	65
14	チリ	54.6
15.5	台湾	54
17.5	韓国	62
18	ケニア	31
34.2	ナイジェリア	16
36.5	トルコ	33
41	イラン	34
44.5	インド	11.5
47.5	バングラデシュ	5.5
52	フィリピン	42
56.5	インドネシア	19.5
63	ガーナ	3.5
64	マレーシア	25
69	シェラ・レオ・ネ	10
72	タイ	17.5
72	メキシコ	16
82	コロンビア	10
82	コスタリカ	10
83	ペルー	9

図V-4　子どもが与えてくれる満足
──経済的・実用的満足と精神的満足

出所：世界銀行（1984）。

会経済的状況により大きく異なることがわかります。ペルーなど発展途上国（グラフ下の方の国々）では、「稼いでくれる」「家業を手伝う」など経済的・実用的満足を高く認めています。これらの国々では農業や漁業が中心的産業であるため、子どもも働き手として充分に貢献することができます。さらに、これらの国では社会保障の整備が不十分で、親は老後、経済的に子どもに頼らざるをえない現実があります。これらの事情が、発展途上国での経済的・実用的価値を高めているのです。それに対し、アメリカ、ベルギー、日本など工業化・情報化が進んだ豊かな国（グラフ上の方の国々）では、経済的・実用的価値は低く、替わって「生きがいになる」「家の中が明るくなる」など、精神的価値を高く認めるようになります。工業化・情報化が進んだ社会では、子どもは働き手として役立たないばかりか、将来働き手となるために長期間の教育投資が必要です。また、老後の経済を子どもに依存する必要が小さいため、生きがいやにぎやかさなど心理的・精神的価値が高くなるのです。

　子どもを大切に思う気持ちは同じでも、親の置かれた状況により子どもの価値は経済的価値にも心理的価値にも変化し、それらは高くも低くもなるのです。

❸ なぜ産むか産まないかにみられる、子どもを産むことの価値

　もし子どもが、何ものにも勝る絶対的価値を認める「宝」であれば、少子化など起こり得ないでしょう。しかし子どもをもつ心理的価値の高さは絶対的ではなく、親の置かれた状況により変わることを、このグラフは示しているのです。では、日本の女性は、子どもをもつことにどんな心理的価値を見出しているのでしょう。このことは、女性が「子どもを産むことを決めた理由」にみることができます[1]（図Ⅴ-5）。

　子どもを産んだ女性の回答をまとめたところ、子どもをもつプラスの価値には3種ありました。これらが高いほど、産むことへの積極的態度につながります。3種の価値の平均値をみると、「子育てで自分が成長する」「生きがいになる」「妊娠・出産を経験したい」など自分にとっての〈個人的価値〉が最も高く、次いで「子どもがいると老後安心」「家庭がにぎやかになる」などの〈情緒的価値〉が高くなっていました。これに対して「次の世代を作るのは人としての務め」「子どもを産み育てて一人前」「子どもがいるのが当たり前」などの〈社会的価値〉はずっと低かったのです。この〈社会的価値〉は、戦前の日本では最重要の価値でした。産むことを家や社会への女性の責任とする〈社会的価値〉の重要度は、今日では最低になり、代わって自分自身にとってどれほど価値があるかが重要になっているのです。

　子どもを産む決断をする際に考慮されるのは、プラスの価値だけではありません。産むことが、経済的にも時間的にも心身のエネルギー面においても親の生活を圧迫するマイナスの価値ももたらすことを、今の親は産む前から見通し

▷1　柏木惠子・永久ひさ子　1999　女性における子どもの価値；今、なぜ子を産むか　教育心理学研究　47, 170—179。

V　親と子の関係

ています。「経済的ゆとりができたから」「やりたい事に区切りがついたから」「子育て支援が得られるから」など，子どもを産むことによる親自身の生活への影響について，それらに対処できる条件が整っているか否かも考慮されるのです。産むか否かはその条件次第と考えるのは，親の生活も大事にしたいとの考えからでしょう。つまり「産むことを決めた理由」として〈条件依存〉や〈子育て援助〉があがるのは，子どものプラスの価値だけでなく，マイナスの価値についても意識されるようになったことを示しているのです。このことは，今日の子どもをもつ価値が，子ども以外のことと比較検討される相対的価値に変化したことを示唆しています。

4　多子の親と少子の親の違い

では，若い世代で少子化が進むのはなぜでしょうか。「産むことを決めた理由」を，子ども数3人以上の多子群と1人の少子群で比較したところ，少子群は「経済的ゆとりができたから」「やりたいことに区切りがついたから」など，マイナスの影響に対処する〈条件依存〉を理由にあげる人が有意に高いことがわかりました。このことは，子どもを産むことへの積極的態度に違いがなくても，マイナスの影響を回避する条件整備の重視が，少子化につながる可能性を示唆しています。そして40歳代と60歳代で「産むことを決めた理由」の世代差をみると，〈社会的価値〉は低下し，この条件整備の重要度は若い世代で有意に上昇しているのです。

なぜ，若い世代は，条件整備をより重視するのでしょうか。そこにかかわるのは，親の「個人」としての生き方の重要性です。妊娠・出産・育児は，女性にとって，自分の時間・経済・心身のエネルギーなど有限の自己資源を子どもに投資することに他なりません。この有限の資源は自分自身の活動にも必要であり，子どもを産むまでは，その資源の大半を自分自身に投資してきたのです。

▷2　永久ひさ子・柏木惠子　2000　母親の個人化と子どもの価値；女性の高学歴化, 有職化の視点から　家族心理学研究　**14**, 139—150。

▷3　IV-3 参照。

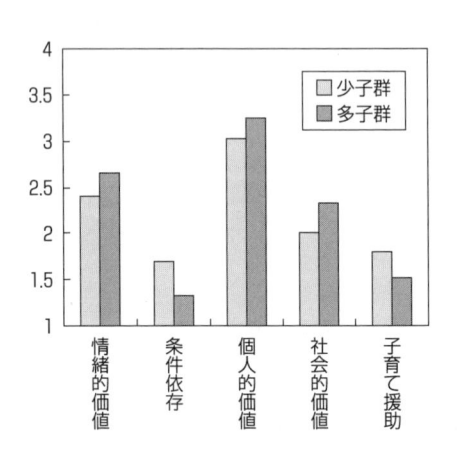

図V-5　子どもを産んだ理由——3種類の子どもの価値

出所：柏木・永久（1999）。

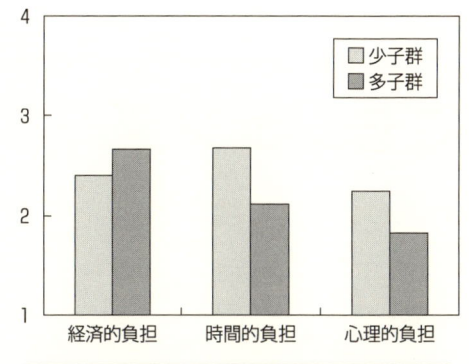

図Ⅴ-6 現在の子ども数以上に産まない理由
出所：永久・柏木（2000）。

産む決断とは，女性が有限の自己資源を子どもに投資する意義を検討し，子どもと自分にどう投資するかの決断といえます。農業が産業の中心であった時代，女性の職種は限られ，子育て以外の生き方の選択肢はほとんどありませんでした。女性は，生きがい，自分の成長など，心理的満足のほとんどを，「母親」であることを通して得ていたといえるでしょう。しかし女性の社会進出が進んだ今日では，女性は「母親」以外に，職業生活のなかで自分の能力を発揮し，生きがいを得，充実した人生を送ることが可能になりました。そうなると，職業人としての自分にも多くの資源が必要になります。社会が豊かになるにつれ，職業以外にも個人としてやりたいことが増え，女性の資源の投資対象はさらに多様になっていきます。ひとりっ子にした少子群の親たちが，「現在の子ども数以上に産まない理由」（図Ⅴ-6）には，経済・時間・心身のエネルギーという有限の資源を子どもと自分にどう配分するか，その解決策の1つが，ひとりしか産まない決断であった事情がうかがえます。

▷4　永久・柏木（2000）。

5　科学の進歩と子どもを産むことの価値

女性にとっての子どもの価値の変化は，母親の「個人」としての側面のクローズアップとともに，Ⅴ-6 でみるように，受胎調節つまり避妊方法が普及し，産むか産まないかを選択できるようになったことが密接に関係します。産まない選択が不可能であった時代にはその現実を受け入れざるを得ず，母親自身の心理的健康のためにも，産むことは何よりも重要なこと，子どもは比べるものがない価値の高い「宝」と考えざるを得なかったのではないでしょうか。

▷5　柏木惠子　2001　子どもという価値；少子化時代の女性の心理　中公新書。

科学の進歩で産むか否かを「選べる」ようになった結果，女性は，なぜ「今」産むのか，その理由をマイナス面も含めて考えざるを得なくなりました。「選ぶ」には，その理由が必要だからです。子育てはどれほど魅力的か，仕事は自分にとってどれほど重要か，産むと「個人」としての生き方はどうなるかなど，子どもを「今」産むことのさまざまな影響を勘案せざるを得なくなったのです。

（永久ひさ子）

Ⅴ　親と子の関係

5　子どもの価値にもジェンダー

1　子どもの性の選好

　少し前になりますが，秋篠宮家の第3子誕生の際に，生まれてくる子どもが男の子か否かに，世間の関心が大いに集まりました。もちろんそれは，皇位継承の問題があったからでありますが，男児誕生への期待の強さは，天皇家だけの話ではありません。ほんの数十年前まではそれは一般の家庭においても同様の関心事で，女の子ばかり産まれる女性は女腹などといわれ蔑視の対象でさえあったのです。

　その傾向が，この25年間に大きく変化しました。図Ⅴ-7をみると，1970年に女の子を望む親は，わずか20％しかいませんでした。ほとんどの親が，できれば男の子をと望んだのです。それが，25年後には逆転し，今や男の子を望む親は20％で，ほとんどの親が女の子の誕生を望むようになりました。実際に，大学で女子学生に聞いてみても，毎回女の子は圧倒的に人気がある一方，男の子は不人気で，「男の子でもいい」という消極的支持でさえ低いのです。この大きな変化はどのようなことと関係しているのでしょうか。

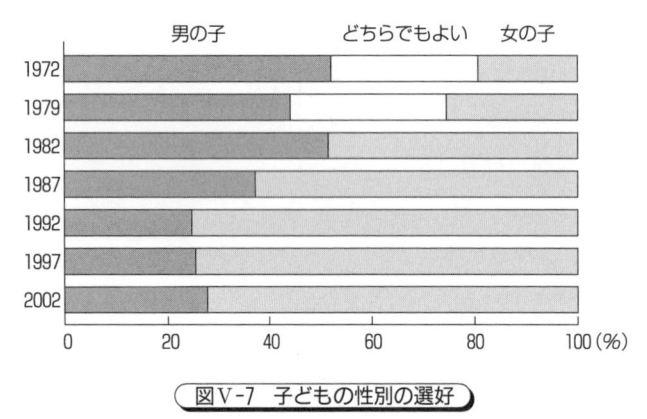

図Ⅴ-7　子どもの性別の選好

出所：国立社会保障・人口問題研究所　2002　第12回出生動向基本調査より。

2　子どもの価値の変化

　Ⅴ-4 でみたように，子どもの価値はこの20年間だけでも，大きく変化しています。とりわけ「社会的価値」と「条件依存」の変化が大きく，家やお墓を継ぐためなど，家の継承のための価値は大きく下がり，代わって，子育てのコストを回避する条件の重要性が上昇しているのは前にみたとおりです。

　男の子が望まれた背景として，1つには家やお墓の継承のための価値が高かったことがあるでしょう。イエ意識は，制度としてはなくなっても，まだ人々の意識のなかには根強くあったと考えられます。また，現在ほど高齢者施設が整備されていなかった時代，老後は男の子の家族と暮らし，お嫁さんに身辺の世話を期待するという側面もあったのではないでしょうか。ところが，この25年間にイエ意識は我々の意識のなかからも消え去り，老後の生活設計もずいぶ

ん変化しました。今や，お嫁さんに気を使って暮らすのは，双方とも幸せではないと考える人が増えています。

❸ 新しい実用的価値の浮上

　女子学生に，なぜ女の子が欲しいのかを聞くと，必ず出てくる意見が，「一緒に買い物や旅行に行ける」「一緒に話していて楽しい」などの情緒的価値です。しかも，今日女の子に期待される情緒的価値には，かつては男児に期待した老後の安心までもが含まれるのです。長寿命になった今日，老後誰に世話を期待するかは重要な問題でしょう。お嫁さんだと気を使うから一緒に住みたくないけれど，サザエさんとマスオさんのように，娘の結婚後もその夫や孫と同居して，気楽で楽しい生活を送り，万が一の場合は身辺の援助を娘に頼めたら，と思う人は少なくありません。子どもに期待する積極的価値のうち「社会的価値」が大きく低下したことで，「情緒的価値」はより重要性を増しているのではないでしょうか。

❹ 子育てのコストのジェンダー差

　さらに重要なのは教育問題です。性別分業観が根強い日本では，**学歴期待**◁1に性差があり，男の子は大学まで行かせなければと考える親が多いのです。そのためには，塾にも通わせねばならず，経済的にも精神的にも負担が大きい。将来男の子に期待するものと教育の大変さというコストを勘案した結果，男の子の価値が大きく下がったのではないでしょうか。一方，女の子は将来，働くのもいいし，状況によっては働かなくてもいいと考える人が多いのが現状でしょう。ですから，女の子は男の子ほど学力形成を気にする必要がなく，経済的にも精神的にも負担が少ないというコストの低さ，つまり育てやすさというメリットもあるのです。

　将来の情緒的満足を娘に求める日本の傾向は，子どもと独立の生活をよしとするアメリカとは大きく異なるものです。なぜ日本では，情緒的満足を子どもに求めようとするのでしょうか。ここには，日本の夫婦関係の希薄さが深くかかわると考えられます。長時間労働の日本では，夫がいない家の中で，妻は必然的に子育てに多くのエネルギーを注いで過ごすことになります。その家庭で成長してきた娘は，母親にとってよき話し相手，相談相手となり，買い物や食事や旅行のパートナーとなり，いつのまにか夫よりも重要な情緒的サポートを提供する存在となっていくのだと考えられます。

（永久ひさ子）

▷1　学歴期待
子どもにどの段階までの学歴をつけさせたいと考えるか。

V 親と子の関係

6 今，子どもの命は？
——人口革命

1 人口革命

　最近では，子どもを「授かった」と表現することがめっきり少なくなったように思います。かわってよく聞くのは「子づくりはいつ頃にするか」とか「そろそろ子どもをつくろうかと思う」，さらには「つくらないようにしてたのに，できちゃった」などです。ここには，子どもの命は，こうのとりに象徴される，人間の力を超えた神や自然から授かるのではなく，親の意思によってつくるものとの意識があらわれています。

　少子化は，今やその担当大臣が置かれるほどの社会問題になっています。少子化は，近年生じた家族の変化と思われがちですが，歴史をながめれば，これまでにも少子であった時代はありました。しかしこれまでは，子どもが次々に生まれても，病気や栄養不足，戦争などで亡くなる子どもも多いという，結果としての少子だったのです。それに対して今日の少子は，結果ではなく，親の意図による少子です。親が意図的に子どもを産まないということは，人類史上初の出来事であることから，今日の少子は「人口革命」とまでいわれています。[1]

▷1　柏木惠子　2004　子どもという価値；少子化時代の女性の心理　中公新書。

2 多様な選択の結果としての子どもの誕生

　今日，大きな社会問題となっている少子化は，教育費の負担感や職業と子育ての両立の困難さが関連するといわれます。しかし医学が進んだ今日，子どもの命が誕生するまでには，以前では想像し得ない多様な選択が存在するのです。

　かつて，女性の職業が限られていた時代には，女性は生活基盤を得るためにも，また生きがいを得るためにも，結婚し子どもをもつことが何より価値ある生き方でした。さらに結婚すれば，家の跡継ぎを産むことが女性の重要な役割で，避妊の知識や技術は今のように普及せず，結婚すれば選択の余地なく，当然のこととして子どもは生まれてくるものだったのです。一方，もしも不妊であれば，血のつながった「わが子」は諦めざるを得ず，養子を育てるか，子育て以外の生き方を求めるか以外に選択肢はありませんでした。万が一，子どもに異常があったとしても，それもまた宿命として背負わざるを得ませんでした。まさに，子どもは人間の力を超えた存在からの「授かりもの」だったのです。

　しかし今は事情が大きく異なります。それは，結婚と出産が，個人の選択によるものになったという変化に加え，医学の進歩による選択可能性が広がった

ことと関連します。では，子どもの誕生までに，どのような選択があるのでしょうか。まず，女性が，結婚という形であるか否かにかかわらず，性的パートナーをもつか否か，さらにその相手が異性か否か，避妊するか否かなどとその選択は多岐にわたります。

もし，これらのどこか1箇所でも，「産まない」ことにつながる選択がなされた場合には，子どもの命は誕生することができません。「産むこと」が何より優先される時代には，子どもの誕生に結びつかない選択はあり得なかったのです。しかし，結婚も出産も，女性の生き方の選択肢の1つとなった今日では，「産む」ことが親自身の生き方にとっての重要性などと比較検討され，「産まない」「もうこれ以上産まない」という選択がなされることになったのです。

3 受胎調節の普及と当然化

今日，子ども数は2人か3人が一般的で，子どもを何人でも自然にまかせて産み続ける人が稀なのは周りをみればわかるでしょう。なぜ2人か3人が多いかといえば，受胎調節，つまり避妊の一般化によって「もう産まない」が当たり前になったからです。つまり，受胎調節は，今や男性にとっても女性にとっても，当然の選択になったといえるでしょう。

受胎調節が一般に普及した結果，親は，もつ予定の子ども数をあらかじめ決め，必要な数の子どもが生まれたらそれ以後の命は生まれてこないようにするようになりました。このことは，見方を変えれば，生まれてくる命をコントロールしていることでもあるのです。つまり，受胎調節の当然化によって，子どもの命は，「授かる」ものから「つくる」ものへと変化したといえるでしょう。

4 先端生殖医療と子どもの命

子どもの命のコントロールは，「産まない」選択だけではありません。不妊であった時，今日では，さまざまな不妊治療の方法があります。また，万が一異常があれば中絶することを前提に，出産前に子どもの異常を診断することもできるようになりました。このような先端生殖医療は，不妊に悩む親の側にとっては，大きな福音となるかもしれません。しかし，別の見方をすれば，不妊であった場合，さまざまな治療があるのに「受けない」のか，さまざまな負担を引き受け「受ける」のかを選択する必要に迫られるのです。まさに，子どもの命を誕生させるか否かの選択であり，母親にとっては負担の大きな選択といえるでしょう。また，治療を受ければ子どもをもてるかもしれないという可能性は，より「わが子」への執着を強めるとも考えられます。なにより，子どもの命をコントロールできるという思いは，子育てに充分にかかわる時間とエネルギーがある母親の場合，子どもの育ちをもコントロールできるとの思いにつながりやすいのではないでしょうか。

（永久ひさ子）

▷2 丸本百合子・山本勝美 1997 産む/産まないを悩むとき；母体保護法時代のいのち・からだ 岩波ブックレット。

▷3 もし不妊が疑われた場合に治療を受けるか否か，妊娠したとしても産む選択をするか否か，仮に胎児に異常が見つかった場合に，産む選択をするか否か。

▷4 たとえば，異性のパートナーをもたない選択や，妊娠を望まない選択。

▷5 荻野美穂 2008 「家族計画」への道；近代日本の生殖をめぐる政治 岩波書店。

▷6 生殖医療
⇒ V-8 参照。

V 親と子の関係

7 子どもをもたない生き方
──結婚─性─生殖の崩壊

1 チャイルドフリー

日本のバブル期に，新しいライフスタイルとしてDINKS[1]ということばが注目されました。高収入・高消費型のライフスタイルを送る，大都市圏に住む子どもをもたない共働き夫婦をさしています。DINKS は，結婚後も，子育てより自分たちの生活を大事にしたいという新たな価値観の出現として注目されたのです。それは，結婚─性─生殖を切り離せないものと考えてきた従来の価値観とは，対極をなすライフスタイルといえるでしょう。「子どもはいらない」とはいわないまでも，「今すぐにはいらない」「自分の仕事に区切りがつくまでは産まない」など，「結婚したら子どもがいるのが当然」という家族観は，今，若い世代で薄れつつあります。

2 子どもの価値の相対化の必然

子どもの出生が人間のコントロールの及ばない事柄であった時代，次々生まれる子どもに生活が苦しくても，それは授かり物として受け入れる他ありませんでした。他に選択肢がなく状況を受け入れる他ない場合，我々はそれを肯定的に意味づけることで，心理的安定を得ようとするものです。そのために，子どもが多いことは何より幸せなことであり，子どもの存在は何にも代え難い，たとえ経済的には苦しくても，それ以上の喜びを与えてくれる存在と考えられていたともいえます。つまり，受胎調節が普及していない時代には，必然的に，子どもは他の何ものにも代え難い，絶対的価値をもっていたと考えられます。

ところが，近年の医学の進歩により，我々は子どもをもつかもたないか，もつならいつ頃何人にするかを選べるようになりました。かつても，さまざまな出産抑制の試みはなされていましたが，手段として不確実であるだけでなく，当時は罪深い，自然に反する，いまわしいが必要なこととして，黙認されていたにすぎませんでした。

それが今日では，性と生殖にかかわる健康と権利（Reproductine Health & Rights）が1994年の世界人口会議で認められるなど，子どもを産むか産まなかは，国の政策の問題ではなく，産む性─女性が決定すべき個人の問題であるとの認識が広まりつつあるのです[2]。日本でも長らく，家の跡継ぎや苗字を残すため，女性は産む役割を期待されてきましたが，今日ではそのような心理にも大

▷1　DINKS
⇒ I-1 参照。

▷2　ヤンソン柳沢由実子 1997 リプロダクティブ・ヘルス/ライツ；からだと性　わたしを生きる　国土社。

きな変化が生じているのではないでしょうか。

　避妊法の普及という科学の進歩により産むか産まないかを選べるようになったことで，子どもをもつ意味は180度転換したといえます。なぜならば，先述のように，よりよい選択をするためには，他の選択肢と比較して自分にとって最もいい選択肢はどれかを勘案することになるからです。比較するということは，子どもと親自身のさまざまな側面についてそのメリット・デメリットを勘案するということに他なりません。その結果，よりメリットがあると判断された場合に子どもを産む選択がなされるようになったのです。つまり，子どもをもつことが，絶対的価値から相対的価値に変化したといえるでしょう。

　DINKSのようなライフスタイルの場合，つまり，高学歴・高収入の仕事に就く女性の場合，自分の時間や心身のエネルギーや経済を投入しようとする対象は，仕事，趣味，旅行とかつてに比べて格段に多いと考えられます。時間やエネルギーは有限ですから，すべてに充分に投入はできないのです。今の自分には何が重要でどれが優先されるか，子どもを産むメリット・デメリットを勘案した結果，「まだ産まない」という選択がなされるのでしょう。

❸　種の保存と個体維持発達の葛藤解決としての少子化

　子どもを産むこと，つまり種の保存は動物としての本能であり重要な機能であることはいうまでもありません。しかし，動物が生きるとは種の保存のみを意味するのではなく，親自身の個体の維持が共になされることが重要です。しかし，体力や栄養，繁殖機会などの親自身の資源は有限であるため，生物はその種に最適なやり方で，親自身の資源を子育てと次の繁殖機会と親自身の個体維持に配分していると考えられます。

　今日の日本の母親にとっての「個体維持」は，たんに生きているだけではありません。生きがいや充実感があること，自分自身の発達も保障されることではじめて，「個体が維持されている」といえるでしょう。そして，何に生きがいや充実感を感じるかは，個人の生きる社会や文化，経験により異なるのです。

　このように考えると，多様な生き方が選択できる今日の若い世代が，子どもをもつことに慎重であることを，自分中心と一概にいうことはできないのではないでしょうか。長時間労働が当然とされる日本では，子どもをもつと必然的に母親自身の個体維持・発達が阻害される，その社会状況そのものが問われているというべきでしょう。子どもをもたない生き方が選択される背景には，個人的理由以上に，社会が解決すべき問題があるのではないでしょうか。

（永久ひさ子）

▷3　根ヶ山光一　2002　発達行動学の視座；〈個〉の自立発達の人間科学的探究　金子書房。

▷4　柏木惠子　2001　子どもという価値；少子化時代の女性の心理　中公新書。

V 親と子の関係

8 生殖医療による子の誕生
——血のつながりのない親子関係

1 不妊症夫婦の増加

近年，子どもを望んでもなかなか授からない不妊症の夫婦が増加しています。世界的に，不妊症夫婦は6～10組に1組といわれていましたが，国立社会保障・人口問題研究所の第13回出生動向基本調査（2006）によりますと，不妊を心配したことがある夫婦の割合は25.8％で，そのうち実際に医療機関にかかり検査や治療を受けたことがある人は51.9％でした。

不妊症増加の原因は多様な要因が関係しています。また，不妊症の原因の性差については，昔は不妊の原因は女性と考えられ，「石女（うまずめ）」「嫁して3年子なきは去れ」といわれていました。現在は男性，女性が不妊の原因をほぼ半分ずつもつといわれています。

2 生殖医療とは

生殖医療とは，一般不妊治療（**タイミング指導**，**人工授精**など）と生殖補助医療（**体外受精**―胚移植（以下体外受精），**顕微授精**など）などをいいます。

1978年に英国で体外受精によって人間の児が世界で初めて誕生しました。体外受精は高度先端医療として普及し，現在，日本において体外受精実施機関は約600，体外受精による出生児は約1万8000人で，年間出生児数の約1.6％を占めています。

生殖医療を受けると必ず妊娠できるようなイメージが社会に普及していますが，実際は自然妊娠による妊娠率が20％程度であるのに対して，体外受精による妊娠率は35％前後です。生殖医療を受診した患者の半数は子どもが得られずに医療を去るといわれています。生殖医療は万能ではないのです。

3 「親とは誰か」との新たな問い

体外受精によって生殖行為が体外で可能になったということは，夫婦以外の第三者から提供された精子や卵子によって妊娠すること（**非配偶者間体外受精**，**非配偶者間人工授精**など）が可能になりました。日本では，非配偶者間人工授精は50年以上前から匿名の第三者から提供された精子を使用する形で行われており，これまでに1万人以上の出生児が誕生しているといわれています。

また，夫婦や第三者から提供された精子や卵子を用いて受精した胚を第三者

▷1 たとえば，晩婚化の影響（女性の妊孕率は30代後半で急激に低下），喫煙（受動喫煙）の影響，過酷なダイエットなどによる痩せ（標準体重の85％以下は要注意）または肥満（標準体重の20％以上は要注意），性感染症（10～20代男女の罹患急増）などは不妊との関連について科学的根拠が示されている。

▷2 タイミング指導
性交渉を行う日を女性の排卵にあわせて指導すること。

▷3 人工授精
女性の排卵にあわせて，精子を子宮内に注入する方法。

▷4 体外受精
精子と卵子を体外の培養液中で受精させ，胚に成長したところで子宮内に移植すること。

▷5 顕微授精
精子と卵子を体外に取り出し，顕微鏡下で卵細胞内に直接精子を注入し，胚に成長したところで子宮内に移植すること。

▷6 非配偶者間体外受精
精子または卵子のどちらか，あるいは両方が第三者による提供で体外受精を行うこと。

V-8 生殖医療による子の誕生

の女性（代理母）の子宮に移植し，第三者の女性が出産すること（代理出産）も技術的に可能になりました。こうした技術は，子どもの生物学的父親と母親，子どもを分娩する母親，子どもの親権をもち養育する父親と母親が必ずしも一致しないことも起こります。

現代日本では「母子関係は分娩の事実により発生する」という最高裁判所判例があることから，代理母の子として扱われます。子どもが欲しいと思い，代理母を依頼した夫婦は子どもの親として認められない状況です。また，第三者提供の精子や卵子を使用した場合，遺伝子上つながりのある生物学的親は子どもを希望し養育親になるとは限らないため，遺伝子的なつながりだけで親子関係を確定することも難しいのです。

❹ 第三者提供の精子，卵子によって誕生した子どもの権利

現在，第三者提供の精子または卵子を使用した場合，日本では養育親が生物学的親でないことは往々にして夫婦だけの秘密にされ，生物学的親である第三者についての情報は伏せられています。しかし，秘密を隠し通すのはたやすいことではありません。家庭内に秘密がある場合，たいてい親側の緊張感が子どもに波及し，親子関係においても緊張感のある関係になりやすいものです。子どもが事実を知ったとき，親は子どもが育ての親と心理的距離をもつのではないか家庭が崩壊するのではないかという点を心配に思いますが，子どもは別の側面から思いを抱いているようです。子どもは自分の親が血のつながらない親だというショックも受けますが，むしろ自分のこれまでの家庭での歴史や自分のルーツ，アイデンティティを失うように感じることがとても辛いといわれます[8]。人間にとって自分のルーツを把握することは，自分の存在を肯定し，自信をもって生きていくための土台となります。こうした点から，子どもにとって育ての親との愛情関係のなかで自分のルーツを示されること，そのうえで育ての親と子どもとの愛情関係はそのまま育んでいくことは，子ども自身の安心と自信のために，また親子が家族になるために必要なのではないでしょうか。

国外では，国・地域によって，時代によって状況は異なります。第三者提供の精子または卵子によって誕生した子どもが自分の「出自を知る権利」を行使して，第三者の情報について個人を特定できない程度から個人を特定することができる程度まで得ることができる場合もあります。

（小泉智恵）

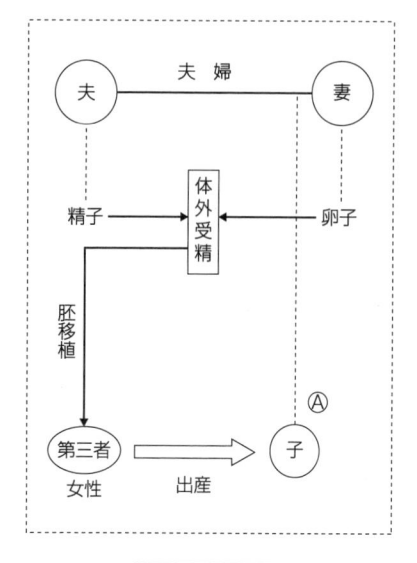

図V-8 借り腹

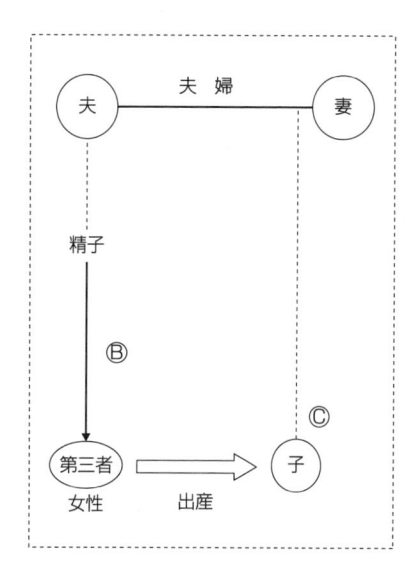

図V-9 代理母

▷7 非配偶者間人工授精
第三者によって提供された精子を使用して人工授精を行うこと。

▷8 例として，非配偶者間人工授精の現状に関する調査研究会（DI研究会）ホームページを参照。
http://aid.hc.keio.ac.jp/index.html

V 親と子の関係

9 養子を育てる同性カップル
──〈異性愛／セックス―子ども〉の崩壊

1 同性カップルの結婚，子どもの養育に関する権利

現在，日本では同性カップルの婚姻やパートナー関係を法的に認めていませんが，国外では同性カップルの婚姻やパートナー関係を法的に認める地域があります。法的に認められる場合，婚姻の形態には現行の法律上の婚姻をジェンダーレスに修正して同性カップルの婚姻が異性カップルの婚姻と等しく位置づけられる場合（同性結婚法）と，同性カップルの婚姻を異性カップルの婚姻とは別に位置づけて異性カップルの夫婦に認められる権利義務の全部または一部を同性カップルに認める法律をつくる場合（シビルユニオン法など）があります▶1（図V-10）。権利義務の一部が制限される例としては，養子縁組や子どもの養育ができない，遺産相続ができない，親族として認められないなどがあります。この点で，同性カップルが子どもをもつことは容易ではありません。しかし，子どもの養育を制限するのは，同性カップルの場合，精子または卵子を第三者提供に頼らざるを得ないことや養子を迎えなければならないことから，両親と血のつながらない子どもが安全かつ健康に育つ権利を十分に保障しなければならないからです。

子どもの養育の制限を受けない場合，女性の同性カップル（レズビアンカップル）は女性の一方が卵子を提供し，**精子バンク**▶2で精子を購入し，人工授精または体外受精を実施することによって子どもを妊娠，出産，子育てすることが可能です。男性の同性カップルは，男性の一方が精子を提供し，第三者提供の卵子と人工授精または体外受精を行い，第三者の女性に妊娠，出産をしてもらうことが可能です。

▶1 同性結婚法は，オランダ，ベルギー，スペイン，カナダ，南アフリカ，ノルウェー，アメリカ合衆国のマサチューセッツ州のみで実施されている。シビルユニオン法は，デンマーク，イスラエル，スウェーデンなど22カ国と6つの地域で実施されている。

▶2 精子バンク
不妊夫婦の人工授精のために，1964年最初の精子バンクがアメリカ合衆国のアイオワ州と東京で誕生した。精子バンクでは精子を提供した男性の人種，皮膚や目などの色，体格，病歴，学歴が明記され，どのような子どもが欲しいかにあわせて精子を選択できる。ただし，その精子によって出生した子どもが精子を提供した男性に連絡を取ることや生物学的父親としての権利義務を制限している精子バンクも多い。

低 ←　　　　　　　　　　　　　　　　　　　　→ 高

Laws against gays	No protection	Protection	Civil unions	Same sex marriage
有罪	保護なし	保護あり	シビルユニオン法	同性結婚法

Unregistered cohabitation	Registered partnership	Civil partnership
事実婚（登録なし）	パートナーシップ法（登録）	パートナーシップ法（登録）

図V-10　各国のLGBIT関連法律と権利範囲

❷ 同性カップルの子育て

　同性カップルの子育ては異性カップルの子育てと異なるのでしょうか。また同性カップルの子育ては子どもの心理にどのような影響を及ぼすのでしょうか。国内ではありませんが，国外には実際に子育てをしている同性カップルとその子どもを対象とした研究は少なからずあります。最近の代表的な研究をいくつか紹介します。

　質問紙，観察，活動日記を用いた多角的な詳細な調査によると，子どもをもつ100組のレズビアンカップルのうち生物学的母親でない女性は，子どもをもつ100組の異性カップルの父親と比較して，親としての正当性とパートナーに対する満足が強く，親としての心配が強く，親の権力をあまり主張しませんでした。子どもの適応は親がレズビアンカップルか異性カップルかどうかで差はありませんでした[3]。

　レズビアンカップルの母17人，レズビアンのシングルマザー16人，異性カップルの母68人，異性愛のシングルマザー54人の母子関係について，レズビアンか異性愛か，両親そろっているかシングルマザーかを知らされていない児童心理学者による観察調査，教師と母，子に対する質問紙調査を実施しました。その結果，児童心理学者による子どもの問題行動の評定，母，教師による子どもの問題行動の評定のいずれにおいても，レズビアンか異性愛かで差がありませんでした。教師，母，子どもによる子どもの仲間関係の問題の評定，子どものジェンダーの発達においてもレズビアンか異性愛かで差がありませんでした。レズビアンの母は異性愛の母に比べて，叩いて叱ることが少なく，創造性に富んだ家庭的な遊びをすることが多いという結果がみられました[4]。

　以上の結果から，同性カップルの子育ては異性カップルと同等かそれ以上にうまくいっており，その子どもの心理や発達に問題がないことがわかりました。子どもの養育や子どもの発達には，子どもと血のつながりのある，異性の親がそろっていることは必要条件とはいえないようです。むしろ，人間の子育てや子どもの発達には，血のつながりがあることが重要なのではなく，親カップルが愛情関係で結ばれていること，親カップルが子どもに対して温かく接することが大事であるといえます。親自身もカップルの相手と愛情のある関係で結びついていることで安心感や心の余裕を得ることができ，子育てを楽しむことができるようになります。そうした親カップルの下で育つ子どもは，家庭の温かさや穏やかさを感じて精神的に安定し，自分の価値に自信をもつようになります。この点で，同性カップルの子育ては単なる血のつながりがある異性カップルの子育てを越えられるのではないでしょうか。

（小泉智恵）

▷ 3　Bos, Henny M. W., van Balen, Frank & van den Boom, Dymphna C. (2007). Child adjustment and parenting in planned lesbian-parent families. *American Journal of Orthopsychiatry*, **77**, 38-48.

▷ 4　Golombok, S., Perry, B., Burston, A., Murray, C., Mooney-Somers, J., Stevens, M., Golding, J. (2003). Children with lesbian parents: A community study. *Developmental Psychology*, **39**, 20-33.

VI 家族の臨床／病理

1 家族臨床の概観

1 家族臨床とは

　家族への臨床的かかわりは，家族の歴史がはじまって以来，家族の苦しみや問題に応じてさまざまな人々の営為として続けられてきたと考えられますが，家族への心理学的研究，特に臨床的研究は20世紀に入ってはじまった学問分野です。また，その歴史の前半50年は個人に及ぼす家族の遺伝的，心理的影響という視点からの研究が中心であり，「相互作用している人々の集まり」としての家族研究がはじまったのは，第二次世界大戦後，1950年代に入ってからです。

　特に，家族臨床の分野では，経済先進諸国における工業化，都市化による夫婦関係の変化，離婚率の上昇，子どもの情緒・心理障害や反社会的行動の増加などの新たな問題が激増し，個人の精神病理だけでなく社会システムとの関連で家族集団の臨床的研究と実践が緊急の課題となりました。VIでは，家族関係の問題が，家族臨床のなかでどのように取り組まれているかを概観します。特に本項目では，現代の家族問題を端的に示している家族間暴力を取りあげて，家族臨床の課題を考えることにします。

2 家族が表現している臨床的諸問題

○臨床的支援を要する家族の二種類の問題

　臨床的支援を必要としている家族の問題は，大きく分けて二種類あります。第一は，家族メンバーのひとりの身体的，精神的障害が同時に家族関係の支援を必要とするものです。つまり，重い心身の障害や慢性の疾患をもつ患者と共に生活する家族は，困難な状況におかれることで，敵意や情緒的巻き込まれなどのストレス反応を起こすことがあるので，本人の治療はもとより家族の支援も必要だとする動きです。ひとりが表現している症状や問題には，本人だけでなく家族も悩み，苦しんでおり，また一見，家族が個人の症状や問題に影響を与えているかにみえる問題でも，それは障害者への家族なりの取り組みと考えるのです。

　第二の問題は，家族関係そのものが問題となる場合です。たとえ個人が症状や問題を表現していたとしても，個人の問題としてとらえず関係の障害として分類されるものであり，家族間暴力はここに入ります。家族間暴力の問題には，親子関係の問題と夫婦関係の問題があります。さらに，親子関係の問題には，

▷1　ちなみに，「家族心理学」と呼ばれる心理学の領域が確立したのは1982年で，この年，日本では家族療法と発達心理学の研究者によって「家族心理学会」が，北米ではアメリカ心理学会の一部会として「家族心理学部会」が設立されている。

▷2　たとえば，統合失調症の経過では家族の感情表出（EE = Expressed Emotion）にかかわる支援をするとか，うつ病や摂食障害の再発予防のために患者を含む家族ぐるみの支援，発達障害の誤解や無理解による親子の苦悩に対し家族を支援するなどである。

おとなになった子どもとその親の問題（介護をしている子どもの老親虐待など）と養育中の親と子ども問題（いわゆる児童虐待など）があります。

以上の家族の臨床的諸問題のなかから，ここでは主として親から子への児童虐待を中心とした親子関係の問題と，DVについて考えます。

○ 児童虐待など社会病理現象の増加

図VI-1は，「各社会病理現象の増加」状況です。2002年以降の児童虐待の処遇件数はこのグラフには載っていませんが，2003年は2万6569件，2004年は3万3408件，2005年は3万4472件，2006年は3万7323件，2007年は4万639件，近年は図VI-2と激増傾向にあります。児童虐待相談の主な虐待者は，50％強が実母で，次に実父の30％強，実父以外の父の6％，実母以外の母の2％弱となっていますが，実父の割合が年々上昇しています。

児童虐待の相談種別対応件数（図VI-2）をみると，2013年度から身体的虐待よりも心理的虐待が最も多くなり，ネグレクト（保護の怠慢・拒否）の件数の増加率も高まる傾向にあり，子どもが親から見離されている傾向がうかがえます。このような家族の影は，不良少年補導人数，刑法犯少年人口比，触法少年に占める凶悪犯の構成比の増加（図VI-1）にも反映しているのではないでしょうか。

○ DVに見られる夫婦関係の現状

「男女間における暴力に関する調査報告書」によると，被害を受けたことのある人（回答者女性426人，男性182人）が最初に被害を受けた時期は，「結婚（同居）してから」という人が女性56.6％，男性58.2％で最も多く，また，女性の9.9％は「育児中」と答えています（図VI-3）。また，被害を受けた後の関

▷3　家庭内暴力については，VI-3 参照。

▷4　DV
夫から妻へのドメスティック・バイオレンス。
⇒ VI-2 参照。

▷5　内閣府経済社会総合研究所　2004　安全・安心な社会を目指して；現代社会病理の背景に関する有識者ヒアリングとまとめ。

▷6　内閣府男女共同参画局　2006　男女間における暴力に関する調査報告書。

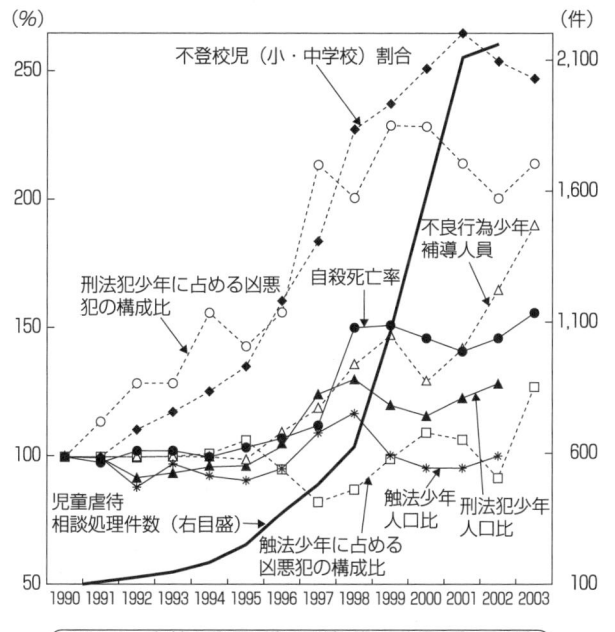

図VI-1　各社会病理現象の増加状況（1990年＝100）
出所：内閣府経済社会総合研究所（2004）。

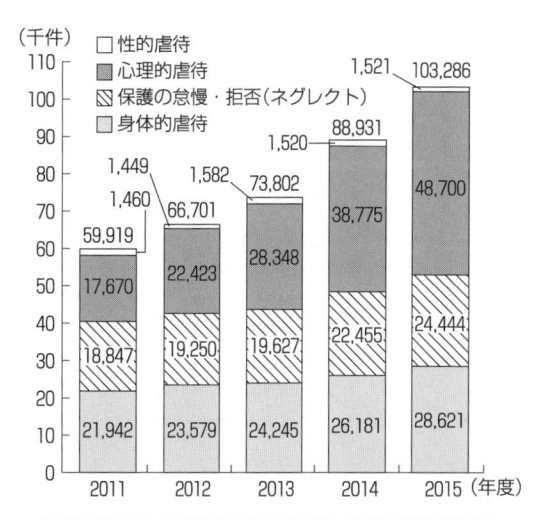

図VI-2　児童虐待の相談種別対応件数の年次推移
出所：厚生労働省　2015　平成27年度福祉行政報告例の概況。

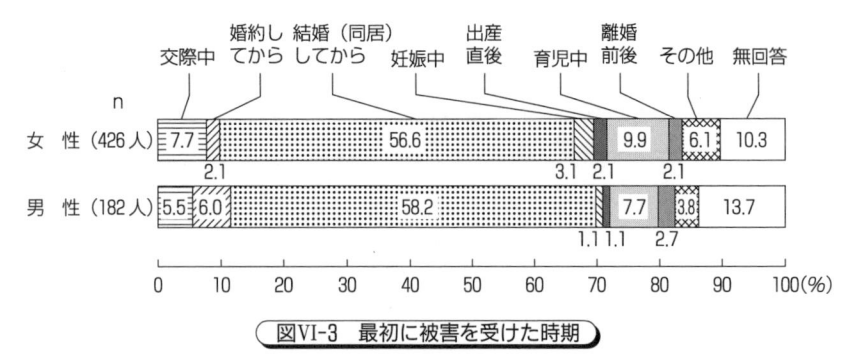

VI 家族の臨床／病理

```
         交際中  婚約し  結婚（同居）    出産   育児中  離婚   その他  無回答
              てから  してから  妊娠中  直後         前後
    n
女 性（426人） 7.7      56.6         9.9     6.1   10.3
            2.1              3.1 2.1 2.1
男 性（182人） 5.5 6.0    58.2          7.7  3.8  13.7
                        1.1 1.1  2.7
            0  10  20  30  40  50  60  70  80  90  100(%)
```

図VI-3 最初に被害を受けた時期

出所：内閣府男女共同参画局（2006）。

```
         相手と別れた  別れたい（別れよう）  別れたい（別れよう）  無回答
                   と思ったが，別れな   とは思わなかった
                   かった
    n
女 性（426人） 4.7    43.2          38.5         13.6
男 性（182人）      21.4           60.4              16.5
            1.6
            0  10  20  30  40  50  60  70  80  90  100(%)
```

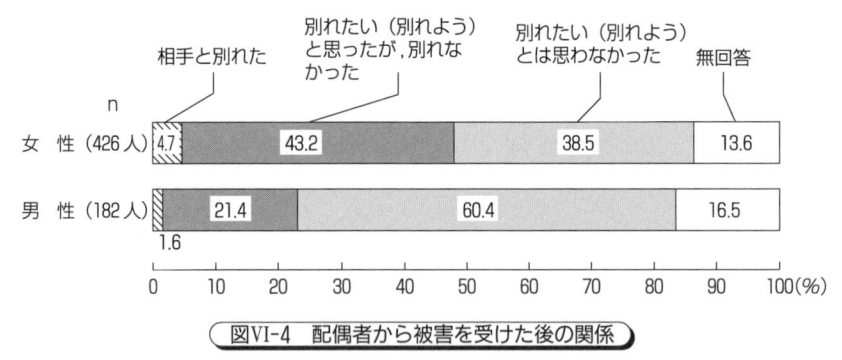

図VI-4 配偶者から被害を受けた後の関係

出所：内閣府男女共同参画局（2006）。

係をどうしたかという設問に対して，「別れたい（別れようと思った）が，別れなかった」のは女性43.2％，男性21.4％と女性が多く，「別れたい（別れよう）とは思わなかった」のは女性38.5％，男性60.4％と男性が多くなっています（図VI-4）。別れなかった理由で女性に多いのは，「経済的な不安」（女性27.7％，男性7.7％）で，男性に多いのが「世間体を気にした」（女性9.2％，男性23.1％）となり，男女の理由には差があることがわかります。

この人たちに，これらの行為を受けていることを子どもが18歳未満の時期に知っていたかを聞いた結果は，「子どもは知らなかった」（女性38.3％，男性36.8％）と4割弱の人が答えていますが，「子どもは目撃していた」と「目撃していないが音や声，様子から知っていた」という人は30％強あり，子どもは知っていたと答えている人も3割強いることがわかります（図VI-5）。また，その人たち（女性136人，男性59人）の7割近くは，子どもの心身に「影響を与えたと思う」とも回答しています。

最近は，いわゆる「デートDV」と呼ばれる交際相手からの暴力被害も増えていますが，「身体的暴力」「心理的攻撃」「性的行為の強要」のいずれかの被害経験者は，若年層ほど多く，特に女性の20代（22.8％）から30代（18.7％）では2割前後「あった」と答えています。特に，「異性からの性交の強要」を体験した人の時期については，「20歳代」が36.8％で最も多く，次いで「中学卒業から19歳まで」（23.7％）となり，19歳までに被害を受けた人は4割強に

図VI-5 子どもによる目撃

	子どもはいない	子どもは目撃していた	子どもは目撃していないが,音や声,様子から知っていた	子どもは知らなかった	その他	わからない	無回答	子どもは知っていた（計）
女性 (426人)	7.0	20.2	11.7	38.3	0.7	6.8	15.3	(31.9)
男性 (182人)	9.3	18.1	14.3	36.8	1.1	4.9	15.4	(32.4)

子どもは知っていた（計）

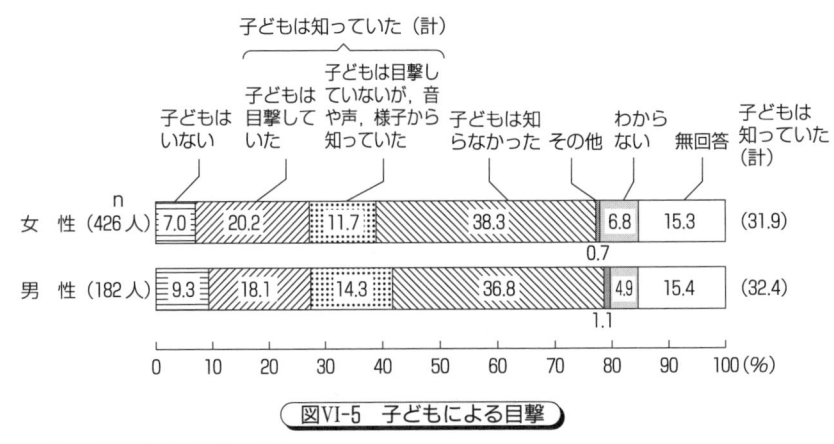

出所：内閣府男女共同参画局（2006）。

上ります。中学生以下の低年齢層の被害者も19.4％（小学生のとき8.8％，中学校入学前5.3％，中学生のとき5.3％）いますので，被害を受けた子どもの約8割が20歳代までに受けていることになります。

3 家族間暴力の背景と問題

　家族は，時代と文化を超えてどの社会にも存在していますが，その存在の仕方や機能は異なってきました。特に現代の家族は，その形態も機能も簡単に定義することができないほど多様になりました。

　多くの人の家族イメージであり，基本条件とも考えられていた「婚姻と血縁を基礎とし，夫婦を中心に，その近親者と共に営まれる生活共同体」は，今や普遍的ではなくなりました。子どものいない家族，ひとり親家族，同棲と事実婚の家族は増え，里親・養子縁組の親子，子どもを連れた再婚同士の家族，同性愛者の家族も珍しくなくなり，結婚しない人，単身赴任の父や母，勉学のために家族と離れて暮らす子ども，配偶者の死後ひとり住まいをしている人など，単身家族は激増しています。形や法律で家族は定義できないのです。

　家族の形態の変化に伴い，家族の果たす機能も変化してきました。半世紀前まで家族にもっぱら託されていた「性的，生殖的，経済的，教育的」機能は，性と生殖の自由，仕事の分業と給与生活による職場と家庭の分離，社会への男女共同参画，家事・育児・教育の外部化により家族が負う必要はなくなりました。現代人が血縁で結ばれる父・母・子という家族の原型に強く求める機能は「愛情や思いやりでつながる精神的関係」になっています。にもかかわらず，現代家族は，多くの時間とエネルギーを家族外での生活資源の獲得に費やし，団欒はおろか情緒的，心理的つながりも失いつつあります。ストレスと孤独のなかで，今や，配偶者や親子は，自分の思いのままに相手が動くことを親密さと取り違えて，過剰な欲求と期待を相互に寄せ合っています。その象徴的な出来事が家族臨床の現場で出会う虐待やDVと考えられます。

（平木典子）

▷6　経済企画庁（編）1983　国民生活白書　ゆとりある家計と新しい家族像を求めて　大蔵省印刷局。

▷7　マードック，G.P.（著）内藤莞爾（監訳）1978　社会構造；核家族の社会人類学　新泉社。

▷8　アリエス，P.（著）杉山光信・杉山恵美子（訳）1980　〈子供〉の誕生；アンシャン・レジーム期の子供と家族生活　みすず書房。

参考文献
平木典子・中釜洋子　2006　家族の心理；家族への理解を深めるために　サイエンス社
柏木惠子　2008　子どもが育つ条件　岩波新書
岡堂哲雄　2006　家族というストレス　新曜社

VI 家族の臨床／病理

2 ドメスティック・バイオレンス（DV）とその背景

1 ドメスティック・バイオレンスの実態

恋愛や結婚は「愛情」を基盤としたもっとも親密な二者関係であり，暴力とはもっとも無縁な人間関係だと思われるかもしれません。しかし，親密な関係だからこそ，相手を自分の付属物だとみなして暴力をふるったり，相手からの暴力を愛情の証だと考えてしまうという危険をはらんでいるのだといえます。また，夫婦間の暴力は，少しひどい夫婦喧嘩にすぎず，他人は口出しできないものだとみなされる傾向もあります。このように，これまで黙認されてきた夫や恋人からの暴力はドメスティック・バイオレンス（domestic violence, DV）と呼ばれ，最近では犯罪とみなされるようになってきました。

米国では，1979年にウォーカー（Walker, L.）による『バタード・ウーマン』が出版されて以来，この問題への関心が高まり，またたくまにシェルターがつくられ，1985年には連邦ドメスティック・バイオレンス防止法が制定されまし

▷1 デートDVについては，II-6 参照。

▷2 ウォーカー, L.（著）斎藤学（監訳）1997 バタード・ウーマン　金剛出版。

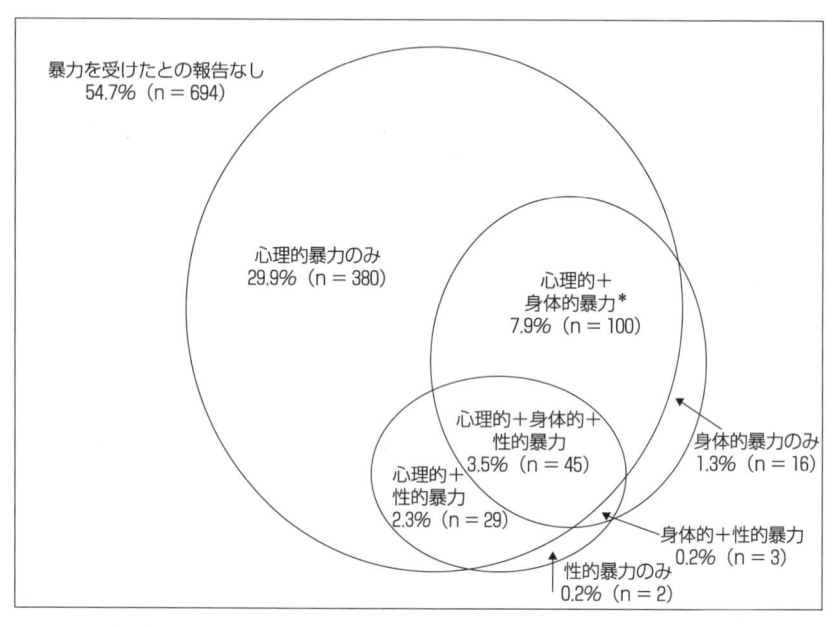

図VI-6 夫・パートナーから受けたさまざまな形態の暴力の重複

- 暴力を受けたとの報告なし　54.7%（n=694）
- 心理的暴力のみ　29.9%（n=380）
- 心理的＋身体的暴力＊　7.9%（n=100）
- 心理的＋身体的＋性的暴力　3.5%（n=45）
- 心理的＋性的暴力　2.3%（n=29）
- 身体的暴力のみ　1.3%（n=16）
- 身体的＋性的暴力　0.2%（n=3）
- 性的暴力のみ　0.2%（n=2）

（注）1）身体的暴力，性的暴力，心理的暴力のいずれかの質問に無回答であった女性18人を除いた数。
2）＊は心理的暴力および身体的暴力の双方を受けたことをあらわす（他の'＋'も，同様の意味）。

図VI-7 配偶者暴力支援センターにおける相談件数

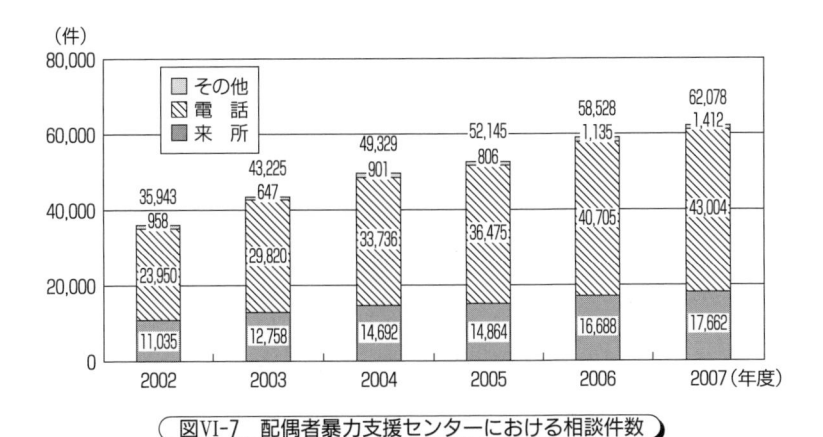

出所：配偶者からの暴力に関するデータ（内閣府 http://www.gender.go.jp/e-vaw/data/dv）。

た。日本では，1990年代にようやく，ドメスティック・バイオレンスということばが使われはじめ，2001年に「配偶者からの暴力の防止及び被害者の保護に関する法律」（DV防止法）が成立，その後2004年，2007年，2014年に，配偶者・暴力の定義や保護命令の範囲を広げる改正がなされました。しかし，まだまだ防止対策は十分とはいえません。

15歳以上の女性（未婚・既婚含む，日本では18歳以上）を対象にしたWHOの調査によれば，これまで1回でも身体的暴力を受けたことがあると回答した人の比率は，バングラデシュ，ブラジル，タイなど10カ国のなかで日本は最低の値を示していました[3]。横浜市で行われた日本調査では，18歳から49歳でパートナー歴がある人の15.4%が身体的暴力と性的暴力のどちらか一方またはその両方を受けたことがあると回答し，3.8%が1年以内でした。しかし，侮辱されたり行動を監視されたりするなどの心理的暴力を受けたことがある人は43.9%にものぼっていたのです。図VI-6は，夫・パートナーからの身体的暴力，性的暴力，心理的暴力の重複を示しています。この図から，身体的・性的暴力を受けた女性のほとんどが心理的暴力も受けていたことがわかります[4]。都道府県の配偶者暴力支援センターにおける相談件数は図VI-7のように年々増加しています。

2 DVの背景・メカニズム

女性から男性への暴力もときどきみられますが，男性から女性への暴力の方が圧倒的に多く，男性優位の社会や性役割の規範が強い社会ほどDVが顕著にみられることから，DVはジェンダーに基づく暴力だといえます。つまり，男性が権力を笠に着て女性を支配しようとする行為に他なりません。しかし，DVが社会のしくみに根ざしていることから，私たちはそれを当たり前のものだと思い，見逃してしまうのではないでしょうか。

ウォーカーは，親密な間柄の暴力には3つの相があることを指摘しています[5]。

▷3 Garcia-Moreno, C., Jansen, H. A. F. M., Ellsberg, M., Heise, L. & Watts, C. (2005). *WHO multi-country study on women's health and domestic violence against women: Initial results on prevalence, health outcomes and women's responses.* WHO Press. (http://www.who.int/gender/violence/who_multicountry_study/en/index.html)

▷4 吉浜美恵子・釜野さおり 2007 女性の健康とドメスティック・バイオレンス；WHO国際調査 日本調査報告書 新水社。

▷5 ウォーカー（1997）。

Ⅵ　家族の臨床／病理

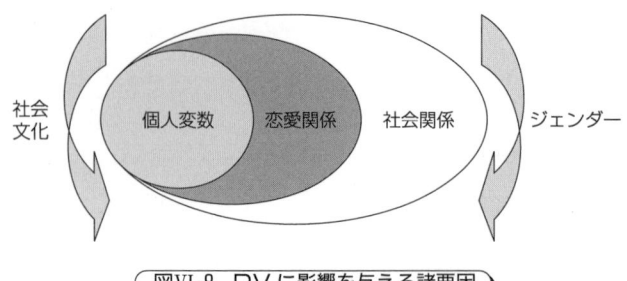

図VI-8　DVに影響を与える諸要因

まず二人の間で葛藤があり緊張が高まってくる第一相，続いて葛藤や緊張が最高度に達して暴力が行われる第二相，そして何事もなかったかのように愛情に満ち溢れた第三相があらわれ，この3つの相が繰り返されるのです。このサイクルは徐々に間隔が短くなり，暴力はエスカレートします。被害者はこのサイクルから逃れることができず，自分が何をしてもむだだと感じ，自尊心を失ったり，無力感に陥ったりします。そしてついには暴力的な関係から逃げられなくなるのです。

また，DVについては当事者だけでなく周囲の人々も誤解しており，DVを見て見ぬふりをする傾向があります。まず，被害者は逃げようと思えば逃げることができたはずだと考えて，DVの被害者を責める傾向があるということです。また，加害者は社会的な失敗者であるという烙印を押されがちですが，実際には，社会的地位が高く社会的に成功した男性の方が権力をふりかざしたり，暴力をふるうことが多いのです。さらに，加害者は暴力的な性格の持ち主で家庭外の他の場面でも暴力的だろうと思われがちですが，意外と外ではいい人であり社会人として通用している場合が多いのです。わがままがいえる家のなかや，妻に対して横暴な態度をとるのです。このように，DVは特に暴力的な男性と虐待されやすい女性との間の出来事ではなく，男性優位社会を背景にした男女の不均衡な関係から生じたものなのです。DVは被害者・加害者の個人的要因やカップルの関係を超えて，個々人を取り巻く社会文化的な背景に根ざしていること，さらにジェンダーの要因が大きくかかわっているという視点が重要です（図VI-8）。

❸ DVの心理的影響と回復

WHO日本調査では，DVによる精神的・身体的健康への影響についてもたずねていますが，回答者は，どの種の暴力を受けても日常活動の問題や不快感を感じていました。身体的暴力や性的暴力の影響が大きいことは容易に想像できますが，日常的に加えられる心理的暴力がいかに大きなダメージを与えるものか注意が必要です。

暴力はそれ自体が人に危害や恐怖心を与えるものですが，DVは身近な親しい人が暴力をふるうことで不安を大きくし，夫婦や恋人同士の間で起こることで逃れられない状況をもたらします。

DVの被害を受けている女性がなぜ逃げようとしないのか，というのはよく発せられる疑問です。だれしも生活の場や子どもを捨てて逃げるのは難しいものです。また，被害者の心理として，ハーマン（Herman, J.L.）は「監禁状態

▷6　友田尋子　1999　ドメスティック・バイオレンスとは何か　日本DV防止・情報センター（編）ドメスティック・バイオレンスへの視点；夫・恋人からの暴力根絶のために　朱鷺出版。

▷7　吉浜・釜野（2007）。

の心理」を指摘しています。[8] 監禁状態においては，交通事故やレイプなどの一過性の外傷とは異なり，被害者が加害者の監視下にあって，長期にわたりトラウマを経験することになります。監禁状態においては，加害者は被害者の生活においてもっとも強い支配力をもった人となり，被害者はあたかも自分で望んで服従しているような気持ちにさせられるといいます。支配・服従関係のなかで生きる力や考える力を失ってしまうのだといえましょう。

被害女性をサポートする場合には，こういった心的外傷の後遺症について理解しておくことが必要です。つまり，被害者が弱いからでもなく非があったわけでもないということです。それを被害者にわかってもらい，徐々に「自分のなかにある力」に気づいてもらうことが重要です。

▷8 ハーマン, J.（著）中井久夫（訳）1997 心的外傷と回復　みすず書房。

❹ 加害者の特性と行動変容

ウォーカーは，シェルターに逃れた女性たちが語る内容からDVの加害者像を明らかにしました。それは，自己評価が低いこと，虐待についての誤った考え方を（殴られる方も悪いと）信じていること，男性が偉いと考えており，性役割に忠実なこと，自分の行動を他人のせいにすること，病的なほどに嫉妬深いこと，二重人格の傾向があること，過度にストレスを感じていること，アルコールをよく飲むこと，男らしさを回復するためにセックスを支配的行動として利用すること，自分の暴力が悪い結果を生むと考えていないことです。[9] 男らしさや強さの裏に依存性と弱さが潜んでいると考えられます。

▷9 ウォーカー（1997）。

また，加害者はもともとセルフ・コントロールや対人関係が苦手な人たちでもあります。暴力を抑止するためには，罰を与え社会的に隔離するだけではなく，何らかの援助的な介入が必要です。そこで，米国を中心に進められているダイバージョン政策（刑罰に代替すべきプログラム）が注目されます。これにならい日本で開発されたものとして，「男のための非暴力グループワーク」があります。[10] このプログラムでは，次のような考え方とアプローチを採用しています。

(1) 暴力は社会的に学習された行動であり，それが習慣化したものだという考え方に基づき，誤って学習された内容を訂正するという方法をとる。
(2) 「男性性の物語り」が暴力を強化していることから，暴力を肯定する物語りを書き換えるように仕向ける。
(3) グループワークに参加することで何らかの報酬が得られるようにして参加への動機づけを高める。
(4) グループのなかで自己開示と親密さの構築を促進して行動変容を促す。

▷10 中村正　2003　バタラーへの非暴力援助の考え方；家庭内暴力の加害男性たちへのアプローチ　北九州市立男女共同参画センター"ムーブ"（編）ジェンダー白書；女性に対する暴力　明石書店。

暴力の加害者も，自分が受け入れられているという経験を通して本来の自分を取り戻し，自己評価を回復することにより暴力から脱することができるのです。

（青野篤子）

Ⅵ 家族の臨床／病理

3 家庭内暴力
――親と子間の暴力

1 育児放棄／子への虐待とその背景

　家族が崩壊し，生活共同体（コミュニティ）が崩壊するなか，特に大都市で虐待は増え続けています。都市の生活の孤立性，閉鎖性が家族を孤立させるのです。父親も残業で深夜帰宅，子育てについて相談する人もいない，育児書とわが子の違いにあせって無理なしつけを強要し，思い通りにならなくて手をあげてしまうなど，子育てに孤軍奮闘する母親の姿が浮かんできます。子どもが幼いときに心身ともに深い傷を負う，子への暴力はどんどん増え続けています。[1]

　虐待には，(1)身体的暴行，(2)養育怠慢や拒否（ネグレクトとも呼びます），(3)性的暴行（近親姦），(4)心理的虐待（極端な痛めつけ）が含まれます。このなかでネグレクトが虐待の40％を占めています。ことばによる痛めつけは，叩いたり殴ったりといった方法で与えられる「力のしつけ」に比べて，はるかに子どもの心を傷つけます。心ない親の一言が，あとあとまでも子どもの心に深く刻みこまれ，「自分は愛されていない」「こんな自分は生きる価値がない」と自信がもてず**自尊感情**が育つのにブレーキをかけます。[3]

　小児虐待は世代間で連鎖します。虐待された経験をもつ親がその子を虐待するというように，「力のしつけ」は繰り返されるのです。「自分は叩かれて育った。つらくてたまらなかった。自分の子どもにこんな思いをさせたくない」と思って叩かないで育てる親はその連鎖を断ち切ることができます。しかし，「子どもは叩いて育てるもの」と自分が受けた力のしつけをしらずしらずのうちに受け入れてしまっている親はそれを繰り返してしまうのです。

2 子への影響

○虐待の発生因

　図Ⅵ-9には虐待の発生因を整理して掲げました。[4]虐待の発生因は複合していることがわかります。親が子どもを虐待する家庭では，親自身が親から愛された経験がなく，体罰や不遇な育ち方をしてきたことが多いのです。このような人は自信がなく他人への信頼感がもてないのです。これは将来の人間関係に影響を与え，夫婦関係は相互的，支持的であることは少なく，しばしば一方が支配的になりがちです。近隣の人ともよい関係をもちにくく，親や兄弟，親戚とも疎遠で孤立しがちになるという悪循環が生じてしまうのです。このような親

▷1　全国児童相談所による2007年度の全国調査では，2008年1年間に児童相談所が扱った児童虐待の処理件数は4万2662件にものぼり，6年前（1999年）の1万1631件に比べて約4倍，15年前（1990年）の1101件に比べて約39倍と急増している。

▷2　ミラー，A.（著）山本公子（訳）1983 魂の殺人；親は子どもに何をしたか　新曜社。

▷3　**自尊感情**（self-esteem）
自分自身についての肯定的な感情，あるいは，自分を大切に思う気持ちをさしている。自尊感情は母親から愛され受容されるような母子相互作用を通して生まれる「基本的信頼感（sense of basic trust）」を土台にしてつくりあげられるものである。

▷4　庄司順一　1992　小児虐待　小児保健研究　**51**，341—350。

図VI-9　虐待の発生要因

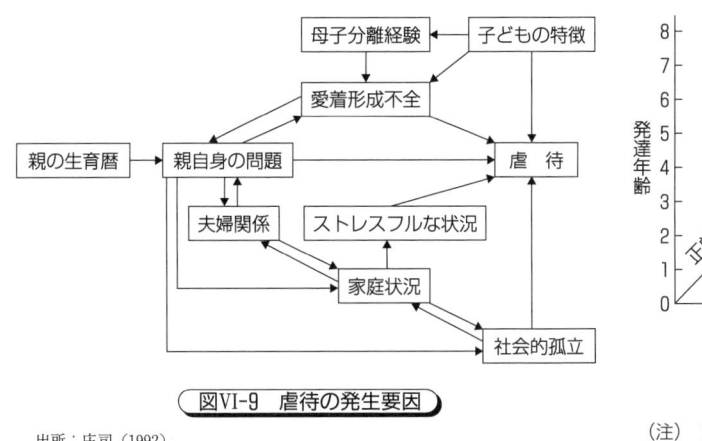

出所：庄司 (1992)。

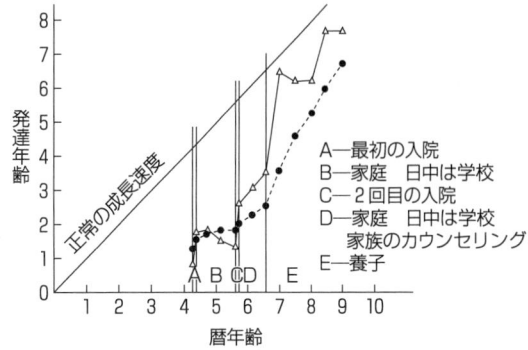

図VI-10　あるPSD児の成長過程

A—最初の入院
B—家庭　日中は学校
C—2回目の入院
D—家庭　日中は学校　家族のカウンセリング
E—養子

（注）家庭におけるガイダンスに失敗した4歳のPSD男児の成長過程を追跡したもの（●＝身長，△＝体重）。

出所：Hopwood & Becker (1980).

の育ち方に加えて，子どもの特徴が重なった場合に虐待が起こることがあります。未熟児で保育器に入れられていたとか，母親が産後入院したため子どもの世話ができなかったなど母子分離経験があると子どもと親和的な安定した関係がもてません。その結果，虐待が起こる場合が多いのです。

◯虐待による発達遅滞——心理社会的侏儒症

ネグレクトや心理的虐待，親の暴力のもとで育った子どもは，さまざまな問題行動や知能など，心身の発達遅滞がみられ，最も目立つのは身体的な遅れです。[5]

心理的・社会的なストレスから発症する心身の極端な発達遅滞は「心理・社会的侏儒症（psycho-social dwarfism, PSD）」と呼ばれています。[6] 図VI-10には心理・社会的侏儒症と診断された男児の成長の過程を示しています。[7] 4歳4カ月頃に小児病院に入院し，家族から離されると，たちまち身長も体重も回復します(A)が，家庭に戻ると再び成長はとまってしまいます(B)。5歳8カ月頃に再入院すると，急激に回復していきます(C)。家に戻ると身長や体重の回復はとまってしまいます(D)。養子に出されて子どもと養母との間に「心理的な絆—愛着」が成立するに伴い正常な発達水準にまで回復したのです(E)。この例は親の暴力やネグレクトなどが心身の発育を阻害すること，しかし子どもと養育者の間に愛着を取り戻すことにより，心身の成長が促されることを示唆しています。

子育ては母親だけの責任ではなく，父母が協力して子どもとのかかわりを楽しみながら，父母の生き方や価値観を伝える営みです。[8] 父親も育児に参加できるような働き方の仕組みをつくる一方で，父母の働き方に対応した質の高い保育を保障することが求められます。今こそ，社会の育児機能を復権させ，子育て中の家族を支えるセイフティ・ネットとして機能させることが喫緊の課題です。将来の文化を築き，明日の社会を担う人たちの十分な発達によって得られる私たちの文化・社会は，この課題の解決にいくら私たちがコストをかけたとしても，余りあるほどの大きな恩恵を受けるに違いありません。　　（内田伸子）

▷5 「異食症（食べ物ではないもの，たとえばビニールや虫などを食べてしまう）」「夜尿（おねしょ）」「かんしゃく発作」「痛覚脱失（痛みに鈍感で自傷行為を伴うことが多い）」「自慰行為」など。

▷6 藤永保・斎賀久敬・春日喬・内田伸子　1987　人間発達と初期環境；初期環境の貧困に基づく発達遅滞児の長期縦断追跡研究　有斐閣。

▷7 Hopwood N. J. & Becker, D. J. (1980), Psychosocial dwarfism; Detection, evaliation and management. In C. H. Kemp, A. W. Franklin, & C. Cooper (eds.) *The Abused Child in the family and in the community*. Vol. 1. N. Y.: Pergamon Press, pp. 439-447.

▷8 菅原ますみほか　2002　夫婦関係と児童期の子どもの抑うつ傾向との関連；家族機能および両親の養育態度を媒介として　教育心理学研究　50(2), 129-140。

VI 家族の臨床／病理

4 親子関係の隠れた病理

1 親子の関係が暗礁に乗り上げるとき

○愛情という名を借りた親による子どもの支配

胎生期から長い年月にわたり子どもの人生に多大な影響を与える親子関係ですが、望ましい影響ばかりでなく、否定的影響が続々と生み出されている事実にもしっかり向かい合ってゆかなければなりません。成長の糧となる傷つきや悲しみもありますが、一見しただけではわからない隠れた病理となり、子どもの可能性を大がかりに奪い取る親子関係も少なからず存在します。古くはスイスの心理学者ミラー（Miller, A.）が、「魂の殺人」ということばで親の厳しすぎる教育やしつけの暴力性を描き出して、親世代への警鐘を鳴らしました[1]。日本では1990年代に入ってから、マスメディアの影響も受けて**アダルトチルドレン**[2]ということばが知られるようになり、「愛情という名の支配」がいわれるようになりました[3]。これらのことばによって、自分が置かれた状況や理解が難しいと感じられてきた苦しみの源泉がよくとらえられるようになったという思春期・青年期の子ども、おとなになった子どもたちは少なくありません。

多世代家族療法家のB・ナジは、子どもたちはみな、自分を生み出してくれた事実から親に対して感謝の念を抱くと述べて、そんな特別な思いを「子としての忠誠心（filial loyalty）」と名づけました[4]。この忠誠心は、親の平均的な子育てという言動に裏づけられてはじめて「目に見える忠誠心」となり、親子双方の自尊心の向上に貢献するようになります。他方で、さまざまな理由で親が養育行動を実際には取れなかったり、望まないものばかり与えられる経験を積むと「目に見えない忠誠心」になると説明しています。親に感謝するどころか、親と認めずひたすら反発したり、冷淡に振舞う等、忠誠心と無縁であるかのごとく過ごしていますが、実際は親の意向を最後まで無視できなかったり傍目にそれとわからない形で親のために動くことさえあったりします。親子関係の複雑さと影響の根深さを理解するために重要な概念ということができるでしょう。

○親子のパワー差と密室性

親子関係の特徴を際立たせる条件として、親子間のパワー差と、家族の密室性ということがあります。子どもが幼いうちは特に、子どもは命の存続さえ親に委ねた状態で、圧倒的に強く大きな存在として親が子どもの前に立ちあらわれます。たとえどんな形であれ親の意に沿い可愛がられることが、条件つきの

▷1 ミラー，アリス（著）山下公子（訳）1983 魂の殺人；親は子どもに何をしたか 新曜社。

▷2 アダルトチルドレン もともとはアルコール依存症の親のもとで育ち、成人した子どもたちを意味することばだった。その後、より広義に用いられるようになって、いまでは機能不全家庭で育ち、成人後もなお行動や思考、認知に受けた影響に苦しみ続けている人々のことをいう。

▷3 田嶋陽子 2005 愛という名の支配 講談社＋α文庫。

▷4 Boszormenyi-Nagy, I. & Spark, G. L. (1973). *Invisible loyalties: Reciprocity in intergenerational family therapy.* New York: Harper and Row.

愛情のもとで育った子にとって，何にも勝る優先事項となるわけです。

家族の密室性も，親子関係が暗礁に乗り上げるプロセスに大きく加担します。親子関係や家族関係は，本来は取り巻く親族や職場の友人集団，地域社会のネットワークに開かれた**開放システム**[5]ですが，関係が上手くゆかなくなると容易に**閉鎖システム**[6]のようになり，第三者は親子関係に立ち入れず，意見を言うことも何が生じているか知るのさえ難しい状態になってしまいます。密室状態のなかで怒りや報復の念が暴力を交えたコミュニケーションへと姿を変えがちなことが，親子関係の難しさを際立たせるもう1つの条件です。

❷ 家族心理学に基づく親子関係の支援とは何か

○世代間伝達や暴力の連鎖

前述のナジによれば，家族カウンセリングの目的の1つは，隠れた忠誠心を子ども自身の目にも，親や第三者の目にもよくみえるものにすることにあります。親に暴力を振るい恨みや怒りの感情しかないかとみえる親子関係だったとしても，もう少し前には，子どものなかに親を大切に思う気持ちがあり，だからこそ親の無理難題や身勝手な期待に応えようと努力した長年の蓄積があること，努力が少しも報われず，親は期待はずれの子どもと思うし，子どもは親に搾取されたととらえるようになってきた経緯を第三者を交えて分かち合うことが，親子関係の囚われから解放されるために欠かせません。最初は感情的な口論になったとしても，話し合いを根気よく続けることが推奨されます。

親の言い分に耳を傾けてゆくと，親もそのまた親から，子どもの意思や個性を無視した子育てをされてきたこと，条件つきの愛情によって操作されたり，暴力を受けてきた人だったと気づく例が少なくありません。個人の責任を雲散霧消するために，**世代間伝達**[7]に目を向けてはならないでしょう。むしろしっかり責任をとるため，伝達をストップさせる力を各人から引き出すために，自身の体験を語り，子どもの立場から子の経験に耳を傾ける作業が欠かせません。言動への介入とパワー差への配慮を続けながら，各人の経験をつき合わせてゆくことが，家族心理学に基づいた親子関係の支援となります。

○システミックな問題理解

複数の立場をつき合わせるとは，親子を取り巻く多層システムに広く目を向けてゆくことでもあります。親個人のパーソナリティや不安定さだけが親子関係の悪さの原因である例は皆無とはいえないまでも少なく，多くの場合は，母親の身勝手さの背景に逼迫した経済状況や子どもと二人きりで長時間を過ごさなければならない生活状況など，複数の要因が寄り合わさって問題が生み出され維持されているのが現実です。暗礁に乗り上げた親子関係には暴力や否定的感情の強烈な表出が付き物ですが，関係と向き合い続けてゆくために，安全で安心な話し合いの場を提供することが必須です。

（中釜洋子）

▷5　開放システム
周囲の環境との間でエネルギーや情報，物資のやりとりがあるシステムのことで，家族や社会，人間などの生きているシステム（生物体システム）は，基本的にすべて開放システムである。

▷6　閉鎖システム
環境との間でエネルギーや情報，物資のやりとりはなく，それ自体が完結したものとして周囲から切り離されて存在している。本来は，機械やぜんまいじかけのおもちゃなど非生物体システムのこと。

▷7　世代間伝達
私たちは，自分が暮らす社会や環境，人間関係から意識的・無意識的な影響を受けて，生活習慣や文化，価値観などを上の世代から受け継ぎ，次世代へと伝えてゆく。子育て体験やアタッチメントについても同様に，特定のパターンや未解決の問題を世代を超えて引き継いでゆく。

（参考文献）
平木典子・中釜洋子 2006　家族の心理　サイエンス社
中釜洋子 2008　家族のための心理援助　金剛出版

VI 家族の臨床／病理

5 家族カウンセリングとは？

1 家族カウンセリング／家族療法と個人カウンセリングとの違い

家族カウンセリングと家族療法は通常ほぼ同じ意味で使われています。

単純には，カウンセリングの対象が，個人の場合に個人カウンセリング，家族の場合は家族カウンセリングと分けることができます。厳密には，個人内のプロセス（心のなか）に焦点をあて，個人をサポートする個人カウンセリングに対し，家族カウンセリングは，個人間のプロセスに目を向け「関係」を重くみる立場で家族全体を視野に入れて援助しようとします。[1]

家族全員を集める合同面接という形態が大変独特で有名ですが，形式ではなく，家族を**システム**としてみるという視点，考え方の問題なので，個人と会っていても家族カウンセリングということができます。[2]

家族システムは，メンバーの単なる寄せ集めではなく，それらの人々がつくる関係やパターンをもったまとまりであり，個々人を部分として取り出して理解しようとしても不十分だと考え，家族全体を視野に入れて，個人，カップル，家族全員など，いろいろな組み合わせで行われます。[3]

2 家族カウンセリングの特徴

○家族のとらえ方

家族は，性格も育った環境も異なる男女がつくり出し，年齢も性別も立場も違う家族メンバーが，個人としてそれぞれ発達しながら，安定と変化を繰り返しています。1つひとつの家族はそれぞれ独自のルールやコミュニケーションのパターンがあると同時に，ある程度共通する特徴もあります。家族も発達し，各段階に家族としての課題があり，その発達段階の移行期に，個人，家族にとって大きな変化を必要とします。[4]

○家族カウンセリングの特徴的な視点

家族のなかの誰かが症状や問題を生じた時，従来の個人カウンセリングでは原因と結果が**直線的因果律**で理解され，問題を起こした本人の病理か，過去の親の育て方の責任とされることが多かったようです。[5]

家族カウンセリングでは，症状，問題を起こしている人をIPと呼び，家族が相互に上手くかかわれなくなっている状態をあらわしており，SOSを出している人とみます。誰かひとりのメンバーの動きは，家族内のすべての人々に[6]

▷1　日本家族カウンセリング協会（編）2002　家族カウンセリングのすすめ　子どもの未来社．

▷2　システム
秩序立てて組み立てられた全体。家族も1つのシステムである。

▷3　平木典子　1998　家族との心理臨床；初心者のために　垣内出版．

▷4　平木（1998）．

▷5　直線的因果律
1つの原因が直線的に結果を導きだすという考え。

▷6　IP
Identified Patient（患者とされた人）またはIndex Patient（指標となる患者）．

連鎖的に影響を及ぼし，一回りして元に戻ってくるという**円環的因果律**でみるので，誰かのせいと考えず，犯人探しをしません。

また，原因を特定しなくても，今続いている悪循環を切ることで変化が生じるとも考えます。変化を生み出すには，どこを変えてもよいし，誰からはじめてもよく，小さな変化が関係性に，全体に影響を与えます。

このような見方は，引きこもりや不登校，非行などの「本人」を問題児扱いしませんし，「本人」が来談できなくても，家族の誰かが来れば，家族と協力して家族が本来もっている力を使えるよう，働きかけます。

3　家族カウンセリングの意義

○家族にとっての意義

たとえば，子どもの「問題」に，母親が「自分のせいだから」とひとりで解決を試みてきたが上手くいかなくなっているとき，父親が参加すると，母親は父親と子育ての責任を分かち合うことができます。父親も，母親に任せきりにしていた子育てに，「父親の出番がきた」と感じ，家族のなかに居場所がもてるかもしれません。子どもは両親が協力する姿を見て安心して，自分のことに取り組めるようになるかもしれません。夫婦の関係や，父子，母子関係に変化が生じ，「問題」が解決したり，「問題」だと考える必要がなくなることがあります。家族が慰めたり，支えたりする力を取り戻したり，発揮できる機会になります。

○カウンセラーにとっての意義

社会状況は家族に影響を与え，高齢者介護や，虐待，離婚など，家族の問題は複雑になっており，カウンセラーも個人の内的世界だけを扱うことが難しくなっています。否応無く，家族あるいは学校，職場といったもっと大きなシステムを扱う必要に迫られています。そういうなかで家族カウンセリングの視点，スキルは，誰に会うかという選択肢や見方，かかわり方を広げ，カウンセラーにとっても大きな助けとなるでしょう。

4　ジェンダーの視点から

家族カウンセリングは，男女の違いや従来の不平等な家族のあり方を不問にしたまま，まるで現実の男女の力の差がないかのようにみなしていると批判されました。逆に家族は社会によって異なり，男女，父母の役割・あり方も時代とともに変化しているにもかかわらず，伝統的な家族関係を普遍的なものとみているとも批判されてきました。

これらの批判をふまえカウンセラーは，自分自身の**ジェンダー・バイアス**に気づき，**ジェンダー・センシティブ**であることが，必要不可欠です。

（森川早苗）

▷7　平木 (1998)。

▷8　**円環的因果律**
原因と結果は相互に働き合って，円環的に巡っているという考え。

▷9　中釜洋子　2001　いま家族援助が求められるとき；家族への支援・家族との問題解決　垣内出版。

▷10　平木典子　2008　ジェンダー・センシティブな夫婦・家族療法　カウンセリングの心と技術　金剛出版　60—69頁。

▷11　**ジェンダー・バイアス**
男女に関する固定的な観念，偏り。男らしさ，女らしさについての偏見，先入観。

▷12　**ジェンダー・センシティブ**
無意識に行われているジェンダー・バイアスに敏感になり，気づくこと。

参考文献
平木典子・中釜洋子　2006　家族の心理；家族への理解を深める　サイエンス社

VI 家族の臨床／病理

6 親教育

1 親教育とは何か

　親教育とは「子どもの積極的な行動を助長するために，子どもとの相互交渉の方法を変えようとしている親の目的学習活動」と定義されています。また田中は「親子の間のコミュニケーションを円滑にし，子どもとのかかわりの上に発生する諸問題の原因を理解して，解決策を探り出すのを助け，不幸な親子関係になるような問題の発生を予防しながら，家族全体としての家庭生活の質が高められるような方向へ向上していくこと」を目指すものであり，「したがってその内容は，全体として，親として子育てについて必要な知識・情報，子育ての技術的な面，親としての自己理解を深める事柄などである」と述べています。

　親教育の対象は主に，子どもをもっている親，もしくは親への準備段階にある人です。親教育が必要とされる理由は，少子化，核家族化といった現代社会において，育児に関するモデルや助言を身近で得ることが以前と比べて難しくなっており，また，生身の子どもと接する経験が乏しいままに親になる人も多く，そういったことが親に対して，種々の情報に翻弄されたり，育児不安などを募らせたりする遠因にもなりやすいからです。

　図VI-11は，子育てを取り巻く現代社会の状況を簡単に示した一例です。親も子も共に，豊かな人間関係をつくりにくい社会状況に置かれていること，ゆえに，親教育を必要とする親を「親として至らない」「親のくせに」などと非難してすむ話ではなく，また親教育は母親のみならず父親にも必要なこと，そして親教育は本来，親になったからといって唐突に促成栽培的に与えられるものではなく，子どもの頃からの人間関係形成力を培う教育と根底のところで通じ合うべきものであることなどがおさえられるでしょう。

2 代表的な親教育プログラム

○STEP (Systematic Training for Effective Parenting)

　これはアドラー（Adler, A.）の心理学理論を基礎にして組み立てられたものであり，責任感と協調性

▷1　Croake, J. W. & Glorer, K. E. (1977). A history of evaluation of parent education. *The Family Coordinator*, **26** (2), 151-158.

▷2　田中マユミ　1988　親教育の方法　岡堂哲雄（編）講座家族心理学6　家族心理学の理論と実際　金子書房　147—170頁。

▷3　金子京子　2007　中学校技術家庭科「幼児の発達と家族」から子育て支援を考える；教育現場からの報告　日本発達心理学会第18回大会子育て支援シンポジウム資料。

図VI-11　現代の子どもと家族の状況

出所：金子 (2007)。

のある子どもを育むために，親のコミュニケーションを支援しようとするものです。相互尊重や子どもの能力への信頼といった理念を礎にして，子どもの言動の目的を理解し，コミュニケーションの技法と，しつけの技法を体得することを主目的としています。

◯ PET（Parent Effectiveness Training）

アメリカの心理学者ゴードン（Gordon, T.）の開発したPETは，わが国では「親業（親の役割を効果的に果たすための）訓練」と称されています。「能動的な聞き方」（子どもの気持ちを受け止める），「Iメッセージ」（私を主語にして自分の気持ちを語る），親子の意見が対立する場面での「勝負なし法（負ける者をつくらず，双方が納得できる解決策を選ぶ）」を親が身につけることを通して，子どもとのコミュニケーションを良くしていき，人間が本来的にもつ内的な成長力を親子共々伸ばしてゆこうという考えに基づいています。

上記二種の親教育は，グループ実習などを通じて親たちが技法などを習得するものであり，親同士の支え合いがこの種の学習を下支えしているといえます。

◯ Nobody's Perfect（完璧な親なんていない！）

0歳から5歳までの子どもをもつ親を対象に，参加者が抱えている悩みや関心事をグループで出し合い話し合いながら，必要に応じてテキストを参照して自分に合った子育ての仕方を学ぶもので，カナダで80年代初頭よりはじめられました。同年齢の子どもをもち，共通の興味や関心をもつ人々と出会える場が提供され，10人前後のグループで1回2時間，週1回で6～10回連続で行うことが基本とされています。親が自分の長所に気づき，健康で前向きな子どもを育てるための方法を見出せるようにすることを目的としています。

◯ ペアレント・トレーニング

これは，「子どもの問題行動への有効な介入方法を親が獲得するための訓練の総称」であり，わが国では，発達障害の子どもの親へのトレーニングとして注目されています。具体的には，行動療法や応用行動分析などを援用し，子どもの望ましい行動を強化する一方で，非従順な行動には注目しないなど，適切な方法でしつけを行うことを親にわかりやすく教えるものです。ここでも，他の親と情報を共有したり支え合ったりすることで，親が孤立感や罪障感（「この子が～なのは，自分のせい」）を軽減し，自信を回復していける意義は計り知れないといえます。

その他，現在，全国各地で開かれているNPO法人主催の親向け講座，また，自分と相手を共に大切にする自他相互尊重のコミュニケーションを学ぶ「アサーション・トレーニング」なども，親教育に寄与する有効な手法として位置づけることができます。

（園田雅代）

▷4 松崎学 2007 アドラーの親支援プログラム STEP 日本家族心理学会（編）家族支援の心理教育；その考え方と方法 金子書房 46―58頁。

▷5 たとえば「反映的な聞き方」「Iメッセージ」。

▷6 トマス・ゴードン（著）近藤千恵（訳）1998 親業；子どもの考える力をのばす親子関係のつくり方 大和書房。

▷7 ジャニス・ウッド・キャタノ（著）三沢直子（監修）幾島幸子（訳）2002 完璧な親なんていない！：カナダ生まれの子育てテキスト ひとなる書房。

▷8 中田洋二郎 2007 発達障害とペアレント・トレーニング 日本家族心理学会編（編）家族支援の心理教育；その考え方と方法 金子書房 74―84頁。

▷9 『朝日新聞』2008年9月27日朝刊 育てよう親力，NPO一役（名称が「母育所」（ぼいくしょ）講座，「育自分」講座など）。

▷10 平木典子 1993 アサーション・トレーニング；さわやかな「自己表現」のために 金子書房。

VII 家族のゆくえ

1 性の自由化と家族
——親にとっての子ども

1 性の自由化——性についての規範も行動も

長らく性は結婚と生殖（子ども）と不可分の関係にありました。結婚の目的は子孫をつくることにありました（そこで〔子なきは去る〕は当然でした）。それが大きく変化しました。「結婚までセックスをすべきでない」の賛成は1978年を境に減少し続け，代わって「愛情があればいい」が増え，さらに「合意すれば」もあらわれています[1]。性規範のゆるみと並行して性行動も「自由化」し，性体験の低年齢化が進んでいます[2]。

性の自由化[3]という変化の大元は，妊娠の仕組みが解明され安全・確実な避妊の技術が一般に普及したことにあります。戦前，度重なる妊娠出産は女性の健康を害し，多子は家族の貧困を招く，それを防ごうとした産児制限運動は多子が必要だった政府の厳しい弾圧を受けました。それが戦後一変しました。多子は不要，少子にすることで豊かな生活をとのキャンペーンに人々は共鳴し，家族計画が普及して急速に「子ども二人」が大勢になりました。今日の少子化のはじまりです。

2 〈結婚―性―生殖〉の分離の知識と技術の普及——性の自由化を推進

避妊の知識と技術は夫婦に留まらず，広く一般に広まり，それが若年層に性の自由化をもたらしました。その意味で性の自由化は当然の流れですが，マイナスの問題も少なくありません。

デートDV[4]として問題となっている男性からの性の強要，避妊の失敗―望まない妊娠／出産，これは避妊の知識や技術が普及した今も後を絶ちません。中絶も若年層では減っていません。こうした現象には，男女の交際も避妊法も男性主導である日本の事情が関係しています。「できちゃった婚」が増加しています。事情はいろいろで，無知のためから煮

▷1　NHK放送文化研究所　2000　現代日本人の意識構造　日本放送協会。

▷2　毎日新聞人口問題調査会　2000　日本の人口；戦後50年の軌跡　全国家族計画　世論調査第1回〜第25回調査結果。

▷3　性の自由化
⇒ II-2 参照。

▷4　デートDV
⇒ II-6 参照。

▷5　II-1 II-7 参照。

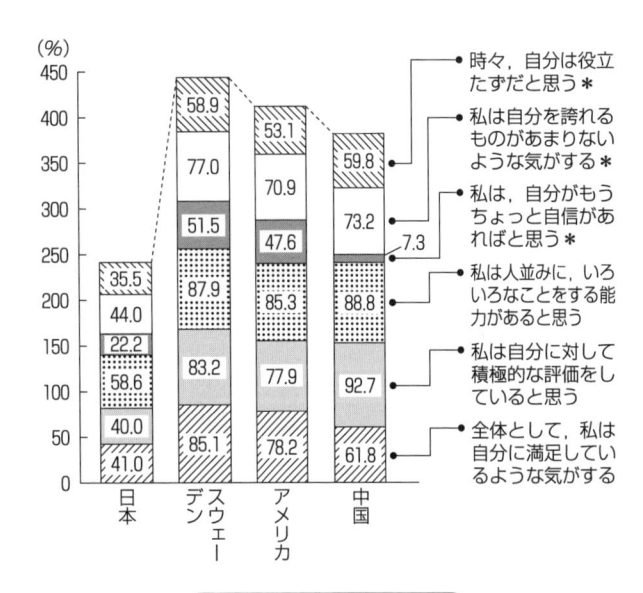

図VII-1　自尊感情のデータ

（注）＊は，「そう思わない」と「全然思わない」と回答した者を合算した割合。
出所：河地（2003）。

え切らない相手や親を説得するためにあえて妊娠するケースなどがあります。いずれの場合も，誕生する子どもの幸福を考えると憂慮すべきことです。

❸ 「つくった」子への親の強い思い入れ──「よかれ」の支配

もう1つは，親の子どもへの教育の問題です。子どもは親がいつ／何人と決めて「つくる」ものとなりました。「つくらない」という選択もあるなかで，自分の決断で「つくった」からにはと，子への思い入れは強くなりがちです。つくったわが子は宝，その宝を思う存分磨きをかけるといわんばかりの教育熱心，教育ママは珍しくありません。モンスター・ペアレントといわれる親たちもその延長線上でしょう。

親の「よかれ」による先回り育児，子自身の試行錯誤や努力を待てずに塾や家庭教師に走る風潮，成績や進路への強い関心や期待など，親の経済も目も手も少子に集中的に降り注がれています。それは親の愛情であるとしても，子ども自身の志も特徴も無視され，自ら育つ機会を奪ってしまっている子どもの発達権の侵害です。

子どもを「つくる」ことになった時代が，子どもの愛し方がわからない親を生んでいるといえるでしょう。日本の子どもたちの低い自尊感情（図Ⅶ-1）の一因は勉強であれ家事であれ自分の力で試行し達成する体験の少なさにあるでしょう。

❹ 生殖革命──史上初の子どもの創造

子どもは「つくる」から，さらに医療技術によって「つくり出す」ものとさえなっています。これは子どもを望みながらもてない夫婦にとって「福音」といわれ，子を望む夫婦は子をもつ権利，幸福追求権だといいます。けれどもそこには，女が子を産むことへの親や社会からの有形無形の期待や圧力も無視できないでしょう。また子の親はだれかという当事者の法的問題，さらに代理母の人権の問題もあります。

子にとってはどうでしょうか。自分の意思や希望とは無関係に誕生するのが子どもですが，生殖技術によって誕生する子どもには一般の子ども以上に多くの困難があります。妊娠中から生後にかけて発達上多大のリスク，誕生後も「親」の格別な期待や投資の下に生を受け育てられる，さらに子は自分の出自とアイデンティティをめぐる問題に直面する，などは多くの困難が予想されます。このような多岐にわたる問題を考えますと，単純に「福音」とはいえず生殖医療技術の適用には慎重な議論と社会的合意が必須です。

（柏木惠子）

▷6 斉藤学 1992 子どもの愛し方がわからない親たち 講談社。

▷7 河地和子 2003 自信力はどう育つか 朝日選書。

▷8 日本学術会議 2008 代理懐胎を中心とする生殖補助医療の課題；社会的合意に向けて 日本学術会議。

参考文献

柏木惠子 2008 子どもが育つ条件；家族心理学から考える 岩波新書

金城清子 1996 生殖革命と人権；産むことに自由はあるのか 中央公論社

柘植あずみ 1999 文化としての生殖技術 松籟社

VII 家族のゆくえ

2 家族の共食は今
──貧困化する家族の機能

▷1 外山紀子 2008 発達としての共食 新曜社。

▷2 共 食
⇒ I-6 I-15 参照。

▷3 内閣府 2006 平成18年版食育白書 社団法人人時事画報社。

▷4 岩村暢子 2003 変わる家族・変わる食卓 勁草書房。
1998年から2002年までの計6回、首都圏在住の子どもをもつ主婦延べ111名を対象として食生活の意識と実態について調べたものである。

1 共食の減少

地球上には多くの種が生息していますが、他個体に自ら食物を分配し、社会的な場として食物を摂取する行動は人間にしか認められません。言語の使用は人間と他の動物を分かつものとしてよく引き合いにだされますが、それと同じくらい人間を特徴づけるものが**共食**です。

しかし、家族の共食は減少傾向にあるようです。図VII-2は、厚生労働省による「児童環境調査」および「全国家庭児童調査」に基づき、家族そろって夕食をとる頻度を1976年から2004年までまとめたものです。全体的に共食が減少傾向にあることがわかります。最近では、岩村による『変わる家族・変わる食卓』が話題となりました。そこでは、にわかには信じがたい食卓風景が示されました。「洗い物を出したくないから」パックのまま並べられた冷や奴や刺身、「忙しかったから」コンビニのおにぎりだけで済ませた夕食、そして、「子どもの主体性を尊重しているから」という菓子パンだけの子どもひとりきりの朝食。これらが子育て世代の一般的な食卓風景なのかという点については慎重でなければなりませんが、今や食事を準備する機能は家庭の外に置かれ、家族の個人的な嗜好や都合が優先された結果として、かつての日本でごく普通にみられた一家団らんの食卓風景は減少しつつあるようです。

2 背景にあるもの

これらの変化は、どのような要因を背景としているのでしょうか。まず食生活を取り巻く社会環境の変化があげられます。外食産業やコンビニ等の発達に

(%)	毎日	週4日以上	週2～3日	週1日だけ	ほとんどない	不詳
1986年	36.5	21.8	24.2	11.3	6.2	
1991年	31.5	21.0	29.0	11.5	5.7	0.7
1996年	30.8	19.9	30.4	10.8	7.3	0.8
2001年	31.6	17.1	31.2	10.8	7.3	2.0
2004年	25.9	19.1	36.3	10.6	7.0	1.2

図VII-2 家族そろって夕食をとる頻度

資料:厚生労働省 児童環境調査(平成13年度以前)、今国家庭児童調査(平成16年度)。
出所:内閣府(2006) 4頁 図表-5より作成。

より，今や調理済みの食物は私たちの周りにあふれています。家族という集団は，その昔，オスが集団で獲得してきた食物をメスや子どもたちに分配することによって成立したといわれています。しかし今では，子どもですら，あとは食べるだけの食物を容易に手に入れることができるようになりました。食事を準備する必要性も，共食をする必要性も大きく低下しているのです。

家族の**個人化**傾向の強まりもまた，要因の1つといえるでしょう。戦後，少子高齢化が進み，一生のなかで女性が母親役割を担う時間は大幅に短くなり，就労する既婚女性も珍しくなくなりました。そのなかで，女性の個人化志向は強くなっています。一方，男性は1日の大半を会社で過ごし，子どもは子どもで塾や習い事で忙しくしています。家族が決まった時間に家に帰り食卓を囲む必要性もその余裕もなくなっているのかもしれません。

③ 子どもの発達は？

共食の減少は，個人が家庭に束縛されず自由に生きられるようになった証とみることもできるかもしれません。しかし，子どもの発達という点からみた場合，喜ばしい変化とはいえません。

共食は地球の乾燥化が進むなかで人間の祖先が生き残りをかけて編み出した苦肉の策といわれる一方で，そのはじまりの頃より，互いの絆を確認し親睦を深める手段として利用されていたのではないかと考えられています。共食は最初から，食物の調達という実益だけでなく，他者との関係を取り結び強化するという情緒的機能を有していたのです。それが可能であったのは，食が喜びをもたらすものであり，人間がその喜びを他者と分かち合う能力をもっていたからです。「他の人もきっと喜ぶだろうな，おいしいと思うだろうな」と推論する高度な社会的知能があるからこそ，人間は自ら食物を分配し共食をすることができたのです。発達的にみると，食物を分配する行動は生後9カ月頃にみられます。これはちょうど，**三項関係**といって社会性の発達にとって重要な能力が発現してくる時期と重なります。食物というモノの向こうに他者の心を思い描くことができてこそ，食物の分配と共食は可能となるのです。

現代では，家族が顔を合わせる唯一の時間が食事であるといっても過言ではありません。ですから，家族との共食の減少は喜びを分かち合うどころか，家族が互いを知る場を失うことを意味します。これは子どもにとって不幸なことといわざるを得ません。さらに身体の発育や食行動の形成にも弊害をもたらします。孤食では食物摂取量が少なくなることはよく知られていますし，雑食動物である人間は共食経験を通じて何を食べるべきかを学んでいくからです。

家族の共食を可能とする社会状況の整備が，いま求められています。家族の共食を保障するうえで重要な課題といえるでしょう。

(外山紀子)

▷5 山極寿一 1994 家族の起源 東京大学出版会。

▷6 **個人化**
生活編成の中心を自分らしく生きたいという個人的価値の実現におく傾向をさす。長津美代子 2004 変わりゆく夫婦関係 袖井孝子(編) 少子化社会の家族と福祉 ミネルヴァ書房。Ⅲ-13 参照。

▷7 山極（1994）。

▷8 **三項関係**
「自己」と「他者」，それら以外の「モノ」の三者間の関係をいう。一方，「自己」と自分とは異なる存在である「他者」，あるいは「自己」と客観的に存在する「モノ」という二者の関係は，ともに二項関係と呼ばれている。三項関係は生後9カ月頃に成立するが，それにより子どもは「モノ」に対して自ら働きかけるだけでなく，他者を利用してモノの世界を知ることができるようになる。

▷9 外山（2008）。

▷10 他者の存在が個人の行動に影響を与える現象の1つである。社会的促進と呼ばれている。人間に限らず，ネズミやラット，マーモセットも他個体と共に食べると食物摂取量が増加する。

▷11 労働時間の短縮や時間帯の弾力化などにより，男性が家事育児に参加しやすく女性が子育てしながらも就労しやすい状況をつくること。

VII 家族のゆくえ

3 問われる家族／夫婦間の衡平性

1 「ずるいんじゃない」という妻――夫と妻間の生活と心理の乖離

これは1991年,『朝日新聞』家族欄への投書です。20年ほども前のものですが,今も大勢としてはほとんど変わらず,同じような立場にいる妻たちの共感を呼んでいます。この妻は何を「ずるい」と憤慨しているのでしょうか。ワーク一辺倒,「家族する」ことはまったくない夫と,家事育児だけに明け暮れる自分とのギャップは,妻には納得し難いのです。同じ教育と職業体験をもち夫と同等の力も意欲もある,恋愛結婚した二人にはかつて対等な関係があった,それがすっかり失われてしまった,そして家事育児は妻任せて自分だけが社会で力を発揮している,そのような夫を「ずるい」と感じているのです。

2 衡平性が問われるようになった夫婦の関係

本書の諸処で,日本の男性の仕事一筋でワーク偏重,「家族もち」だが「家族する」ことのなさ,ケアの受け手に徹している様相をみましたが,この夫はまさにその典型です。本人は仕事が面白くそれなりの業績や稼ぎを得て,男子の本懐と思っているのかもしれませんが,妻は「ずるい」と批判している,このギャップは重大です。女性が「嫁」的生活以外に生きることは不可能だった時代は,家事育児だけをするのは当然。他方,仕事は筋力の勝る男のものだった時代,男性は一家の稼ぎ手として職業一筋の生活は当然でした。〈男は仕事／女は家庭〉も夫唱婦随もこうした状況に見合ったものでした。そこには「ずるい」という感情はあり得ませんでした。対等や衡平性も夫婦間には無縁のものでした。

これが一変しました。労働の機械化情報化によって女性も働いて生活可能,教育水準も男女ほぼ同等になった,こうした社会変動は〈男は仕事／女は家庭〉の根拠を失わせました。なのに,今もって〈夫だけが仕事／女は家庭〉でいる,その結果,折角の能力も志も活かされる場がない,夫と対等な関係はもてない,そのことの不当さ／矛盾が「ずるい」と思わせる,それは社会の変化のなかで生じた当然の心理です。

3 国際家族年の理念「小さな集団／家族のなかのデモクラシー」の再確認

今から十年余前,国連が定めた国際家族年の理念は「(だれもが最初に出会う

▷1
〈投書欄〉
ずるいんじゃない
土浦市　T・K(主婦・31歳)
　私と夫は同じ大学の同学年生でした。学部は違いましたが,同じゼミで学び,同じスキー合宿に参加して,常に同等でした。
　今,三歳の長女と九カ月の次女がいて,私は専業主婦。夫は仕事ばかりで,残業は毎日。休日出勤は当り前で,家事も育児も関係ありません。転勤族で,近所との付き合いもなく,私は日々,子供と顔を突き合わせる生活です。
　正直言って「こんなの,ずるいんじゃない?」という気持ちです。今まで男社会がつくってきた「子供,家族は女が――」という通りにすると,こういうことになるのです。(後略)
[『朝日新聞』1991年3月7日]

IV-20 参照。

▷2　I-13 参照。

▷3　ワーク・ライフ・バランス
⇒ III-14 VII-7 参照。

▷4　田中重人　2001　生活時間の男女差の国際比較；日本,欧米六カ国データの再分析　大阪大学大学

集団である）家族におけるデモクラシー」でした。家族に支配や盲従といった関係があってはならず，対等で民主的な関係をという理念です。この対等性が日本の夫婦間に今もって定着していません。投書の夫婦にもそれが欠けています。男性にも女性にも**ワーク・ライフ・バランス**が急務だと述べましたが，それは夫婦間の対等性／衡平性の確立にもつながるからです。

　生活時間調査データによって日本の男性を他国の男性と比べてみますと，日本の男性の家事育児時間の短さは他国と比べて際立っています（図Ⅶ-3参照）。
　なぜでしょうか。日本は労働時間が長いから家事育児ができないのではありません。家事育児は自分（男性）の仕事とは考えていない，女性のこととみなしているからです。妻の就業が「家のことをなおざりにしない」という夫との約束で許可されるケースは少なくありませんが，ここにも女性の本分は家事育児との考えが垣間みえます。これは，家族役割は男女いずれにとっても権利であり責任，と考えるスウェーデンとは大違いです。日本の男性のジェンダー観の変革なしに，妻の就業と夫の家事育児参加，それによる夫婦間の対等な関係の実現は難しいでしょう。両性のワーク・ライフ・バランスも不可能です。
　もう1つ，図Ⅶ-3で注目したいのはオランダです。他の国々と違ってオランダだけは，職業時間よりも家事育児時間が長いのです。職業で稼ぐことよりも，無償の家事に時間をかけるライフスタイルといえましょう。ほどほどの収入でワークもライフもゆったりとするこの生き方は，生産性第一，収入重視のワーク偏重の日本人に再考を促すものではないでしょうか。

❹ 共働きは夫のストレスを高めるか

　平成9年頃から，共働き家庭が〈夫だけが働く家庭〉を上回り，共働きはライフスタイルとして定着しつつあります。ところで妻の就業は伝統的なジェンダー観をもつ夫の心理に影響し，妻が自分のジェンダー観と一致しない場合（妻は家庭と思っているのに就業している），夫のストレスは高まり夫婦間に緊張が生じます（図Ⅶ-4）。
　ここからも，男性の意識変革が男性女性双方のワーク・ライフ・バランスを確立するうえで必須であることが示唆されます。

（柏木惠子）

院人間科学研究科　年報人間科学　**22**，17-31。

▷5　裴智恵　共働きで夫はストレスがたまるのか　永井暁子・松田茂樹（編）2007　対等な夫婦は幸せか　勁草書房　63-76頁。

■参考文献■

　柏木惠子　2003　家族心理学；社会変動・ジェンダー／発達の視点　東京大学出版会
　永井暁子・松田茂樹（編）2007　対等な夫婦は幸せか　勁草書房
　善積京子（編）2000　結婚とパートナー関係；問い直される夫婦　ミネルヴァ書房
　諸井克英　2003　夫婦関係学への誘い　ナカニシヤ出版

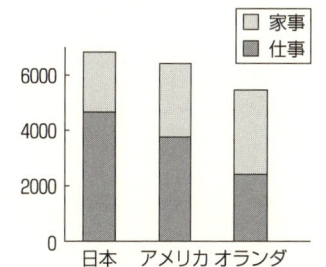

図Ⅶ-3　仕事・家事時間の国際比較
出所：田中（2001）。

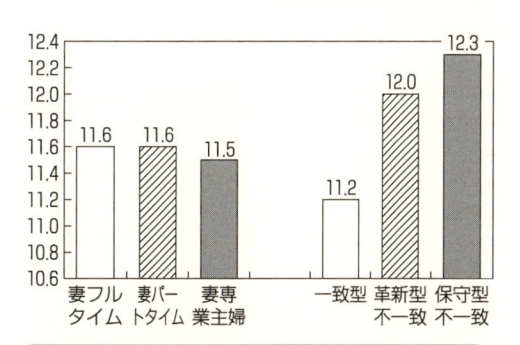

図Ⅶ-4　妻の働き方と夫のジェンダー観の一致／不一致による夫のストレス
出所：裴（2007）63-76頁。

VII 家族のゆくえ

4 少子化のゆくえ
——少子化は解消するか／解消すべきか

1 少子化は焦眉の政策課題に

第二次世界大戦の終わるまで「産めよ殖やせよ」は長らく日本の国策でした。たくさんの子を産んだ母親は顕彰されたものでした。それがここ十数年来，出生率は低下しつづけ少子化が進行しています。このままでは日本は滅びるとの危機感から少子化は焦眉の政策課題となり，さまざまな施策が実施されています。しかしいずれもそれほど効果をあげていません。少子化を引き起こしている根本の要因が十分考慮されていないからです。

2 〈子どもをもつ〉ことを必要と考えているか

かつての多産奨励は国の富国強兵策の一環でしたが，人々もそれとは無関係に子どもは必要と考えていました。資産や家業の継承，老親扶養のためにとりわけ男子は必要でした。結婚の目的は子どもをもつことにあり，そのために「子なきは去る」だったのです。

では，今日，子どもは必要と考えられているでしょうか。既婚女性の〈子ども必要性〉意識は，若い世代では低くなっています。

かつて結婚の目的だった子ども必要性を支持する人は，今や半数に留まっています。これを年齢別にみますと，60歳以上では70％を超える高率ですが，若い世代ほど賛成は低くなっています。出産期にある若年層での〈子ども必要性〉意識の低さをみますと，今後の出生力の上昇は期待できず，少子化は今後も続く可能性大でしょう。

3 家庭の所得と出生率——産む理由：「経済的条件が整ったから」の実態

「経済的条件が整ったから」は，子どもを産む理由として無視できないものでした。そこで，夫の所得と妻の所得と出生率との関係を分析した結果をみますと，夫の所得は出生率と正の相関関係があります。つまり夫の所得は高いほど出生率は高くなります。夫の所得は概ね家庭の主要な所得，つまり家庭の経済水準ですから，これが産む理由「経済的条件が整ったら」を左右し，所得が高ければ出生率は高まることになるのでしょう。

ところが，妻の所得は出生率と負相関，つまり妻の所得が高いことは出生率を低下させる方向に働いています。諸外国のデータによる国際データでは，日

▷1 「結婚しても子どもをもつ必要はない」に反対，「子どものいない結婚は不完全だ」に賛成などを〈子ども必要性意識〉とし，これに賛成する人の比率が表VII-1である。

表VII-1 既婚女性の〈子ども必要性賛成〉の割合

全体	54.0%
20〜30歳代	38.4
40〜50歳代	50.8
60歳代〜	72.1

小島宏 2008 日本・韓国／台湾における子どもの必要性意識と性別選好 谷岡一郎・仁田道夫・岩井紀子（編）日本人の意識と行動日本版 総合的社会調査JGSSによる分析 東京大学出版会 59—72頁。

▷2 V-4 参照。

▷3 清水誠 所得と出産行動 谷岡一郎ほか（編）同上 47—57頁。

本とは逆で女性労働（女性の所得）と出生率とは正相関しています。これは意味深長です。女性が子どもをもつことと働くことが、日本では他国以上に困難な事情があることを示唆しています。それは経済の問題に留まらない心理的な問題です。

4 女性の出産決断を左右する心理的要因
　　——なぜ産むか／産まないか

　女性の所得は高学歴でフルタイム職ほど高いものですが、この高学歴有職女性は社会的職業的活動に達成感をもちそこに自己資源を投資する傾向をもっています。他方、その女性にとっての子どもの位置、子ども必要性意識は高学歴層ほど縮小傾向にあります。このような高学歴女性は、高い自分の所得を直ちに子どもにつぎ込むことには消極的になります。子どもをもてば、経済、時間、心身いずれの面でも女性／母親は男性／父親よりもはるかに多くのゆとりを失わせること（図Ⅶ-5）を知っているからです。

　加えて、自分が多くの資源投資を余儀なくされる子育てに夫の参加は期待できないことも承知しており、時間や労力などの自己資源の消耗を予測させます。こうした事情はすべて女性に子どもへの投資を躊躇させ、出産に踏み切る決断を鈍らせる方向に作用しています。少子化はこうして進んできました。

　少子化に歯止めをかけられないこれらの事情は、いずれも性別分業に根があります。〈男は仕事／女は家庭〉という性別分業観は次第に衰退しているとはいえ、今も半数は支持、そして男性や年配世代では強く支持されています。このことが「家族もち」だが「家族しない／親をしない」日本の男性を温存し、女性の育児負担を重くしています。この意識と現実の変革—男性の変革なしに、女性の出産控えは止まらず、少子化の歯止めはかからないでしょう。そのためには、男性をターゲットにしたよほどの強力な施策や教育が必要でしょう。

5 そもそも少子化は問題か

　しかし、そもそも少子化は何が何でも止めるべき問題なのでしょうか。産む／産まないは国家の人口政策によって決められるべきではありません。個人の「性と生殖にかかわる健康と権利（リプロダクティブ・ヘルス／ライツ）」の問題です。子を望む人が躊躇なく幸福に産み育てられる環境の整備は急務です。そのためには、両性が子育てにかかわることは必須、性別分業からの脱却は日本の課題です。

（柏木惠子）

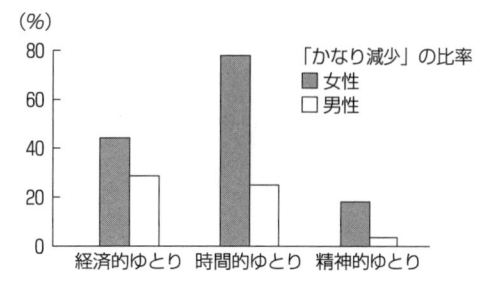

図Ⅶ-5　子どもの誕生前後での資源の変化

「かなり減少」の比率（女性／男性）　経済的ゆとり・時間的ゆとり・精神的ゆとり

出所：大久保孝治　1994　子どもの誕生と社会保障：個人的資源の増減をめぐって　社会保障研究所（編）現代家族と社会保障：結婚・出生・育児　東京大学出版会　55-70頁。

▷4　永久ひさ子・渡邉惠子・柏木惠子　2007　母親における資源配分と自己評価：高学歴化と個人化傾向の関連について　日本教育心理学会第49回総会発表論文集、442。

▷5　総理府　1999　男女共同参画白書　平成11年度版　大蔵省印刷局。

▷6　Ⅰ-13参照。

▷7　総理府（1999）。

参考文献

赤川学　2004　子どもが減って何が悪いか！　筑摩書房

阿藤誠・兼清弘之　1997　人口変動と家族　シリーズ・人口学研究　大明堂

VII 家族のゆくえ

5 情報化の進展と家庭

1 技術と社会の変化

　技術の進展は社会だけでなく，家庭のあり方も変えつつあります。本項執筆の2008年現在，多くの家庭にあるパソコン，携帯電話，インターネットは，ほんの10年前の家庭では一般的なものとはいえませんでした。そもそも，パソコンが広く使われるようになったのは1980年代後半で，インターネットと携帯電話の爆発的な普及は90年代後半以降のことです。インターネットと携帯電話がほぼすべての会社，家庭，個人に行き渡ることによって，情報のみならず流通，人材の移動が世界的な規模で行われるようになる（グローバライゼーション）とともに，情報を取り扱う主体が家庭という集合体ではなく個人に移りつつあります。この変化は，短期間に，それも非常に急速に進んだので，いったい何が起こっているのか，また今後どのようになるのかについては十分検討されていません。そこで，ここでは，主として1990年以降のインターネットの普及に伴って情報環境がどのように変わったか，またそれが家庭にどのような影響を及ぼしつつあるかについて考えていきます。

2 情報化の家庭への広まりの現状

　かつては1つの家庭にかならず1本はあるといわれていた固定電話は，おおよそ5000万加入（2007年度末，世帯比では84％）で，2000年時点と比べて，おおよそ1100万の減です。その代わりに，インターネット利用者数は，2000年末の4700万人（人口普及率で37.1％）から，2007年度末の8811万人（同，69.0％）に増えました。国際電気通信連合（ITU）が2006年に発表した「デジタル利用機会指数」（携帯電話の普及率，家庭へのコンピュータ普及率など11の指数からなる国別の指標）によれば，日本は，韓国に続いて世界で2位の情報化先進国としてあげられています。仕事の場での情報化（「オフィスオートメーション」）は，90年代後半のパソコンの普及，インターネットの利用の広まりによってほぼ完成の域にまで到達したといえましょう。しかし，オフィスに比べて家庭における情報処理の対象は数も多く種類も複雑です。家庭内の情報化（「ホームオートメーション」）は，想定されていたほどはうまく進行していません。一方で，コミュニケーションツールとしての情報機器の利用は急速に進みました。携帯電話は，2000年度末の6678万加入（人口普及率で52.6％）から，2007年度末の1

億734万加入（同，84.0%）となり，成人のほとんどに普及したといってよいでしょう。

3 家庭と情報化の今後の論点

上に述べたような状況は，技術が進むにつれて，さらに進展していきます。ここでは，こうした情報化の進展が家庭に及ぼす影響を考えるうえで重要な観点として，(1)個人化，(2)広がり，の2点について取りあげます。

○個人化

コミュニケーションの観点からこの20年程度の情報化の進展をみたとき，もっとも大きな変化は，情報を取り扱う単位が個人化したことです。家庭に1つあるのが普通だったテレビ，電話，音響機器などは，家庭内に複数置かれるようになり，個々人の必要に応じて利用されるようになりました。同時に，そうした情報機器によって利用されるコンテンツも，個々人の異なる嗜好に合わせてつくられるようになり，家族単位で視聴されるものは減少しつつあります[1]。情報は家族成員の個人個人に直接届くようになるため，家族が同じ情報を共有する機会はさらに減っていくことと思われます。

○広がり

また，インターネットを代表とする新しい情報交換メディアや機器は，ごく普通の人々が他の人に向けて情報を発信することを可能にしました。かつては，一般の人が他の人に広く情報を伝えることは困難でしたが，メールやホームページ，ブログ，そして掲示板などを利用することによって，情報の交換は容易なものとなりました。そして，そこを出発点とした新しい人のつながりも生まれつつあります。かつての狭くて濃い家族や身近な友人関係を超えた薄いが広い人間関係の重要性が大きくなりつつあります。

このように情報へのアクセスが個人単位となり，家庭という単位を超えたコミュニケーションが容易になったことによって，夫婦間，親子間のコミュニケーションのあり方も大きく変わりました。梅棹は，1959年に「妻無用論」という論文の中で，家事労働の自動化が進むことによって主婦の役割が低下し，ひいては家庭も解体することになると予言しました[2]。情報化の進展は，これまでの情報の入出力の単位としての家庭の枠組みを壊しつつあるようにみえますが，それに代わる新たな枠組みの提案は，かつて失敗に終わったホームオートメーションの提案以降，情報システムの方からはなされていません。新たな家庭像，家庭内コミュニケーションの姿を考えたうえで，携帯電話を含む新しい情報ツールの活用方法を考えていく必要があります。

（野島久雄）

▷1　NHKの紅白歌合戦の視聴率は，1962年（第13回）の時には，80%を超えていたが，70年代に70%，80年代になって50%を切るようになった。2007年では，40%を下回っている。（関東地方のデータ，ビデオリサーチ調べ〈http://www.videor.co.jp/data/ratedata/program/01kouhaku.htm〉。

▷2　梅棹忠夫　1991　梅棹忠夫著作集（第9巻）女性と文明　中央公論社。

参考文献

野島久雄・原田悦子（編著）　2004　〈家の中〉を認知科学する；変わる家族・モノ・学び・技術　新曜社

Ⅶ　家族のゆくえ

6 住居／住居と家族

1 計画と資金

「終の住処」を目指し持家獲得のプロセスをあらわすことばに「住宅双六」ということばがあります。高度経済成長期に，日本の大都市や地方の県庁所在地に就職あるいは大学に進学してきた若者が，個人の住宅の離れ部屋を借り○○方という住所，そして木造賃貸アパートの○○荘，結婚して○○団地○棟○号，子どもが生まれ郊外の土地区画整理が終わっていない住宅地に住居を求め○字（あざ）○○番地と移住していく，双六の上がりは持家住居となる様子をあらわしていたのです。現在でも，一般的に日本人の住宅選択は，世帯形成期において借家に入居し，世帯の成長に応じて借家間の住み替えを経て，最終的に持家を取得するというパターンです。

第二次世界大戦前，日本の住居の約7割方が借家でした。戦後，焼け野原から出発した日本の住宅政策において，まず1950年に住宅金融公庫法が策定され，持家政策が取り入れられてきました。1951年には公営住宅法，1955年には公団住宅法が策定されて戦後の住宅政策が稼働し，家族のライフステージの変化に応じて持家化をはかってきました。

現在，持家率が全住居の6割以上を占めていますが，日本人の持家指向は根強く，「土地，建物を所有したい」という意識は8割近くを占めています。

上物としての住建築には耐用年数に限界がありますが，土地は預貯金に比べて有利な資産と考えるからです。持家取得には住宅ローンの借り入れや妻の働きがなければ達成できない世帯も多いのです。したがって住居の入手を予定している世帯で毎朝の新聞折り込みの住宅広告でまず目にするのは，ローン返済が可能かをみるといわれています。家族の生活に見合った間取りの住居の取得を目指しながら，経済的な理由により面積が狭いなどの制約に妥協して持家を取得している世帯も多いのです。

戸建て住居取得者の5割近くの世帯がローンを支払い，家計のやりくりを強いられています。したがってローン返済世帯の平均消費性向は低く，その返済を妻の収入に依存している世帯も多いのです。現在，50年の住宅ローンの借り入れが可能となっていますが，次の世代にまでローンを引き継ぐことにもなり，それぞれの世帯がどのような生活設計を行うか，その姿勢が重要になってきています。一方，住宅ローンを組んで「狭くても楽しいわが家」を取得したと喜

表VII-2　「理想の住まい」の調査

（単位：人）

順位	持家のメリット		賃貸住宅（借家）のメリット	
1	老後の住まいに不安がない	245	長期にわたりローンを抱えずにすむ	177
2	自分の資産になる	173	リフォーム・修繕費が原則かからない	168
3	ローン終了後の住居費負担が少ない	165	転勤しても住み替えが容易	146
4	自由にリフォームができる	123	固定資産税がないなど税負担が軽い	124
5	マイホームを手に入れたという満足感	84	家族構成が変化しても住み替え容易	112
6	子どもに不動産として資産を残せる	81	初期投資がかからず日々の生活費に余裕	101
7	社会的信用を得られる	63	持ち家に比べ近所づきあいが煩わしくない	89

んではいられません。日本の住居の耐用年数は，約30年で，ローンを支払い終わると，主たる稼ぎ頭である夫の定年が待ち受けています。他国の住宅の寿命はイギリス141年，アメリカ96年，フランス86年，ドイツ79年と比較して，日本の住居の寿命は短いといえます。

　では持家と借家居住ではどちらが有利なのでしょうか。日本経済新聞社の「理想の住まい」に関するインターネット調査では，表VII-2に示すような結果となっています（複数回答）。持家と借家では生涯で必要となる費用や税金，維持管理費などに差違がありますので，入念な計画と将来への見通しを計画的に行わなければなりません。さらに子どもへの教育費のかけ方でも住居費への資金が異なりますので，持家と借家の長短を見極め，将来の社会の経済環境の変動も見据えて家計の設計・計画をしていくことが不可欠です。

▷1　2008年7月中旬調査，持家・賃貸に住む各390人を対象，8月2日掲載。

❷「個室」は誰のため？

　「家族のよりどころ」としての住空間の平面構成（間取り）は，「食寝分離」と「就寝分離」を基本原理として進められてきました。布団を使用する日本人のライフスタイルにおいて，布団の上げ下げによる埃などの衛生条件を配慮して，「食寝分離」は食事のための空間と就寝の空間を分けることです。「就寝分離」はかつて狭い住居に住んでいた時代に夫婦ではない異性が同室寝をしたり，寒い地方での1カ所に集中して集中寝することを避ける基準（「**第8期までの住宅建設五カ年計画**」）として考えられ，現在は，子どもの成長発達に配慮して子どもの異性寝を避けるという基準として用いられてきました。

　日本の住居は就寝条件に配慮されて造られてきていたのが，公営住宅や日本住宅公団の標準設計の平面構成で2DKがはじまり，一般の建て売り住宅やマンションにおいても2LDK，3LDKと普及するにつれて，寝室の2，3という数あわせではなく，趣味や来客，収納，家事室などのゆとり空間が取り入れられはじめました。また1959年にプレハブメーカーが戸建て住宅のための縁側に接して建てられる個室を売りはじめ，80年代以降「子ども部屋」があるのが当たり前の状況になってきました（住宅情報サービス「住まい文化に関する

▷2　**住宅建設五カ年計画**　住宅の建設に関し，総合的な計画を策定することにより，その適切な実施を図り，もって国民生活の安定と社会福祉の増進に寄与することを目的として制定された住宅建設計画法（1966年6月）に基づいて，国民の住生活が適正な水準に安定するまでの間，1966年度以降の5カ年ごとを各一期として，当該期間中の住宅の建設に関する計画，すなわち「住宅建設五カ年計画」を策定してきた。この計画は2005年に終了し，現在は住生活の安定の確保と質の向上をめざした住生活基本法（2006年6月）が実施されている。

基本調査」1983年の調査では,「子ども部屋なし」世帯は2割弱)。

　さらに家庭内暴力や登校拒否がマスコミに大きく取りあげられるようになり,「個室が子どもをだめにする」などの報道では,子ども部屋に覗き穴があり,親が子ども部屋を覗いて子どもの様子を探る映像が放映されたこともありました。こうした「子ども部屋」論争により子ども部屋が諸悪の根源とみなされるようになってきたのですが,「個室化」がそく登校拒否,非行につながるとは言い切れません。しかし最近の子ども部屋は,「勉強のため」「自分勝手なことができる」部屋として与えられている場合も多くなってきています。子どもの個室は自主独立精神の涵養に必用な反面,集団生活における協調性や役割意識,他人に対する思いやりの醸成の欠如という課題も孕んでいます。清掃や整理整頓における自己管理のあり方など,人格形成や精神生活充実に配慮し,子どもの発達成長と家族の交流のあり方に配慮した空間構成を考えていかなければなりません。

　家族は団らんや食事の場面を通して,くつろぎや安らぎの精神的安定を得たりして家族の一体感をもつ一方,ひとりになってくつろいだり,人の目に触れられたくない生活行為のためのプライバシーの確保が必要です。プライバシーは(1)機能的な意味から,(2)秘匿性から,(3)教育的意味から必要といえます。特に,夫婦生活の尊重,子どもの自主性や独立心の涵養,高齢者のための静かな安らぎのある生活のために,さらには住居以外での生活のリズムの変化が激しい現代生活においては,それぞれの個人生活を充実させていくことが求められています。「個室」とは子ども部屋だけではなく,父親や母親にも,高齢者同居においても配慮しなければならず,住居全体の面積的余裕や家族のあり方など包括的な対応が求められます。

❸ 高齢期をどこで暮らすか

　高齢期をどこで,どのように暮らすか,すなわちどのような住居に暮らすかは日本社会が急激な高齢社会を迎え,大きな課題となっています。現在,65歳以上の高齢者で子どもと同居している人(1125万人)と同居していない人(1179万人)はほぼ同数で,子どもと同居していない人の約3割(341万人)はひとり暮らし(そのうち約8割が女性)です(「厚生労働省国民生活基礎調査」2002年)。しかし子どもとの同居,特に三世代同居世帯の割合は減少してきており,未婚の子どもとの同居は増えてきています。三世代同居の暮らしでは住居内で台所・食事を一緒にするか,風呂・トイレなどの設備系を別にするかなど,各世代のライフスタイルを十分配慮して暮らし方,すなわち同居・分居・隣居を決めていく必要があります。しかし案外と配慮されていないのが「音」の問題です。生活時間帯が異なる世代間で子ども世帯が2階に暮らし,トラブルを招いている事例も多いのです。

▷3　2040年には65歳以上が全人口の37%の約3850万人に増加すると予測されている。

表Ⅶ-3　介護・生活支援サービス付高齢者の住まい（住宅・施設）の概要

高齢者向け公共賃貸住宅〈約5万戸〉	シルバーハウジング	22,561戸（H20.3）
	高齢者向け優良賃貸住宅	30,159戸（H20.3）
居住系サービスを提供する「住まい」〈約43万人〉	認知症高齢者グループホーム	123,485人（H18.10）
	有料老人ホーム	155,612人（H19.10）
	養護老人ホーム	66,667人（H18.10）
	軽費老人ホーム	84,325人（H18.10）
介護保険3施設　〈約83万人〉	老人保健施設	309,346人（H18.10）
	特別養護老人ホーム	399,352人（H18.10）
	介護療養型医療施設	119,825床（H18.10）

（注）　1戸，1床を1人とみなしている。
出所：国土交通省社会資本整備審議会住宅宅地分科会資料。

　現在の高齢者の住居の種類は，65歳以上の人口2576万人のうち特別養護老人ホームなど介護サービスなどが提供されている施設等に91万人（約3.5％）が入所していますが，2485万人（96％）が在宅で，持ち家居住が85.2％を占めています（2005年国勢調査）。さらに要介護認定者418万人のうち327万人（78％）が在宅（介護保険事業状況報告：平成17年度）となっています。一方国土交通省試算では2015年には，持ち家居住の高齢者同居世帯数730万が795万世帯に増え（65万世帯増），単身・夫婦高齢者世帯数649万が879万世帯に増え（230万世帯増），単身・高齢者世帯で著しい増加が見込まれています。一方，借家居住においては高齢者同居世帯数が139万人が133万世帯で6万世帯の減になり，単身・夫婦高齢者世帯が202万から282万世帯で80万世帯の増加と見込まれています。

　介護や生活支援を必要とする高齢者の介護・生活支援サービス付き居住実態は表Ⅶ-3に示すようになっていますが，持家・借家にかかわらず在宅高齢者が多く，さらに増加が見込まれています。身体機能の低下により，高齢者の住宅内事故は浴槽内での溺死，居室での転倒・転落を原因とする事故死，在宅のままの孤独死などが増加しています。社会保障国民会議中間報告（2008年6月）が指摘するように「より整備の遅れているケア付き住宅など居住系サービスの充実や在宅サービス」の拡充やバリアフリー化，ユニバーサルデザインによる高齢者が安心して暮らせる住宅や住環境の整備が必要です。高齢者が地域の多様な人々と交流し，安全・安心な気持ちで暮らせるよう「まちづくり」においても配慮をしていかなければなりません。しかし高齢化の状況や住宅，施設，介護サービス提供には都道府県別の地域格差が大きいので，地域ごとの住居にかかわる課題を明確にして高齢者の住まいの問題に取り組んでいかなければなりません[4]。特に大都市圏で今後，高齢者人口が急増しますが，入所介護施設の整備率が低いなどの課題があります。

　高齢者の多様な居住ニーズをかなえていくためには，住居や福祉サービスの選択肢を増やし，住宅施策と福祉施策が一体となって，居住のセイフティ・ネット策定への取り組みが求められています。
(小澤紀美子)

▷4　財団法人国土技術研究センター「在宅長寿の我がまちづくり検討委員会報告書」2007年3月。

参考文献
小澤紀美子（編著）　1996　豊かな住生活を考える；住居学［第三版］　彰国社

VII 家族のゆくえ

7 ワーク・ライフ・バランス

1 ワーク・ライフ・バランスとは

近年,「ワーク・ライフ・バランス」というキーワードをよく耳にします。2007年5月24日に発表された『「ワーク・ライフ・バランス」推進の基本的方向中間報告』では,ワーク・ライフ・バランスを「老若男女誰もが,仕事,家庭生活,地域生活,個人の自己啓発など,さまざまな活動について,自らが希望するバランスで展開できる状態」と定義しています。これはたとえば,男だから仕事だけとか,女だから家庭だけというのではなく,もしその人が仕事を5割で家庭を5割にしたいと思えば,男性でも女性でもそのことが実現するような社会づくりという意味が込められています。

人権の尊重などを背景とすれば,まったく当たり前のことと思われることが,なぜ近年になって声高に言われるようになったのでしょうか。それは,先にこの政策を展開しているイギリスの定義をみるとよくわかります。イギリス貿易産業省では,「年齢,人種,性別にかかわらず,誰もが仕事とそれ以外の責任,欲求とを調和させられるような生活リズムを見つけられるように,就業形態を調整すること」と定義しています。ワーク・ライフ・バランスは,仕事領域の調整によって実現するということが強調されているのです。従来の仕事生活における働き方が,人間らしく生きるための家庭や地域などの生活領域を阻害し,場合によっては,その犠牲のうえに成り立っているという認識のうえで,働き方の転換を求めているといえます。

2 ワーク・ライフ・バランスの効用

ところで,一口にワーク・ライフ・バランスといっても,現状はⅢ-14の通りで,その実現にはまだまだ遠いものがあります。特に仕事と家庭を両立させようとすると,そこに,**ワーク・ファミリー・コンフリクト**という葛藤が生じることがあります。妻が専業主婦の男性,共働きの男性,共働きの女性の3群でワーク・ファミリー・コンフリクトを比較した結果,やはり,共働きの女性群のワーク・ファミリー・コンフリクトが最も高くなったのですが,一方,仕事関与や家庭関与とワーク・ファミリー・コンフリクトとの関連を検討したところ,共働き男性群で,図Ⅶ-6に示されるように,(1)仕事関与と家庭関与の両方が高い群がもっともワーク・ファミリー・コンフリクトが低く,(2)仕事関

▷1 内閣府男女共同参画会議仕事と生活の調和(ワーク・ライフ・バランス)に関する専門調査会(座長佐藤博樹東京大学社会科学研究所教授) 2007 「ワーク・ライフ・バランス」推進の基本的方向中間報告;多様性を尊重し仕事と生活が好循環を生む社会に向けて。

▷2 町田敦子 2006 特集ワーク・ライフ・バランス;欧米の動向とわが国への示唆 独立行政法人労働政策・研修機構(Business Labor Trend) 370, 2—5。

▷3 ワーク・ファミリー・コンフリクト
仕事と家庭との要求が両立せず,仕事(家庭)の要求が家庭(仕事)における達成を阻害する状況における葛藤。

▷4 金井篤子 2002 ワーク・ファミリー・コンフリクトの規定因とメンタルヘルスへの影響に関する心理的プロセスの検討 産業・組織心理学研究 15, 107—122。

▷5 金井篤子 2007 ワーク・ライフ・バランスへの取り組み 伊藤裕子(編) 現代のエスプリ485 男女共生社会をめざす心理教育 至文堂 56—68頁。

与が高く，家庭関与が低い群がもっともワーク・ファミリー・コンフリクトが高くなりました。つまり，共働き男性は共働きであるがゆえに，家庭と仕事の両方に直面せざるを得ない状況にいると考えられますが，その場合，仕事と家庭の両領域に適度な関与をもつこと，すなわち，ワークとライフのバランスを取ることがもっともメンタルヘルス上好ましいと考えられるのです。

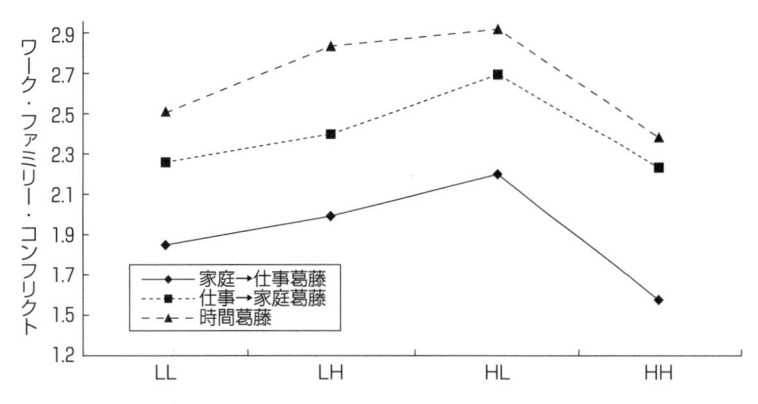

図VII-6 仕事関与と家庭関与からみたワーク・ファミリー・コンフリクト（共働き男性群）

（注）LLは仕事関与，家庭関与ともに低い群，LHは仕事関与は低く家庭関与の高い群，HLは仕事関与が高く，家庭関与の低い群，HHは仕事関与，家庭関与ともに高い群を示す。
出所：金井（2002）。

にもかかわらず，共働きの女性，妻が専業主婦の男性には，このような関連がみられませんでした。個人の関与の程度にかかわらず，共働き女性はワーク・ファミリー・コンフリクトが高く，妻が専業主婦の男性のワーク・ファミリー・コンフリクトは低かったのです。これは伝統的性役割観の影響が強く，家庭内で分業が進んでいるためと考えられます。

❸ 精緻化された分業の弊害

以上の結果でも明らかなように，伝統的性役割分業は，依然として根深く浸透していますが，しかし，分業が高度に精緻化されると，いろいろ問題が生じたり，かえってリスクに対応できないことが指摘されています。[5]

たとえば，産業界においては，組み立てライン等における分業による効率化は，産業の発展に大いに貢献しましたが，一方，高度に精緻化した分業が働く人間の歯車化を生み出し，人間性を剥奪したことは周知の事実です。また，少量多品種の生産にはすぐに対応できず，大量の在庫を抱えることがわかっています。現在では，**多能工**[6]**化が進み，屋台生産方式**[7]など，ひとりの人間がすべてを組み立てることにより，ラインよりも効率をあげ，ニーズの変化にも敏感に対応する例があります。[8]家庭では，完全に分業していれば，夫がリストラされたときには，すぐに経済的問題に直面しますし，家庭で子どもが不登校になった場合などは，その背景に父親不在の問題が指摘されることも多いのです。[9]

分業が精緻化することにより，本来生きている私たちが経験すべき，他領域のさまざまな経験が剥奪された結果，自分の役割以外の領域へのイマジネーションが欠如し，総体としての人間性を失ってしまうのではないかとも考えられます。以上のことを考え合わせると，ワーク・ライフ・バランスの試みは，精緻化された分業から，人間性を取り戻す試みであるともいえるのです。

（金井篤子）

▷6 **多能工**
製造ラインにおいて，1つの作業だけを担当し，それに熟達した単能工に対して，いくつかの作業に習熟し，それらを同時に，あるいはローテーションで担当できる技能者をさす。

▷7 **屋台生産方式**
組み立て製造において，ひとりの作業員が部品の取りつけから組み立て，加工，検査までの全工程を担当する生産方式。部品や工具を作業者の周りにU字型などに配置した作業台（屋台）で作業を行う。

▷8 日本放送協会 NHKスペシャル 常識の壁を打ち破れ 2001年5月22日放送。

▷9 妙木浩之 1997 父親崩壊 新書館。

VII 家族のゆくえ

8 社会／家族政策

1 家族の近代化

　戦前の家制度の下で，家族は多くの役割を担っていました。社会／家族政策との関係で言えば，子どもの養育，老親の経済的な扶養や身体的な介護などが家族の重要な役割でした。これは日本の家族だけに当てはまることではなく，近代化以前の社会の多くの家族に共通する特徴です。

　ところが第二次世界大戦後に民法が改正され，戦前の家制度は廃止されました。また工業化と都市化が進むなかで，家族の果たす役割は大きく変化してきました。いちばん大きな変化は，老親の扶養が社会意識の面でも実態の面でも子ども家族の責任ではなくなってきたということです。

　毎日新聞社の「家族計画世論調査」[1]によれば，老後を子どもに頼るつもりと考える人々が1950年には54.8％いましたが，1973年には25.9％にまで減少しています。内閣府の「高齢者の生活と意識に関する国際比較調査」[2]でも，老後の生活費は「家族が面倒をみるべきだ」と考える人々が1980年には18.8％いましたが，2020年には1.7％にまで減少しました。[3]

2 公的年金と介護保険

　このような社会意識における変化は，現実の制度や実態とも対応しています。「福祉元年」と呼ばれた1973年に行われた年金改革の結果，高齢者は次第に老後生活を子どもに頼らなくとも済むようになり，上述の内閣府の調査でも，主な収入源が公的年金である高齢者は1980年の34.9％から，2020年には67.4％にまで増えています。[4]

　身体的な介護の分野でも同様です。1970年代に日本が「高齢化社会」[5]に突入したとき，多くの人々は，介護が問題となるのは家族の介護力が弱まってきているからだと考えました。しかし「介護」は平均余命の伸びや医療技術の進歩などによって生まれたまったく新しい問題であって，家族の介護力が回復すれば解決するというものではありません。このため人々の間で「介護の社会化」という考え方が支持を集めるようになり，2000年に介護保険制度が発足しました。

　1978年の『厚生白書』の中では，日本の家族の同居慣行は「福祉の含み資産」と書かれていましたが，現在では，そのような考え方をする人はあまりいないでしょう。

▷1　50歳未満の夫婦が対象。

▷2　60歳以上の男女が対象。

▷3　内閣府のホームページで閲覧可能です。以下同じ。

▷4　仕事による収入と答えている人は17.7％います。

▷5　65歳以上人口比率が7％以上。

③ 家族の個人化

　家制度が廃止され，家族が近代化されるなかで新たに理想像と考えられるようになったのが「近代核家族」です。「男性稼ぎ主モデル」とも呼ばれます。それは，夫＝父親である男性が一家の大黒柱として家の外で働き，妻＝母親である女性は専業主婦として家の中で家事や育児に専念するという家族像です。

　戦後日本の社会／家族政策の多くはこのモデルを前提に制度設計されました。基礎年金が導入される以前の厚生年金は世帯単位での給付が原則でした。また国民年金には第3被保険者の制度――被用者の扶養家族となっている配偶者は保険料の納入が免除されます――があり，専業主婦が優遇されています。生活保護も世帯単位の給付です。組合健康保険は扶養家族の医療費が支給されます。公共住宅もこの家族形態を前提に2DKや3LDKという形で供給されます。税制における配偶者扶養控除も，男性稼ぎ主モデルを優遇するものです。

　しかし日本でも家族の個人化が進み，男性稼ぎ主モデルが維持できなくなっています。内閣府の調査では，「夫は外で働き，妻は家庭を守るべきである」という考え方に賛成の人々が，1979年には72.6％いましたが，2009年には41.9％にまで減っています。この考えに反対の人は，20.4％から55.1％に増えています。また共働き世帯の数も増えています。元々共働き世帯が多かった自営業だけでなく，被用者の世帯でも，1997年以来，共働きが片稼ぎの世帯数を上回っています。今日では男性稼ぎ主モデルに合致する家族は少数派です。

▷6　20歳以上の男女が対象。

▷7　『男女共同参画白書 平成18年版』による。

④ 世帯から個人へ

　このような家族の変化に対応して，政府も社会保障や税制の個人化を進めていく方針を打ち出しています。例えば，社会保障制度審議会による1995年の勧告は，「現在の社会保障制度には，妻を夫の扶養者と位置づけるような，従来の女性の役割を反映した仕組みが残されているが，このような仕組みについても真に男女平等の視点に立って見直していかねばならない」と述べています。また小泉内閣のときに閣議決定された2001年の『骨太の方針』は，「世帯単位が中心となっている現行制度を個人単位の制度とする方向で検討を進め，女性の就業が不利にならない制度とする」と述べています。

　社会／家族政策における個人化の方針が掲げられてから，すでに相当な時間が経過しましたが，これによって制度改正が一挙に進んだというわけではありません。世帯単位と個人単位の制度が混在しているのが現状です。遅々としているとはいえ，制度が個人化の方向に向かっていることは間違いありません。2009年に成立した民主党政権は，子ども手当の導入や，配偶者控除の廃止などをうたっており，それらが実現されれば，日本の社会／家族政策の男性稼ぎ主モデルからの脱却がさらに一歩進むはずでした。

（武川正吾）

VII 家族のゆくえ

9 家族と法律

1 所得再分配を通じて子育てや介護はどのように社会化／私事化されているか

○所得再分配とは？

私たちの社会では各人が能力に応じて働き，それに見合った所得を得ています。国や自治体は私たちが市場で得た所得に応じて税金や**社会保険料**を徴収し，それを財源として金銭やサービスを，所得の少ない人や公的サービスが必要な人に再度分配しています。つまり所得再分配とは，市場で得た所得の一部を国や自治体が分配し直すことで，自力ではこれらを確保することが困難な人に必要な財やサービスを保障するための仕組みです。同時に，再分配を通じて個人の負担の一部を社会全体で分かち合う，言い換えれば個人負担の社会化が行われることになるのです。

○子育てと所得再分配

子育てにおける所得再分配の例としては，児童手当があげられます。児童手当は0歳から小学校修了前の子どもを育てている人に支給されます。支給額は3歳未満児が月1万円，3歳以上児は第1子，2子が5000円，第3子以降は1万円です（ただし，所得制限により所得が一定額以上の人はもらえません）。

このような手当ての支給に必要な財源は，国や地方自治体が税金のなかから負担し，これに加えて受給者がサラリーマンや公務員の場合は，使用者や所属官庁も財源負担に参加しています。つまり，子育てをしている人に児童手当を支給するために，独身者や子どものいない夫婦といった人たちも税金の支払い等を通じて協力していることになるわけです。これは，子どものいない人から

▷1 社会保険料
健康保険料や年金保険料，介護保険料のように，医療や介護，年金をもらうために納めることが必要な保険料のこと。誰がいくら払うかは，制度により異なる。

表VII-4 児童手当制度の各国比較

国	日本	ドイツ	イギリス	フランス	スウェーデン
対象年齢	小学校修了まで	18歳未満	16歳未満	20歳未満	16歳未満
所得制限	あり	なし	なし	なし	なし
支給額	3歳未満 　　　10,000円 3歳以上 1, 2子 5,000円 3子〜　10,000円	1〜3子 約21,000円 4子〜 約24,000円	1子 約3,300円 2子〜 約2,200円	1子なし 2子 約15,000円 3子〜 約20,000円	1, 2子約14,000円 3子約　17,000円 4子約　24,000円 5子〜 　　約27,000円

出所：内閣府　2005　平成17年版少子化社会白書のデータに基づき筆者が作成した。ただし対象年齢，額はいずれも原則的なものである（日本は特例給も含む）。

いる人への一種の所得再分配といえるでしょう。同時に，児童手当を通じて子育て費用の一部を親以外の人も負担することで，子育て費用の社会化がはかられていることになります。

ただし，表Ⅶ-4に示したように，諸外国と比較した場合わが国の児童手当制度は対象年齢も支給額も低い場合が多く，社会化の程度が不十分であるということもできます。

◯老人介護と所得再分配

わが国では長い間，老人介護は私的な事柄であり，家族が担うものとされてきました。しかし，家族形態の変化や医学の進歩に伴う平均寿命の伸びにより，老人が老人を介護するいわゆる「老老介護」や，家庭介護が困難な老人が病院に長期入院し続ける「社会的入院」などの現象が生じ，介護の社会化の必要性が認識されたことで，2000年から介護保険制度がはじまりました。

▷2 西村健一郎 2008 社会保障法入門 有斐閣 101—127頁。

介護保険制度とは，原則として40歳以上の国民全員が保険料を支払い，必要に応じて介護サービスを受ける制度です。つまりこの制度は，40歳以上の介護の不要な人から必要な人への所得再分配を用いた助け合い制度であり，これにより，わが国でも介護負担の社会化が行われるようになったといえます。

2 夫婦別姓にするとどうなる

▷3 夫婦別性
⇒ Ⅰ-10 Ⅰ-14 参照。

◯夫婦の姓に関する現状

結婚すると，夫婦はどちらかの氏を名乗らなくてはいけません（民法750条）。わが国では夫婦の98％が夫の氏を選択しているとされます。それゆえ結婚による改姓は，とりわけ，女性にとって不都合を生じさせる場合が多くなります。たとえば，国立大学の女性教員が職場で旧姓を通称として使用できないことが，憲法に違反するかが争われた裁判があります。

▷4 内田貴 2007 民法Ⅳ 東京大学出版会 50—52頁。

◯夫婦別姓になったら

かりに，夫婦別姓が実現すれば，夫婦はそれぞれ旧姓のまま生活していくことになります。ですから，結婚に伴う改姓により不都合が生じることはなくなるでしょう。また，改姓による自己喪失感が生じることもないでしょう。しかし，その夫婦に子どもが生まれた場合，子どもはどちらの姓になるのでしょう

▷5 東京地判平成5年11月19日 判例タイムズ835，58—93。
裁判所は女性の主張する旧姓を使用する権利（氏名保持権）を認めなかった。

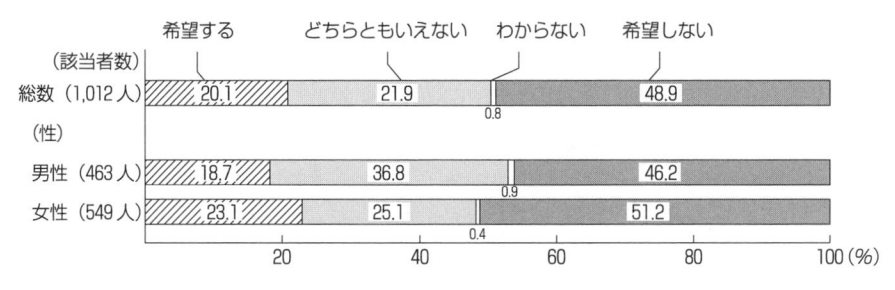

	希望する	どちらともいえない	わからない	希望しない
（該当者数）				
総数（1,012人）	20.1	21.9	0.8	48.9
（性）				
男性（463人）	18.7	36.8	0.9	46.2
女性（549人）	23.1	25.1	0.4	51.2

図Ⅶ-7 夫婦別姓を希望するか

出所：内閣府大臣官房政府広報室 家族の法制に関する世論調査（平成18年12月）。

か。あるいは子どもが何人かいる場合，兄弟で別々の姓を名乗るのでしょうか。さらに，姓が別々でも家族としての一体感が保てるのでしょうか。

　2006年に内閣府が行った調査によると，別姓を希望する人は2割に過ぎませんでした（図Ⅶ-7）。この結果は，わが国で夫婦別姓を実現するためには，上で述べた疑問や問題について，多くの人が納得のいく解決策を示すことが必要であることを物語っています。

3　嫡出子・非嫡出子の区別

○嫡出子・非嫡出子とは

　わが国の民法739条は，婚姻の際に，戸籍上の届出が必要であると規定しています。このように，婚姻の成立に一定の手続きを求める考え方を法律婚主義といいます。そして，法律婚の夫婦から生まれた子どもを嫡出子と呼び，法律婚以外のカップル（以下，事実婚といいます）から生まれた子どもを非嫡出子と呼びます。

○嫡出子と非嫡出子の区別

　現在の民法上，嫡出子であるか非嫡出子であるかにより区別が生じるのは，(1)父親との親子関係の推定，(2)親権者と子の氏（民法790条2項），(3)法定相続分についてです。

　たとえば，法律婚の妻から生まれた子は夫の子という推定が働きますが（民法772条1項），事実婚の妻から生まれた子が，法律上，夫の子と認められるためには「**認知**」が必要です（民法779条）。また，親が死亡し，その親に嫡出子と非嫡出子がいた場合，非嫡出子がもらえる**法定相続**財産は，嫡出子の半分です（民法900条4項但書）。この規定に対しては，憲法14条の「法の下の平等」に反するとして裁判で争われたことがあります。最高裁判所は，現在の民法が法律婚尊重主義を前提としたものであることから，非嫡出子の相続分を半分にすることで，嫡出子の立場を尊重するという規定の立法趣旨には合理的な理由があるとして訴えを退けています。

　しかし，さまざまな価値観とそれに基づく婚姻や家族のあり方の変化のなかで，特定の婚姻形態の尊重は疑問視されており，法改正案も出ています。

　嫡出子であるか非嫡出子であるかについて子どもには責任がありません。それゆえ，子どもに不利益が生じることがないよう早急な法改正が望まれます。

4　世帯単位／夫婦単位の問題点

○世帯単位／夫婦単位とは

　世帯単位あるいは夫婦単位とは，たとえば社会保障制度の設計をする際に，世帯全員もしくは夫婦を1つの単位ととらえる考え方です。世帯単位の例としては，生活保護制度があげられます。生活保護制度では保護費を支給するか否

▷6　認　知
非嫡出子について，一般的には父との間に，意思表示もしくは裁判により親子関係を発生させる制度。

▷7　法定相続
死亡した人に遺言がなかった場合に民法の規定に従って行われる相続をさす。

▷8　最（大）決平成7年7月5日。民集49-7-1789。

▷9　1996年2月の法制審議会による「民法の一部を改正する法律要綱」。

かを決める際に、収入や就労能力の有無を原則として世帯員全員について審査し、判断します（生活保護法10条）。ですから、家族のなかにひとりでも十分な所得を得ている者がいれば、その世帯は原則として生活保護を受けることができません。

一方、夫婦単位の例としてはサラリーマンを対象とした厚生年金制度があげられます。1941年に制定された厚生年金保険法では、サラリーマン（多くの場合は夫）に支給される年金で、夫婦二人が老後の生活を送れるように年金額が設計されていました[10]。これは、法制定当時、夫が外で働き妻が家庭で家事・育児をするという世帯が多かったことによるものです。

○世帯単位／夫婦単位の問題点とその解決方法

それでは夫婦単位／世帯単位の問題点はどこにあるのでしょうか。先ほどの厚生年金を例に取り、熟年離婚の場合を考えてみましょう。かつてはサラリーマンの夫と専業主婦の妻が熟年離婚した場合、年金を受け取れるのは、外で働き保険料を納めてきた夫のみでした。また離婚後、妻が働き出して年金保険料を納めても、年金を受給するためには60歳までに最低でも25年間保険料を納めなければなりませんので、熟年離婚した妻が年金をもらうことは難しかったのです。その結果、熟年離婚した専業主婦の老後の生活保障が不充分になるという問題が生じました。ちなみに、厚生労働省の2008年人口動態統計月報年計の概況によれば、わが国の離婚件数は2002年の28万9836件をピークに減少に転じており、2008年は25万1147件となっています。

しかし、全体の離婚件数のなかで15年以上の同居期間がある夫婦の離婚割合は増加しており、厚生年金制度が設計された時とは、前提となる社会状況が異なってきていることがうかがえます。つまり、夫婦単位に基づき設計された制度では、対応できない状況が増えてきていることになるわけです。

このような問題に対応するために1985年の年金改正では、夫婦単位に基づく考え方が改められ、夫の年金が減らされる代わりにサラリーマン世帯の専業主婦も最低限の個人年金がもらえるようになりました。これは夫婦単位で設計されていた年金が、一部個人単位化したことを意味します。さらに2004年に導入された離婚時年金分割では、離婚時に夫の年金の一部が妻に分割できるようになり、年金の個人単位化が推し進められています[11]。

このことは、夫が外で働き妻が家事・育児をする世帯を前提に世帯単位や夫婦単位で設計されていた法制度が、ライフスタイルの変化に合わせて個人単位化していることを示すものといえるでしょう。

（倉田賀世）

▷10 堀勝洋 2008 年金分割制度 堀勝洋・本沢巳代子・甘利公人・福田弥夫 離婚時の年金分割と法 日本加除出版 3-50頁。

▷11 離婚時年金分割では、夫の就労に対する妻の内助の功が妻の個人年金として認められる。たとえば、2008年4月以降の婚姻期間については、離婚の際に分割請求をすれば夫の厚生年金の半分が妻のものになる。

さくいん

あ

愛情 50
愛着（アタッチメント，愛着関係） 92, 93, 99, 118, 141, 142, 185
——の発達 142
アイデンティティ 21, 80, 81, 118, 141, 173
IP 188
Iメッセージ 191
赤ちゃんポスト 102, 103
アサーション・トレーニング 191
アダルトチルドレン 186
安全基地 141, 142
アンペイド・ワーク 57, 79
「家」制度（家的システム） 32, 34, 212
イエ意識 166
生き甲斐 17
育児介護休業法（育児休業法） 134, 135, 139
育児休業 73, 131, 134, 135
育児性 95
育児不安（子育て不安） 9, 27, 106, 108, 110, 113, 114, 117, 132, 139, 148, 149
異性カップル（異性のカップル） 7, 175
依存 15
一次的養育者 130
1.57ショック 148
インセスト・タブー 91
インターネット 200
「産まない」選択 169
産まない理由 165
M字型曲線 26, 112, 126
エリクソン，E. H. 95, 137
円環的因果律 189
応答的環境 137
お産難民 139
お手伝い 23, 56
男のための非暴力グループワーク 183
男らしさ 39, 115, 183

おばあさん仮説 161
お墓 32
親教育 184
親性 95
親資源の投資 93, 101, 164, 199
親としての準備性 129-131
親の発達 28, 137
親離れ・子離れ 15
親役割（親の役割） 22, 95
親役割ストレス（親のストレス） 108, 110, 113
女らしさ 39, 115

か

外婚の慣習 91
介護 21, 83, 156, 211, 212
——休業制度 157
——サービス 205
——の社会化 212
——保険（介護保険制度） 157, 211
外食 31, 77
開放システム（開かれているシステム） 16, 187
核家族 24
——化 148
拡大家族 20, 21
学歴期待 115, 167
家事 5, 52, 56, 57, 77
——（育児）分担率 52, 55
——時間（家事遂行時間，家事育児時間） 40, 52, 78, 133
——労働の外部化（家事の購入・外注） 31, 57
稼ぎ手 78
——役割 54, 125
家族カウンセリング（家族療法） 14, 187, 188
家族観 7, 17, 20, 75
家族間暴力 176, 179
家族計画 192
家族形態 20
家族再統合 147
家族システム 117, 118, 188
家族像 22, 23

家族内ケア 52, 53, 55
家族内役割分担 23
家族のイメージ 8, 179
家族の解体 201
家族の危機 2, 16
家族の絆 13
家族の機能 8, 9, 31, 179, 194
家族の凝集性 155
家族の個人単位化（家族の個人化） 25, 195
家族の多様化 7, 13
家族の定義（家族とは何かの定義） 6, 9
家族の発達 188
家族の文化的多様性 20
家族の崩壊 2, 8, 16, 184
家族の密室性 186, 187
家族もち 54, 196
家族役割 55, 197
家族らしさ 6
家族臨床 176
家庭関与 206
家庭的養護 145, 147
家庭内コミュニケーション 201
家庭役割 72
家電製品 16, 56, 77
家父長制 45
過労死 79
監禁状態の心理 182
関係の障害 176
感情労働 52
機械化 17, 56
擬似平等主義的 40
虐待（児童虐待） 94, 108, 110, 115, 123, 141, 144, 147, 177, 184
教育ママ 114, 193
共感的コミュニケーション 59, 63
協議離婚 120
共食 12, 13, 30, 31, 91, 194, 195
共同監護 120
共同養育 152
ケア 9, 19, 95, 196

経済的依存　43
経済的自立　5, 63
経済役割　59
継承（継承制）　20, 21, 166
携帯電話　200
系譜　20
結婚相手選択（配偶者選択）　42, 49
結婚相手の条件（結婚相手に望むこと）　35, 42, 43, 75
結婚情報サービス　35
結婚の価値（結婚のメリット，結婚の利点）　4, 16, 28, 33, 48, 86
結婚の心理的価値（結婚による心理的メリット）　50, 64, 84
結婚の道具的価値　50
結婚満足度（結婚満足感）　38, 51, 85
欠乏仮説　72
原始反射　88
顕微授精　172
合計特殊出生率　133, 139, 148
衡平性　133, 196, 197
高齢者世帯　205
国際結婚　66
子殺し　102
心の理論　13, 143
個室　37, 203, 204
個人化（個人化志向，個人化傾向）　32, 33, 76, 87, 101, 195, 201
個人としての私（個としての自立・自律，個人としての生き方，個人としての「自分」）　25, 27, 76, 87
子捨て　102
戸籍　21, 212
子育ち　151
子育て（育児）　14, 106, 124
　──ストレス（育児ストレス）　73, 117, 131
　──のコスト　167
子育て支援（育児サポート）　73, 111, 126, 139, 151
　──サービス　150
　──ネットワーク　148
孤独感（孤独）　9, 54, 70, 71
子ども・子育て応援プラン　134, 149
子ども中心家族　155
子どもの価値　23, 162, 163, 166, 167, 170
子どもの自立　15
子どもの巣立ち　15, 81, 83
子どもの性別の選好　160, 166
子どもの誕生　14, 29, 116, 168
子ども部屋　203, 204
子どもを産む理由（子どもを産むことを決めた理由）　163, 164, 198
子どもをもたない（人生，夫婦，生き方）　3, 15, 33, 170
コミットメント　38, 39, 80, 81, 119
コミュニケーション（親子間のコミュニケーション，養育者・子ども間のコミュニケーション）　90, 98, 107, 190, 201
　──（夫婦間のコミュニケーション，カップル間のコミュニケーション）　38, 47, 58, 61, 62, 64, 69, 70, 201
　──・スタイル　65
　──不全　59
婚活　49
コンパニオン・アニマル　18

さ

再婚　121
　──家庭　121, 123
再就労　130
サクセスフル・エイジング　159
里親制度　147
里親養育　140, 141, 144
産育政策　138
三角関係　15, 118
3高　35
3歳児神話　94, 110, 126, 139
産死　92
3C　35
三世代世帯（三世代同居世帯）　25, 204
サンドイッチ世代　80
ジェンダー　159
　──・エンパワメント指数（GEM）　23
　──・センシティブ　189
　──・バイアス　189

私化　33
子宮外胎児　124
資源配分　102, 171
自己開示　36, 85
仕事関与　206
仕事と家庭の両立（仕事と子育ての両立）　73, 126, 134, 150
事実婚　7, 29, 212
次世代育成支援対策推進法　134, 139, 149
次世代育成力　95
施設養育　136, 140
施設養護　144
自尊感情　184
しつけ方略　65, 128
児童自立支援施設　147
児童相談所　145, 147
児童手当　73, 210, 211
児童福祉法　138, 146
児童養護施設　145, 147
支配・服従関係　183
自発的微笑（自発的（生理的）微笑）　96
シビルユニオン法　174
死別　83, 84, 120
社会化（子育て費用の社会化，介護負担の社会化）　211
社会的サポート　121
社会的祖父母力　161
社会的養護　140, 141, 147
社会病理現象　177
社会文化的性差（社会的文化的性差）　61, 129
社会保障制度　7, 212
シャドウワーク　9
就業支援　109
充実感　71, 73
就寝形態（就寝条件）　117, 203
就寝分離　203
就巣性　88
集団（的）養護　145, 147
就労継続　126
熟年離婚（中高年離婚）　86, 87, 213
受胎調節　165, 169
出生率　73, 103, 198
出自を知る権利　173
主婦　9, 16, 56, 57
生涯未婚率　28, 48

さくいん

少子化（少子高齢化，少産少子化，少子高齢社会の到来，少子長寿命化）　3, 27, 33, 76, 112, 114, 133, 139, 148, 164, 168, 198, 199
　　——社会対策基本法　139, 145
　　——対策　149
情緒障害児短期治療施設　147
情緒的サポート（心理的サポート）　71, 84, 85
情報化　17, 200, 201
職業役割（仕事役割）　72, 82
食寝分離　203
初婚年齢　3
女性の高学歴化（母親の高学歴化）　35, 101
女性の社会進出　23, 48, 77, 165
女性の就業率（女性の労働力率，女性の年齢別就労率）　23, 26, 73, 112
女性の就労選択　127
所得再分配　210, 211
進化　10, 13, 42
シングルファーザー　131
シングルマザー　152, 153
親権者　120
人工授精　172
人工乳　104
新生児模倣　98
新性別役割分業　40
親密性（親密さ）　39, 50, 59, 64
親密な関係　44
心理・社会的侏儒症（psycho-social dwarfism, PSD）　185
心理的絆（情緒的な絆）　12, 46
STEP（Systematic Training for Effective Parenting）　190
ストレーン　70
ストレス　7, 14, 54, 72
スピッツ，R.　136
スピルオーバー　72, 73
姓　21, 211
性　10, 36, 46, 91, 192
生活感情　71
生活身辺の自立　63
性感染症　46
性教育　47
性行動　11, 36, 37, 46

性差（ジェンダー差）　42, 60, 129, 167
精子バンク　174
生殖　12, 47, 192
生殖医療（先端生殖医療，生殖補助医療）　169, 172, 193
性体験の低年齢化（性行動の早期化）　37, 46
性的絆　47
性と生殖にかかわる健康と権利（Reproductive Health & Rights）　170, 199
（制度の）個人単位化　213
性の自由化　5, 36, 192
生物学的親　173
生物学的性差　61, 129
性別役割（ジェンダー・ロール）　41, 43, 115
　　（——分業）の再生産　41, 63
　　——意識　41
　　——規範　53
　　——分業（性別分業，性役割分業）　9, 17, 26, 27, 40, 44, 45, 59, 60, 67, 75, 77, 85, 117, 199, 207
　　——分業意識（性役割分業意識）　59, 126
　　——分業規範　70
性役割観　67
性役割期待　85
性役割規範　27, 181
生理的早産　26
世代間伝達（暴力の世代間伝達）　45, 187
世代継承性　95, 137
世帯単位　7, 24, 212
世話　70, 90, 128
　　——役割　59
専業主婦　17, 109, 127
喪失　82, 158
増大仮説　72
祖父母　160

た

体外受精　172
対等な夫婦関係（夫婦の対等性）　17, 63, 196, 197
代理出産　173
代理母　7, 173
多重役割（複数役割）　72, 79, 112, 113
脱性別分業家族　75
単婚（一夫一婦制）　20
男女共同参画　55
　　——社会基本法　134
男女交際　34
男女雇用機会均等法　74, 126
男性稼ぎ主モデル　213
男性優位　59, 181, 182
単独世帯（単身家族）　25, 179
父親（男親）　65, 91, 95, 105, 108, 110, 116, 124, 125, 128, 129
　　——の育児　109, 124, 125, 128, 133, 185
　　——の不在　132
　　——役割　130
嫡出子　212
中高年夫婦　80, 86
中年期の危機　80
長寿命化（少子長寿命化，長命化）　27, 87
直線的因果律　188
直立二足歩行（二足直立歩行，直立歩行）　12, 13, 26, 88, 91
「つくる」子ども　169, 193
妻の経済的地位　62
DV（ドメスティック・バイオレンス）　39, 177, 180-182
DVの加害者　183
DV防止法　181
ディストレス　51, 70, 84
定年（定年退職）　27, 82, 83
DINKS　3, 170
デートDV　44, 45, 178, 192
できちゃった婚　28, 192
適齢期　4, 48
伝統主義的　40
伝統的家族観　160
伝統的性役割観　68, 207
道具性　115
道具的サポート　85
同棲　28
同性カップル（同性のカップル）　7, 174, 175
同性結婚法　174
特別養護老人ホーム　205
友達夫婦　58
共働き　27, 197

な

内的作業モデル　*142*, *143*
中食　*31*
二次的養育者　*130*
乳児院　*145*, *147*
乳幼児死亡率　*138*
妊産婦死亡率　*139*
認知症　*156*, *157*
認認介護　*156*
ネグレクト　*145*, *177*, *184*
Nobody's Perfect　*191*

は

パートナーシップ　*87*, *113*, *117*
バーンアウト（燃え尽き症候群）　*53*
働く男性のメンタルヘルス　*27*
働く母親（働く母，有職の母親）　*72*, *78*, *109*
パパ・クオータ制　*134*
母親　*65*, *95*, *100*, *108*, *110*, *116*, *125*, *128*, *131*
　——コンセプションズ　*9*
　——の就労　*73*
　——役割　*72*, *77*, *129*
母娘関係（母親と娘）　*155*, *158*, *159*
パラサイト・シングル　*154*, *155*
晩婚化　*3*, *48*, *112*
反発（親子間の反発）　*92*, *93*, *106*
非婚化（非婚）　*3*, *4*, *48*
非対称性（カップル間の非対称性，夫婦間の非対称性，男女間の非対称性）　*38*, *53*, *55*, *59*, *61*, *85*
非嫡出子　*29*, *212*
非伝統的性役割観　*68*
ひとり親家庭　*120*, *152*
避妊　*47*, *192*
非配偶者間人工受精　*172*
非配偶者間体外授精　*172*
表出性　*115*
標準的な家族（「標準的」家族，標準モデル世帯）　*17*, *24*
平等主義的　*40*, *41*, *63*
ファミリーアイデンティティ　*6*
ファミリーソーシャルワーク　*147*
夫婦家族制　*33*
夫婦関係の問い直し　*83*
夫婦自立　*74*
夫婦制家族　*32*
夫婦単位　*212*
夫婦の絆（夫婦の協力関係）　*14*, *15*, *29*
夫婦別姓　*21*, *29*, *211*
不快感情　*107*
父子家庭（父子世帯）　*121*, *152*, *153*
夫唱婦随　*17*, *74*, *75*
父性　*94*, *95*
複婚（一夫多妻，一妻多夫）　*20*
福祉元年　*212*
不妊（不妊症）　*15*, *172*
　——治療　*140*, *169*, *172*
プライバシー　*204*
閉鎖システム　*187*
別居　*120*
ペット　*6*, *18*, *19*
PET (Parent Effectiveness Training)　*191*
保育制度（保育園）　*27*, *89*
法律婚　*7*, *212*
暴力　*39*, *44*
ボウルビィ，J.　*136*, *142*, *144*
母原病　*114*
母子一体（母子一体感）　*100*, *101*
母子家庭（母子世帯）　*120*, *152*, *153*
母子関係　*92*, *100*
母子手帳　*138*
母子保健法　*139*
母子密着　*114*, *139*
ホスピタリズム　*136*, *144*, *145*
母性　*94*, *95*, *105*
　——行動　*94*
　——神話　*110*, *114*, *145*
　——的な養育　*144*
　——的剥奪（マターナル・ディプリベーション）　*136*, *144*, *145*
　——本能　*94*
母乳　*94*, *104*
母乳育児　*105*

ま

見合い結婚　*34*
未婚率　*4*, *29*
婿養子　*21*
無職の母親　*71*, *78*
面接交渉　*120*
持家　*202*
モンスター・ペアレント　*114*, *193*

や

役割移行　*82*
役割期待　*75*, *131*
役割喪失　*159*
養育　*89*
　——権　*152*
　——行動　*89*, *95*
　——者　*136*, *142*
　——スキル　*95*
　——費　*120*, *221*
　——役割　*54*
養護性　*95*, *124*, *137*, *148*
養子縁組　*140*, *141*
予期しない妊娠　*46*

らわ

ラポールトーク　*65*
離家　*154*, *155*
離婚　*3*, *49*, *86*, *120*
　——時年金分割　*213*
　——調停　*120*
離巣性　*88*
リプロダクション　*110*
離別　*84*
リポートトーク　*65*
両義的な関係　*106*
両親間葛藤　*118*, *119*
両親の夫婦関係　*15*, *119*
ルーツ　*173*
恋愛関係　*36*, *38*, *44*
　——進展度　*39*
恋愛結婚　*34*, *35*, *50*
老親虐待　*177*
労働時間（職業時間）　*78*, *79*
老年期夫婦　*82*
老老介護　*87*, *156*
ロマンティック・ラブ・イデオロギー　*34*, *35*
ワーク・ファミリー・コンフリクト　*206*
ワークライフバランス　*55*, *78*, *139*, *197*, *206*

執筆者紹介 (氏名／よみがな／生年／現職／主著／家族心理学を学ぶ読者へのメッセージ)   ＊執筆担当は本文末に明記

柏木　惠子（かしわぎ　けいこ／1932年生まれ） 
東京女子大学名誉教授
『家族心理学——社会変動・発達・ジェンダーの視点』（単著・東京大学出版会）
『日本の男性の心理学——もう1つのジェンダー問題』（共編著・有斐閣）『家族の心はいま——研究と臨床の対話から』（共著・東京大学出版会）『子どもが育つ条件——家族心理学から考える』（単著・岩波新書）
家族の危機・崩壊といわれるが，そう安易にいってほしくない。家族は生き物。人類の英知が家族を変化させる，その様相を明らかにしたい。多くの方々に知ってほしいと願っています。

青野　篤子（あおの　あつこ／1953年生まれ） 
福山大学名誉教授
『ジェンダーの心理学　改訂版』（共著・ミネルヴァ書房）『ジェンダーの心理学ハンドブック』（共著・ナカニシヤ出版）
ジェンダーの問題は目に見えにくく，見過ごされやすいものです。女性の育児ストレス，教育ママ，虐待，男性の過重労働，DVなど，多くが男女の不均衡な関係から起こっていると言えるのではないでしょうか。

赤澤　淳子（あかざわ　じゅんこ） 
福山大学教授
『昔話から学ぶ人間の成長と発達』（共編著・ナカニシヤ出版）『アクティブラーニングで学ぶジェンダー』（共著・ミネルヴァ書房）
家族とは，多くの人にとって一番身近な存在であり，個人の発達にも大いに関わってくるものだと思われます。本書を通して，自分の家族を振り返り，家族についての理解を深めていただければ嬉しいです。

網野　武博（あみの　たけひろ／1942年生まれ） 
現代福祉マインド研究所所長
『児童福祉学——〈子ども主体〉への学際的アプローチ』（単著・中央法規出版）『福祉心理臨床』（編著・星和書店）
子どもの発達の姿を通して"人間の尊厳"や"人間としての価値"を学ぶことができる，私はこのことを深く確信しています。

井上　治代（いのうえ　はるよ／1950年生まれ） 
東洋大学准教授
『墓と家族の変容』（単著・岩波書店）
『墓をめぐる家族論』（単著・平凡社）
現代は未曾有の長寿社会。そんな中で，生者と死者の接点としての墓から家族心理を読み解くことは，大変意味深く，おすすめです。

井村　たかね（いむら　たかね／1949年生まれ） 
公益社団法人家庭問題情報センター，臨床心理士
『ファミリーカウンセリングQ＆A』（共著・日本評論社）『家族臨床心理学の視点』（単著・北樹出版）
家族は人間にとって，最も重要な居場所であると思いますから，その中で大人も子どもも同様に幸せに過ごせるような関係をどのように築いていくかについてを若い方々に学んで欲しいと望みます。

岩澤　寿美子（いわさわ　すみこ／1956年生まれ） 
清瀬市子どもの発達支援・交流センターとことこセンター長
『「背景」から考える気になる子の保育サポートブック』（監修・新星出版社）
様々な家族のあり方があるはずです。自分の創る家族について考える…それは変化をしていく関係性を考えていくなんでしょうね。

内田　伸子（うちだ　のぶこ／1946年生まれ） 
IPU・環太平洋大学教授，お茶の水女子大学名誉教授
『発達心理学——ことばの獲得と教育』（単著・岩波書店）『発達の心理——ことばの獲得と学び』（単著・サイエンス社）『AIに負けない子育て——ことばは子どもの未来を拓く～』（単著・ジアース教育新社）
子どもは親と出会い，社会的やり取りを通して，世界づくり，地図づくりを進めていきます。家族に支えられ仲間たちと協働しながら人間化への道を歩んでいきます。

執筆者紹介 (氏名／よみがな／生年／現職／主著／家族心理学を学ぶ読者へのメッセージ)　　＊執筆担当は本文末に明記

宇都宮　博（うつのみや　ひろし／1971年生まれ） 
立命館大学教授
『高齢期の夫婦関係に関する発達心理学的研究』（単著・風間書房）『アイデンティティ生涯発達論の射程』（共著・ミネルヴァ書房）
研究を通じて，結婚生活の継続に対する姿勢や幸福感の個人差の大きさに改めて驚かされます。

江尻　桂子（えじり　けいこ／1971年生まれ） 
茨城キリスト教大学教授
『乳児における音声発達の基礎過程』（単著・風間書房）『発達心理学キーワード』（共著・有斐閣）
日々着実に成長し，昨日と違う姿を見せてくれる。そんな子どもたちの観察を日々，楽しんでいます。

大野　祥子（おおの　さちこ／1969年生まれ） 
白百合女子大学非常勤講師
『家族心理学への招待』（共著・ミネルヴァ書房）『発達家族心理学を拓く』（共編・ナカニシヤ出版）
家族とは「あって当たり前」のものではない，お互いに幸せになろうという努力によって日々作り上げていく関係だと思います。

金井　篤子（かない　あつこ／1959年生まれ） 
名古屋大学教授
『よくわかる産業・組織心理学』（編著・ミネルヴァ書房）『経営組織心理学』（共著・ナカニシヤ出版）
家族を見つめることによって，自分なりのワーク・ライフ・バランスを考えたいですね。

菊地　ふみ（きくち　ふみ／1974年生まれ） 
保育士
従来の家族像にとらわれず，常にパートナーと話し合いの機会をもち，自分たちにとっての家族を考えるきっかけにしてください。

北村　琴美（きたむら　ことみ／1972年生まれ） 
大阪人間科学大学准教授
『アタッチメント――生涯にわたる絆』（共著・ミネルヴァ書房）
私たちが「当り前」「普通」と思っていることは本当にそうなのでしょうか？家族について新しい気持ちで考えてみてください。

倉田　賀世（くらた　かよ／1970年生まれ） 
熊本大学大学院人文社会科学研究部教授
『子育て支援の理念と方法』（単著・北海道大学出版会）
子供を育てる家族，夫婦のあり方は多様化していますが，子供たちを慈しみ，健やかに育むことはいつの時代も大切です。

小泉　智恵（こいずみ　ともえ／1968年生まれ） 
獨協医科大学埼玉医療センターリプロダクションセンター研究員
『発達家族心理学を拓く』（共著・ナカニシヤ出版）
自分が体験した「家族」しか知らないものなので，本書の多様な家族に驚くかもしれません。しかしどの家族にも育ちや安らぎがあります。

古澤　賴雄（こさわ　よりお／1932年生まれ） 
元日本女子大学・神戸大学・群馬大学・東京女子大学・中京大学教授
『心理学・倫理ガイドブック――リサーチと臨床』（編著・有斐閣）『新版 発達心理学への招待』（共著・ミネルヴァ書房）
最も身近な経験を日々あなたにあたえ続ける家族，そこはあなたが育まれ，あなたが他者を育む場でもあるのです。ここに書かれていることを家族や友人と語り合う話題にしてはどうですか。

執筆者紹介 (氏名／よみがな／生年／現職／主著／家族心理学を学ぶ読者へのメッセージ)   ＊執筆担当は本文末に明記

小澤 紀美子 (こざわ きみこ／1943年生まれ)
東京学芸大学名誉教授，東海大学教授
『豊かな住生活を考える――住居学』(編著・彰国社)『環境教育』(単著・金子書房)
家族の自立的な生活のためには住居が不可欠です。ライフステージやライフスタイルの変化に応じて住居の選択が可能な社会を築きたいですね。

菅野 幸恵 (すがの ゆきえ／1971年生まれ)
青山学院大学教授
『エピソードで学ぶ乳幼児の発達心理学』(共著・新曜社)『親と子の発達心理学』(共編著・新曜社)
よくよく考えてみると私たち人間の生活には矛盾が溢れています。しかしそんなところにこそ人間の面白さが隠れているのではないでしょうか。

園田 雅代 (そのだ まさよ／1955年生まれ)
創価大学大学院教授
『結婚した二人のためのソーシャルスキル』(単著・サイエンス社)『子どものためのアサーショングループワーク』(共著・日本・精神技術研究所)
家族は厄介でもあり，いとおしくもあり。自分の，また他人の家族について，一面的なとらえ方に陥らないでくださいね。

高橋 桃子 (たかはし ももこ／1958年生まれ)
日本大学医学部附属板橋病院小児科臨床心理士
『発達家族心理学を拓く』(共著・ナカニシヤ出版)『新体系看護学基礎科目心理学』(共著・メヂカルフレンド社)
家族病理が子どもの心の発達を阻害することに胸が痛む一方で，家族が変容すれば子どもに笑顔が戻ることに感嘆します。家族のもつ可能性に挑戦したいものです。

武川 正吾 (たけかわ しょうご／1955年生まれ)
明治学院大学教授
『社会政策のなかの現代』(東京大学出版会)，『連帯と承認』(東京大学出版会)，『社会政策の社会学』(ミネルヴァ書房)
社会政策には，市場との関係だけでなく家族との関係へのまなざしも必要だと改めて痛感する今日この頃です．
(撮影・藤田政明)

土谷 みち子 (つちや みちこ／1952年生まれ)
元関東学院大学教授，NPOこどもと未来―おひさまでたよ―
『家族援助論』(単著・青踏社)『あたりまえが難しい時代の子育て支援』(共著・フレーベル館)
子どもと家族を同時に支援する仕事をしています。それぞれの人生から人間のたくましさを感じています。

富田 庸子 (とみた ようこ／1965年生まれ)
鎌倉女子大学教授
『心理学ワールド入門』(共著・福村出版)
お互いを認め合い，つながりあう努力によって，人と人との絆は深められていきます。家族においても，それは例外ではありません。

塘 利枝子 (とも りえこ／1960年生まれ)
同志社女子大学教授
『子どもの異文化受容』(単著・ナカニシヤ出版)『アジアの教科書に見る子ども』(編著・ナカニシヤ出版)
文化・歴史の中に記述された家族と，目の前の家族を重ね合わせてみると新たな視点が生まれます。様々な家族の姿を発見して下さい。

外山 紀子 (とやま のりこ／1965年生まれ)
早稲田大学教授
『発達としての共食』(単著・新曜社)『心と身体の相互性に関する理解の発達』(単著・風間書房)
食物摂取を社会的な場として営む動物はヒトだけです。そして食は，家族生活の中心にもあります。

執筆者紹介 (氏名／よみがな／生年／現職／主著／家族心理学を学ぶ読者へのメッセージ)　　＊執筆担当は本文末に明記

中釜　洋子（なかがま　ひろこ／1957-2012年） 
元東京大学教授
『家族のための心理援助』（単著・金剛出版）『家族心理学』（共著・有斐閣）
家族の問題がひとつ，またひとつと勢いを弱めてゆけば，社会としていいことがあるに違いないと素朴に考え，家族の心理臨床に携わっていただくことを期待しています。

難波　淳子（なんば　じゅんこ／1940年生まれ）
岡山大学・就実短期大学非常勤講師
『日本人女性の結婚と成熟』（単著・風間書房）『動きながら識る，関わりながら考える──心理学における質的研究の実践』（共著・ナカニシヤ出版）
家族と家族をめぐるさまざまな現象や問題を，広く社会的文化的文脈の中で理解し考える力を養って下さい。

永久　ひさ子（ながひさ　ひさこ／1958年生まれ） 
文京学院大学教授
『親子関係のゆくえ』（共著・勁草書房）『発達家族心理学を拓く』（共著・ナカニシヤ出版）
夫と息子の成長に丸ごとつきあって20年余り。なかなか心理学の理論どおりにはいかず，現実の子育てはハプニングの連続です。思いどおりにいかない経験そのものが親の発達につながる，と実感しているこの頃です。

野島　久雄（のじま　ひさお／1956-2011年） 
元成城大学教授
『〈家の中〉を認知科学する』（共編著・新曜社）『方向オンチの科学』（共著・講談社）
携帯電話，インターネットなどの技術の開発者と心理学者・社会学者の協同が重要だと考えています。

野末　武義（のずえ　たけよし／1964年生まれ） 
明治学院大学教授，家族心理士，臨床心理士，公認心理師
『家族心理学』（共著・有斐閣）
家族をシステムとして捉える家族療法は，従来の心理学思考では見えなかった家族の複雑で面白い世界が見えてきます。

中山　千秋（なかやま　ちあき／1969年生まれ）
国立研究開発法人国立精神・神経医療研究センター認知行動療法センター研究補助員
『発達心理学エチュード』（共著・川島書店）『発達家族心理学を拓く』（共著・ナカニシヤ出版）
少子高齢化や親子の問題など，日本の社会において家族の問題が関心を集めています。家族については，多様な視点から研究することが重要と感じています。

濱野　佐代子（はまの　さよこ） 
帝京科学大学教授，臨床心理士，獣医師
『子育て支援に活きる心理学──実践のための基礎知識』（共著・新曜社）
多様化する家族，心のつながりが重要なキーワードなのかもしれません。

中山　まき子（なかやま　まきこ／1953年生まれ）
同志社女子大学特任教授
『身体をめぐる政策と個人』（単著・勁草書房）『産む・産まない・産めない』（共著・講談社現代新書）『出産施設はなぜ疲弊したのか』（単著・日本評論社）
暮らしは制度や政策にとても規定されています。その関係性や連続性をもっと可視化したいと思っています。

平石　界（ひらいし　かい／1974年生まれ） 
慶應義塾大学文学部教授
『朝倉心理学講座　社会心理学』（共著・朝倉書店）『進化ゲームとその展開』（共著・共立出版）
「家族は大事」。その通りですが，なぜ人間は家族を大事に思うのでしょうか？当たり前に思っていることに疑問をもつと，面白い発見があったりします。

執筆者紹介 (氏名／よみがな／生年／現職／主著／家族心理学を学ぶ読者へのメッセージ)　＊執筆担当は本文末に明記

平木　典子（ひらき　のりこ／1936年生まれ） 
IPI統合的心理療法研究所
『カウンセリングの心と技術』（単著・金剛出版）『改訂版　アサーション・トレーニング』（単著・日本・精神技術研究所）
「あると面倒，ないと寂しい」のが家族関係です。この矛盾を家族はどう生きているのか，本書では家族臨床の視点から考えました。

舩橋　惠子（ふなばし　けいこ／1949年生まれ） 
静岡大学名誉教授
『育児のジェンダーポリティクス』（単著・頸草書房）『赤ちゃんを産むということ』（単著・NHKブックス）
子どものケアを社会の中で男女でいかにシェアするか。平等な分担の社会的しくみを探って国際比較をしています。

御園生　直美（みそのお　なおみ／1976年生まれ） 
白百合女子大学発達臨床センター，臨床心理士
『Q&A里親養育を知るための基礎知識』（共著・明石書店）『マルトリートメント子ども虐待対応ガイド』（監訳・明石書店）『子育て支援に活きる心理学　実践のための基礎知識』（共著・新曜社）
血縁を超えた親子や家族について学ぶうちに，本質的なものは，決して目に見える形となっては捉えられない関係性の中にあることを実感する日々です。

箕浦　康子（みのうら　やすこ／1939年生まれ） 
お茶の水女子大学名誉教授
『子供の異文化体験——人格形成過程の心理人類学的研究』（単著・思索社）『文化人類学のフロンティア』（共著・ミネルヴァ書房）
身近に国際結婚をしている人が多くなり，家族や子育ての観念が文化によって違うことをよく認識する必要性が出てきました。葛藤や不和の原因を個人に帰する前に，相手の文化を知る努力をしてみてください。

村瀬　幸浩（むらせ　ゆきひろ／1941年生まれ） 
日本思春期学会名誉会員
『3万人の大学生が学んだ　恋愛で一番大切な"性"のはなし』（単著・KADOKAWA）『男子の性教育』（単著・大修館書店）
大学生に性を語り続けて25年。学ぶことでその人の性のあり方は変わっていく，心をこめて打てば彼らの心に響いていくことに感動してとりくんできました。

森川　早苗（もりかわ　さなえ／1953年生まれ） 
えな・カウンセリングルーム公認心理師，臨床心理士，家族心理士
『アサーション・トレーニング——深く聴くための本』（共著・日精研）『男性の心理学』（共著・有斐閣）
家族は可能性を阻む鎖にも，癒し支える力ともなります。年とともに家族の持つ肯定的な力を引き出すことに関心が移ってきました。あなたは家族とどうつきあうのでしょう？

矢吹　理恵（やぶき　りえ） 
東京都市大学（旧武蔵工業大学）准教授
『フィールドワークの技法と実際II』（共著・ミネルヴァ書房）『発達心理学——子どもの発達と子育て支援』（共著・みらい）『国際結婚の家族心理学——日米夫婦の場合』（風間書房）『夫と妻の生涯発達心理学』（共著・福村出版）
結婚は自己の選択による新しい家族の形成，成人期の重要なライフイベントです。親密な関係における本音の文化折衝でもあります。それにはお互いの文化についての相互理解が欠かせません。

やわらかアカデミズム・〈わかる〉シリーズ
よくわかる家族心理学

| 2010年 2 月25日 | 初版第 1 刷発行 | 〈検印省略〉 |
| 2022年11月30日 | 初版第10刷発行 | |

定価はカバーに
表示しています

編著者　柏　木　惠　子
発行者　杉　田　啓　三
印刷者　田　中　雅　博

発行所　株式会社　ミネルヴァ書房
〒607-8494　京都市山科区日ノ岡堤谷町1
電話代表　(075) 581-5191
振替口座　01020-0-8076

©柏木惠子他, 2010　　創栄図書印刷・新生製本

ISBN978-4-623-05577-7
Printed in Japan

やわらかアカデミズム・〈わかる〉シリーズ

心理

よくわかる心理学
無藤 隆・森 敏昭・池上知子・福丸由佳編　本体3000円

よくわかる心理統計
山田剛史・村井潤一郎著　本体2800円

よくわかる臨床心理学［改訂新版］
下山晴彦編　本体3000円

よくわかる臨床発達心理学［第4版］
麻生 武・浜田寿美男編　本体2800円

よくわかる発達心理学［第2版］
無藤 隆・岡本祐子・大坪治彦編　本体2500円

よくわかる発達障害［第2版］
小野次朗・上野一彦・藤田継道編　本体2200円

よくわかる認知科学
乾 敏郎・吉川左紀子・川口 潤編　本体2500円

よくわかる認知発達とその支援［第2版］
子安増生編　本体2400円

よくわかる情動発達
遠藤利彦・石井佑可子・佐久間路子編著　本体2500円

よくわかる言語発達［改訂新版］
岩立志津夫・小椋たみ子編　本体2400円

よくわかる乳幼児心理学
内田伸子編　本体2400円

よくわかる青年心理学［第2版］
白井利明編　本体2500円

よくわかる高齢者心理学
佐藤眞一・権藤恭之編著　本体2500円

よくわかる社会心理学
山田一成・北村英哉・結城雅樹編著　本体2500円

よくわかるコミュニティ心理学［第3版］
植村勝彦・高畠克子・箕口雅博・原 裕視・久田 満編　本体2500円

よくわかるパーソナリティ心理学
吉川眞理編著　本体2600円

よくわかる産業・組織心理学
山口裕幸・金井篤子編　本体2600円

よくわかる健康心理学
森 和代・石川利江・茂木俊彦編　本体2400円

よくわかるスポーツ心理学
中込四郎・伊藤豊彦・山本裕二編著　本体2400円

よくわかる心理学実験実習
村上香奈・山崎浩一編著　本体2400円

よくわかる教育心理学［第2版］
中澤 潤編著　本体2600円

よくわかる学校心理学
水野治久・石隈利紀・田村節子・田村修一・飯田順子編著　本体2400円

よくわかる学校教育心理学
森 敏昭・青木多寿子・淵上克義編　本体2600円

社会

よくわかる社会学［第3版］
宇都宮京子・西澤晃彦編著　本体2500円

よくわかる家族社会学
西野理子・米村千代編著　本体2400円

よくわかる地域社会学
山本 努編著　本体2800円

よくわかる現代家族［第2版］
神原文子・杉井潤子・竹田美知編著　本体2500円

よくわかるジェンダー・スタディーズ
木村涼子・伊田久美子・熊安貴美江編著　本体2600円

福祉

よくわかる家族福祉［第2版］
畠中宗一編　本体2200円

よくわかる子ども家庭支援論
橋本真紀・鶴 宏史編著　本体2400円

新版 よくわかる子ども家庭福祉
吉田幸恵・山縣文治編著　本体2400円

よくわかる女性と福祉
森田明美編著　本体2600円

よくわかる社会的養護［第2版］
山縣文治・林 浩康編　本体2500円

よくわかる社会的養護Ⅱ
小木曽宏・宮本秀樹・鈴木崇之編著　本体2600円

よくわかる社会的養護内容［第3版］
小木曽宏・宮本秀樹・鈴木崇之編著　本体2400円

よくわかる障害者福祉［第7版］
小澤 温編　本体2500円

よくわかる地域包括ケア
隅田好美・藤井博志・黒田研二編著　本体2400円

新版 よくわかる地域福祉
上野谷加代子・松端克文・永田 祐編著　本体2400円

教育・保育

新版 よくわかる子どもの保健
丸尾良浩・竹内義博編著　本体2200円

よくわかる子どもの健康と安全
丸尾良浩・竹内義博編著　本体2200円

よくわかる子どもの精神保健
本城秀次編　本体2400円

よくわかる環境教育
水山光春編　本体2800円

よくわかる特別支援教育［第2版］
湯浅恭正編　本体2500円

よくわかる障害児保育［第2版］
尾崎康子・小林 真・水内豊和・阿部美穂子編　本体2500円

よくわかる障害児教育［第4版］
石部元雄・上田征三・高橋 実・柳本雄次編　本体2400円

よくわかる肢体不自由教育
安藤隆男・藤田継道編著　本体2500円

よくわかるインクルーシブ保育
尾崎康子・阿部美穂子・水内豊和編著　本体2500円

よくわかるインクルーシブ教育
湯浅恭正・新井英靖・吉田茂孝編著　本体2500円

よくわかる児童文化
川勝泰介編著　本体2600円

よくわかる英語教育学
鳥飼玖美子・鈴木希明・綾部保志・榎本剛士編著　本体2500円

よくわかる生涯学習［改訂版］
香川正弘・鈴木眞理・永井健夫編著　本体2500円

よくわかる教育相談
春日井敏之・伊藤美奈子編　本体2400円

よくわかる教育評価［第3版］
田中耕治編　本体2800円

ミネルヴァ書房
https://www.minervashobo.co.jp/